Eberhard Rathgeb

Zwei Hälften des Lebens

Eberhard Rathgeb

Zwei Hälften des Lebens

Hegel und Hölderlin.
Eine Freundschaft

Blessing

FSC
www.fsc.org
MIX
Papier aus verantwortungsvollen Quellen
FSC® C014496

Verlagsgruppe Random House FSC® N001967

1. Auflage 2019

Neumarkter Str. 28, 81673 München
Satz: Leingärtner, Nabburg
Druck und Einband: GGP Media GmbH, Pößneck
Printed in Germany
ISBN: 978-3-89667-597-2

www.blessing-verlag.de

Inhalt

Kapitel 1: *Die heimische und die fremde Welt*

Kapitel 2: *Die alte und die neue Welt*

Kapitel 3: *Der Nabel und das Ende der Welt*

Kapitel 1

Die heimische und die fremde Welt

Ein Anfang für zwei schwierige Freunde

Hegel und Hölderlin sind zwei deutsche Extremisten. Sie kannten sich, sie waren in der ersten Hälfte ihres Lebens miteinander befreundet, in der zweiten gingen sie sich aus dem Weg. Aus dem einen wurde ein Philosoph, aus dem anderen ein Dichter. Beide hatten sehr hohe, radikale Ansprüche an ihr Amt. Darin glichen sie sich, aber das, was der eine erreichen wollte, schloss aus, was der andere sich vornahm. Zwei Könige in einem Reich konnte es nicht geben.

Sie sind schon lange tot, aber das Interesse, das ihr Werk weckt, erhält sie am Leben. Sie sind zu Buchstabenmenschen geworden, die sich regen und bewegen, wenn bei einem Leser das Gefühl auftaucht, dass er sie verstanden habe. Da sie nicht in der Lage waren, in einfachen Worten zu sagen, was sie dachten und fühlten, ist es auch für andere nicht einfach, sie zu verstehen. Einen Mitmenschen zu verstehen ist noch komplizierter, und doch gehen Menschen im Alltag so miteinander um, als sei es für sie leicht zu wissen, was in einem anderen vorgeht.

Die beiden Extremisten aus dem Herzogtum Württemberg studierten Theologie in Tübingen, aus ihnen sollten nach dem Wunsch ihrer Eltern Pfarrer werden. Am Ende konnten sich die Eltern nur mit dem Gedanken trösten, dass ihre Söhne nicht geworden wären, was sie schließlich wurden, wenn sie nicht Theologie studiert hätten. Die theologische Ausbildung hat insofern einen Sinn gehabt.

Hegel und Hölderlin gibt es zwei Mal, als Werk und Dokument einerseits, als Auslegung und Analyse andererseits. Die beiden Seiten hängen zusammen, die eine soll auf die andere passen wie ein Hut auf einen Kopf. Das setzt voraus, dass Werk, Dokument, Analyse und Auslegung eine gewisse Eindeutigkeit besitzen. Die Aufgabe der Forschung besteht darin, die Grundlagen für diese Eindeutigkeit herzustellen, die sich aber, allen Bemühungen zum Trotz, nie vollständig wird erreichen lassen. Wer kann schon mit Gewissheit sagen, wie ein Satz, der im Kontext von anderen Sätzen vor zweihundert Jahren auftauchte, gemeint ist.

Bei all den zupackenden Ergebnissen, auf die sich die Forschung berufen kann, sind Hegel und Hölderlin immer noch Objekte von Mutmaßungen. Wenn es anders wäre, hätten die beiden die Aufgabe, die sie sich stellten, verfehlt, einen verborgenen und einen letzten Sinn zu finden. Mit halben Sachen haben sie sich nicht abgegeben.

Dass die beiden zusammengehören, hängt nicht nur damit zusammen, dass sich ihre Lebensläufe verschränkten. Die innere Notwendigkeit ihrer Nähe liegt darin, dass sie ein Problem in zwei Richtungen ausreizten, das noch nach ihnen bestehen sollte. Sie haben es nicht gelöst in dem Sinne, dass andere sich nun mit anderen Problemen beschäftigen könnten, sie sind damit nur insoweit fertig geworden, als sie ihr Leben daran hängten, alle ihre Kräfte. Mehr hatten sie nicht zu sagen.

Das Problem, vor dem sie sich befanden, bestand darin, dass sie dem Wort sehr viel zutrauten, so wie das Theologen zu tun gewohnt sind, die von Gott nicht mehr in der Hand haben als das, was in der Bibel steht. Wenn die Wörter der Bibel einen Weg zu Gott ebnen sollen, dann müssen sie in bestimmter, auf eine Enthüllung drängende Weise verstanden und ausgelegt werden. Hinter und aus dem normalen Sinn der Wörter muss ein tieferer Sinn geborgen werden.

Als die Theologen von Dichtern und Philosophen bei der Aufgabe, für die Deutung des Ganzen zuständig zu sein, abgelöst wurden, mussten die neuen Welterklärer mit ihren Wörtern und auf ihre Weise versuchen, den vakanten höheren Sinn, einen ersten Grund und einen letzten Zusammenhang, zu finden. Die Sätze, die sie ins Gespräch ihrer Zeit brachten, waren gewichtig und kompliziert und der Sinn deutungsreich und schwer zu fassen. An den Wörtern hing eben alles.

Hegel und Hölderlin gaben ihr Bestes, der eine unterwarf die Wörter der Vernunft, der Logik und der Wissenschaft, der andere der Einbildungskraft, den Gesetzen der Poesie und dem Empfinden, aber welche Einsichten und Bilder ihnen auch gelangen, ihr Werk war für ein letztes Wort in dieser Angelegenheit immer noch nicht gut genug. Ein letztes Wort wird es nicht geben, weil Wörter für letzte Worte in diesem großen, umfassenden Sinne nicht gemacht sind.

Die beiden wuchsen gleichsam aneinander in die Höhe, in offenem und heimlichem Wettbewerb, bis sie irgendwo weit oben am Himmel verglühten. Unten auf der Erde stehen die kleinen biographischen, individuellen Behälter, in denen sie jenen festen Stand fanden, der notwendig war, damit ihr Flug gelingen konnte.

Jeder Mensch steckt in so einem Behälter, der nur dann sein ganzes Leben umfassen würde, wenn er daraus nicht herauskäme. Die kleinere oder größere Flugbahn, die er im Laufe seines Lebens beschreiben wird, ist eine Art Zeichen, ein Hinweis darauf, wo und wie die eigene Reise losging, auf verborgene Anfangsgründe und lebensgeschichtliche Neigungswinkel, die für den Reisenden selbst im Dunkel bleiben.

Hegel und Hölderlin würden, wenn sie sich selbst verstanden hätten, die Geschichte, die nun folgt, vielleicht ganz anders erzählen. Sie haben über die verborgene Hälfte ihres Lebens nichts gesagt und sie können darüber nichts mehr sagen. Sie haben ihr Werk vorgelegt, aber das ist, aufs Ganze gesehen, nicht genug.

Werke und Taten

Die beiden haben viel gelesen, Hegel mehr als Hölderlin. Aber wer liest Hegel, wer liest Hölderlin und warum? Komplizierte intellektuelle Charaktere landen irgendwann in den Seminaren der Universität, so wie komplizierte emotionale Charaktere, die im normalen Leben nicht zurechtkommen und professionelle Hilfe brauchen, eine Hand, die sie davor rettet, im eigenen inneren Meer unterzugehen, in den Institutionen der Seelenkunde landen, wo sich Mitarbeiter in besonderer Weise um sie kümmern werden.

In Zeiten der Not, wenn sich die Gedanken darauf konzentrieren müssen, für das Überleben zu sorgen, wenn die Angst um sich und andere die Muße verdrängt, in Zeiten des Krieges konnte sich die Hoffnung auf ein Gedicht von Hölderlin richten, dass es ein Wunder bewirken und die elende Welt im Glanz der lyrischen Schönheit für Augenblicke verschwinden lassen würde. Die Verse sollten ein bedrücktes Gemüt aus dem Schlamassel des irdischen Daseins erheben. So war das vor hundert, vor achtzig Jahren gewesen. Aber las einer im Schützengraben oder im Bombenkeller Hegel? Für ihn braucht auch ein trainierter Kopf innerliche und äußerliche Ruhe. Ein, zwei Verse mit großen Bildern von Hölderlin sind Flügel, die für Sekunden sich ausbreiten, Wärme, Schutz und Sinn spenden. Nur manche seiner Gedichte eignen sich dafür. Ein Satz von Hegel steht da wie ein Pferd, das den Weg nach Hause von alleine findet. Es muss sich nur einer draufsetzen, dann trabt es los. Hat einer in Bedrängnis und Eile noch so viel Zeit und Zuversicht?

Hegel wollte zuerst und vor allem den Geist, die Vernunft über sich selbst aufklären. Was er darunter verstand, lässt sich gut in seiner *Enzyklopädie der philosophischen Wissenschaft* nachlesen, in den beiden Bänden, die sich mit der Wissenschaft der Logik und der Philosophie des Geistes beschäftigen. Das wäre ein möglicher Anfang für alle, die keine Philosophen werden und nur wissen wollen, wie es bei Hegel zugeht. Hölderlin hat einen Roman über einen Jüngling mit großen Erwartungen und Idealen geschrieben, ein guter Anfang neben jenen Gedichten, die irgendwo, als fände sich ein bekanntes Gesicht in einem Deckenfresko, eine Lücke aufweisen, durch die ein Leser schlüpfen kann zu Bedeutungen, die ihn festhalten, ohne dass er einen philologischen Apparat mit sich führt.

Die Lebensgeschichte der beiden gibt auf den ersten Blick nicht viel her. Was haben sie getan? Sie studierten, sie schrieben. Auf den zweiten Blick sieht die Sache anders aus, da durchlaufen die beiden zwei Lebenswege, die genauso viel wiegen wie ihre Werke, weil die einen ohne die anderen nicht zu haben sind. Auch wenn Hölderlin und Hegel nur am Schreibtisch gesessen hätten, so hätten sie doch dabei einer Zeit den Rücken zugekehrt, die ihnen nicht erlaubte, so zu tun, als ginge sie nicht an, was hinter ihrem Rücken geschah. Sie haben sich, ob sie wollten oder nicht, in Beziehung gesetzt zur Welt um sie herum, so wie eine Figur nur im Kontext zu sehen ist, auch wenn sie ihn nicht zur Kenntnis nehmen möchte. Das Leben, das sie führten, ließ sich nicht wiederholen. Sie haben, was sie waren und zu werden sich bemühten, Tag für Tag in die Waagschale geworfen.

Die beiden haben so viel gesagt, wie sie zu sagen vermochten. Ihre Werke waren ihre größten Taten, und zwar nicht nur in dem Sinne, dass alles, was sie schrieben, bedeutsam und wichtig sei, dass sie erst hier offenlegen würden, wer sie seien. In jedem Satz von Hegel, in jedem Vers von Hölderlin schlummert der ganze Hegel, der ganze Hölderlin. Ihre Werke waren ihre größten Taten auch in dem Sinne, dass sie auf andere Weise nicht hätten zeigen können, wer sie waren. Vor solchen Problemen der Größe, die sich nur bestimmter Mittel bedienen kann, um sich zu offenbaren, stehen nicht die laienhaften Menschen, die aufs Ganze nicht gehen müssen und sich gleichsam verstreuen, sondern die Professionellen, die sehr gut in einer Sache werden und dann alle Kräfte auf diese eine Sache setzen, mehr oder weniger ihr ganzes Leben, das dann hinter ihrem Werk verschwindet, als hätte ihr Leben nicht zu diesem Werk geführt, als sei es nicht eine notwendige Bedingung für dessen Gelingen gewesen, ein Ausdruck dessen, wer und was sie waren und wann und wie sie lebten.

Einige, die von sich reden machten und machen werden, im und um das Jahr 1770

Im Jahr 1770, und irgendeine Macht wird sich dabei etwas gedacht haben, Zufall, Götter, Schicksal, Sterne, kamen Friedrich Hölderlin und Georg Wilhelm Friedrich Hegel auf die Welt, deren Lauf durch das Erscheinen und das Wirken der beiden nicht irritiert wurde. Die Welt ging ihren Weg weiter, als wäre nichts geschehen, sie zeigte, böswillig gesagt, den beiden, die sich später sehr darum bemühten, ihr auf die Schliche zu kommen, gleich die kalte Schulter. Der zukünftige Dichter traf im März ein, der zukünftige Philosoph erst im August, als hätte der Dichter einen Vorsprung vor dem Philosophen nötig gehabt, damit er bei dem Wettlauf, auf den hin diese Koinzidenz der Geburten angelegt zu sein schien, noch eine Chance habe zu gewinnen. Sie wurden in Württemberg geboren, der eine in dem Dorf Lauffen, der andere in der Stadt Stuttgart, und waren damit sofort Schwaben, zwei Neue unter fremden Eltern und unbekannten Landsleuten, die sie gemeinsam erziehen würden.

Andere, die wie die beiden ihr Leben dem Geist und der Kunst widmen würden, waren schon unterwegs oder würden demnächst mit ihrer Lebensbahn beginnen. Der zukünftige Held der deutschen Klassik, Johann Wolfgang Goethe, 21 Jahre alt, sehr selbstbewusst, war Anfang April 1770 in Straßburg angekommen, wo er sich auf sein Doktorexamen in Jura vorbereiten sollte. Der große Anreger und Ideengeber Johann Gottfried Herder, 26 Jahre, umtriebig, neugierig, traf im Herbst ebenfalls in Straßburg ein, um sich dort von einem Spezialisten ein Auge, das ständig tränte, operieren zu lassen. Die Operation wird sehr unangenehm und schmerzhaft verlaufen, Herder sehr tapfer sein, und solange er die Zähne zusammenbeißt und den Tag verflucht, da er die Entscheidung traf, sich einem Arzt anzuvertrauen, mag die Erinnerung daran sich ihm zur Seite stellen und ihm die Hand halten, dass in jenen Jahren, als die Geister hoch hinauf ausschwärmten, der Schmerz sie auf Erden wie ein Schatten verfolgte, nicht nur in den zahllosen Kriegen, sondern auch in den schönsten Idyllen einer gelungenen Lebensplanung, weil die medizinische Hilfe noch unbeholfen war und der Idee einer großen Linderung weit hinterherhinkte.

Goethe und Herder, die beiden jungen Männer mit unterschiedlichem Naturell, liefen sich in der fremden Stadt über den Weg und kamen ins Gespräch, später werden sie beide in dem kleinen Weimar wohnen, was nicht bedeutete, dass sie sich dort nicht hin und wieder aus dem Wege gingen, weil der Austausch mit dem Nachbarn nicht immer reibungslos verlief. Sie waren verschieden, und das Glück, das sich als Anerkennung, Geld und Karriere ungleich über sie verteilte, tat noch das Seine, um sie nicht Arm in Arm durch den Park und am Fluss entlanggehen zu lassen. Herder war aus Hamburg angereist, wo er sich mit zwei Dichtern, mit Gotthold Ephraim Lessing, 41 Jahre alt, und mit Matthias Claudius, 30 Jahre alt, getroffen hatte. Auch die Dichtkunst, wie jeder andere Beruf, Schuster, Maurer, Richter, produzierte Kollegen, die sich untereinander kennenlernen wollten, um sich über Erfahrungen, Ansichten und Projekte auszutauschen, um Rat und Hilfe für knifflige Fälle, und sei es das eigene Leben unter den Fittichen der Kunst, einzuholen.

Der zweite Held der deutschen Klassik, Friedrich Schiller, im schwäbischen Marbach am Neckar geboren, verfolgte andere, seinem Alter gemäßere Pläne, er war elf Jahre jung und besuchte die Lateinschule in der Garnisonsstadt Ludwigsburg, wohin sein Vater vier Jahre zuvor versetzt worden war und wo der Herrscher des Landes, Herzog Carl Eugen, täglich Soldaten auf dem Karlsplatz exerzieren ließ, um seinen Untertanen einzutrichtern, was er unter einem gut funktionierenden Volk verstand. Der junge Schiller wird damals noch grundsätzlich guter Dinge gewesen sein, er wurde nicht melancholisch und depressiv. Die angenehmen Zeiten, in denen er sich in dem Gefühl wiegen konnte, die Welt als ein Bündel aus Hoffnungen, Wünschen und guten Erfahrungen stünde ihm offen, werden für ihn bald vorbei sein. Der Schritt aus einer heilsam blauäugigen Kindheit ins frühe Erwachsenenleben unter einem despotischen Ausbildungsdrill glich einem Sturz ins kalte, ernüchternde Wasser. Der zukünftige Romantiker Novalis durfte sich noch zwei Jahre in Sicherheit wiegen, bevor er 1772 auf Schloss Oberwiederstedt in Sachsen-Anhalt auf eine Welt kam, von der sich schon damals sagen ließ, dass sie nicht gemacht zu sein schien für zarte, eigensinnige Seelen, die sich nicht abhandenkommen wollten und unter dem Druck der Entfremdung litten, den lebloses Wissen, mechanischer Verstand und ein trockener Beruf ausüben. Er wird nicht lange unter den Menschen bleiben, deren Haupteigenschaft der Wille zur Gewöhnung ist, er starb mit 28 Jahren, alt genug, um ein Werk zu hinterlassen, das seinen Namen durch die erwerbstüchtigen und kriegsreichen Jahrhunderte trug. Auch sein romantischer Mitstreiter, der unruhige, neugierige und draufgängerische Friedrich Schlegel, erreichte die Erde erst 1772, und zwar in Hannover.

In Königsberg saß Immanuel Kant, das Uhrwerk der deutschen Philosophie, nie zu spät, nie aus dem Rhythmus des Tagesablaufs zu bringen, 46 Jahre alt und gerade zum Professor für Logik und Metaphysik aufgestiegen. An ihm hingen viele Geistesfrüchte, die in dieser Geschichte eine Rolle spielen werden. Auch die beiden frisch geborenen Schwaben Hegel und Hölderlin werden ihm zahlreiche Ideen und Anregungen zu verdanken haben. Nie mehr sollte in Deutschland, nachdem durch Kant ein neuer philosophischer Anfang gemacht war, ein Nachfahre ganz von vorne beginnen, nur aus eigener Kraft sich hoch- und hinausarbeiten müssen. Kant lebte ohne Frau und Kinder, ohne Ablenkung und Störungen, konzentriert auf seine Arbeit, als sei ihm klar gewesen, dass er eine Revolution in der Welt der Gedanken vom Zaun brechen und dafür Zeit brauchen würde. Königsberg hatte damals 40 000 Einwohner, von denen keiner ahnte, dass einer von ihnen, der nicht unangenehm auffiel, nicht durch große leere Reden, Selbstgefälligkeit, Hochmut, Angeberei, Trunkenheit, ein intellektueller Rädelsführer war, ein Anstifter zum geistigen Ungehorsam.

Der Freund von Hegel und Hölderlin, Friedrich Wilhelm Joseph Schelling, der Hochbegabte, das Genie unter seinen Klassenkameraden, hatte noch fünf Jahre irgendwo im All-Einen zu warten, dann kam er 1775 auf die Bühne der Differenzen und Entfremdungen, Geist–Natur, Subjekt–Objekt, Ich–Welt, Freiheit–Notwendigkeit, in einem Haus im württembergischen Leonberg, als Sohn eines Gelehrten, eines Orientalisten, der auch Diakon und Lehrer war. Der in die alten Bücher und Sprachen vertiefte Vater wollte seinem Sprössling alles, was er wusste, sofort beibringen und fand in dem Kind zu seiner Freude einen willigen und hellwachen Schüler für sein gesammeltes Wissen. Eine zukünftige Karriere unter Wissenschaftlern konnte keine besseren Voraussetzungen haben.

Große Hoffnungen in die Philosophie und das Studium wird dereinst auch Heinrich von Kleist setzen, der auf Erden nicht glücklich wurde. Er hat 1770 noch sieben Jahre himmlische Ruhe vor sich, bevor er seinen Kopf in Frankfurt an der Oder in die Schlinge der Welt legt, aus der er sich schließlich nur mit einem Pistolenschuss in den Mund wieder befreien kann. Er ist, wie jederzeit und überall, nicht der Einzige, der freiwillig aus dem Leben scheidet, das er keinen Tag länger ertragen mag. Auch Gotthold Friedrich Stäudlin, ein Freund Hegels und Hölderlins, wird sich in jungen Jahren, erschöpft und aussichtslos, in einem Fluss ertränken.

Besucht hat der junge Hölderlin auch einmal Christian Friedrich Daniel Schubart, 31 Jahre alt, ein Dichter und Kritiker, der sich über die Herrschaften und ihre Taten aufregte und 1770 noch als Organist und Musikdirektor in Ludwigsburg zu Füßen der Mächtigen arbeitete. Das gute, unkritische Leben würde für ihn bald ein Ende haben, er landete 1777 für zehn Jahre im gefürchteten Kerker auf dem Hohenasperg, dem Wahrzeichen der württembergischen Despotie, weil er seinen Spott über den Lebenswandel seines Herzogs und dessen Mätresse zu weit getrieben hatte. Der Dichter im Kerker wird für viele Männer, die reimen und doch sagen möchten, was sie denken, zu einer Art ständigem Vorsitzenden der inneren Abteilung für Selbstzensur. Wer nicht Schubarts Schicksal teilen wollte, der musste aufpassen und seine Worte zügeln, sich mit Andeutungen und Bildern begnügen, in die versteckt werden konnte, was zu sagen nicht erlaubt und gefährlich war. Wenn in einem Gedicht der Rhein anschwoll und über seine Ufer trat, ein Strom, der alles mit sich forttrieb, konnte das unter den Hellhörigsten schon heißen, dass der Unmut des Volkes sich regte und ein Aufstand ersehnt wurde. Auch Hölderlin wird den Rhein nach 1800 in einer Hymne rauschen lassen:

Im dunkeln Efeu saß ich, an der Pforte
Des Waldes, eben, da der goldene Mittag,
Den Quell besuchend, herunterkam
Von Treppen des Alpengebirgs,
Das mir die göttlichgebaute,
Die Burg der Himmlischen heißt
Nach alter Meinung, wo aber
Geheim noch manches entschieden
Zu Menschen gelanget; von da
Vernahm ich ohne Vermuthen
Ein Schiksaal, denn noch kaum
War mir im warmen Schatten
Sich manches beredend, die Seele
Italia zu geschweift
Und fernhin an die Küsten Moreas.

Jetzt aber, drin im Gebirg,
Tief unter den silbernen Gipfeln
Und unter fröhlichem Grün,
Wo die Wälder schauernd zu ihm,
Und der Felsen Häupter übereinander
Hinabschaun, taglang, dort
Im kältesten Abgrund hört'
Ich um Erlösung jammern
Den Jüngling, es hörten ihn, wie er tobt',
Und die Mutter Erd' anklagt',
Und den Donnerer, der ihn gezeuget,
Erbarmend die Eltern, doch
Die Sterblichen flohn von dem Ort,
Denn furchtbar war, da lichtlos er
In den Fesseln sich wälzte,
Das Rasen des Halbgotts.

Die Stimme wars des edelsten der Ströme,
Des freigeborenen Rheins …

Und so noch gewaltige Strophen dahin.

Die Französische Revolution, das epochale Ereignis, das die Zeiten in ein Davor und ein Danach trennen sollte, würde erst in rund zwei Jahrzehnten nicht nur unter den Deutschen Hoffnung und Abscheu wecken. Noch ruhten die intellektuellen Gemüter auf der anderen, der rechten Seite des Rheins in sich und wurden nicht vom Lauf der Ereignisse mitgerissen.

Der Sprachforscher und Bildungspolitiker Wilhelm von Humboldt, der nicht nur am Schreibtisch saß, sondern wie der lyrische Held in Goethes Gedicht »Willkommen und Abschied« auf einem Pferd durch die Nacht zu galoppieren verstand, erfüllt vom Bild der Geliebten, war 1770 drei Jahre alt und stand noch nicht lange auf den eigenen Beinen. Er konnte schon sprechen, sein Bruder Alexander, ein Jahr jung, hinkte ihm sprachlich sicherlich etwas hinterher, er würde dafür später weiter herumkommen als der Ältere, Asien und Südamerika erforschen, Erkenntnisse über die wundersame und wunderreiche Erde mit nach Hause bringen und seinen Zeitgenossen, die voller Bewunderung für seine Taten waren, ausführliche Reiseberichte vorlegen. Die begabten Brüder, denen eine ungewisse bürgerliche Zukunft nicht wie ein schwerer Stein auf dem Herzen lag und die sich mit der wackeligen, gebrechlichen Welt zu ihrer Zufriedenheit zu arrangieren wussten, wohnten auf Schloss Tegel bei Berlin, es ging ihnen gut, blendend, sie wurden versorgt und gefördert, was konnte da schiefgehen.

Einer, der den Zauderern, die lieber daheim blieben, vormachte, was es hieß, früh in die Ferne zu schweifen und mit Reichtümern unterm Arm und Anschauungen im Kopf zurückzukehren, war der spätere Weltumsegler Georg Forster. Er war 1770 sechzehn Jahre jung und lebte mit seiner Familie sehr karg und schlecht in London. Sein Vater, ein Theologe, der sich mehr für die Natur und fremde Länder als für die Verkündung von Gottes Wort interessierte, verdiente wenig Geld, weshalb der Sohn als Übersetzer einspringen musste. Die beiden waren ein festes Gespann, der Vater hielt die Zügel straff in der Hand, der Sohn musste ihm folgen. Sie werden zusammen auf große Reisen gehen und sich durch unmittelbare Erfahrungen bilden.

Die Welt konnte ein bedeutender Lehrer sein. Wen die Not nicht trieb, wer keinen Mut fand und die Abenteuerlust nicht kannte, der las daheim die Reiseberichte von anderen und fuhr mit dem Finger auf der Landkarte die Meere und Länder ab. Kant, Hegel und Hölderlin gehörten zu denen, die sesshaft waren, sie waren Wühler auf der Stelle, die sich gedankenschwer in sich und alles hinein gruben. Wenn sie sich vom Fleck bewegten, dann auf Bahnen, die ihnen vorgegeben waren, Hofmeister, Lehrer, Redakteur, Professor. Philosoph oder Dichter zu werden war keine ausgefallene Option im sich entwickelnden bürgerlichen Berufsfeld, keine Erfindung der beiden.

Schwieriger als sie hatte es Johann Gottlieb Fichte, der von Kindheit an mit Willensstärke und Durchsetzungsfähigkeit sich erobern musste, was die persönlichen sozialen Umstände ihm nicht schenkten. Er hat sich durchgeboxt und aus sich etwas gemacht, sich Wissen angeeignet, die Konkurrenz gemeistert und sich einen Platz erobert. Seine Philosophie vom absoluten Anfang im Ich spiegelt den Selbstbehauptungstrieb eines jungen energischen Mannes wider, der schon in seiner Kindheit und frühen Jugend erfahren hatte, dass er sich selbst erfinden, sich selbst in die Hand nehmen musste, wollte er aus sich mehr machen, als die Verhältnisse, in denen er aufwuchs, für ihn vorgesehen hatten. Damals, 1770, war er acht Jahre jung, er wohnte bei seinen armen Eltern, die Leinenweber waren, in der Oberlausitz und stand wegen seines auffallend guten Gedächtnisses, das ihn für den Beruf eines Gelehrten, eines

Archivs auf zwei Beinen, prädestinierte, und dank dem Wohlwollen eines Gönners vor einer entscheidenden Wende seines Lebens. Auf dem Weg, den er einschlug und der ihn in die gelehrte Welt hinausführen sollte, gelangte er zu großem Ruhm. Es wird Jahre geben, da flogen ihm die aufgeregten, unsteten Geister von jungen Männern zu, die etwas Neues aus sich machen wollten, die das Gefühl zu ihm trieb, es würde, was aus ihnen werden könne, in ihrer Hand liegen, ein einziges Mal, bevor die Not, Geld zu verdienen, sie eines Besseren belehren und in die Fron der Lohnarbeit zwingen würde. Einer von denen, die mit Elan zu Fichte nach Jena pilgerten, um die Verheißung vom absoluten Ich aus der Nähe kennenzulernen, war Hölderlin. Die jungen Intellektuellen, die sich der Buchstabenwelt verschrieben und dort ihr Glück zu erobern versuchten, fuhren nicht nach Italien, wo die Sinne über das gewöhnliche Maß gereizt wurden, sondern blieben im Norden, wo die Kühe einen wachen Geist daran erinnerten, dass die Gedanken wiedergekäut werden mussten, bevor sie verstanden waren.

Jean Paul, aus dem einmal ein von Ideen überquellender Erfolgsschriftsteller und ein großer Biertrinker werden sollte, wuselte 1770 im kindlichen Glück seiner sieben Jahre in Wunsiedel durch die Gegend, einem Dorf im Fränkischen, und sammelte alle Eindrücke, die er auffangen konnte, er graste die Welt ab, eine Lust und Angewohnheit, die dazu führten, dass er später, als er seine Romane schrieb, durch alles und jedes die Fäden der Beziehungen kreuz und quer ziehen konnte, sodass kein Satz war, in dem nicht viele andere steckten. Hegel, der auf seine Weise keinen Begriff allein stehen lassen konnte und in allem alles, im Ganzen die Teile, in den Teilen das Ganze unterbrachte, sodass sich eins aus dem anderen ergab und nichts sich zeigte, was nicht schon geworden war, hat den fränkischen Schriftsteller sehr gemocht und war dabei behilflich, ihm in Heidelberg einen Ehrendoktor zu verschaffen.

Der spätere Theologe und Philosoph Friedrich Schleiermacher, mit dem sich Hegel in Berlin, als er es dort zu Amt und Würden geschafft hatte, in den Haaren liegen wird, war 1770 zwei Jahre jung und lebte, weltverdauend und wörtersuchend, in Breslau, wo auch Lessing einst fünf Jahre lang als Sekretär eines Grafen seinen Lebensunterhalt verdient hatte. Breslau hatte 45 000 Einwohner. Aus Schleiermacher, einem Pfarrhauskind, wurde, intellektuell gesehen, das Gegenteil von Hegel, kein Fahnenflüchtling der Theologie, kein Philosoph, der die Theologie durch Logik und Geschichtsphilosophie usurpierte, sondern ein Theologe, der die Philosophie an grundlegende theologische Probleme band. Er hat die Hermeneutik als Lehre vom anschmiegsamen Verstehen berühmt gemacht, die behutsamen Kreisbewegungen des vorsichtig sich vorantastenden Geistes, Hegel dagegen die alles erfassende Wissenschaft der spekulativen Logik, das konsequente Fortschreiten des subjektiven und objektiven Geistes durch die unerbittliche Selbsterkenntnis der Vernunft. Schleiermacher traute den Wörtern nicht, wenn sie sich zusammentun, um einen Satz und einen Sinn zu ergeben. Sie stehen in seinen Augen nicht von alleine auf einer Seite, irgendjemand hat sie dort hingestellt, mit Absicht, und es ist für ihn nicht selbstverständlich, dass die Wörter so gemeint sind, wie er sie versteht, dass sie so verstanden werden wollen, wie er meint. Jeder Satz, auch und vor allem der gesprochene, hat einen Haken, an dem mehr als eine Bedeutung hängt. Und auch wenn es ihm als Zuhörer und Leser gelänge, dem Sinn auf die Schliche zu kommen, so wüsste er nicht, ob der Urheber des Satzes in der Lage war, mit jenen Wörtern auszudrücken, was er sagen wollte, oder ob er selbst sein Anliegen nicht verfehlte und etwas anderes sagen wollte. Bei Schleiermacher hätten die Therapeuten, wenn es sie damals schon gegeben hätte, Grundlegendes über die Schwierigkeiten der Kommunikation lernen können.

In einem Jahr kommt Rahel Varnhagen auf die Welt, in deren Salon in Berlin sich die klugen Köpfe treffen werden, auch Hegel kreuzte dort auf, ebenso Schleiermacher. In der preußischen Hauptstadt, wie überall sonst, schwingen ausschließlich Männer ihre Reden und bemühen sich zu zeigen, was sie können, was in ihnen steckt. Berlin mit seinen 130 000 Einwohnern war glücklicherweise groß genug, dass dort, hinter verschlossenen Türen, fern der Öffentlichkeit, Frauen zu Wort kommen konnten und durch eine Brillanz und Intelligenz bestachen, die sich schriftlich nur in ihren Briefen zeigen würde. Rahel Varnhagen wird sich in den politischen Publizisten Friedrich Gentz verlieben, der 1770 sechs Jahr alt war und, wie Schleiermacher, in Breslau wohnte. Später ging auch er nach Berlin, wo er die Nächte wild durchlebte, um sich auf diese wenig originelle Weise für seine trockene, langweilige Arbeit in der preußischen Bürokratie zu entschädigen. Das müde Leben in den Amtsstuben hielt er nicht lange aus. Er wurde ein vehementer Gegner der Französischen Revolution, übersetzte Edmund Burkes Buch über den Umsturz in Frankreich, die erste heftige, durchschlagende Kritik der französischen Ereignisse, ins Deutsche und wurde ein unerbittlicher Gegner Napoleons.

Ein Opfer der Revolutionskriege wird Caroline Schlegel-Schelling. Sie war 1770 sieben Jahre alt und wohnte in Göttingen, ihr Vater war Professor für Theologie und Orientalist. Auf die Tochter kamen, kaum dass sie das Elternhaus verlassen hatte, harte Zeiten zu, der Ehemann starb früh, und sie blieb mit einer Tochter und einer sehr ungewissen Zukunft allein zurück. Dann aber ging es mit der jungen alleinerziehenden Mutter wieder bergauf dank der Hilfe von August Wilhelm Schlegel, dem Bruder von Friedrich Schlegel. Schließlich landete sie an der Seite Schellings, der viele Jahre jünger war als sie, was die beiden nicht davon abhielt, ein Paar zu werden. Frauen durften damals die Universität nicht besuchen, wenn sie etwas wissen wollten, mussten sie es sich selbst beibringen, oder sie waren von der Gunst und Gnade der gelehrten Herren abhängig, die den öffentlichen Geist prägten. Zu einer wahren Meisterschaft und allseitiger Anerkennung in einer Wissenschaft konnte es auf diese Weise und unter diesen Umständen keine Frau schaffen.

Zu den bedeutenden Intellektuellen, die damals mitten im Leben standen, gehörte der Philosoph und Schriftsteller Johann Georg Hamann, 40 Jahre alt, kein Alter, um am Alter zu verzweifeln. Er arbeitete in Königsberg bei der preußischen Zollverwaltung. Kant hatte ihm die Stelle vermittelt, aber glücklich wurde Hamann dabei nicht. Ein Kopf wie er, das wusste er, das wusste sicherlich auch Kant, konnte bei der preußischen Zollverwaltung, wo die Phantasie schon am Vormittag auf der Strecke blieb, sein Glück nicht finden. Aber er hatte eine Frau, und er hatte Kinder, er musste Geld verdienen, und er fügte sich deshalb in sein Los, Ernährer der Familie zu sein. Hamann hat sich um den jungen Herder gekümmert, der als Student in alle Vorlesungen ging, die der sesshafte Kant über fremde Völker und Sitten hielt, bevor der später sehr berühmt gewordene Philosoph die fremden Völker und Sitten sich selbst überließ und sich ausschließlich der *Kritik der reinen Vernunft* widmete, für die sich dann weder Hamann noch Herder begeistern konnten, die religiöse Gemüter besaßen und einen tiefen Sinn für die christliche Offenbarung, die Kräfte der Gefühle und die metaphysischen Erfahrungen. Kant machte sich mit seiner *Kritik der reinen Vernunft* nicht überall Freunde, vor allem dort nicht, wo die Religion und die Theologie sich durch die Argumente Kants nicht einschüchtern ließen und der Glaube darauf beharrte, sich auf Erfahrungen und Erlebnisse berufen zu können, zu denen der Philosoph aus Königsberg offenbar keinen Zugang hatte. Es gab Bereiche, im Menschen und in der Welt, die sich nicht durch Logik erschließen ließen und die sich deswegen nicht infrage gestellt sahen. Ein Lebensgefühl, das einen Menschen und eine Gemeinschaft tragen konnte, ließ sich nicht philosophisch zergliedern und eventuell abschaffen.

Vom philosophischen und vom poetischen Geist hingerissen wurde der Kaufmann und Freimaurer Friedrich Heinrich Jacobi, der damals, 27 Jahre alt, auf seinem Gut in Pempelfort bei Düsseldorf lebte und die Zuckermanufaktur seines Vaters leitete. In zwei Jahren wird er seinen Beruf aufgeben, um sich ganz der Literatur und der Philosophie zu widmen. Der freie Geist wirkt anziehend, vor allem wenn genug Geld da ist, um ihm mit Muße und Hingabe folgen zu können, und wenn die Zeit für Entdeckungen und neue Ideen reif ist. Jacobi wird nicht nur daheim sitzen und lesen und Briefe schreiben, sondern einflussreiche philosophische Bücher verfassen, die auch beim jungen Hegel und beim jungen Hölderlin einen großen Eindruck hinterlassen. Der junge abtrünnige Kaufmann hatte nicht Philosophie an der Universität studiert, er war ein begabter Autodidakt, ein Quereinsteiger aus Interesse und Leidenschaft, der bewies, dass die Aufgabengebiete des Geistes nicht endgültig abgesteckt waren, im Gegenteil, es sah so aus, als stünde Überliefertes und Bewährtes auf dem Prüfstand und als müsste das Gespräch über grundlegende Fragen, die Gott, Mensch und Welt, Wissen und Glauben, Gefühl und Vernunft betrafen, neu entfacht werden. Sein Landgut in Pempelfort wurde zu einem Anziehungspunkt für Intellektuelle.

Zehn Jahre älter als Jacobi war der Schriftsteller Christoph Martin Wieland, der den *Teutschen Merkur* herausgab und vor allem mit dieser Publikation zum Statthalter der politischen Vernunft in Deutschland avancierte. Er schrieb Romane, übersetzte Shakespeare und lehrte damals an der Universität in Erfurt. Aus ihm wurde der Prototyp des aufgeklärten deutschen Intellektuellen, der politisches Augenmaß, scharfen kritischen Sinn und poetischen Verstand bündelte und am Schreibtisch irgendwo im Grünen, Abseitigen, wo er seinen Berufungen ungestört nachgehen und sein öffentliches Amt als Beobachter, Anreger und urteilsfreudiger Begleiter des Zeitgeistes wahrnehmen konnte, seine intellektuelle Energie verausgabte. Auch Herder, der freigiebige Ideengeber, der den Volksgeist und die Volkspoesie pries, schwärmte schon in frühen Jahren für Shakespeare, als dessen große Zeit unter den deutschen Dichtern noch gar nicht angebrochen war. Er legte Goethe, als sich in Straßburg ihre Wege kreuzten, den englischen Dramatiker der Leidenschaften als ein originäres Genie ans Herz, das beim Dichten nicht überkommenen Regeln folgte, sondern sich sein eigenes poetisches Gesetz zu geben verstünde. Wer sich auf die Seite Shakespeares, auf die Seite einer nationalen Poesie schlug, der war als Dichter vor der Übermacht der griechischen Dramatiker etwas geschützt und gewann jene Selbstständigkeit und Originalität, die die antiken Vorbilder ihm andernfalls nahmen, wenn er ihnen nur nachzueifern versuchte und sie ihm die Sicht auf die eigene Zeit und die poetischen Erfordernisse verstellte.

Zu den Außenseitern der deutschen Literatur und Philosophie, die sich widrigen Umständen zum Trotz mit einem Werk durchsetzen konnten, auch wenn sie selbst dabei mehr oder weniger vor die Hunde gingen, gehörte der damals vierzehnjährige Karl Philipp Moritz, der durch den religiösen Fanatismus seiner Eltern ganz kirre und melancholisch gemacht wurde. Er quälte sich als Lehrling bei einem Hutmacher in Braunschweig durch die dunklen Tage langweiliger und mühseliger Arbeiten. Die bedrückenden Verhältnisse, in denen Geist und Seele verkümmerten, wird er nicht lange aushalten, er wird abhauen. Alles wird dadurch besser, und nichts wird dadurch besser. Er weiß in seiner Not nicht, wohin mit sich, springt in einen Fluss, um sich das elende Leben zu nehmen, wird mit Mühe aus dem Wasser gezogen und muss seinen Leidensweg wiederaufnehmen. Karl Philipp Moritz wird sich aus Armut und Missachtung hocharbeiten und in Berlin ein angesehener Professor werden, ein Amt, das Hölderlin erstrebte, aber nicht erlangte. Mit rechten Dingen aber wäre es nicht zugegangen, wenn Hegel nicht zu diesem ersehnten Ziel gekommen wäre, das wie für ihn aufgestellt zu sein schien. Nirgendwohin hätte dieser großartige Systembauer besser gepasst als an eine Universität, die dem Ruhm und der Würde der Wissenschaften dienen sollte. »Die wahre Gestalt, in welcher die Wahrheit existiert, kann allein das wissenschaftliche System derselben sein«, heißt es in der Vorrede zu Hegels *Phänomenologie der Geistes*, seinem ersten Buch. »Daran mitzuarbeiten, daß die Philosophie der Form der Wissenschaft näherkomme – dem Ziele, ihren Namen der *Liebe* zum *Wissen* ablegen zu können und *wirkliches Wissen* zu sein –, ist es, was ich mir vorgesetzt. Die innere Notwendigkeit, daß das Wissen Wissenschaft sei, liegt in seiner Natur, und die befriedigende Erklärung hierüber ist allein die Darstellung der Philosophie selbst.« Das klang wie ein Bewerbungsschreiben und war doch reine Absicht, die der inneren Notwendigkeit folgte und mit den Bedürfnissen eines wissenschaftlichen Zeitalters Hand in Hand ging.

Viel weniger Glück als Moritz wurde Jakob Michael Reinhold Lenz zuteil. Im Gouvernement Livland geboren, war er 1770 neunzehn Jahre alt, ein Student der Theologie in Königsberg, der bei Kant Vorlesungen hörte. Er reiste 1771 nach Straßburg und lernte dort Goethe kennen, einen Günstling der sozialen Verhältnisse. Ihre Freundschaft wird in Weimar ein abruptes Ende finden. Danach ging es mit Lenz bergab, und keiner war da, anders als bei Hölderlin, der ihn aufgefangen und sich um ihn gekümmert hätte. Er fiel durch die weiten und dünnen Maschen des kulturellen und mitmenschlichen Netzes, keine Institution bot ihm Schutz und ein Unterkommen. Im Leben zu scheitern, das war eine Aussicht, vor der alle standen, die glaubten, sich ausschließlich der Literatur und der Philosophie widmen zu können, und die auf kein Erbe zurückgreifen konnten, mit dem sie sich in Sicherheit hätten bringen können.

Gotthold Ephraim Lessing, 41 Jahre alt, hatte es in stabile Verhältnisse geschafft, er war Bibliothekar in der Herzog August Bibliothek in Wolfenbüttel geworden und würde dort bis zu seinem Tod bleiben. Auch für einen Dichter war es nicht einfach, im bürgerlichen Leben von einem Ort zum anderen zu wechseln. Die meisten wurden sesshaft, wenn sie eine gute Stelle erwischt hatten. Goethe und Herder, einmal in Weimar beruflich untergekommen, gingen nicht mehr aus Weimar weg. Hegel, einmal zum Professor der Philosophie in Berlin ernannt, ging nicht mehr aus Berlin weg. Hölderlin mit seinen hochfliegenden dichterischen Plänen irrte umher, fand, beruflich gescheitert, Zuflucht in der Heimat, bei der Familie, und schlüpfte, Schutz suchend, bei Freunden unter.

Nähe und Ferne

Die beiden, Hegel und Hölderlin, waren von Anfang an nicht allein und würden es nie sein, auch wenn sie sich in manchen Stunden einsam gefühlt haben. Sie schliefen allein in ihrem Bett, sie machten allein ihre Hausaufgaben, sie gingen allein durch die Gegend, sie saßen allein vor einem Buch, aber um sie herum, unsichtbar, nah oder weit weg, waren andere, Verwandte, Freunde, Bekannte und Fremde. Die Kreise der Gemeinsamkeiten wurden im Laufe des Lebens immer größer, auf die Familie folgte die Schule, dann die Universität und der weitläufige Zirkel der mehr oder weniger bedeutenden Geister. Die beiden machten, was alle machen: träumen, reden, schlafen, essen, denken, trinken, Vorgänge, die sich ganz von allein einstellen, einem Trieb, Antrieb, Drang, Bedürfnis gehorchen und durch die sie mit den anderen, Handwerkern, Bauern, Beamten, im großen Maßstab eine Gemeinschaft bildeten, ohne die ein Leben nicht gelingt, und im kleinen Maßstab Gruppen, die sie suchten oder flohen, um sie durch andere zu ersetzen. Sie waren den Leuten, die um sie herum lebten, in gewisser Weise ähnlich, ganz anders als sie waren die beiden nicht, nur eigenartig, das heißt, sie waren auf ihre besondere Art und Weise so wie alle, wiedererkennbar. Mein Sohn, sagt die Mutter, sagt der Vater, mein Freund, sagt der Freund. Alle suchen untereinander Nähe, trotz der Ferne, die zwischen ihnen ist, oder sie setzen Nähe voraus und vermeiden die Ferne, dass sie einander fremd werden und sich aus dem Blick verlieren.

Später, nachdem aus Menschen Werke geworden sind, wird versucht, in den Werken wieder die Menschen, die sie schufen, zu finden und zu erkennen, damit sich sagen lässt, als ginge das Gespräch um einen Nachbarn, »der« Hölderlin oder »der« Hegel, und fällt dann ein Satz, den sie schrieben, dann wird es heißen: Das kann nur der Hölderlin, das kann nur der Hegel gesagt und gedacht haben. Aus den vielen Buchstaben, die sie aufgeschrieben haben, soll der Geist wiedererstehen, der sie setzte, nicht nur ein Sinn und eine Bedeutung, die durch die Leser sickern wie Wasser, sondern eine Gestalt, eine Einheit, etwas in sich Geschlossenes, Gelungenes, das aussieht wie eine Art Buch, ein künstliches Gebilde.

Um diese Art Wiedererkennbarkeit durch den Buchstaben haben die beiden sich früh bemüht. Als sie in der Schule saßen und Lesen und Schreiben lernten, fädelten sie sich in eine Kultur ein, in der Gedichte, Romane, Theaterstücke, Aufsätze und Abhandlungen zu schreiben ein Beruf sein konnte, vorausgesetzt, dass gelesen wurde, was sie verfassten. Sie müssen ein gutes, nahes, ein vertrauensvolles Verhältnis zu den Buchstaben entwickelt haben, wie es nur entsteht, wenn das Lernen leichtfällt und wenn eine Innenwelt sich herausbildet, die sich wiedererkennt in diesen filigranen Gebilden auf dem Papier, die sie braucht, um sich darin zu finden wie in einem Selbstgespräch. Das Schreiben ist ein Weg zu sich selbst, und zur Welt. Andere haben Bilder gemalt, sich für Formen und Figuren, für Farben entschieden. Bei Hegel und Hölderlin gab es nie Irritationen über die Ausdrucksmöglichkeiten, keinen Wechsel vom Schreiben in die Musik, in die bildende Kunst, sie blieben bei dem, was sie als Kinder in der Schule gelernt hatten, beim Buchstaben, und traten ein in eine Welt, die aus Buchstaben gemacht war.

Auf diesen Übertritt werden sie unterschiedlich reagiert haben, je nachdem, wie eng sie mit der Natur verbunden waren. Hölderlin wuchs nicht in Stuttgart auf wie Hegel, sondern auf einem Dorf, in unmittelbarer Nachbarschaft mit Bäumen und Feldern. Er tauschte einen großen Reichtum an Farben, Düften, Bewegungen, Formen ein gegen den dürren, starren Zaun der Buchstaben, hinter dem die Welt, die sich dort verbarg, nur durch die eigene Einbildungskraft zum Leben erweckt werden konnte. Tal, Hügel, Flusslauf, Wiese und Wald verschwanden, und übrig blieben die Kammer, ein Schreibpult, Papier und sich hinziehende Zeilen aus Wörtern. Aus den Tagen draußen, unter freiem Himmel, wurden Tage der Versenkung hinter Mauern. Hegel wird diesen Wechsel besser ertragen haben, er tauschte Eindrücke, die kamen und schwanden, gegen ein Wissen, das blieb und in eine Ordnung gebracht werden konnte. Für jemanden, von dem es früh hieß, dass er ruhig und beständig war, musste dieser neue Ausblick verlockend gewesen sein.

Württemberg und etwas von der Welt drum herum

In Württemberg regierte Herzog Carl Eugen. Der Göttinger Physiker und Schriftsteller Georg Christoph Lichtenberg nannte ihn einen Wahnsinnigen. Der Herzog schnappte sich die jungen Frauen, wie es ihm gefiel, und setzte 150 bis 200 Kinder in eine Welt, die sich von ihm und seinesgleichen nicht zu befreien wusste.

Von 1770 an musste er seinen absolutistischen Drang zügeln. Die Landschaft, eine politische Institution, in der keine Adligen, sondern nur Bürger und Geistliche saßen, die auf die Geschicke des Landes Einfluss nehmen wollten, hatte ihn beim Reichshofrat in Wien wegen seiner ständigen Verfassungsbrüche verklagt und endlich recht bekommen. Der Herzog sah sich gezwungen, nachzugeben und die Schulden, die er gemacht hatte, zu begleichen. Er gab sich reumütig, als wollte er sich bemühen, ein guter Landesvater für seine Landeskinder zu sein, und gründete die Carlsschule, die später in den Rang einer Universität erhoben wurde und den Namen Hohe Carlsschule erhielt. Das Projekt hatte der Herzog auch aus eigennützigen Überlegungen ins Leben gerufen, er hoffte, aus den begabten Kindern seiner Untertanen, die er, auch gegen deren Willen, an die Schule zog, ein gut ausgebildetes Personal zu seinem eigenen Wohl und Nutzen zu machen.

Unter seiner Fuchtel lebten 650 000 Menschen, 15 000 davon in Stuttgart. Dort, im Haus mit der Nummer 1345 Auf dem Graben, heute Eberhardstraße 53, wurde Hegel am 27. August 1770 geboren. Hölderlin war seit dem 20. März unter den wenigen Bewohnern von Lauffen, acht bis neun Stunden Fußweg von Hegel entfernt, eine Stunde mit dem Auto heute. Die beiden führte nicht der Zufall einer Feier in der Stadt, eines Ausfluges auf dem Land zusammen. Dass sie sich kennenlernten, verdankten sie vor allem der Infrastruktur Württembergs, das die wachen Geister, wo immer sie sich zeigten, zu sammeln versuchte, um sie in Bahnen zu lenken, in denen sie der Gemeinschaft, auf deren Feldern sie entstanden waren, wieder zugutekommen konnten, eine Art intellektuelle Kreislaufwirtschaft.

Um Württemberg herum erstreckte sich eine weite Welt, die sich bemerkbar machte, Einfluss nahm und im schlimmsten Fall bewaffnet vor der Tür stand und durch das Land zog. Zu den unverhofften, gut ausgerüsteten ungebetenen Gästen wird eines Tages Napoleon zählen. Im Jahr 1770 ist er noch sehr weit weg von Stuttgart und Umgebung. Gerade ein Jahr alt, lebt er in Ajaccio auf Korsika bei seinen Eltern und döst in der Sonne durch den Tag. Erst einige Jahre später wird er auf etwas Großes warten, das in seinem Leben passieren muss, damit aus ihm ein bedeutender Mann werde. Das sind die Träume von Jungen. Den Mädchen kamen solche Wünsche, dass aus ihnen eine einflussreiche Frau werde, gar nicht in den Sinn. Im schlimmsten Fall träumten auch sie von einem großen Mann, an dessen Seite sie ihr Leben verbringen konnten.

Einhundertzwanzig Stunden Fußweg von Stuttgart entfernt, in Paris, lebte damals noch Jean-Jacques Rousseau, 58 Jahre alt, der Schriftsteller, dessen Abhandlungen über Kultur, Staat, Leben und Erziehung entscheidend dazu beitrugen, die alte Welt der Monarchien aus den Angeln zu heben, und der allen zeigte, dass Philosophen nicht nur analytische Köpfe sind, sondern auch empfindsame und empfindliche Seelen, durch die sie mit ihren Mitbürgern in ganz persönliche Verwicklungen, wie Verrat, Betrug und Verfolgungswahn, geraten können. Aber sollte deswegen ein Mensch aufgeben, der zu sein, der er war? Auf eine Wahrheit konnten sich im besten Fall alle verständigen, wenn sie sich ihrer Vernunft bedienten, aber die Wahrhaftigkeit eines Einzelnen war allein seine Sache, die es gegen die anderen zu bewahren galt. Am Ende eines Lebens, das ganz dem eigenen Herzen folgte und die Welt im Spiegel der eigenen Seele sah, standen deswegen *Bekenntnisse*. Hegel, der Rousseau schätzte und sich mit dem Muster eines Lebenslaufs begnügte, wie er bei Bewerbungen üblich war, hätte sich nie zu solch ausführlichen autobiographischen Eröffnungen hinreißen lassen. Hölderlin hat Rousseau eine Ode gewidmet, die mehr von ihm selbst, dem Traum vom einsamen Seher, der erkennt, was die Götter planen und die Zeit geschlagen hat, als von Rousseau verrät. Die letzten vier der hochgestimmten bekenntnishaften Strophen lauten:

Du hast gelebt! auch dir, auch dir
Erfreuet die ferne Sonne dein Haupt,
Die Stralen aus der schönern Zeit, es
Haben die Boten dein Herz gefunden.

Vernommen hast du sie, verstanden die Sprache
der Fremdlinge,
Gedeutet ihre Seele! Dem Sehnenden war
Der Wink genug, und Winke sind
Von Alters her die Sprache der Götter.

Und wunderbar, als hätte von Anbeginn
Des Menschen Geist, das Werden und Wirken all,
Des Lebens alte Weise schon erfahren

Kennt er im ersten Zeichen Vollendetes schon,
Und fliegt, der kühne Geist, wie Adler den
Gewittern, weissagend seinen
Kommenden Göttern voraus, [...]

Ebenfalls in der französischen Hauptstadt arbeitete im Jahr 1770 der Schriftsteller und Philosoph Denis Diderot, 57 Jahre alt. Er gehörte zum Zentralkomitee der Aufklärung und saß mit gleichgesinnten Kollegen an einer Enzyklopädie des Wissens. Noch schien es für einzelne Intellektuelle möglich, sich auf vielen Feldern der Praxis und der Theorie der gegenwärtigen Verhältnisse kundig zu machen und die Informationen zu einem verständlichen Artikel zu bündeln. Diese Erfahrung, dass die Welt begreifbar war, muss einen kritischen Geist beflügelt haben, es mit der Gesellschaft insgesamt aufzunehmen. Solange sie sich überschauen und verstehen ließ, erhielt sich die Hoffnung, sie mit den eigenen intellektuellen Kräften beeinflussen, sie lenken und in eine bestimmte Richtung steuern zu können.

Einer, der diese Hoffnung in rund zwei Jahrzehnten in die Tat umsetzen würde, war der zwölfjährige Maximilien de Robespierre, Stipendiat am Collège Louis Le Grand in Paris. Seine Mutter war vor sechs Jahren, 1764, im Kindbett gestorben, seinen Vater wird er in sieben Jahren verlieren. In der Revolution, die aus den von den Umwälzungen unmittelbar Betroffenen mehr, Schlimmes, Entsetzliches, Heroisches, herausholen wird, als sie glaubten, dass in ihnen stecke, wird aus ihm ein berühmter und gefürchteter Staatsterrorist, der dem Wahn, eine Gesellschaft wie Knete in der Hand nach seinen Vorstellungen formen zu können, zum Opfer fällt. Für alle Intellektuellen, Philosophen und Dichter wurde Robespierre zum zeitgenössischen Prototypen einer selbstgerechten, illegitimen Souveränität, die sich nicht, wie der Adel, wie die Monarchie, auf Blut und Abstammung, sondern auf einen autonomen, gemeinschaftsfernen Geist und seine Prinzipien gründete. Hölderlin und Hegel werden intensiv über die gemeinschaftsstiftende Kraft der Religion nachdenken, nachdem sie dem Tübinger Stift und der dort herrschenden Theologie den Rücken gekehrt haben. Sie sind nicht die Einzigen, die sich darüber Gedanken machen, mit welchen geistigen Mitteln eine neue, tragfähige Einheit im Volk hergestellt werden kann. Bei all diesen Konzepten schimmern die Erfahrungen, die mit der Französischen Revolution gesammelt wurden, am Horizont auf und verschlingen sich mit den entsprechenden philosophischen Problemen, die um Fragen der Moral, der Trennung von Ich und Natur, der Geschichtsphilosophie kreisen.

Der spätere König Ludwig XVI. heiratete am 16. Mai 1770 mit fünfzehn Jahren Marie Antoinette, die ein Jahr jünger war. Er dachte nicht im Traum daran, dass mit ihm in Frankreich eine Epoche zu Ende gehen, dass er Zeuge und Opfer von verheerenden Ereignissen sein würde. Das Königspaar wird in etwas mehr als zwei Jahrzehnten geköpft, und die Revolutionäre, die sie auf das Schafott gebracht haben, klatschen Beifall. Aberhunderte Franzosen sind in den revolutionären Unruhen und Exzessen zu diesem Zeitpunkt schon gestorben, aber erst jetzt, da der König und die Königin auf die Guillotine steigen mussten, reagierte das Europa der Adeligen und der Adel des Geistes einhellig und laut mit Entsetzen und Abscheu. Ein König mochte ein Mensch sein, aber nicht jeder Mensch war ein König. So weit im demokratischen Selbstverständnis waren die Geister in Europa noch nicht gekommen.

Einig waren sich die Europäer, vor allem Spanier, Franzosen, Engländer, Portugiesen und auch Deutsche, immer darin gewesen, dass sie die Welt erkunden, vermessen, erobern und ausbeuten dürften. Die Vorbereitungen dazu trafen die Entdecker und die Wissenschaftler, die mit der Mannschaft an Bord gingen. James Cook war am 26. August 1768 in See gestochen, auf seine erste Reise in die Südsee. Im April 1769 landete er auf Tahiti, am 29. April 1770 betrat er Australien. In Nordamerika begannen Franzosen und Briten damit, den Indianern systematisch, mit Gewalt und juristischen Tricks, das Land wegzunehmen. Die christlichen Siedler, die für sich wirtschaftlich keine Zukunft in ihrer Heimat sahen, und ihre gierigen Regierungen gingen dabei so geschickt, brutal und effizient vor, dass den Indianern Jahrzehnte später von dem riesigen Land nicht mehr übrig blieb als einige Reservate, in denen sie zusammengedrängt leben sollten. Der Handelsgeist, der ohne expansive Rationalität nicht siegreich gewesen wäre, und die nie zu befriedigende Gewinnsucht erschufen sich ihre eigene Welt der reinen Kalkulation und praktischen Kriege.

Herkommen und Kindheit

Bei Hölderlins Vater, Heinrich Friedrich, Klosterhofmeister in Lauffen, stockte das Uhrwerk des Lebens eines Tages völlig überraschend. Er starb 1772 mit 36 Jahren an einem Schlaganfall. Mit seinem Tod zog die Trauer in das Haus ein. Doch die Mutter, so schwer der Verlust auf ihr lastete, gab nicht auf. Sie hatte keine andere Wahl, sie musste weitermachen, schon wegen der Kinder.

Die Familie des zukünftigen Dichters, der ein hohes Alter erreichen wird, ein Jahr mehr als zwei Mal 36 Jahre, zwei Hälften eines Lebens, gehörte zur angesehenen Schicht der württembergischen Ehrbarkeit. Das Haus, in dem sie lebten, war groß, im Wohnzimmer schmückte Stuck die Decke, Porträts in Ölfarbe von Vater und Mutter hingen an der Wand, und im Keller lagerte Wein. Sie besaßen Land und einige Tiere. Die Bedingungen für einen guten Anfang waren erfüllt, dass aus einem Kind etwas wurde, da Hunger, Armut und Sorgen es nicht zu Boden drückten.

Die Mutter stammte aus einer Pfarrersfamilie, eine Mitgift, die für ihren ältesten Sohn noch leidvolle Folgen haben würde.

Der Vater hatte in Tübingen Jura studiert, wie schon der Großvater, der dem Sohn das Amt des Klosterhofmeisters übergab, als wäre es ein Unternehmen, das in der Hand der Familie bleiben sollte. Wäre der Vater länger am Leben geblieben, Hölderlin wäre ihm sicherlich in diesem Amt gefolgt und dann wäre aus ihm ein anderer geworden, er hätte Jura studiert, ein weltliches Fach, wie für eine gute Stellung im bürgerlichen Leben gemacht, und nicht Theologie, durch die er zu einem Diener ausgebildet werden sollte, zu einem Stein im Bau der im Land weithin sichtbaren und einflussreichen württembergischen Kirche.

Als der Vater starb, hinterließ er ein stattliches Erbe. Hölderlin hätte sich mit dem Anteil, der ihm im Alter von 25 Jahren zustand, eine gesicherte Existenz aufbauen können. Er hat sich aber das Geld von seiner Mutter nie auszahlen lassen.

Bereits Halbwaise, hat Hölderlin 1772, im Todesjahr seines Vaters, eine zweite Schwester bekommen, sie hieß Maria Eleonora Heinrike. Seine erste Schwester wurde 1771 geboren, sie hieß Johanna Christiana Friederica und war nach nur vier Jahren gestorben. Friedrich Hölderlin hat zwei weitere Vornamen erhalten, Johann und Christian. Auch Hegel hatte drei Vornamen.

Zwei Jahre nach dem Tod ihres Mannes wird die junge Mutter wieder heiraten. Ihr neuer Mann, drei Monate jünger als sie, war Kammerrat Johann Friedrich Gok, dessen finanzielle Ausstattung bescheiden war. Er wird etwas aufsteigen und als Dritter Bürgermeister von Nürtingen das Ende einer kleinen Karriere erreicht haben. Die Stadt war ein großes Dorf mit 2700 Einwohnern. In solch übersichtlichen Verhältnissen spielte die Gemeinschaft eine wichtige Rolle, jeder kannte in irgendeiner Form jeden, und sei es nur vom Sehen und Grüßen und vom Klatsch der anderen, und das Gefühl war da, eine Art öffentliches Leben zu führen, wo jeder wusste, wie es den anderen erging, ob sie fleißig und reich waren oder faul und arm, ob sie am Sonntag in die Kirche gingen oder krank im Bett liegen mussten. Der Pfarrer und das eigene Gewissen kontrollierten das innere Leben, die vielen Augen der kleinen Gemeinschaft das öffentliche. Dieser mal sanften, mal rigorosen Überwachung konnte ein Bewohner des Dorfes nur entkommen, wenn er in die Natur ging und sich dort seinen Eindrücken überließ, wenn er das Schwärmen lernte, mit dem sich die Pflichten und Ermahnungen für Augenblicke vergessen und vom Tisch wischen ließen.

Hölderlins Mutter zog mit den Kindern zu Gok nach Nürtingen. Bis dorthin waren es 13 Stunden Fußmarsch. Sie werden nicht gelaufen sein, sie sind mit einem Fuhrwerk gefahren, mit etwas, das rollte und von Tieren gezogen wurde. Das neue Paar hat sich dort ein großes Anwesen gekauft, den Schweizer Hof, mit dem Geld, das Hölderlins Mutter in die Ehe brachte.

Dem Stiefvater wurde im August eine Tochter geboren, die vier Monate später starb, und im Oktober 1776 ein Sohn geboren, Carl Christoph Friedrich Gok. Die Mutter war 28 Jahre alt. Sie wird eine entscheidende Rolle in der Familie gespielt haben, sie war Witwe, sie hatte zwei Kinder aus ihrer ersten Ehe, sie besaß mehr Geld als ihr neuer Mann und sie war etwas älter als er. Das waren gute Voraussetzungen, um darauf zu bestehen, wie etwas zu laufen hatte, um sich durchzusetzen. Der neue Ehemann soll ein von Herzen guter Mensch gewesen sein.

Hölderlin wurde im Jahr 1776 eingeschult. Die Mutter führte seinen Lebensplan. Es war ihr Kind, wer sollte ihr dazwischenreden und sie davon abhalten, aus dem Jungen das zu machen, was sie sich vorgenommen hatte, was sie für angemessen und sinnvoll hielt. Die Familie, aus der sie kam, die pietistische Tradition, in der sie aufgewachsen war, spielten bei ihren Plänen für den Sohn eine entscheidende Rolle, und sie konnte davon ausgehen, dass ihre Familie im Hintergrund bereitstand, ihr zu helfen, wenn sie Hilfe benötigte. Kontinuität im Sinne der

Familientradition war wichtiger als Wandel, Brüche, die nur eine Individualität, eigensinnige Wünsche pflegen würden.

Der Junge war folgsam und besuchte die Lateinschule in Nürtingen, er erhielt auch Privatunterricht, der ihn besser auf das Landexamen vorbereiten sollte, das er bestehen musste, damit er von einer der Klosterschulen aufgenommen wurde. Er hat von Anfang an viel lernen müssen, Dinge, die in seinen Augen sehr wenig Sinn machten, wie lateinische Vokabeln und lateinische Grammatik. Lernen hieß, sich in einem fernen und fremden Land zu bewegen, wohin täglich und aus eigenem Antrieb aufzubrechen keinem der Kinder, die hier in der Schule zusammensaßen und büffelten, eingefallen wäre. Die Welt der Erwachsenen, Unterricht, Gottesdienst, Ordnung, Pflichten, beten, lernen, aufräumen, gehorchen, war wie trockenes Brot. Später hat er von den Tagen seiner Kindheit, die er in der Natur, fern der Menschen, verbringen durfte, geschwärmt wie von einem Paradies, aus dem er mit dem Sündenfall der Schule und mit der Erziehung zum toten Wissen und zum bürgerlichen Leben vertrieben wurde.

Da ich ein Knabe war,
Rettet' ein Gott mich oft
Vom Geschrei und der Ruthe der Menschen,
Da spielt' ich sicher und gut
Mit den Blumen des Hains,
Und die Lüftchen des Himmels
Spielten mit mir.

Und wie du das Herz
Der Pflanzen erfreust,
Wenn sie entgegen dir
Die zarten Arme streken,

So hast du mein Herz erfreut,
Vater Helios! und, wie Endymion,
War ich dein Liebling,
Heilige Luna!

O all ihr treuen
Freundlichen Götter!
Daß ihr wüßtet,
Wie euch meine Seele geliebt!

Zwar damals rieff ich noch nicht
Euch mit Nahmen, auch ihr
Nanntet mich nie, wie die Menschen sich nennen,
Als kennten sie sich.

Doch kannt' ich euch besser,
Als ich je die Menschen gekannt,
Ich verstand die Stille des Aethers,
Der Menschen Worte verstand ich nie.

Mich erzog der Wohllaut
Des säuselnden Hains
Und lieben lernt' ich
Unter den Blumen.

Im Arme der Götter wuchs ich groß.

Hegel hatte eine Schwester, Christiane Luise, geboren im Jahr 1773, und einen Bruder, Georg Ludwig, geboren 1776. Der Bruder wird 1786 in die Hohe Carlsschule einrücken. Im Jahr 1776 zog die Familie um, es ging in die Rödersche Gasse, die später Lange Straße hieß. Nach einer Aufzeichnung seiner Schwester aus ihrem letzten Lebensjahr wurde Hegel mit drei Jahren in die deutsche Schule und mit fünf Jahren in die Lateinschule geschickt. Die Mutter soll eine Frau von Bildung gewesen sein, die ihren Sohn beim Lernen sehr förderte. Hegel war in der Schule erst nur unter den Besten, aber dann immer der Klassenbeste. Als er acht Jahre alt war, bekam er von einem Lehrer Shakespeares Werke geschenkt. Darauf, dass Herder mit Shakespeare unter dem Arm bei ihm vorbeikam, musste er nicht warten. Mit fünfzehn schrieb er ein Tagebuch, teilweise auf Latein. Er macht darin einen ruhigen und gefestigten Eindruck, er ließ sich für ein Urteil Zeit und verstand sich selbst zu beobachten. Im Tagebuch verzeichnet er am 5. Juli 1785 eine Liste der Bücher, die er sich aus den Beständen eines verstorbenen Lehrers kaufte. Es sieht so aus, als sei hier jemand am Werke, der schon in jungen Jahren seine Welt ordnet, der gerne nachdenkt, nicht ins Blaue hinein, sondern so, dass der Gedanke einen Nutzen hat, eine Erkenntnis zutage fördert. Den Erkenntnisgewinn betrieb er wie eine Art Spiel, was ihm nur gelingen konnte, wenn das Denken ihm nicht schwerfiel, wenn es ihm Spaß machte. Am Sonntag, den 3. Juli 1785, notierte er: »Auf dem Rükweg eines Spazirgangs stellen wir besonders ich (daß doch die Eigenlibe gleich ins Spiel muß) den Satz auf; Jedes Gute hat seine böse Seite (offt minder offt mehr, nach Verhältnis des Guten). Und wendeten diesen Satz bei jedem Tritt an. R. der auch mit war, ging um ein anderes Ek als wir; es war weiter; wie wir ihn gegen uns kommen sahen, warteten wir; nun sagte einer; was dises Warten und Aufhalten im Weg an sich gutes habe sehe er nicht ein. Wir antworteten: Wenn wir fortgeloffen wären, hätte einer fallen oder einen nicht guten Gedanken haben können. Recht Stoisch!«

Hegels Vater, 1733 geboren, arbeitete als Sekretär bei der herzoglichen Rentkammer, seine Mutter, Maria Magdalena Louisa Hegel, geborene Fromm, war neun Jahre jünger als ihr Mann. Auch Hegel hätte, wäre es nach ihm gegangen, Jura studiert, ein traditionelles Fach, mit dem sich ihm alle Aussichten geboten hätten, in der sozialen Schicht zu bleiben, in die er hineingeboren wurde. Die Mutter wollte offenbar mehr als eine Bestätigung bestehender Verhältnisse durch ihren Sohn, mehr als eine Wiederholung des Gleichen. Ein gebildeter Mensch muss in ihren Augen nicht nur eine Freude, sondern auch ein Versprechen gewesen sein, dass er mehr aus sich machen konnte, als die Verhältnisse ihm vorgaben, in denen er aufwuchs. In diesem Wunsch, in dieser Hoffnung, in diesem Ehrgeiz lebte der Traum der Frauen nach, aus den Zimmern entfliehen zu können, in die sie als Ehefrauen ihr Leben lang gebannt waren. Phantasie und Bildung waren geheime Treppen, über die eine Frau für Stunden dem Reich der häuslichen und ehelichen Pflichten entkommen konnte. In der *Phänomenologie des Geistes* schreibt Hegel trostlos traditionell über Mann und Frau: »... die Frau bleibt der Vorstand des Hauses und die Bewahrerin des göttlichen Gesetzes ... Der Mann wird vom Familiengeiste in das Gemeinwesen hinausgeschickt und findet in diesem sein selbstbewusstes Wesen ...« Bei allem Widerspruchsgeist, der ihn beflügelte, bei aller Neigung zur Negation und zur Aufhebung des Bestehenden, war Hegel, wenn es um Fundamente der bürgerlichen Existenz ging, Staat, Gesetz, Ordnung, Familie, ein Traditionalist, der nichts unnötig infrage stellte, im Gegenteil, er bemühte sich, das Überkommene, Bewährte zu festigen, so wie er ja auch ein großer Freund von gesichertem Wissen, vom Fortschritt der Vernunft war.

Hegel und Hölderlin waren intellektuell und künstlerisch keine Anarchisten, keine Revolutionäre ohne Plan, und bei allem Extremismus, dem sie nachgaben und dem sie huldigten, standen sie auf einem festen Bodensatz von Annahmen, Voraussetzungen, Vorgaben, die das ausmachten, was sich der Grundstock ihrer Existenz nennen ließ, bei dem Gefühle, Stimmungen, etwas, das nicht zu hintergehen war, eine entscheidende

Rolle spielten und sie in ihrer Individualität, ihrer Eigenart verankerte. Dazu gehört ihre Familiengeschichte, jenes Dickicht aus Affekten und Beziehungen, das nicht zu entwirren ist und in geheimer und unkontrollierbarer Weise im Gemüt wuchert.

Vom Geist drinnen und draußen

Die Einbildungskraft schlief nicht, Wünsche, Ängste und Bedürfnisse hielten sie wach und trieben sie voran. Die Welt war, verglichen mit dem intellektuellen Innenleben, das sich mit Andeutungen und Schemen zufriedengeben konnte, plastisch, laut und präsent, und die Phantasie konnte nicht so tun, als bliebe sie davon unberührt, als könnte sie sich ihr entziehen. Der Tag, der die Sinne provozierte, sickerte in sie hinein, wie Regen durch ein undichtes Dach, und sie wuchs, wie in eine zu große Jacke, die sie anziehen musste, in die natürlichen und künstlichen Vorgaben, in die Traditionen hinein, in die Formen, Sitten und Bräuche eines Landes, durch die sie geprägt wurde. Nicht überall wurden dieselben Witze gemacht, nicht überall war der Humor gleich.

Einer der großen geistreichen und komischen, originellen und verblüffenden Romane jener Jahre war Lawrence Sternes *Leben und Ansichten des Tristram Shandy, Gentleman*, der 1767 vollständig auf Englisch vorlag, die erste deutsche Übersetzung folgte 1774. Die poetische Freiheit, die sich Sterne nahm, um einen Roman zu schreiben, in dem sich das Leben selbst, sobald es davon anfing, seine Geschichte zu erzählen, immer wieder ins Wort fiel, war neu, großartig und begeisternd. Das Buch war eine verführerische intellektuelle Lockerungsübung, auch für Dichter und für Philosophen, sich der Regeln und Vorschriften ihres Fachs, die nur zu einer falschen Ordnung führten, zu entledigen und auf diese Weise der Unordnung des Lebens eine Chance zu geben, dass sie zu Wort käme. Wenn Hölderlin dieses Buch gelesen hat, wird es auf ihn keinen bleibenden Eindruck gemacht haben, und Hegel, der es gelesen hatte, bewahrte die bedächtige Vernunft, die königlich daherschritt wie bei einem Empfang, vor den einfallsreichen stilistischen und intellektuellen Freiheiten, die in diesem Roman das Sagen hatten.

Henry Fieldings Roman *Tom Jones. Geschichte eines Findelkindes* erschien im englischen Original 1749, die deutsche Übersetzung kam 1771 auf den Markt. Auch hier schien das Leben von sich selbst nicht genug bekommen zu können, es weigerte sich, in einer Geschichte Unterschlupf zu finden, die den Eindruck machen könnte, es habe sie einer fest in der Hand. Die Welt, vor allem in einer explodierenden Großstadt wie London, war dabei, den Menschen, die vor die Tür traten und sich umsahen und eben noch über Feld und Wiese im Glanz der Morgensonne ihren Blick hatten schweifen lassen, über den Kopf zu wachsen. Dort draußen herrschte jenes Durcheinander, das viele in ihren Köpfen spürten und mit sich herumtrugen. Die Systematik der wissenschaftlichen Philosophie, wie sie Hegel vorschwebte, wird mehr den Gesetzeswerken der bürgerlichen Gesellschaft gleichen, dem Ideal und den Regeln sozialen Funktionierens, wie die Stufenlogik mittelalterlicher philosophischer Gedankengebäude dem filigranen, hoch aufstrebenden Bau gotischer Kathedralen ähnelte.

Der schottische Philosoph David Hume, den Hegel gelesen hat, bei Hölderlin ist es unklar, war sich sicher, dass der Geist, statt von sich aus Vorgaben zu machen und mit Ideen zu protzen, wie ein Magen war und erst einmal etwas in sich aufnehmen musste, um es verarbeiten zu können. So dachte nur einer, der sich von der Welt nicht abwandte, sondern in ihr tätig wurde und im Laufe der Zeit genug von ihr gesehen und genug in ihr gewirkt hatte, um davon ausgehen zu können, dass nicht nur die individuellen Eindrücke, sondern auch die allgemeinen Gewohnheiten eines Volkes das Denken und Fühlen beeinflussen. Hume schrieb eine mehrbändige Geschichte Großbritanniens, die ihn berühmt machte und zu Wohlstand kommen ließ, und einflussreiche philosophische Werke, in denen seine Lebenserfahrungen die Feder führten, einen *Traktat über die menschliche Natur*, 1740, *Eine Untersuchung in Betreff des menschlichen Verstandes*, 1748, und *Eine Untersuchung über die Prinzipien der Moral*, 1751. Für angehende Philosophen, für Geister, die sich über sich selbst und alles, was sie nicht waren, orientieren wollten, gehörten diese Bücher zu jenen Schriften, an denen schwer vorbeizukommen war, wenn die Gedanken, die sie sich machen wollten, gewitzt und scharf sein sollten.

Auch der schottische Historiker Adam Ferguson musste die Erfahrung gemacht haben, dass es sinnvoll sei, sich erst in der Welt umzusehen, bevor darüber gesprochen wurde, da etwas nie alleine, für sich, sondern nur im Verbund mit anderen existierte. Er sah eine neue Gesellschaft entstehen, die vom Eigentum und von Klassen geprägt wurde und in der jeder sich bemühen musste, den herrschenden Gewohnheiten und den etablierten Institutionen zu folgen und sich nach seinen Erfahrungen, nach Erfolg und Irrtum zu richten, wenn er nicht scheitern und untergehen wollte. Im Jahr 1776 erschien sein *Versuch über die Geschichte der bürgerlichen Gesellschaft*. Auch Hegel wird in seinen Vermittlungsbemühungen alle seine intellektuellen Kräfte daransetzen, dass der Einzelne nicht aus dem Rahmen fiel, sondern sich mit dem Allgemeinen versöhnte. »Das Ganze«, heißt es in der *Phänomenologie des Geistes*, »ist ein ruhiges Gleichgewicht aller Teile und jeder Teil ein einheimischer Geist, der seine Befriedigung nicht jenseits seiner sucht, sondern sie in sich darum hat, weil er selbst in diesem Gleichgewichte mit dem Ganzen ist.«

Angesichts der avancierten Theorie der bürgerlichen Gesellschaft von Adam Ferguson machte die Französische Revolution den Eindruck einer rabiaten Notlösung für ein Land, das in seiner sozialen und politischen Entwicklung zurückgeblieben war und gleichsam mit einem Ruck Anschluss an die entstehende Moderne suchte, in der sich eine bürgerliche Gesellschaft würde frei entwickeln können, uneingeschränkt von königlicher Machtfülle und adeligen Machenschaften. In London, wo die Industrialisierung mit großen Schritten voranstürmte, hatten die griechischen Götter wenig Chancen, für ihr altes Griechenland erfolgreich zu werben. Die Aussichten dafür waren in den deutschen Provinzen weitaus besser, in denen Ideale auf abgeschiedenen Lichtungen, zwischen Tälern und Hügeln, Platz genug fanden, um sich ungestört festsetzen und ausbreiten zu können. Die letzte Strophe von Hölderlins sehnsuchtsvollem Klagegedicht »Griechenland« lautet:

Mich verlangt in's beß're Land hinüber
Nach Alcäus und Anakreon,
Und ich schlief' im engen Hause lieber,
Bei den Heiligen in Marathon!
Ach! es sei die letzte meiner Tränen,
Die dem lieben Griechenlande rann,
Laßt, o Parzen, laßt die Scheere tönen!
Denn mein Herz gehört den Toten an.

Die Einsicht, dass es schwer war, ja unmöglich sein würde, aus alten Zeiten und fremden Ländern Ideen und Vorstellungen unmittelbar in die Gegenwart zu übernehmen, hatte Montesquieu nahegelegt, vor allem gerade denen, die noch nicht gemerkt hatten, dass die Dinge des Lebens im Fluss waren und alte Ideale dort eingehen würden, wo sie nicht aus ihrem natürlichen Boden emporgewachsen, sondern nur in fremde Erde eingetopft worden waren. In seinem Buch über den *Geist der Gesetze*, das 1748 erschien, hatte er gezeigt, wie groß der Einfluss der Sitten und Bräuche, des Klimas und der Geographie auf die politische Struktur einer Gesellschaft war. Die Welt, wie er sie darstellte, machte den Eindruck, als sei sie alles andere als eintönig, sie war reich an Varianten und voller Eigenarten, die einen Menschen zum Kind seiner Zeit und seines Volkes werden ließen. Die Vermutung lag nahe, dass jene, die in der deutschen Provinz geboren wurden, provinziell bleiben würden, auch und gerade dann, wenn sie versuchten, ihren Provinzialismus dadurch zu überwinden, dass sie sich in die Sphären allgemeiner Wahrheiten und allgemeiner Ideale emporschwangen.

Ein Schriftsteller machte damals die Zeitgenossen entweder nervös oder glücklich, das war Rousseau, der Zivilisationskritiker, der unermüdlich davon erzählte, dass die Gesellschaft, wie er sie erlebte, in eine Sackgasse geraten sei und die Menschen auf diesem Weg ihr Bestes, ihre Natürlichkeit, ihre wahren Empfindungen, ihren Gemeinschaftsgeist, ihr gleiches Recht auf Glück verloren hätten. Aus diesem fortgeschrittenen Stadium des Untergangs konnten nur eine neue Regierung, eine neue Gesellschaft und eine neue Erziehung helfen. Von Rousseau lagen auf Französisch vor die *Abhandlung über den Ursprung und die Grundlagen der Ungleichheit unter den Menschen* von 1755, sie erschien nur ein Jahr später auf Deutsch, *Vom Gesellschaftsvertrag oder Prinzipien des Staatsrechts* von 1762 und *Emile oder über die Erziehung*, ebenfalls 1762 erschienen. Hegel und Hölderlin waren begeistert. Bei ihm fanden die beiden Studenten der Theologie eine bewunderte Mischung aus analytischer politischer Kraft, visionärem kulturellem Drang und poetischer Empfindsamkeit. Hier schrieb ein Intellektueller, der zwischen allen Stühlen saß, der die sozialen und politischen Grundfesten der Gegenwart und Grundüberzeugungen der Aufklärung infrage stellte, der die Geschichte nicht unter dem Zeichen fortschreitender Wissenschaft verbuchen wollte, sondern als Abfall von einem unschuldigen Ursprung der Menschheit verstand, dem im biographischen Lauf eines jeden Menschen der Verlust der Schätze, wie sie die Kindheit bereithielt, entsprach. Sein Entwurf der Zukunft stand auf der Vorstellung einer neuen Einheit des Volkes, gehalten von neuen religiösen Kräften, Riten und Festen, die den Gemeinschaftsgeist formten und von ihm getragen wurden, ohne den jede Gesellschaft wieder in sich bekämpfende Gruppen zerfallen würde. Die Vernunft, die hier das Steuer hielt, war ein notwendiges soziales Band und kein philosophisches Konstrukt, das von der Religion nichts wissen wollte. Für die beiden Theologen, die mit der traditionellen Theologie und den politischen und sozialen Zwängen der Gegenwart haderten, ging von dieser Aussicht, in der sich Vernunft und Religion in einer neuen Unschuld vereinten, eine große Anziehungskraft aus.

Und in Deutschland? Verstreut im Land brannte Licht, hier lachte einer auf, dort kratzte gleichmäßig eine Feder übers Papier, ein Kreuz hing über dem Bett, und ein Stich von einer griechischen Göttin lenkte vom Denken ab. Madame de Staël hat in ihrem Buch über Deutschland den Schrecken beschrieben, der sie durchfuhr, als sie nach der Französischen Revolution das erste Mal deutschen Boden betrat und die verlorenen und geduckten Häuser sah, dunkel und voller Rauch, in denen die Einsamkeit und das Schweigen zu Hause waren. Es regnete und es war neblig. Für eine junge Frau, die die Geselligkeit der Pariser Salons von klein auf genossen hatte, war dieser erste Eindruck von Deutschland niederschmetternd, und ihre ganze Hoffnung richtete sich darauf, mit lebendigen großen Geistern, vor allem mit Goethe, zusammenzutreffen.

Hamann, der Königsberger Expressionist unter den deutschen Klassizisten, wusste aus eigener Erfahrung, was es bedeutete, von Gott erleuchtet zu werden, und bereitete seinen Lesern, die sich gerne die halbe Wahrheit von der Kanzel sagen ließen, statt selbst auf die ganze christliche Wahrheit zu kommen, einige Schwierigkeiten mit seinen *Sokratischen Denkwürdigkeiten* von 1759 und seinen *Kreuzzügen eines Philologen* aus dem Jahr 1762, deren Stil schon, eine Mischung aus philosophischen Aphorismen und dunkler Poesie, zeigte, dass hier ein philosophierender Christ etwas sagen wollte, das sich im Tageslicht der Vernunft und der Geschäfte, die sich mit Blick auf höhere Dinge nicht so gut abwickeln ließen, nicht von allein verstand, dass der Mensch sich selbst ein von Gott gegebenes Rätsel war.

Teile von Klopstocks *Messias* lagen im Jahr 1770, als Hegel und Hölderlin auf die Welt kamen, vor, ein monumentales Werk in Versen, ein Epos aus zwanzig Gesängen, das in den Ohren junger Dichter, zu denen Hölderlin zählen wird, wie das Meer vor den griechischen Küsten rauschte und schwappte. Die Schüler bekamen davon eine Art rhythmischen Ohrwurm und legten sich die Illusion zu, dass Deutschland, auch wenn es in viele souveräne Einheiten zerfleddert war, die den Aktionsradius ihres patriotischen Eifers einschränken würden, poetisch reif für neue Helden sei, die irgendwie aussehen würden wie die schönen alten Griechen. Diesen Kurzschluss verdankte die Einbildungskraft Johann Joachim Winckelmanns *Gedanken über die Nachahmung der griechischen Werke der Malerei und Bildhauerkuns*t, die 1755 veröffentlicht wurden, sowie seiner *Geschichte der Kunst des Altertums*, die 1764 folgte. Mit diesen beiden Büchern hielten die sportlichen, kriegerischen, muskulösen Griechen und ihre wie Siegestrophäen idealer Körpermaße aussehenden Frauen ihren gefeierten Einzug in der deutschen Provinz. Die Köpfe der aufgeschreckten und neugierigen Gastgeber wandten sich darauf nach Italien, wo die Ausgrabungen antiker Schätze stattfanden, und nach Griechenland, wo die Originale standen und ein Volk gelebt hatte, von dem sie, ohne jemals dort gewesen zu sein, schwärmten, seitdem sie in der Schule griechische Vokabeln gelernt hatten und griechische Philosophen und Dichter lasen. Auch zu ihnen gehörte Hölderlin aus Lauffen, der nie nach Berlin kam, nach München, London, Kopenhagen, Rom, Venedig, Amsterdam oder gar nach Athen. Einmal würde er Paris sehen.

Der junge Herder, der seine Nase im Wind trug, mochte nicht länger zusehen, wie der deutsche Geist sich in die lateinische Sprache pressen musste, und hatte gegen diese Einschränkung des Eigenen in den Jahren 1766 und 1767 *Fragmente über die neuere deutsche Dichtung* veröffentlicht. Der Geist eines Volkes und seiner Dichter, erklärte er, würde am besten in der eigenen Sprache zu seinem adäquaten Ausdruck finden. Konsequent wäre es dann gewesen, so zu schreiben, wie das Volk redete. Aber so weit ging Herder nicht, dass er sich mit einem Elementarunterricht begnügt hätte. Er hielt, wie die meisten Intellektuellen, an dem Vorsatz fest, wer das Volk über sich selbst aufklären, wer es zu sich selbst bringen wolle, der müsse zu Mitteln greifen, die über das Volk hinausgingen. Wurden nicht auch Religionen von Einzelnen gestiftet, von einer Gruppe von Priestern bewahrt, und kulminierte nicht der Geist einer Zeit im Werk eines Originalgenies, das aus der Masse des Geschriebenen, Gesprochenen und Gedachten, das sich über den Tag hinaus nicht hielt, herausragte wie ein einsamer Berggipfel? Jede Pädagogik, auch jene, die sich das Wohl des Kindes auf die Fahnen schrieb, blieb Erziehung des Kindes nach den Ideen von Erwachsenen. Kein Kind hatte bei seiner Erziehung ein Wort mitzureden.

Der Klassizimus der Kunst war wie ein Nebel, der die Wirklichkeit einhüllte. Lessing wünschte sich dagegen wahres, bürgerliches Leben auf der Theaterbühne. Aus dem Boden stampfen ließen sich die entsprechenden Dramen nicht, aber er konnte als Kritiker dafür sorgen, dass die Regeln und Vorstellungen davon, was und wie gespielt werden sollte, einem neuen, regenerierten Bühnenleben nicht im Wege standen. Die deutsche Literatur hing fest in den klassischen französischen Seilen. Deutschland war ein Land, das kein einig Land war, sondern Stückwerk, ohne eine Hauptstadt wie Paris, wo alle lebten, die Rang und Namen hatten, und wohin jene liefen, die Rang und Namen sich zu erkämpfen oder zu ergattern hofften. Lessings Drama *Miß Sara Sampson* war 1755 in Frankfurt an der Oder uraufgeführt worden, sein Lustspiel *Minna von Barnhelm* 1767 in Hamburg. Das »bürgerliche Trauerspiel«, so lautete der Untertitel von *Miß Sara Sampson*, ließ das Publikum weinen, eine Reaktion, die bis dahin in den Theatersälen nicht vorgekommen war. In den folgenden Jahrzehnten bemühte sich Lessing, drei Dinge, die sich auszuschließen schienen, Geschichte, Wahrheit und Offenbarung, zu verbinden und ein aufgeklärtes Verständnis der unterschiedlichen Religionen gegen die theologischen Dogmatiker durchzusetzen, die nur einen einzigen Weg der Erlösung akzeptierten. Er wird dieses intellektuelle Problem des Glaubens poetisch und analytisch behandeln, im Drama *Nathan der Weise*, in den Freimaurergesprächen *Ernst und Falk* und in der Schrift *Die Erziehung des Menschengeschlechts*. Und schließlich, als hätte er nicht einfach ins Grab sinken können, ohne wie eine Figur auf einem unsichtbaren Schachbrett noch einmal gezogen zu werden, kam es zu einem folgenreichen Treffen, er lernte den Philosophen aus dem Rheinland, Friedrich Heinrich Jacobi, kennen, eine Begegnung, die eine große intellektuelle Wirkung auf die Zeitgenossen haben sollte, als Jacobi darüber ein kleines Buch schrieb, später, nachdem Lessing am 15. Februar 1781 gestorben war.

Ein bürgerlicher, realistischer, rationaler Sinn war geweckt, auch in der Philosophie. Kant sah von Königsberg aus ins große Ganze, *Der einzig mögliche Beweisgrund zu einer Demonstration des Daseins Gottes* wurde 1763 veröffentlicht, die *Träume eines Geistersehers, erläutert durch Träume der Metaphysik* kamen 1766 heraus. Der Philosoph steckte intellektuell sein Terrain ab, so wie Kaufleute die Geschäftsgrundlagen ihres Unternehmens klären müssen, bevor sie loslegen. Er ertrug keine Unordnung, weder im Leben, das er führte, noch im Kopf, der ihn leitete, er war von schwächlicher Gesundheit und musste sich schonen, ein kleiner dünner Mann mit schiefen Schultern, der beim Spazierengehen lieber allein war, weil er Angst hatte, sich eine Erkältung zuzuziehen, wenn er draußen im Wind in ein Gespräch gezogen würde, wie ein hypochondrischer Buchhalter, der seine Sinne durch einen Schluck Wein nicht verwirren mochte, damit er den Zahlenkolonnen, die auf ihn warteten, weiterhin gewachsen war. Kein Geschäft war auf Dauer erfolgreich ohne ordentliche Rechnungsführung.

In den *Träumen eines Geistersehers* wies Kant seinen Zeitgenossen Emanuel von Swedenborg und mit ihm alle Metaphysiker zurecht, die vor sich hin plapperten über Dinge, über die sie, meinte Kant, nichts wissen konnten. Der Schwede Swedenborg war ein Theosoph, der über die Grenzen seines Landes hinaus mit seinen mystischen Fähigkeiten Staunen, Verwunderung und Empörung erregte. Alle Geschichten, die über ihn im Umlauf waren, sagte Kant, seien Ammenmärchen. Er hielt nichts von Ausflügen in ein Reich, das keiner, der unter den Lebenden weilte, betreten konnte. Nur die Toten konnten in das Reich der Geister gelangen. Swedenborg behauptete, er könne Ereignisse voraussehen und er wisse über Dinge Bescheid, die anderen, auch und gerade wenn sie bei Vernunft seien, verschlossen blieben. Das hörte sich an wie ein intellektuelles Adelsdiplom und in den Ohren von Kant wie eine Kampfansage.

Wenn es ums Denken ging, war Kant ein Demokrat. Er dachte, dass die Welt des ordentlichen Geistes grundsätzlich für alle zugänglich sein müsse. Vernunft und Verstand waren in seinem

Verständnis eine demokratische Angelegenheit, die Macht des Volkes lag im Reich des Geistes, über den jeder verfügte, der bei Sinnen war, in der Erkenntnis der Wirklichkeit. Das Denken hielt Vernunft, Verstand, Erfahrung und Anschauung fest in der Hand wie die Zügel von Pferden, die den Wagen der Erkenntnis durch die Wirklichkeit ziehen sollten. Wenn genug Verstand und Vernunft vorhanden waren, dann würde jeder, der sich anstrengte, genauso weit kommen wie sein Nachbar, mochte dieser auch, wenn er Immanuel Kant hieß, für eine Weile einige Schritt voraus sein. Kant zu lesen hieß, beherzt und mit offenen Augen auf seinen Spuren gehen, ihm aus freien Stücken nacheilen, als ginge er auf Wegen, die für alle zugänglich, die öffentlich waren, um dann, am Ende der Abhandlungen, mit ihm auf einer Höhe zu sein. Doch war, wer ihm folgte, nicht nur einen Weg gelaufen, den er von alleine, aus eigenen Kräften nie eingeschlagen hätte? Die Einheit der Geister, wie Kant sie herstellte, indem er von der Freiheit des Denkens ausging, war die unmittelbare Folge der Einsicht in die Notwendigkeit der Schritte, die Kant machte. Auf der Strecke dorthin, wo der Geist sich selbst zu gewinnen schien, verlor er seine Idiosynkrasien, seine individuellen Marotten, seine subjektiven Formate. Das Denken war, kaum war es frei von der Last theologischer Ansprüche, von selbstgerechten Beschränkungen und selbstbewussten Übertreibungen, auch schon wieder eingebunden in die strenge Logik der Argumente, die für alle gelten sollte und ihnen eine Art Landkarte ihres Geistes in die Hand drückte, an die sie sich in ihrem intellektuellen Leben halten sollten. Konnte, wer diese Karte nicht besaß, davon ausgehen, dass er sich im Geist, im Denken, das er doch im Tiefsten sein Eigen nannte, auskannte?

Als Hegel und Hölderlin geboren wurden, lag bei ihnen zu Hause wahrscheinlich keines der Bücher herum, welche die intellektuellen Zeitgenossen bewegten. Ganz auf die Höhe der Gedanken ihrer Zeit waren die beiden erst in ihren Studienjahren in Tübingen geklettert. Damals erging es ihnen wie den meisten neugierigen Altersgenossen, die sich durch die intellektuellen Berge der Vergangenheit arbeiten müssen, bis sie in der Lage sind, zu sehen und zu verstehen, was an der Zeit ist, die sie ihre Gegenwart nennen. Das ist das schwierigste Unterfangen der Jugend, herauszufinden, wo sie steht, was sie wollen kann und muss, wie und was im Augenblick von einigen Jahren, die Generationen bündeln, gedacht wird. Nur wenn das gelingt, ist ein bewusstes zeitgenössisches Leben möglich. Die beiden Studenten mussten sich neben ihrem Studium, in dem sie vor allem mit den Werken der nahen und fernen Vergangenheit und ihrer arrivierten Lehrer bekannt gemacht wurden, in ihre Zeit hineinarbeiten und versuchen, sich mit ihr auf eine sinnvolle Weise zu verbinden. Diese lockere, kritische Symbiose war, wenn sie gelang, ein geistig erfülltes Leben. Der andere Weg, wenn einer in den Archiven der Vergangenheit stecken blieb und nicht auf eine Höhe mit seiner Zeit kam, bedeutete, intellektuell gesehen, ein Scheinleben, ein von der Gegenwart abgewandtes Winkeldasein zu führen, starre Bildung statt lebendiges Bilden. Hölderlins Gedicht »Zeitgeist« beschreibt ein Zagen und Bangen vor den turbulenten und wirren, übermächtigen und lauten Anforderungen der Zeit und ein Zweifeln und Hoffen, ihnen eines Tages gewachsen zu sein, ihnen zu genügen:

> Zu lang schon waltest über dem Haupte mir,
> Du in der dunkeln Wolke, du Gott der Zeit!
> Zu wild, zu bang ist's ringsum, und es
> Trümmert und wankt ja, wohin ich blike.
>
> Ach! wie ein Knabe, seh' ich zu Boden oft,
> Such' in der Höhle Rettung von dir, und möcht',
> Ich Blöder, eine Stelle finden,
> Alleserschütt'rer! wo du nicht wärest.

Lass' endlich, Vater! offenen Aug's mich dir
Begegnen! hast denn du nicht zuerst den Geist
Mit deinem Stral aus mir gewekt? mich
Herrlich an's Leben gebracht, o Vater! –

Wohl keimt aus jungen Reben uns heil'ge Kraft;
In milder Luft begegnet den Sterblichen,
Und wenn sie still im Haine wandeln,
Heiternd ein Gott; doch allmächt'ger wekst du

Die reine Seele Jünglingen auf, und lehrst
Die Alten weise Künste; der Schlimme nur
Wird schlimmer, daß er bälder ende,
Wenn du, Erschütterer! ihn ergreifest.

Hegel hat in der *Phänomenologie des Geistes* in einem auch psychologisch kühnen Satz das Hadern verworfen, das Zaudern, die Angst vor der Entscheidung, die zur Handlung drängt, durch die allein ein Mensch seiner Zeit und sich selbst zeigt, wer er ist: »Das Individuum kann daher nicht wissen, was *es ist*, ehe es sich durch das Tun zur Wirklichkeit gebracht hat.« Woher aber weiß ein Individuum, was es tun soll, wenn es noch nicht bei sich ist, weil es ja noch nicht gehandelt hat? Hegel löst den Widerspruch, indem er das Interesse, das ein Individuum an etwas findet, als Ausdruck seiner ursprünglichen Natur versteht. Wer dichtet, interessiert sich für Dichtung, weil er ein Dichter und wer philosophiert, interessiert sich für Philosophie, weil er ein Philosoph ist. »Was es sei, das es tut und ihm widerfährt, dies hat es getan und ist es selbst; es kann nur das Bewusstsein des reinen Übersetzens *seiner selbst* aus der Nacht der Möglichkeit in den Tag der Gegenwart, des *abstrakten Ansich* in die Bedeutung des *wirklichen* Seins und die Gewißheit haben, daß, was in diesem vorkommt, nichts anderes ist, als was in jener schlief.« Die Folgerung ist für alle fatal, die, wie Hölderlin, an sich leiden, die sich selbst ausgeliefert sind und in Zwängen und Illusionen verharren: »Das Individuum kann also, da es weiß, daß es in seiner Wirklichkeit nichts anderes finden kann als ihre Einheit mit ihm oder nur die Gewißheit seiner selbst in ihrer Wahrheit, und daß es also immer seinen Zweck erreicht, *nur Freude an sich erleben.*« Ein Blick auf die Mitmenschen in den Straßen und beim Therapeuten zeigt, dass diese Freude nicht so weit verbreitet ist, wie sie müsste, wäre dieser Satz von der Freude am Leben richtig. Von Hegel aus gesehen, müsste auch der Selbstmordkandidat sich über sich freuen, wenn er sich in den Fluss stürzt.

Irre schwierig

Meine Tochter kommt und fragt mich, was ich mache, und ich sage, ich lese. Ich sage nicht, dass ich nur manchmal so tue, als würde ich lesen. Ihr das zu erklären wäre zu kompliziert. Sie will wissen, was ich lese, und ich sage: Hegel. Darauf schüttelt sie den Kopf und geht, aber nicht ohne zu wiederholen: Hegel, als müsste sie sich den Namen einprägen, um irgendwann, wenn ihr Vater nicht mehr aus seinem Zimmer herauskommt, sagen zu können, das war wegen Hegel.

Sie hat mich nicht zum ersten Mal gefragt, was ich lesen würde, und ich habe ihr nicht zum ersten Mal gesagt: Hegel. Das geht schon eine Weile so zwischen uns, es ist eine Art Ritual, sie kommt ins Zimmer, ich weiß, was sie fragen wird, und sie weiß, was ich antworten werde. Und doch tun wir jedes Mal so, als würden wir uns überraschen lassen wollen.

Hin und wieder sage ich einen anderen Namen, zur Abwechslung, aber wenn ich einen anderen Namen erwähne, möchte sie wissen, wer das ist, warum ich das Buch lese und was drinsteht. Sie lässt mir nicht viel Zeit, ihr zu erklären, um was es geht, ich muss es in wenigen einfachen Sätzen sagen, die im besten Falle etwas mit ihrem Leben oder den Gedanken, die sie sich macht, zu tun haben.

Das ist der Vorteil mit Hegel, über ihn habe ich ihr schon alle Fragen, die sie stellte, beantwortet, so gut es ging, was aber, glaube ich, nur dazu geführt hat, dass ihr nicht geheuer ist, warum ich Hegel lese, was das soll, was das bringt. Mir ist das auch nicht in jedem Augenblick geheuer, aber das sage ich ihr nicht, genauso wenig wie ich ihr verrate, dass ich manchmal nur in das Buch schaue, ohne darin zu lesen, oder dass ich darin lese, aber nicht sofort verstehe, um was es genau geht. Ich lese die Wörter, aber die Sätze, die sie bilden, ergeben für mich nicht immer einen Sinn.

Dennoch mag ich das Buch nicht zur Seite legen, ich bin voller Zuversicht, dass der Schein des Verstehens, der sein Recht behauptet, weil mir die Wörter nicht fremd sind, irgendwann den erhofften Sinn, ihr verstecktes Sein preisgeben wird. Ich taste mich an einem großen schwarzen Vorhang entlang und suche die Lücke, durch die ich auf die Bühne gelangen kann, in eine andere Welt, in die keiner gelangt, der sich nicht darum bemüht.

Es ist nicht wie bei einer Theateraufführung, bei der irgendwann der Vorhang sich von alleine heben wird, und dann liegt die Bühne im Licht, und nichts hindert den Zuschauer daran, zu sehen, was dort oben passiert, und darauf ein lachender oder weinender Teil dessen zu werden, was sich jetzt vor seinen Augen ereignen wird, auch wenn es anfangs ein wenig dauern mag, bis sich herausgestellt hat, um was es genau geht, wer dieser und jener Mann, diese und jene Frau sind und was sie miteinander zu schaffen haben.

Hegel ist schwierig, das wissen alle, die Hegel gelesen oder zu lesen versucht haben. Er ist dunkel, so wie für uns Erdbewohner die von uns abgewandte Seite des Mondes, von der sich mit Bestimmtheit nur sagen lässt, dass es sehr schwer ist, in diesem Augenblick, da er von oben leuchtet, dahinter zu kommen.

Der englische Antipsychiater David Cooper, der einen langen Bart hatte und 1986 in Paris starb, begann in den Sechzigerjahren des letzten Jahrhunderts damit, Irre und den Irrsinn, den sie verbreiteten, ernster zu nehmen, als das vielen seiner traditionell klinisch denkenden Kollegen angemessen und vernünftig zu sein schien. In der Sprache der Verrückten fand er Wörter, die aus einer tiefen seelischen Region kamen und in den normalen Gesprächen der Gesunden mit ihren Nachbarn, irgendwelchen Verkäufern und Behördenmitarbeitern, keine Rolle spielten, aber manchmal, wenn sie Sex machten, wie ein Echo aus unerschlossenen fernen Bereichen auftauchten.

Auch der dunkle Hegel wirkt auf Geist und Gemüt erregend, solange das Gefühl vorherrscht, dass es bei ihm um einen selbst geht. Hat ein Leser ihn verstanden, dann wird er, glaubt er, auch sich selbst besser kennengelernt haben.

Cooper meinte, beim Orgasmus würden zwei Menschen sich durch den anderen kennenlernen, sobald sie Vertrauen zueinander gefasst hätten. Keiner würde sich bemühen, Hegel zu verstehen, hätte er nicht das Vertrauen, dass es dabei um etwas Wichtiges und Entscheidendes ginge und dass er dahin, ihn verstanden zu haben, gelangen kann, wenn er sich geistig anstrengt und Hegel einfach folgt, woher auch immer dieser Vertrauensvorschuss kommen mag, vielleicht von Gerüchten, dass Hegel sehr bedeutend, von Überlieferungen, dass er einer der größten und einflussreichsten Philosophen sei. An so einem geht keiner vorbei und tut so, als sei er nicht da. Das hieße ja, sich selbst nicht ernst zu nehmen.

Und Hölderlin?

Das ist ein Kapitel für sich. Sein Gedicht »Lebenslauf«, in der zweiten Fassung, lautet:

Größers wolltest auch du, aber die Liebe zwingt
All uns nieder, das Laid beuget gewaltiger,
Doch es kehret umsonst nicht
Unser Bogen, woher er kommt.

Aufwärts oder hinab! herrschet in heil'ger Nacht,
Wo die stumme Natur werdende Tage sinnt,
Herrscht im schiefesten Orkus
Nicht ein Grades, ein Recht noch auch?

Diß erfuhr ich. Denn nie, sterblichen Meistern gleich,
Habt ihr Himmlischen, ihr Alleserhaltenden,
Daß ich wüßte, mit Vorsicht
Mich des ebenen Pfads geführt.

Alles prüfe der Mensch, sagen die Himmlischen,
Daß er, kräftig genährt, danken für Alles lern',
Und verstehe die Freiheit,
Aufzubrechen, wohin er will.

Das hörte sich so an, als habe hier ein Mensch den Unterschied erfahren zwischen der irdischen Wirklichkeit seines Lebens und den himmlischen Möglichkeiten der Freiheit, die wie ein Stern vor ihm leuchten und ihn in Versuchung führen. Was bleibt, ist die Erkenntnis, dass keiner sich selbst entkommt, dass er dem Boden, aus dem er entwuchs, verhaftet ist, wenn er sich nicht verliert. Wer sich nicht in die Bahnen, die die Tradition, die Geschichte, die Gemeinschaft vorgeben, einfügt, der geht ein Risiko ein und muss damit rechnen, dass er seine Kräfte, Neues zu wagen, falsch eingeschätzt hat, dass er scheitern wird. Die Liebe, die ihn zu sich selbst zurückzwingt, ist das umfassende Gefühl, immer ein Teil von einem Ganzen zu bleiben, nie allein zu sein. Mit ihr kommt die Einsicht, dass alles, was wächst und gedeiht, einem Gesetz folgt, in dem Freiheit und Notwendigkeit, Wille und Schicksal, Ideal und Wirklichkeit sich auf ungeklärte Weise zusammenfügen. Die Bahn des Geistes bei Hegel und die Bahn des Lebens bei Hölderlin, zwei spiralförmige Bewegungen, die aus einem ähnlichen religiösen Impuls angestoßen wurden, führen, auf der Ebene der Vollendung, zu jenem Ursprung zurück, in dem Anfang und Ende eins sind.

Was die Großen tun: Herder, Goethe, Schiller, Kant

Noch ist Zeit, noch sind die beiden, Hegel und Hölderlin kleine Kinder, sechs Jahre alt, wenn auch schon der Tod aufgetreten ist und früh den Ernst des Lebens hat spüren lassen, früher, als es wünschenswert gewesen wäre. Sie laufen auf ein intellektuelles Feld zu, das sich damals, als sie Lesen und Schreiben übten, herausbildete und auf dem sie sich in fünfzehn Jahren bewähren müssen. Es ist nicht sehr groß, und diejenigen, die dort ihre Plätze eingenommen haben, wachen darüber, ihren Einfluss nicht zu verlieren, den zu erringen sie Zeit, Arbeit und Nerven gekostet hat. So viele gute Stellen für freie Geister in der schwachen bürgerlichen Gesellschaft gibt es nicht, und so viele Talente und Originalgenies braucht das Land nicht, in dem es keine umfassende staatliche Bildungsanstrengung, keine Bildungspolitik gibt. Ein talentierter Geist kommt in der Kirche, bei einem Fürsten unter, der andere kann versuchen, etwas Eigenes, ein Projekt, ein Geschäft, auf die Beine zu stellen und dafür Geld zu rekrutieren, eine Zeitung, eine Schule, alles gewagte Unternehmen, die einen Schwärmer, der sich nur in den Büchern gut auskennt, in den Konkurs treiben können. Irgendwann im Laufe ihres Studiums, als den beiden klar wurde, dass sie nicht Pfarrer werden wollten, müssen sich Hegel und Hölderlin gefragt haben, was aus ihnen werden soll, wie sie Geld verdienen wollen. Die Angst, dass sie es nicht schaffen würden, sich eine Stelle in der Arbeitswelt zu ergattern, irgendwo im Berufsleben unterzukommen, muss ihnen im Nacken gesessen haben, und es wird nicht nur ihren herausragenden Geistesgaben, sondern auch einer gewissen Ignoranz und Selbstsucht, einer latenten Disposition zum intellektuellen Wahn zu schulden sein, wenn sie dabei die Ruhe bewahrten, die sie für ihr Werk brauchten, das sie gegen die Restriktionen der fürstlichen und der aufkommenden bürgerlichen Welt erschufen.

Anfang Oktober 1776 erreichte Herder mit seiner Frau und seinen beiden Söhnen Weimar. Er trat hier die Stelle eines Generalsuperintendenten und Oberpfarrers in der Stadtkirche an und konnte aufatmen. Eine religiöse Krise lag hinter ihm, aus der er im Glauben gefestigt erstanden war. Er predigte gerne und warf sich jetzt mit Engagement in die Amtsgeschäfte. Er wollte seine Arbeit, die ihn und die Familie ernährte, gut machen.

Weimar war für einen Intellektuellen nicht der schlechteste Ort, um sich niederzulassen. Herder litt dennoch bald unter der Enge der kleinen Stadt, in der jeder jeden kannte. Dieses intensive Gemeinschaftsleben muss das Bedürfnis, nach den täglichen Geschäften in Gedanken abzutauchen, forciert haben. Seine Schrift *Über den Ursprung der Sprache* erschien 1771, drei Jahre später lagen der erste Teil seiner Untersuchung über die *Älteste Urkunde des Menschengeschlechts,* über die Bibel, vor, der zweite Teil folgte 1776 sowie seine Abhandlung *Auch eine Philosophie der Geschichte zur Bildung der Menschheit,* in der er die vergangenen Epochen der Geschichte rehabilitierte, er löste sie aus der Vorstellung, dass sie nur Vorstufen einer überlegenen Gegenwart seien, in der der Fortschritt der Geschichte gipfelte, der sich durch dunkle in helle Zeiten vorangearbeitet habe. Jede vergangene Epoche trug ihren eigenen Wert in sich, sie war mehr als ein Kettenglied und musste an ihren eigenen Werten und Kriterien gemessen werden. Der Gang der Geschichte, wie Herder ihn sah, glich der Entwicklung eines Lebewesens, das, im Wachstum begriffen, Stufen durchlief, die nicht zur nächsten führen würden, hätte sich in früheren Zeiten nicht verwirklicht, was ihr Geist und ihre Eigenart war. Ein Kind war kein unvollkommener Mensch, der erst als Erwachsener zu sich finden würde, sondern ein Mensch, aus dem nur dann ein Erwachsener werden würde, wenn er als Kind zu sich selbst gekommen war. Die Art und Weise, wie der historische Ort, an dem ein Mensch stand und dachte, von ihm bestimmt wurde, prägte sein Verständnis dessen, was ein Mensch sei. Optimisten des Fortschritts, die in der Vergangenheit nur finstere Zeiten sahen, setzten ihre Hoffnung auf die Aufklärung des Verstandes und auf die Abschaffung der Religion. Wer die Vorzüge des Fortschritts zu schätzen wusste, aber nicht blind für die Verluste war, die er mit sich brachte, der warf nicht gleich alles über Bord, was die Fahrt der Geschichte zu behindern schien. In Zeiten des Umbruchs kam keiner, der ein Gefühl für seine Gegenwart entwickelt hatte, drum herum, sich Gedanken über die Geschichte zu machen, über jenen ungeheuren Prozess, der irgendwann begonnen hatte und irgendwohin steuerte, der Glück und Tragödien vor sich her wälzte und von Menschen beobachtet, manchmal geformt, aber meistens erlitten wurde.

Herder, der nebenbei noch zahlreiche Aufsätze publizierte, hätte zufrieden sein können, war es aber nicht. Später wollte er oft weg aus Weimar und von den Ämtern, die er sich aufgeladen hatte, er träumte von einer Professur, von Tagen des ungestörten Lesens und Schreibens, aber er schaffte den Absprung nicht und blieb in der Stadt Goethes hängen. Wieland mochte ihn. Herders Geist aber, sagte Wieland, sei ihm zu groß und zu herrlich, er dachte, dass er ihm unterlegen sei. Nur Goethe, schrieb Wieland an Jacobi, könne diesem tiefen Geist Herders Paroli bieten und Nahrung geben. Goethe, das war schon viel, die höchste Klasse, und war doch für ihn, Herder, offenbar nicht genug, kein Glück. Es gab zwischen ihnen Spannungen, und dass Neid auf den Günstling des Herzogs dabei eine Rolle spielte, ist nicht auszuschließen. Wenn die Karrierechancen vieler Anwärter gebündelt in einer fürstlichen Hand liegen, können die Abhängigen nur hoffen, dass despotische Macht und eine auf Gerechtigkeit, das heißt auf die gerechte Verteilung der materiellen Ressourcen zielende Rationalität sich nicht ausschließen.

Herder wusste aus eigener Erfahrung und hatte sich darin von Hamann bestätigt gefunden, dass Gefühle und Empfindungen, Seele und Stimmung von viel größerem Einfluss und tieferem Gehalt waren, als die sturen Verfechter der Vernunft und des Verstandes, allen voran der Königsberger Philosoph, wahrhaben wollten. Beide, Herder und Hamann, fühlten sich in den begrifflichen Systemen und Labyrinthen der Rationalität nicht gut aufgehoben. Sie entsprachen nicht ihrem Wesen, ihren Erfahrungen. Hamann wird Kant kritisieren, Herder wird Kant kritisieren, und beide, Hamann noch stärker als Herder, werden, wenn sie schreiben, auch wild, ausufernd und dunkel sein, suchend, ahnend, deutend, von der Intuition getrieben, die sie die schweifende, bildhafte und schöpferische Poesie loben und ehren ließ.

Einer, der erfuhr, dass Goethe in Weimar die Fäden zog, war Jakob Michael Reinhold Lenz. Sein Theaterstück *Der Hofmeister oder Vorteile der Privaterziehung* war 1774 erschienen, zusammen mit den *Anmerkungen übers Theater.* Dann setzte er sich an das Drama *Die Soldaten*. Er musste gedacht haben, dass er ein Dichter sei und dass er ein Dichter bleiben sollte. Lag es nicht nahe, zu Goethe nach Weimar zu gehen? Im April 1776 kam er mit der Postkutsche aus Erfurt angefahren und wurde gut aufgenommen. Doch nur wenige Monate später, im November, drängte ihn Goethe aus der Stadt. Lenz habe, schrieb Goethe, eine Eselei begangen. Was auch immer es war, in Goethes Augen war die Eselei nicht zu entschuldigen. Goethe wusste, was er wollte, und er wollte, dass in Weimar die Sache für ihn gut lief. Er kannte die Regeln, die Normen und Vorschriften, und er bemühte sich, sie einzuhalten und sie nicht zu überschreiten. Auf andere Weise ließ sich der gewünschte Erfolg in dem Weimarer Kreis, der sich um den Herzog drehte, nicht erreichen und bewahren. Die deutsche Provinz zeigte sich von ihrer unerbittlichen Seite.

Goethe glänzte, er machte Karriere und stürzte jene, die sich vergeblich anstrengten, als Dichter sich am Leben zu erhalten, in kalte Bewunderung oder tiefe Depression. Er wurde Geheimer Rat, Kammerpräsident, Aufseher des Bauwesens, Direktor der Zeichenakademie, Präsident des Kriegskollegiums, Hofpoet, zuständig für die kulturellen Vergnügungen, er war Schauspieler, Tänzer, ein »Faktotum«, wie Herder an Hamann schrieb, ein Aufsteiger und Herrscher über Reim, Kunst und Geschmack. Hegel hat Goethe bewundert, allein die Konstanz und Systematik von Goethes Lebenskonzept, der Aufbau eines Reichs aus einem Mittelpunkt heraus, muss ihn beeindruckt haben. Dafür brauchte ein Mensch Ruhe und eine gute, auf Bewahrung der eigenen Kräfte gerichtete Selbsteinschätzung. Beides fehlte Hölderlin, der seine Hoffnungen, dass ihm einer seiner Schriftstellerkollegen helfe, als Dichter zu überleben und Anerkennung zu finden, auf seinen Landsmann Schiller richtete.

Aus Straßburg in seine Heimatstadt Frankfurt am Main zurückgekehrt, hatte Goethe als Advokat gearbeitet, mehr gut und recht als mit Begeisterung. Im Jahr 1773 erschien sein Schauspiel *Götz von Berlichingen mit der eisernen Faust,* mit dem in der deutschen Literatur begann, was dann als Sturm und Drang bezeichnet wurde. Das Drama war, auch wegen seiner derben Sprache, ein Affront gegen die Theaterkonventionen, es hielt sich nicht an die übliche Einheit von Zeit, Ort und Handlung, sondern zerstreute sich an zahlreiche Schauplätze. Im Jahr darauf schrieb er in wenigen Wochen *Die Leiden des jungen Werther*. Das Buch, im Herbst 1774 veröffentlicht, war ein Riesenerfolg, auch für die deutsche Literatur. Goethe wurde als ein Held der jungen Herzen gefeiert, musste aber auch heftige Kritik einstecken. Theologen wie Lavater oder Pastor Goeze beschimpften das Buch, es sei unchristlich, weil es den Selbstmord verherrliche. Bei der zweiten Ausgabe von 1775 setzte Goethe vor den zweiten Teil ein versöhnliches warnendes Motto: »Sei ein Mann und folge mir nicht nach.«

Von nun an ging es mit ihm steil bergauf, als wären *Die Leiden des jungen Werther* eine Initiation gewesen, der Übergang vom Leben und Sehnen eines jungen Mannes in die Welt der Erwachsenen, in der nur überlebte, wer die eigene seelische Überfülle in Formen, vorgegebene und zu erschaffende, zu fassen verstand. Im November 1775 traf er in Weimar ein, er trat in die Dienste des Herzogs, der acht Jahre jünger war. Weimar hatte 6 000 Einwohner.

Dem jungen Schiller erging es schlecht, er musste, da sein Vater Offizier war, gegen seinen und gegen den Willen seiner Eltern 1773 in die Carlsschule in Stuttgart eintreten, auf Wunsch des Herzogs von Württemberg, dem nicht widersprochen werden durfte. Zuerst studierte er an der Militärakademie Jura, zwei Jahre später wechselte er das Fach und widmete sich der Medizin. Der Herzog wollte tüchtige Untertanen heranziehen, die einen sinnvollen Beruf ausübten. Schiller hörte auf das Gesetz in ihm, auf das, was Neigung hieß im Gegensatz zur Pflicht und sich zu einem Lebensbedürfnis auswachsen konnte. Im Jahr 1776 begann er mit der Arbeit an den *Räubern*. Der erste

Schritt in das gefährliche Gebiet der Kunst war gemacht. Durch dieses Theaterstück über Freiheit und politischen Wahn wird sich sein Leben radikal verändern.

Hegel und Hölderlin werden nicht zu den Aufmüpfigen gehören, zu denen, die sich in jungen Jahren mit dem Herzog anlegen und das Land fliehen müssen. Sie sind als Schüler und Studenten brave Landeskinder, Mitläufer, Nutznießer des württembergischen Ausbildungssystems. Hölderlin wankt, er wäre manchmal gerne wilder, ein junger Rebell. Hegel fällt auf dem Gymnasium durch seinen Fleiß auf. Er lässt sich durch Umsturzideen nicht irritieren.

Und Kant? Kant las, schrieb, hielt Vorlesungen, unermüdlich und unverdrossen. Er saß seit Jahren an der Niederschrift der *Kritik der reinen Vernunft*, die Arbeit zog sich hin. Freunde wunderten sich, was mit ihm los sei, warum er die ganze Zeit schweige und nichts veröffentliche. Er hatte sich Großes vorgenommen, er wollte zeigen, was der Verstand konnte und wie und warum es ihm gelang, und die Grenzen der Vernunft abstecken. Er wusste, dass er an einem Buch saß, das eine neue Epoche einleiten würde. Eitel und überheblich war er nicht, er sah die Sache, die er betrieb, nüchtern. Seine Gedanken, davon ging er aus, würden für seine Zeitgenossen wichtig sein, sie mussten sein Werk unbedingt lesen. Im Grunde ging es alle Menschen an, auch wenn das, was er zu sagen hatte, nicht von allen verstanden würde, weil es zu schwierig für sie war, weil sie keine Zeit und Muße zur Lektüre hatten und weil sein etwas schwerfälliger Stil es seinen Leser nicht leicht machte, seinen Gedanken zu folgen. Einige würden ihn verstehen, und mit dieser Aussicht mochte sich ein Professor der Philosophie zufriedengeben, der in einer Ständegesellschaft lebte, in der nicht jeder beruflich machen durfte, was er wollte. Die Vernunft war im Grunde eine Illusion, ein leeres Potenzial, ein anthropologisches Konstrukt, das am Leben erhalten wurde, obwohl ihren wortgewandten Verfechtern klar war, dass zu ihrer vollständigen Ausbildung und ihrem souveränen Einsatz Fähigkeiten gehörten, über die nicht jeder Mensch verfügte. Aber sollte Kant sich darauf konzentrieren, nur über Dinge nachzudenken, die tatsächlich und allen nachvollziehbar für jeden wichtig waren, wie soziale Gerechtigkeit, politische Freiheit, Bildung für alle? Solche Themen offenherzig zu behandeln wäre riskant gewesen. Er war ein Professor für Philosophie und damit für andere Gebiete zuständig, für Geist, Ethik, Ästhetik und Geschichtsphilosophie. Hegel, nachdem er es zu einer Professur in Berlin gebracht hatte, zu Amt und Würden, hat sich öffentlich auch nicht mit Ideen beschäftigt, die ihn in Konflikt mit der Regierung hätten geraten lassen. Er hielt keine Vorlesungen über das moralische Recht, sich gegen soziale Ungerechtigkeit zu wehren, oder darüber, warum die Mehrzahl der Bevölkerung nicht in den Genuss einer wissenschaftlichen Ausbildung gelangte, wenn doch die Wissenschaft, wie er selbst zu behaupten nicht müde wurde, der Königsweg zum Verstehen der Welt war. Und Hölderlin? Er wich der Rationalität, dem Trübsinn und Elend der aufkommenden bürgerlichen Gesellschaft aus und flüchtete sich in die Heimat, in die geographischen Signaturen eines Geistes, der nicht jedem Einwohner das Geheimnis verriet, wer er sei.

In der viel beschworenen Blütezeit des deutschen Geistes um 1800 tricksten sich die Geister selber aus, indem sie einwilligten und sich damit zufriedengaben, einen der vorgegebenen Berufe als Lebensgrundlage zu suchen, Dichter, Philosoph, Historiker, Physiker zu werden. Sie unterwarfen sich freiwillig den tradierten Formen des Wissens und deren Inhalten, die sie in den einzelnen Fächern finden und dann selbst annehmen würden. Philosophen entstanden, weil sie philosophische Bücher lasen und schrieben, Dichter entstanden, weil sie die Werke von Kollegen lasen und eigene danebenstellten. Die Professionalisierung des Geistes, seine Aufsplitterung in Fachbereiche und die Konkurrenz seiner Höhenflüge waren ein Produkt der Notwendigkeit, einen Beruf zu ergreifen, und der Möglichkeit, dies auf einem erweiterten intellektuellen Feld zu versuchen. Dass Hegel sich noch einen Überblick über mehrere Fächer zutraute, gebot ihm seine Philosophie, deren Idee von Vernunft es mit der ganzen Welt aufnehmen musste, von der er selbst kaum etwas gesehen hatte. »Die Vernunft ist die Gewißheit, alle *Realität* zu sein«, wird es in der *Phänomenologie des Geistes* heißen. Bei allen intellektuellen Problemen, die um 1800 auftauchten und Philosophen wie Dichter herausforderten, es muss ein vehementes Ausdrucksbedürfnis bestanden haben, ein Reservoir an Trieb, Drang und Kraft, aus dem geschöpft werden konnte, als es um die aktuellen Fragen ging, und das sich nicht mit der Lösung dieser Fragen erfüllte. Nur wenige, gemessen an der Bevölkerung Deutschlands, waren an diesen Diskussionen beteiligt. Sie flammten auf, dann glommen sie nieder und erloschen, und das, was zurückblieb, wurde ein Gegenstand der historischen, der fachspezifischen Forschung, zu deren Aufgaben gehörte, unter der Asche nach einem Funken Glut zu stöbern, nach immer noch aktuellen Fragen und Problemen, die nur ein Abglanz sind von jenem Trieb, jenem Drang und einer Kraft, die einst nach Worten gesucht hatten, als sei so schwer zu verstehen, dass es kein Verstehen geben konnte, das sich selbst verstand. Die beiden wussten es, und dieses Wissen machte aus den Dialogen, die sich eine Weile an der Oberfläche der Zeit hielten, Monologe, die heute noch, wie ein Blick in die Landschaft, eine Botschaft an den Betrachter zu richten scheinen. Aber sicher sind wir nicht und können es auch nicht sein, dass wir richtig gehört haben.

Die Weite der neuen und die Enge der alten Welt

Im Jahr 1775 brachte das Schiff von James Cook den jungen Georg Forster wieder zurück nach England. Er hatte eine Weltreise hinter sich, eine Erfahrung, die den jungen Mann für sein Leben prägen würde, er blieb, auch wenn er manches Mal von der Not getrieben wurde, beweglich, hellhörig für Neues, tatendurstig und neugierig. Im Sommer 1772 waren er und sein Vater an Bord gegangen und nach Neuseeland, Tahiti und zu den Osterinseln gefahren. Die Welt war so reich an Formen, Sitten und Geistern, dass sie sich nicht unter einen Hut bringen lassen würden.

Der von seinen Eindrücken überwältigte Georg Forster setzte sich an die Niederschrift einer Reisebeschreibung, die 1777 auf Englisch veröffentlicht wurde. Aus dem Stand zeigte er seine große schriftstellerische Begabung. Die vielen Beobachtungen kündeten von Erscheinungen, die kaum einer, der das Buch las, jemals mit den eigenen Augen sehen würde. Wer aus den deutschen Kleinstaaten nicht herauskam, der senkte seinen sehnsuchtsvollen Blick in Romane und Reisebeschreibungen. Einige Jahre später lag eine vollständige deutsche Fassung vor. Wieland war begeistert, und Alexander von Humboldt fand in Georg Forster sein Vorbild, wie sich Reisen und Schreiben verbinden ließen.

Auf der anderen Seite des Atlantiks, in Nordamerika, war 1775 der Unabhängigkeitskrieg ausgebrochen, den die neuen amerikanischen Provinzen gegen das britische Mutterland führten. Graf Friedrich II. von Hessen-Kassel, gewissenlos und korrupt wie viele seines Standes, verkaufte in großen Mengen seine Untertanen als Soldaten an Großbritannien. Sie wurden nach Amerika eingeschifft, damit sie dort in den Kampf gegen dic aufsässigen Kolonisten zogen, die von Frankreich mit Waffen unterstützt wurden. Ein Jahr später wurde die Unabhängigkeitserklärung verabschiedet, die Vereinigten Staaten von Amerika waren entstanden, ein Land ohne Könige und Fürsten, das Europa zeigen konnte, ob und wie gut eine Gemeinschaft funktionierte, die ihre Geschäfte selber in die Hand nahm. Zum ersten Mal erlebten die Zeitgenossen unmittelbar und aus der Ferne, wie eine Gesellschaft sich nach ihrem eigenen Willen und ihrer eigenen Vorstellung formte, ohne dabei an landesübliche Traditionen und Herrschaftsverhältnisse gebunden zu sein.

In dem Buch des Schotten Adam Smith über den *Wohlstand der Nationen*, das 1776 erschienen war, konnte jeder nachlesen, wie die Ökonomie der bürgerlichen Gesellschaft funktionierte, wenn es ihr gelungen war, sich aus den Zwängen des Merkantilismus zu befreiten. Das Werk, das Freiheit für die Wirtschaft zum Wohle aller forderte, war in der alten europäischen Welt der adeligen Herrscher, die sich überall mit Geboten, Gesetzen und Bestimmungen in das Zusammenleben einmischten, eine Provokation. Das Buch wurde sofort ins Deutsche übersetzt, von einem Vetter Schillers. Auch der Buchhändler Christian Grave aus Breslau hat es übersetzt. Grave würde sich als Philosoph, der in einfachen Worten zu sagen versuchte, was die traditionell schwierig und schwerfällig schreibenden Philosophen dachten, vor allem Kant, noch einen Namen machen. Als Kants *Kritik der reinen Vernunft* erschien, schrieb Grave die erste Rezension.

In Deutschland träumten Intellektuelle davon, wie sie sich nützlich machen konnten, ohne einen unmittelbar nützlichen Beruf zu ergreifen. Es musste etwas sein, das sie nicht zwang, das Reich der Worte zu verlassen und das höhere Wissen zu verraten, das sie angehäuft hatten. In seiner *Deutschen Gelehrtenrepublik* von 1774 legte Klopstock, kaum dass er glaubte, mit dem *Messias* fertig zu sein, den gebildeten Eliten die Regierungsverantwortung in die Hände. Die Fürsten, die nur Krieg und Not über ihre Untertanen brachten, mussten in dem ausgedachten Staat abdanken, das Volk durfte bleiben – was wäre eine Regierung ohne Volk – und auf bestimmten Ebenen, die seinem geistigen Zustand Rechnung trugen, mitreden.

Bis zur Ausrufung einer Gelehrtenrepublik konnte viel Zeit vergehen. Intellektuelle, die ihre Hände nicht in den Schoß legen und abwarten wollten, mussten andere Pläne und Projekte fassen. Der junge Herder, der dank seines Verstandes und seiner Bildung früh zur geistigen Elite zählte, hatte sich 1767 in Riga entschlossen, neben seiner Arbeit als Lehrer an der Domschule die Stelle eines Predigers anzunehmen, in der Hoffnung, etwas Kultur unter die ungebildeten Menschen zu bringen und auf diese Weise wohltätig zu wirken. Er verstand sich als Volkserzieher. Das Wort »Demopädie«, Volkserziehung, hat er sich einfallen lassen, es gab der Sache, die ihm vorschwebte, einen antiken, klassischen, notwendigen Zuschnitt. In seiner Begeisterung über die neue Aufgabe, die nicht nur dem Volk guttun würde, sondern auch ihm selbst eine sinnvolle Arbeit versprach, schrieb er gleich einen Aufsatz über den Redner Gottes.

Die Erziehung des Volkes beschäftigte auch Hegel und Hölderlin, als sie vor der Frage standen, was aus ihnen, zwei jungen Männern mit einer theologischen Ausbildung und intellektuellen Ambitionen, werden sollte. Bevor sie sich an die Aufgabe wagen konnten, mussten sie klären, wie und was dem Volk erzählt werden sollte, und vor allem warum. Sinnvoll wäre auch gewesen, wenn sie sich darüber Gedanken gemacht hätten, wer gemeint war, wenn vom Volk die Rede war. Die Frage war nicht einfach zu lösen im Heiligen Römischen Reich deutscher Nation, das in zahlreiche selbstständige Herrschaftseinheiten zerfiel und von unzähligen Grenzen durchfurcht war. Im Grunde war dieses Deutschland das genaue Gegenbild der jungen amerikanischen Nation, die in einem, von Europa aus gesehen, geschichtsleeren Land entstanden war, dessen ursprüngliche Bewohner schnell vertrieben und ausgerottet waren, und nicht in einem Gebiet, das von Traditionen überwuchert war, sodass es unmöglich war, einen freien Schritt zu machen, einem Gedanken freien Lauf zu lassen, ohne auf Vorschriften und Vorgänger, Sitten und Satzungen, Gesetze und alte Geschichten zu stoßen. Wer etwas in Deutschland verändern wollte, so viel war klar, der musste sich entweder durch das Dickicht der Vergangenheit arbeiten oder er wischte es mit einem Schwung vom Tisch. Die letzte Option aber hätte bedeutet, eine Revolution der Verhältnisse auszurufen. Wer hätte sich dazu bereitgefunden, wer hätte das gewollt? Hegel nicht und Hölderlin nicht. Die meisten derjenigen, die im Zuge der Französischen Revolution einen Umsturz im eigenen Land planten, landeten im Gefängnis oder kamen in Kämpfen um, wenn sie sich nicht außer Landes retteten und im Exil starben. Es sah, gerade auch im Hinblick auf die Ereignisse in Frankreich, wo bald ein neuer Herrscher sich die Kaiserkrone aufsetzen würde, so aus, als würde ein Volk seiner Geschichte nicht entkommen, so wenig wie ein Mensch seiner einmal eingeschlagenen Lebensbahn, seinem inneren Gesetz. Die Freiheit, über die damals so heftig diskutiert wurde, entpuppte sich, historisch gesehen, als Wahl zwischen Möglichkeiten, die in Wahrheit einer tieferen Notwendigkeit entsprangen. Was auch geschah und geschehen sollte, es musste als Folge dessen gesehen werden, was geschehen war. Nichts entstand aus dem Nichts, und nichts war je alleine, immer nur in Beziehung zu etwas anderem, sodass der Gedanke nahelag, dass alles, was war und sein würde, sich entfaltete aus einer Einheit, die sich dem Denken so lange verschloss, wie es glaubte, einen Anfang setzen zu müssen, von dem aus alles sich entwickelte, als würde ein Faden ausgespannt werden. Für Hölderlin und Hegel blieb am Anfang nur das Wort, ganz im Sinne des Johannesevangeliums. Die Welt kam zur Sprache, war erscheinender und sich selbst verstehender Geist, der sich um die Grenzen der Vernunft, die Kant meinte aufgezeigt zu haben, nicht scherte.

Schwierigkeiten mit Hegel

Meine Tochter sagt, sie könne neben sich stehen und habe dann Angst, nicht wieder zu sich zurückzufinden, was ihr bisher immer gelungen ist, glücklicherweise.

Im Supermarkt treffen wir manchmal auf Verrückte, die mit ihren Betreuern unterwegs sind. Wenn sie an der Kasse warten, beginnt einer von ihnen zu krähen wie ein Hahn, und eine andere muht wie eine Kuh, so laut, dass die Verkäufer an der Käsetheke am anderen Ende des Ladens es hören können. Meine Tochter und ich finden diese Reaktionen auf die Stimmung im Supermarkt völlig angemessen. Dem Antipsychiater David Cooper würden sie ebenfalls eingeleuchtet haben.

Auch Hölderlin, der mit Hegel eine Weile befreundet gewesen war, scheint verrückt geworden zu sein. Als Hegels *Phänomenologie des Geistes* 1807 erschien, wurde der Dichter in eine Heilanstalt gebracht. Die letzten Jahrzehnte seines Lebens verbrachte er damit, in einem Zimmer in einem Turm in Tübingen, der direkt am Neckar steht, auf und ab zu laufen, Klavier zu spielen und auf Anfrage von Besuchern kleine Gedichte zu schreiben, was einer so tut, wenn er nicht mehr unter die Leute geht und doch mit ihnen etwas verbunden bleiben möchte. Meine Tochter kennt diese Geschichte, ich habe sie ihr erzählt, als ich ihr auf ihre Frage, was ich lesen würde, sagte: Hölderlin, Gedichte.

Die Berufsphilosophen sind sich darin einig, dass Hegel teilweise sehr schwer zu verstehen ist, ein Urteil, das voraussetzt, ihn etwas verstanden zu haben. Je näher sie ihm kommen, umso schwieriger wird er, wie das bei Paaren ist, die sich auf den ersten Blick verlieben und dann, wenn sie sich besser kennengelernt haben, einsehen müssen, dass der andere komplizierter ist als anfangs vermutet.

Andererseits ist sehr viel über Hegel geschrieben worden, was nur bedeuten kann, dass viele von denen, die ihn gelesen haben, davon ausgehen, ihn teilweise oder fast ganz verstanden zu haben. Diese Bemühungen um Hegel zusammengerechnet ergeben Tausende von Buchseiten und einige Jahrzehnte, die dem Studium seiner Werke gewidmet wurden. Doch es ist bei allem Fleiß und bei aller Intelligenz noch kein letztes Wort über ihn gefunden worden. So dunkel ist Hegel, und sein Freund Hölderlin ist manchmal nicht viel zugänglicher, als hätten die beiden darum gewettet, wem es besser gelinge, ihre Verfolger und Ausleger abzuhängen oder einzuspinnen. Der französische Germanist Pierre Bertaux war der Ansicht, dass Hölderlin zu den süddeutschen Jakobinern zu zählen sei und dass er, um nicht das gleiche Schicksal wie Christian Friedrich Schubert zu erleiden und in einem Kerker zu landen, seine politischen Visionen versteckt in seinen Gedichten untergebracht habe. Bertaux hat über Hölderlin eine große Biographie geschrieben. Andere Hölderlin-Forscher haben über seine Vermutungen nur den Kopf geschüttelt. Dass Hegel in seinen Werken ebenso verfahren sei und sie nach einem geheimen politischen Text, der sich nicht ans Tageslicht traue, abzusuchen seien, hat noch kein Hegel-Forscher behauptet. Hegel wird wörtlich genommen, als habe er, was er sagt, auch so gemeint, Hölderlin dagegen wird oft metaphorisch verstanden, als würde, was er sagen wollte, unter den Wörtern, die er preisgab, gesucht werden müssen, so wie ein Spieler Karten, die verdeckt auf dem Tisch liegen, umdrehen muss, um herauszufinden, ob es König, Bube oder eine Pik-Acht ist.

Wer kein Hegel-Spezialist ist, hat bei diesen Verständnisschwierigkeiten, die sein Werk auch den professionellen Hegel-Deutern bereitet, schlechte Chancen, und er wird sich eingestehen müssen, dass er nie ganz hinter das Geheimnis Hegel, hinter die Mauern der Buchstaben, dorthin, wo der Sinn liegt, kommen wird. Ob es einen glücklich macht, Hegel zu lesen, hängt davon ab, um welches Glück es sich handelt, es ist in diesem Fall kein sinnliches, sondern ein rein geistiges, kein anschauliches, sondern ein abstraktes und schwer zu erringendes Glück, in dessen völligen Genuss zu gelangen ungewiss ist, vorausgesetzt, dass es sich um Glück handelt und nicht um die Zufriedenheit dessen, der ein Hindernis genommen hat, von dem alle sagen, dass nur wenige schaffen, da hinüberzuspringen. Bücher, die über Hegel geschrieben wurden, wie die große Hegel-Darstellung des kanadischen Philosophen Charles Taylor, mögen einem Anfänger dabei helfen, einen Zugang zu dem schwierigen Werk zu finden, auch wenn auf Anhieb nicht zu entscheiden ist, ob dieser Weg der richtige ist. Aber alles, einen Zugang zu Hegel und dann noch die Gewissheit, dass es der einzig richtige Zugang sei, kann ein unwissender Leser nicht verlangen.

Auch seinen Freund Hölderlin hat Hegel nicht glücklich gemacht, dabei hat Hölderlin mit ihm reden können, er stand vor ihm und saß nicht zweihundertfünfzig Jahre später vor Hegels Schriften, die damals, als die beiden sich das letzte Mal sahen, nahezu vollständig erst noch geschrieben werden mussten. Hegel soll Goethe, der offen bekannte, besser mit dem anschaulichen als mit dem abstrakten Denken vertraut zu sein, die *Wissenschaft der Logik* eines Tages, als er ihn in Weimar besuchte, persönlich erklärt haben, woraus ein naiver Hegel-Leser den Mut schöpfen mag, dass sich auch in Hegels Philosophie Grundzüge finden lassen, wesentliche Merkmale, ein Gang der gedanklichen Entwicklung und dass deshalb einer im Groben wird nachvollziehen können, was bei Hegel vor sich geht, auf was er hinausmöchte, ganz so, wie wenn ein Physiklehrer seinen Schülern, die nichts von moderner Kosmologie wissen, die Relativitätstheorie Einsteins zu erklären versucht und bei seinen Bemühungen, einfache, verständliche Worte zu finden, denkt, dass etwas von dem, was er sagt, bei den Schüler hängen bleiben wird.

Jeder, der sich dafür interessiert, was in seinem Kopf passiert, wenn er über sich und die Welt nachdenkt, sollte den Versuch wagen, die *Phänomenologie des Geistes* zu lesen, und vielleicht ergeht es ihm dann so wie dem Jüngling in Hölderlins Gedicht »Der gefesselte Strom«:

> Was schläfst und träumst du, Jüngling, gehüllt in dich,
> Und säumst am kalten Ufer, Geduldiger,
> Und achtest nicht des Ursprungs, du, des
> Oceans Sohn, des Titanenfreundes!
>
> Die Liebesboten, welche der Vater schikt,
> Kennst du die lebenathmenden Lüfte nicht?
> Und trift das Wort dich nicht, das hell von
> Oben der wachende Gott dir sendet?
>
> Schon tönt, schon tönt es ihm in der Brust, es quillt,
> Wie, da er noch im Schoose der Felsen spielt',
> Ihm auf, und nun gedenkt er seiner
> Kraft, der Gewaltige, nun, nun eilt er,
> Der Zauderer, er spottet der Fesseln nun,
> Und nimmt und bricht und wirft die Zerbrochenen
> Im Zorne, spielend, da und dort zum
> Schallenden Ufer und an der Stimme
> Des Göttersohns erwachen die Berge rings,
> Es regen sich die Wälder, es hört die Kluft

Den Herold fern und schaudernd regt im
Busen der Erde sich Freude wieder.

Der Frühling komt; es dämmert das neue Grün;
Er aber wandelt hin zu Unsterblichen;
Denn nirgend darf er bleiben, als wo
Ihn in die Arme der Vater aufnimmt.

Erste, zweite und letzte Schritte

Auf seiner dritten Fahrt in die Südsee wurde James Cook am 14. Februar 1779 auf Hawaii von Einheimischen ermordet. Reisen war gefährlich und beschwerlich. Aber hätte es Hegel und Hölderlin nicht gutgetan, in den Semesterferien nach London zu fahren und sich anzusehen, wie die Menschen dort lebten, um daran zu ermessen, in welcher Provinz sie steckten? Der Radius, in dem sie sich bewegten, war früh durch die Schule abgesteckt, durch den Unterricht und den Lernstoff, den zu bewältigen viel Zeit erforderte. Stunden saßen sie hinter Mauern über ihren Büchern, dann gingen sie spazieren, und manchmal, an freien Tagen, in den Ferien, kam ein Ausflug dazu, in die Umgebung, eine kleine Reise, ins ungewohnt Bekannte, nie ins völlig Unbekannte. Was sollten sie in der Fremde tun, zwei Theologiestudenten?

Goethe fuhr 1779 mit seinem Dienstherrn, dem Herzog von Weimar, in die Schweiz. Er hatte sich verliebt in die verheiratete Charlotte von Stein, die ebenfalls in Weimar wohnte, und daraus entstand ihm wahrscheinlich Aufregung genug. Wer liebt, muss nicht in die Ferne ziehen, um etwas Erhebendes zu erleben. Die Reise in die Schweiz hätte er nicht einfach absagen können. Der Wunsch des Herzogs muss ihm eine Pflicht gewesen sein, die er zu erfüllen hatte. Günstlinge, die ihre Stellung sichern und ausbauen wollten, hatten sich an die Gesetze des erfolgreichen Dienstes zu halten.

Schiller in Stuttgart war eigensinnig und waghalsig, er fuhr zweigleisig, reichte eine Dissertation im Fach Medizin über die Philosophie der Physiologie ein und arbeitete gleichzeitig an den *Räubern*. Solange er im Geheimen dichtete, ging er kein Risiko ein. Aber ein Dichter braucht ein Publikum, vor allem ein Dramenschreiber. Schiller wird sich eines Tages entscheiden müssen, was aus ihm werden soll, ob er der Pflicht folgt, einen Brotberuf ergreift, dem Wunsch des Herzogs entsprechend, oder ob er der Begierde des Herzens nachgibt, ein Dichter wird und schreibt. Er wird nie auf dem probaten Abstellgleis eines Hofmeisters landen, dem Zufluchtsort der abtrünnigen Theologen, dem wackeligen Sprungbrett der verzweifelt auf eine andere bürgerliche Stelle Hoffenden. Schiller ging aufs Ganze, entweder Arzt oder Dichter, entweder Zwang oder Freiheit, Pflicht oder Selbsterfüllung. Er riskierte alles, Sicherheit, Auskommen, Stellung, und würde anderen, die Dichter werden wollten, damit ein Beispiel sein, dass ein junger Mann es schaffen konnte, gegen die widrigen Umstände, getrieben von seinem Genius, von seinem Willen zum Selbstausdruck. Die Kunst, die Illusion einer ästhetischen Revolte und einer individuellen Befreiung, schien eine Lücke bereitzuhalten, um dem System absolutistischer Herrschaft zu entkommen. Der Künstler war in seiner künstlichen Welt sein eigener Herr, wie schwierig es für ihn auch sein mochte, sich sein Brot zu verdienen.

Die unmittelbaren Aufgaben des späteren Welteroberers Napoleon beschränkten sich damals vor allem darauf, Französisch zu lernen. Die neue Sprache war, wie sich zeigen sollte, eine Grundvoraussetzung für seinen weiteren Lebenslauf, eine erste Bedingung, um den Absprung von der Insel Korsika zu schaffen. Er wird Schüler an der Militärschule in Brienne, in Frankreich, er betritt das Land, das ihn groß machen wird, ohne dass er oder ein anderer einen entsprechenden Plan ausgeheckt hat. Die historischen Umstände, sein Wille und sein Genie fassten sich an der Hand und zogen ihn mit sich fort. Wie konnte in einem einzigen Menschen so viel Kraft und Souveränität stecken? Den Gemütern, die mit der griechischen und römischen Geschichte vertraut waren, mit den großen Herrschern und Heerführern der Antike, muss Napoleon, als er auf der Bühne der Welt auftauchte, wie ein Wiedergänger erschienen sein, ein Unzeitgemäßer in einer bedrückenden Gegenwart, die einen Untertanen zum Warten und Nachgeben zwang. Für eine bürgerliche Seele wie Hegel, der sich mit viel Arbeit und mehr Wissen in der beruflichen Konkurrenz durchsetzte und nach oben in eine gute Position brachte, und für eine bürgerliche Seele wie Hölderlin, der ehrgeizig im intellektuellen Wettbewerb war und vom Ruhm träumte, war Napoleon, als er in ihren Gesichtskreis trat, eine Erscheinung, der sie ihre Bewunderung nicht einfach hätten entziehen können, ohne an sich selbst, an ihrer psychischen Struktur, Korrekturen vorzunehmen, unabhängig davon, ob sie in dem erfolgreichen Feldherrn einen Verteidiger der bürgerlichen Freiheit oder den Weltgeist zu Pferde sahen. Napoleon war in gewissem Sinne einer von ihnen, ein talentierter Arbeiter und strebsamer Aufsteiger, der seine Konkurrenten aus dem Feld schlug, ein Vorbild für alle, die sich in ihrem Fach und im Leben durchsetzen und es an die Spitze schaffen wollten.

Der zukünftige Kaiser der Franzosen wird die Militärschule in Brienne mit einem mäßigen Zeugnis beenden. Was in dem Absolventen steckte, ließ sich an seinen Noten nicht ablesen. Er wird Leutnant der Artillerie in der Garnison von Valence. Kurz zuvor, im Jahre 1785, ist sein Vater gestorben. Der junge Leutnant musste sich von nun an um die Familie kümmern.

Wenn er aufstieg, würde er seine Geschwister, die Blutsverwandten nach sich ziehen können. Der Familienclan erwartete von dem jungen Mann in Frankreich entsprechende gute Nachrichten. Er musste sich anstrengen, Mitbewerber um Posten aus dem Feld schlagen, er musste zeigen, zu was er fähig war. Auch Napoleon wuchs vor den Spiegeln der Anerkennung auf, die er sich von seiner Familie, wie jedes Kind, erhoffte. Wenn es später, als er ein erfolgreicher Feldherr geworden war, danach aussah, als würde er einsame Entscheidungen fällen, dann saßen tatsächlich an einem Kabinettstisch, der in seinem Innern, unsichtbar für andere, aufgestellt war, die engsten Familienmitglieder, erwartungsvoll und mit zufriedenen Gesichtern, wenn der Sprössling Erfolge nach Hause brachte.

Manche Lebensläufe wirken gehetzt, als wäre einer, der sein Segel gesetzt hat, und er verfügt über gute Fähigkeiten, über Talent, nur noch in der Lage, das Steuer zu halten, weil von irgendwoher ein Wind aufgekommen ist und ihn davontreibt. Es geht mit ihm voran und hinaus, und es sieht so aus, als würde er sich selbst hinterherrennen. Der junge Georg Forster, der keine Universität besucht und keinen akademischen Abschluss vorzuweisen hatte, war nach der Veröffentlichung seines Reisebuches Mitglied verschiedener wissenschaftlicher Akademien geworden. Er kehrte von London nach Deutschland zurück und begann in Kassel Naturgeschichte zu lehren, er hatte ja auf seiner Weltreise vieles beobachtet und notiert und sich auf diese Weise einen großen Fundus an Wissen zugelegt, das er aus eigener Anschauung und nicht aus Büchern geschöpft hatte, ein Konkurrenzvorteil, den ihm keiner so schnell nehmen konnte und der ihn jetzt in die Arme der Gelehrten trieb.

Fuß zu fassen in der Ordnung der Berufe und nützlichen Tätigkeiten war für manche wunde Seele eine zu große Herausforderung, als dass sie ihr hätte jemals genügen können. Jakob Michael Reinhold Lenz gehörte zu diesen Überforderten. Er fand sein Glück nicht, wohin er sich auch wandte. Er ging in die Schweiz und lebte dort 1778 über mehrere Wochen bei dem Pfarrer Oberlin. Anfälle von Wahnsinn, die nicht mehr gewesen sein müssen als heftige psychische Reaktionen auf große Einsamkeit, Hoffnungslosigkeit und Verlorenheit, suchten ihn in der Fremde heim, er wurde sehr unruhig, wohnte mal hier, mal dort, bis er die Berge floh und von der Schweiz zurück ins flache Land und nach Travemünde wanderte. Er bestieg ein Schiff und ließ sich nach Riga zu seinem Vater bringen, als würde er dort Schutz finden. Als ihm auch hier keine Anstellung aus der Misere half, flüchtete er nach Sankt Petersburg, wo er vergeblich nach einem Auskommen suchte, und kehrte darauf niedergeschlagen nach Riga zurück. Er gehörte zu der Heerschar der Gescheiterten, Namenlosen, Unglücklichen und Hoffnungslosen, die mehr oder weniger unbemerkt, irgendwo an den Rändern, durch die Geschichte zog.

Der junge Jean Paul, sechzehn Jahre alt, wissbegierig und einfallsreich, wusste von den Leiden eines Dichterlebens noch nichts zu erzählen, er besuchte das Gymnasium in Hof. Etwas zu lernen, Mathematik, Sprachen, Geographie, konnte einem Jungen, der aufgeweckt war, große Freude machen, auch wenn die Sonne draußen schien. Für die Kinder armer Leute, wenn sie empfänglich und offen für Neues waren, wenn sie zuhören und sich konzentrieren konnten, war das Wissen ein Schatz, eine Bereicherung des Innenlebens, etwas, das ihnen gehörte und die Welt bunter und vielfältiger machte. Mit der Inbrunst eines Kindes, das wundersame Dinge, einfache und komplizierte, hortete, wird Jean Paul später in seinen Romanen den Reichtum seiner Ideen ausbreiten, wie glitzernde Murmeln oder eine Sammlung eigenartiger Käfer und Schmetterlinge.

Im März 1779 starb Hölderlins Stiefvater mit noch nicht ganz 31 Jahren an einer Lungenentzündung. Die Mutter stand jetzt alleine mit drei Kindern da. Sie wird nicht noch einmal heiraten, als wollte sie das Risiko nicht eingehen, dass ihr ein dritter Ehemann früh genommen würde. Sorge, Pflege und die Zukunft der Familie lagen jetzt ausschließlich in ihrer Hand. Sie hatte Vorsätze, und sie machte Pläne. Sie zog gleichsam Lebenslinien aus, an die sie selbst und die Kinder sich halten konnten, damit sie nicht von Unsicherheit und Bedenken, wie was zu bewerkstelligen wäre, überfordert und paralysiert würde. Sie war das Oberhaupt der Familie, sie musste vorgeben, was zu tun war. Ihre Mutter wird im nächsten Jahr zu ihr ziehen. Finanziell ging es der Familie gut. Hölderlin, der seinen Vater verlor, als er zwei Jahre alt war, und der seinen Stiefvater verliert, als er neun Jahre alt ist, wuchs unter Frauen auf.

Der Tod war in der Familie Hölderlin früh zu Hause, und er hinterließ die Erfahrung, dass das Leben von fremder Hand gegeben und genommen wird und keiner vor Schicksalsschlägen geschützt ist. Niemand konnte den Kreislauf des Entstehens und Vergehens, in den auch der Mensch eingeschlossen war, anhalten, auch die Natur war ihm unterworfen, wie sie Jahr für Jahr zeigte, wenn auf Winter Frühling folgte und auf Sommer Herbst. Wer in seiner Not und Trauer bei Gott keinen Trost fand, der mochte ihn bei ihr im Freien suchen, deren Gleichklang ihn davon überzeugen konnte, dass Werden und Vergehen eins waren.

Die Mutter hatte 1775 eine Tochter geboren, die nach vier Monaten starb, im November 1777 war ein weiterer Sohn geboren worden, auch er starb bald, 1778 kam wieder eine Tochter auf die Welt, sie starb 1783. Von den sieben Kindern, die Johanna Christiana Gok, verwitwete Hölderlin, zwischen 1770 und 1778 auf die Welt gebracht hatte, blieben ihr drei, Johann Christian Friedrich, Maria Eleonora Heinrike und Carl Christoph Friedrich. Die Mutter fiel unter der Last des Leids nicht um, sie knickte nicht ein, sie hielt sich zusammen und aufrecht, aber sie ging in Trauer und Tränen, und die Kinder werden gesehen und gespürt haben, wie sie litt. Sie versuchten, brav und folgsam zu sein, ihr keinen weiteren Kummer zu bereiten. Sie lernten, um die trauernde Mutter sanft und leise zu kreisen, sie wurden von ihr durch Nachsicht und Mitleid, das sie weckte, angezogen wie Planten von der Sonne und waren dann, so weit konnte es kommen in dieser Art von Beziehung, vielleicht nicht mehr in der Lage, aus dem Feld der Anziehungskraft wieder herauszufinden.

Es liegt nahe zu vermuten, dass die Mutter unerbittlich in ihren Forderungen geworden ist aus Not, aus der frühen Erfahrung von der Fragilität der Existenz. Da sie pietistisch aufgewachsen war, hatte sie einen Gott, dem sie folgen konnte, eine Richtschnur im und für das Leben, die sie jetzt, da sie allein war mit den Kindern, anspannte, damit jedes Zagen, das sie irritieren und überwältigen konnte, sofort zu spüren war, jede Verunsicherung, die sie mit allen Kräften zu vermeiden versuchte. Sie ging ihren Weg, den sie einmal eingeschlagen hatte, bis ans Ende, und es sah so aus, als erwartete sie dieselbe existenzielle Folgsamkeit unter der Obhut Gottes auch von ihren Kindern, vor allem von ihrem ältesten Sohn. Sie bestimmte, was aus ihnen würde, welchen beruflichen Weg sie einschlagen sollten, als führte sie einen Ratschluss Gottes aus. Sie ließ darüber nicht mit sich reden, wie ein Mensch, der Angst hatte oder sehr alt von Gemüt war. Die erste Strophe von Hölderlins frühem Gedicht »Das menschliche Leben« lautet:

> Menschen, Menschen! was ist euer Leben,
> Eure Welt, die tränenvolle Welt,
> Dieser Schauplatz, kann er Freuden geben,
> Wo sich Trauern nicht dazu gesellt?
> O! die Schatten, welche euch umschweben,
> Die sind euer Freudenleben.

Hegel ging, wahrscheinlich wohlgemut, in die Schule und brachte gute Noten nach Hause. Seine Mutter wird mit ihm zufrieden gewesen sein. Er muss nicht bis zur Trägheit fügsam gewesen sein oder seine Mutter angehimmelt und ihr Lob gesucht haben. Das Lernen wird ihm gefallen haben und fiel ihm so leicht, dass er nicht gegen seine Natur ankämpfte, wenn er über den Büchern saß. In seiner Seele häuften sich keine unterdrückten Wünsche an, aus denen eine Sehnsucht emporwachsen und ihn aus sich selbst hinaustreiben konnte zu fernen Zielen. Im Gegenteil, das stetig angesammelte Wissen wird ihm früh eine Festigkeit gegeben haben, die ihn in dem Glauben oder in dem Gefühl bestärkt hat, dass das Wissen ein Gewinn für ihn sei, nicht nur in dem Sinne, dass er über dies und jenes Bescheid wusste, sondern insofern er selbst mit dem Wissen wuchs. Er häufte nicht nur Wissen an, wie wertvolle Dinge, die in einer Truhe verwahrt werden, er wurde durch das Wissen klüger und selbstbewusster. Denken und Wissen, Bewusstsein und Selbstbewusstsein hingen zusammen. »Das Selbstbewusstsein«, so wird es im Abschnitt »Die Individualität, welche sich an und für sich selbst reell ist« in der *Phänomenologie des Geistes* heißen, »hat jetzt den Begriff von sich erfaßt, der erst nur der unsrige von ihm war, nämlich in der Gewißheit seiner selbst alle Realität zu sein, und Zweck und Wesen ist ihm nunmehr die sich bewegende Durchdringung des Allgemeinen – der Gaben und Fähigkeiten – und der Individualität … Indem aber *Zweck* und *Ansichsein* als dasselbe sich ergeben hat, was das *Sein für Anderes* und die *vorgefundene Wirklichkeit* ist, trennt sich die Wahrheit nicht mehr von der Gewißheit – es werde nun der gesetzte Zweck für die Gewißheit seiner selbst und die Verwirklichung desselben für die Wahrheit oder aber der Zweck für die Wahrheit und die Wirklichkeit für die Gewißheit genommen –, sondern das Wesen und der Zweck an und für sich selbst ist die Gewißheit der unmittelbaren Realität selbst, die Durchdringung des *Ansich-* und *Fürsichseins*, des Allgemeinen und der Individualität; das Tun ist an ihm selbst seine Wahrheit und Wirklichkeit, und die *Darstellung* oder das *Aussprechen der Individualität* ist ihm Zweck an und für sich selbst.« Kein Zweifel über sich selbst kann an jemandem nagen, der zu einer solchen Einsicht kommt, dass er, so wie er ist, nicht anders hat werden können, weil er nur werden konnte, der er ist. Eine tiefe Ruhe und große Sicherheit, das Richtige zu tun, müssen Hegel erfüllt haben, als sich dieser Gedanke wie die Formel und die Bestätigung eines Lebenselixiers in ihm ausbreitete.

Jeder muss selbst wissen, was er tut

Meine Nachbarn sind Bauern, die von Hegel noch nie etwas gehört haben und denen ich, denke ich, nicht mit ihm kommen werde, genauso wenig wie ich ihnen Gedichte von Hölderlin vorlesen werde. Meine Nachbarn einerseits, Hegel und Hölderlin andererseits sind zwei völlig getrennte und verschiedene Welten, auch wenn auf Anhieb nicht einzusehen ist, wieso das so sein muss. Ich weiß nicht, wie ich ihnen verständlich machen kann, was an dem Philosophen und was an dem Dichter für sie interessant sein sollte, obwohl Hegel der Ansicht war, was er schreibe, seien nicht nur Phantasien eines Professors, sondern Erkundungen des menschlichen Geistes sowie letzte Erläuterungen der Geschichte und Genese, die der Geist durchlaufen hat. Irgendwo auf diesem weiten Feld des geistigen Werdens stehen auch meine Nachbarn mit ihren Gedanken und Vorstellungen. Sie würden sich verdutzt umschauen, wenn ich ihnen das sagte. Aber so wie ihnen ergeht es vielen, sie sind Teil von Theorien, von denen sie nie etwas gehört haben und die sie vielleicht auch gar nicht verstehen würden, obwohl die Theorien ohne sie nicht auskommen. Nie sind sie in diesen Theorien persönlich gemeint, sondern immer nur als Stellvertreter von Klasse, Schicht, System oder besonderen psychischen und intellektuellen Entwicklungen.

Wenn wir uns über dies und jenes unterhalten, endet das Gespräch meistens mit der Bemerkung: Alles nicht so einfach, oder sie sagen: Was willst du machen. Beide Bemerkungen laufen auf das Gleiche hinaus und könnten in ihrer Quintessenz auch Hegel gefallen haben. Wer mit solchen Sätzen sein bewusstes Leben in der Welt beschreibt, der bewegt sich in der Peripherie Hegels, ganz weit weg von dessen Zentrum, aber doch in der Umlaufbahn seiner Gedanken. Sie wissen es nicht, und ich werde es ihnen nicht sagen, weil es ihnen nichts bringen würde.

Philosophie, wie sie Hegel betrieb, ist eine Art öffentlicher Geheimwissenschaft, jedem zugänglich, aber den meisten aufgrund der Schwierigkeiten, die sie bereitet, verschlossen. Mit Leuten, die so tun, als seien sie etwas Besseres, können meine Nachbarn nichts anfangen. Für sie liegen die meisten Dinge, mit denen sie sich täglich abgeben, auf der Hand, und diese Dinge sind jedem insoweit verständlich, als er sich dazu eine Meinung zulegen kann, nach der er sein Handeln ausrichtet. In diesem groben oder feinen funktionstüchtigen Netz aus Ansichten und Arbeiten habe ich mit Hegel nichts verloren.

Wenn sie mich fragen, was ich den ganzen Tag mache, sage ich ihnen, dass ich mich mit einem Dichter und einem Philosophen beschäftige, die schon lange tot sind, und damit das nicht allzu leer in ihren Ohren klingt, füge ich hinzu, dass der Dichter verrückt geworden sei und der Philosoph sehr schwierige Sachen gesagt habe, die zu verstehen einen Laien wie mich, der sich redlich mühe, verrückt machen könnten, und dann zucke ich mit den Schultern, nicht um mich für die beiden zu entschuldigen, sondern um darauf hinzuweisen, dass keiner für das Schicksal etwas kann, das ihn ereilt. Sie verstehen mich und zucken ebenfalls mit den Schultern, als wollten sie mir sagen, dass ich mein Los zu tragen hätte und sie das in Ordnung fänden, wenn sie auch nicht wüssten und nicht nachvollziehen könnten, wie das habe passieren können, dass ich mich mit einem Dichter und einem Philosophen, die vor über einhundertfünfzig Jahren gestorben sind, den ganzen Tag abgebe. Alles nicht so einfach, sagen sie, und ich stimme ihnen im Stillen zu, ich weiß ja, wie kompliziert Hegel und Hölderlin sind, und ich sehe ihnen an, dass sie über mich denken: Muss er selber wissen, was er macht, das geht uns nichts an.

So gingen die Tage, Wochen und Monate ins Land, Schnee fiel, Blumen blühten, und dann welkten die Blätter wieder.

Ich hätte, denke ich jetzt, meinen Nachbarn einmal zu erklären versuchen sollen, warum Hegel sich nicht habe damit abfinden können, dass die Dinge und Menschen einfach nur da seien, sich gegenseitig anschauten und sich nicht verständen, dass er alles, Ich, Du, Welt, Geist, Geschichte, miteinander habe verbinden wollen, als wäre er ein großer Friedensstifter gewesen, einer von den Leuten, die bei Ehestreitigkeiten auftauchen und sich bemühen, das zerstrittene Paar wieder zusammenzubringen. Er habe, hätte ich sagen können, in seinem antitheologischen Furor den Gott der Kirche durch die Vernunft, den Geist, die Wissenschaft ersetzt. Und so wie Gott die Welt erschaffen haben soll, so hat die Vernunft bei Hegel die Welt durch sich zu sich selbst kommen lassen. Er habe bei seinen Erklärungsversuchen keine Lücke übrig gelassen, als hätte er Angst vor Lücken gehabt. Alles, was ist und nur war, weil es gedacht werden konnte, sei bei ihm miteinander verbunden gewesen, das Eine sei aus dem Anderen gekommen und umgekehrt, und auch wenn er auf dem Schlachtross des Widerspruchs durch die Welt und das Denken geprescht sei, habe er doch dabei das Wiegenlied der Vermittlung gesummt, damit nichts vom Tisch fiel und verschwand, bevor es aufgeblüht war. Wenn er behauptet habe, alles sei in Bewegung, das Leben sei ein Prozess, so habe er das nur gesagt, um sich nicht einzugestehen, dass es radikale Widersprüche gebe, die sich nicht auflösen ließen, die absolut seien. Zu diesem Eingeständnis habe er sich nicht bereit erklären können, als Antitheologe, der nicht hat für die Kirche arbeiten wollen, obwohl er dazu ausgebildet worden war. Die Theologen, sage ich, gingen ja davon aus, dass es einen Widerspruch gebe zwischen dem Ewigen und dem Endlichen, und dass dies ein Wunder sei, das zu glauben sei. Wenn jetzt, denke ich, von irgendeiner der kleinen Kirchen im Umkreis des Dorfes die Glocken über die Äcker schlügen, wäre das ein Zeichen der Zustimmung. Aber es bleibt still, der Verkünder von Gottes Wort rührte keinen Finger, keine Ahnung, wo er in diesem Augenblick, den er für seine Sache hätte nutzen können, steckte. Ein warmer Wind hing in den Bäumen, Vögel zwitscherten, ein Hahn krähte, und irgendwo zog ein Traktor seine Kreise. Hegel, sage ich, habe sich nicht mit dem üblichen Gegensatz von Glauben und Wissen abfinden wollen und deswegen über Glauben und Wissen in frühen Jahren einen Aufsatz geschrieben, es muss ihm, vielleicht auch als studiertem Theologen, wichtig gewesen sein, dazu etwas zu sagen. Er habe die Kategorien, die grundlegenden Wörter des Denkens, die er aus der Tradition übernommen habe und ohne die er mit seinem Denken nicht vom Fleck gekommen wäre – Begriffe wie Substanz, Wesen, Denken, Sein, Nichts, Geist, Endliches und Unendliches – als Gegensätze zu behandeln sich angestrengt, die sich auseinanderfalten würden wie die Blätter einer Blume, das eine sei dann nicht mehr ohne seinen Gegensatz zu haben gewesen. Auf diese Weise habe er die ganze Welt in eine Harmonie gebracht, in der allem, Dingen, Menschen, Kategorien, sein Ort zugewiesen wurde. Sitte, Geist, Volk, Recht, Bruder und Schwester, Mann, Frau und Kind, der Widerspruch und die Negation, die sinnliche Gewissheit und das Selbst, Leben und Tod, nichts habe mehr alleine und verloren dagestanden, unvermittelt, unerreichbar für das menschliche Denken, wie ein Solitär, vor dem er sich hätte fürchten oder beugen müssen und der ihm ein Anlass zur Angst und zur Verwunderung hätte sein können. Alles, was er sah und dachte, war für ihn in Bewegung, aber nicht, weil er ein revolutionärer Geist gewesen wäre, der mit dem Umsturz rechnete, im Gegenteil, er setzte alles in eine gedachte, vom Geist kontrollierte, aus dem, was ist und war, hervorgehende und hervorgebrachte Bewegung, weil er die Überraschung und Überwältigung nicht mochte, das Unvorhersehbare und Unvorstellbare, das sich nicht vermitteln und auf diese Weise integrieren ließ, den Einzelfall, die absolute Ausnahme. Als ich das sage, sehe ich eine braune Kuh auf einer großen grünen Weide stehen, allein steht sie da und frisst und macht keinen verlassenen Eindruck, sie ruht völlig in sich und ist ganz mit sich beschäftigt, als gäbe es keine Welt außerhalb von ihr, als sei das Gras der Weide nur für sie und durch sie da und so gut wie schon gefressen. Durch die Notwendigkeit des Gedankens, die Logik des Geistes habe Hegel die Souveränität der Vernunft begründet, die sich nur auf diese einmalig selbstgewisse Weise gegen die Theologie hätte absetzen können. Er habe, sage ich mit einem Bild, das der grasenden Kuh geschuldet ist, die Theologen vom Feld gejagt, um das Feld allein beackern zu können. In mühevoller Arbeit habe er ein System um sich herum errichtet, durch das er sich mit der Zeit und seinem Leben versöhnt habe. Die *Phänomenologie des Geistes* sei ein umfassender Akt der totalen Versöhnung, das Produkt einer restlosen Symbiose, ein Ermächtigungsgesetz für das Denken, eine Art Austreibung der Angst vor dem Unverstandenen, vor dem Unverständnis und dem Alleinsein. Genau das habe ihn von Hölderlin unterschieden, der mit dem

Alleinsein nicht fertigwurde, der allein blieb und sich nichts vormachen wollte und sich nichts vormachen konnte, weil er sein Denken und Fühlen, weil er die ganze Welt nicht der Vernunft unterwarf, die für Hegel wie eine Art Versicherungsschutz gegen Sturm gewesen sei, sodass er sich keine Sorgen mehr gemacht habe, ob Bäume umstürzen würden, wenn ein starker Wind aufkäme. Ich warf einen raschen Blick auf das Scheunentor, es war geschlossen, ein Sturm, wenn er überraschend über Nacht käme, würde nicht in die Scheune fahren, das Dach abheben und davontragen. Der eine sei ein Philosoph, der andere ein Dichter gewesen, der eine habe sich der Logik anvertraut, der andere seinen Bildern, der eine habe geglaubt, alles erklären und in eine Ordnung bringen zu können, der andere habe nur Verbindungen hergestellt, Zeichen gedeutet, auf etwas hingewiesen.

Ich schaue meine Nachbarn an und denke, dass das, was ich gesagt habe, auch nicht mehr als ein Hinweis sei, die Sache ist kompliziert, so wie jeder Mensch kompliziert ist und jetzt keiner kommen und erklären soll, wie und was jemand sei, dass alles letztlich ein Rätsel ist, unauflösbar und mit Worten nicht zu fassen, und dass die beiden eben genau deswegen großartig sind, wie nur friedliche Extremisten großartig sein können, weil sie der exzentrischen Bahn der Wörter konsequent und radikal gefolgt sind, in der Hoffnung, sich selbst und eine bewohnbare Welt zu finden. Der eine lief in diese, der andere in jene Richtung, und irgendwann um die Halbzeit ihres Lebens herum sind sie einander abhandengekommen, und allen anderen, denke ich, auch.

Ein Huhn hat er erwischt, sagt mein Nachbar.

Wer? frage ich.

Der Fuchs.

Aufklärer, Aufsteiger und Außenseiter

Im Mai des Jahres 1781 erschien Kants *Kritik der reinen Vernunft*. Elf Jahre hatte er daran gesessen. Das Buch war dick, und es war schwierig. Wer sollte das lesen? Kant, der sich der Bedeutung seiner Arbeit sicher war, wartete auf Reaktionen. Aber nichts passierte, keiner meldete sich zu Wort.

Erst im Januar des nächsten Jahres erschien eine erste und anonyme Rezension, geschrieben von dem Buchhändler, Übersetzer und Philosophen Christian Grave, der bei seiner Mutter zu Hause in Breslau wohnte. Die Rezension irritierte Kant, sie ging an seinem Anliegen vorbei, sie traf nicht das, was er zu sagen gehofft hatte. Sein Werk war offensichtlich auch für Leute vom Fach zu dunkel. Kant wollte wirken, seine Gedanken weitertragen, er ging deswegen in sich und schrieb eine Art Einführung in die *Kritik der reinen Vernunft*, die 1783 unter dem Titel *Prolegomena zu einer jeden künftigen Metaphysik, die als Wissenschaft wird auftreten können* erschien. Damit war der Durchbruch geschafft, jetzt wurde er von den anderen, die sich für komplizierte, abstrakte Dinge fern des Alltags und der Geschäfte interessierten, besser verstanden.

Zu ihnen gehörte der Schwiegersohn von Christoph Martin Wieland. Er hieß Karl Leonhard Reinhold, ein Priester und Philosophielehrer, der den religiösen Zwang in seinem Orden in Wien nicht mehr ausgehalten hatte, nach Leipzig geflohen und dort Protestant geworden war. Seit 1784 gab er zusammen mit seinem Schwiegervater den *Teutschen Merkur* heraus. Reinhold war von Kant völlig begeistert. Im *Teutschen Merkur* begann er seine *Briefe über die kantische Philosophie* zu veröffentlichen, die ihm eine Professur in Jena einbrachten, wo er von 1787 bis 1794 lehrte.

Was wollte Kant mit der *Kritik der reinen Vernunft* erreichen? Grenzen vor dem Jenseits ziehen, in dem sich der Geist verlief und ins Träumen geriet, Ordnung im Reich der Gedanken schaffen, Gebiete des Denkens abgrenzen. Einerseits möchte er den Dogmatikern eins auswischen, die Gott unbekümmert in das Gebiet des Wissens ziehen und ihn in logische Ableitungen verwickeln, ohne sich dafür zu interessieren, welche Rolle die Anschauung bei der Entwicklung von Begriffen spielt. Andererseits möchte er den Skeptikern, die an allen gültigen Wahrheiten zweifeln, klarmachen, dass sie es sich mit der Wahrheit zu einfach machen, wenn sie die Möglichkeit begrifflicher Erkenntnis infrage stellen und sich auf einen Absolutismus der Anschauung zurückziehen. Seiner Ansicht nach lag die Lösung in der Mitte der Extreme. Anschauungen und Begriffe hingen zusammen, die einen waren ohne die anderen nicht zu haben. Die Dogmatiker wurden mit seinem Vorschlag aus dem Rennen geworfen und die Skeptiker überholt.

Nicht nur für die Kollegen vom Fach hatte diese Flurbereinigung Folgen. Die Philosophie konnte sich von nun an eine Wissenschaft nennen, die das Verhältnis von Erkenntnis, Wirklichkeit, Wahrheit, Wissen und Glauben geklärt hatte, sodass alle, die mitdenken wollten, aus ihr einen echten Gewinn ziehen konnten. Sie hatte einen intellektuellen Nutzen, der sich logisch nachvollziehen ließ, von ihr gingen aufklärerische Wohltaten aus, sodass kein Zeitgenosse mehr mit aberwitzigen Vorstellungen und fingierten Erkenntnissen über Gott und das himmlische Reich seinen Mitbürgern den Kopf verdrehen konnte. Wissen und Glauben waren jetzt zwei getrennte Bereiche, so wie Vernunft und Offenbarung. Die Theologen, die gerne über alles das letzte Wort behalten wollten, ließen sich von Kant nicht so schnell in die Ecke drängen und verteidigten ihre Position, dass sie Gott nahe waren und einiges über ihn sagen könnten, was den Rang von Erkenntnissen hätte.

Wie eine Aufklärung, die sich nicht in die Theorie zurückzog, sondern in der Praxis tätig war, aussehen konnte, bewies im Mai 1781 der Berliner Buchhändler Christoph Friedrich Nicolai, der auch als Verleger arbeitete und selber Bücher schrieb, als er zu einer Reise aufbrach, die ihn von Berlin bis in den Süden Deutschlands und darüber hinaus nach Wien führte. Er nahm seinen ältesten Sohn mit. Nach sieben Monaten waren sie wieder zu Hause angelangt, wo der gewissenhafte und informationssüchtige Vater aufschrieb, was er gehört und gesehen hatte, Tausende von Seiten Landeskunde in aufklärerischer Absicht, durch die die Bewohner des Heiligen Römischen Reiches deutscher Nation Kenntnis vom Zustand des weitläufigen und zerpflückten Gebietes gewinnen sollten, die sie ansonsten selbst auf Reisen hätten einsammeln müssen. Was half alles politische Räsonieren, wenn die Anschauung fehlte, wie das Leben war in den Dörfern, Städten und Landschaften.

Auch in Stuttgart war der Vater mit dem Sohn gewesen und hatte Nachrichten und Eindrücke gesammelt. Hegel war damals, als die beiden in der Stadt auftauchten, elf Jahre alt. Stuttgart hatte 18 000 Einwohner, 250 Schneidermeister kümmerten sich darum, dass den Bewohnern die Kleider passten und sie ordentlich aussahen. Viele Bürger lebten von den offiziellen Aufträgen des Hofes und den privaten Bedürfnissen von karrierebewussten Beamten, die sich nach Kräften bemühten, mit den Vorgaben ihrer verschwenderischen Herrschaft Schritt zu halten. Es gab zwei Buchhandlungen und drei Buchdruckereien, darunter die Cottasche Hofbuchdruckerei, sowie vier Zeitungen. In der Herzoglichen Öffentlichen Bibliothek standen hunderttausend Bücher in den Regalen und vermittelten Jung und Alt eine konkrete Vorstellung vom riesigen Reich des Wissens. Was immer der Herzog von seinen Untertanen halten mochte, es war für ihn selbst besser, wenn sie nicht dumm waren, sondern sich fortbildeten und geistig beweglich blieben, nur dann bestand eine gute Chance, dass sich das Leben, das Kunsthandwerk, die Technik, die Produktion, die allgemeine Zufriedenheit mit den sozialen Verhältnissen durch eigene Einfälle und Innovationen verbesserten und sich die materiellen und ideellen Erträge, die der Herzog daraus ziehen konnte, steigerten.

Die Gassen im Zentrum der Stadt waren krumm, mit engen dunklen Winkeln, viele der Häuser aus Holz, unförmig und in schlechtem Zustand. Die reiche Vorstadt machte auf die Reisenden aus Berlin einen besseren Eindruck. Die größeren Straßen waren sauber, weil die Straßenreinigung funktionierte. Der rechte Flügel des neuen Schlosses, den im Jahr 1762 ein Feuer niedergemacht hatte, war noch nicht wieder aufgebaut. Ganz in der Nähe stand das größte Opernhaus Deutschlands, ein Maisfeld war im Hintergrund zu sehen. Kultur und Natur hatten sich noch nicht aus den Augen verloren.

Und die politische Stimmung? Die einfachen Bürger, schrieb Nicolai, würden sich weniger über den Herzog Carl Eugen aufregen als über die Landstände, da die angesehenen Familien, die dort versammelt waren, Vetternwirtschaft betrieben und sich Posten und andere Vorteile zuschoben. Die Reichen und die Wohlhabenden blieben gerne unter sich, und der Gemeingeist, den sie aufbrachten, reichte gerade einmal dazu aus, sich gegenseitig Vorteile zu sichern. Zu dieser alten Schicht der Wohlhabenden im Lande gehörten Hegels und Hölderlins Familien.

Als viel zu einseitig theologisch empfand Nicolai die Erziehung in den Klosterschulen Württembergs, in denen die Schüler nichts von der Welt, wie sie sei, lernen würden. Wer, wenn nicht Nicolai selbst, der so viel herumreiste und so viele Informationen sammelte, hätte sagen können, was es mit den gegenwärtigen Verhältnissen auf sich hatte. Der Aufklärer aus Berlin stellte sich einen modernen Unterricht anders vor. Er war nicht der Einzige, der sich über die Schulen in Deutschland empörte.

Die Zucht, der die Zöglinge in der Militärakademie, in der Schiller hatte leben und studieren müssen, unterworfen wurde, fand er lächerlich und erbärmlich, er selbst wurde Zeuge, wie die Jungen in zwei Kolonnen zum Essen marschierten und dort bei Tisch, statt sich der Mahlzeit und ihrem Appetit zu überlassen, eine Art Parade mit Besteck absolvieren mussten. Auch das Gymnasium illustre, in dem Hegel lernte, war in seinen Augen nicht viel mehr wert als eine ganz gewöhnliche Lateinschule. Die deutschen Schulen in der Stadt seien, fand er, allesamt schlecht, von den neuen Erziehungsmethoden eines Joachim Heinrich Campe hatte hier offenbar noch keiner etwas gehört.

Auf dem Weg nach Tübingen lernte er Schillers Vater kennen, der die Aufsicht über das kleine Schloss Solitude innehatte. In Ludwigsburg erfuhr er, dass die schwarzen Tücher, aus denen die Kleidung und die Kutten für die Schüler der Klosterschulen hergestellt wurden, in einem Gebäude gewebt wurden, in dem Waisenhaus, Zuchthaus und Irrenhaus zusammen untergebracht worden waren. Nicolai besuchte das gefürchtete Gefängnis Hohenasperg und redete mit dem Dichter Schubart, der dort 377 Tage im Kerker gesessen hatte und jetzt die restliche Zeit seiner Haft in einem Haus innerhalb der Festung wohnen durfte.

In Begleitung des aufklärerischen Jakob Friedrich Abel, der mit 21 Jahren Professor geworden war, Schiller unterrichtet hatte und diesem freundschaftlich verbunden blieb, setzte Nicolai seine Reise fort. Weinberge und Wiesen dehnten sich nach allen Seiten aus. Die Landschaft der Schwaben gefiel Nicolai besser als ihre Schulen. Nur mit dem pietistischen und mystischen Geist, der sich hier überall festgesetzt hatte, mochte er sich nicht anfreunden. In Echterdingen unterhielt er sich mit dem Pfarrer Philipp Matthäus Hahn, der astronomische Uhren und Rechenmaschinen baute und vom kommenden

Reich Jesu schwärmte. Viele Schwaben, der Eindruck mochte sich ihm aufgedrängt haben, hielten es daheim offenbar nur vor dem Horizont von starken Heilserwartungen aus. Professor Abel, der noch anderes zu tun hatte, als mit Nicolai und dessen Sohn spazieren zu fahren, verabschiedete sich jetzt von den beiden und ging nach Stuttgart zurück, Kants *Kritik der reinen Vernunft*, die erst vor einigen Wochen erschienen war, in der Tasche. Er war ganz offensichtlich intellektuell auf der Höhe der Zeit.

Nicolai fand Tübingen hässlich, das heißt eng, dunkel und verwinkelt. Hätte sich der dogmatische Geist der protestantischen Theologen einen besseren Ort aussuchen können für die Exerzitien einer Ausbildung, der die Schüler rigoros unterworfen wurden, um aus ihnen zuverlässige Diener der Kirche und Mitläufer des herzoglichen Regimes zu machen? Als Hegel und Hölderlin 1788 ins Stift eintreten, muss den beiden jungen Männern klar gewesen sein, dass für sie mit diesem Schritt der Ernst, vielleicht das Unglück eines vorgeplanten Lebens begann. Den Protestantismus wird Hegel nicht verdammen, im Gegenteil, in seiner *Philosophie der Geschichte* wird er Luthers Reformation, den protestantischen Geist als einen großen, entscheidenden Schritt zur Selbsterkundung und Selbstbestimmung des Bewusstseins loben, der auch zur Voraussetzung der modernen, kritischen Philosophie geworden sei. War es insofern nicht sinnvoll, protestantische Theologie zu studieren?

Jean Paul sah die Sache in einem anderen Licht. Auf die Höhe seiner selbst, seiner Eigenarten und Fähigkeiten, seiner Begabung und seiner Möglichkeiten, versuchte der junge Jean Paul zu gelangen, indem er das Studium der Theologie, das er in Leipzig, wo er auch Vorlesungen über Moral bei Wieland hörte, aufgenommen hatte, in einem Akt der Selbstermächtigung nach einigen Monaten abbrach. Er wollte nur noch studieren, was ihm gefiel und zusagte, jedes Brotstudium war ihm zuwider. Er wisse, schrieb er im November 1781 an den Pfarrer Erhard Friedrich Vogel, dessen Schützling er war, keine Sache in der Welt, durch die einer sich nicht sein Brot erwerben könnte. Und umgekehrt, es komme einer nie weit mit sich und im Leben, wenn er etwas nur deswegen studiere, weil er sich dadurch die Befriedigung notwendiger Bedürfnisse verspreche. Aus dem jungen Jean Paul redete der Geist einer Jugend, die sich nicht den Berufsvorstellungen der Eltern unterwerfen, sondern etwas riskieren wollte und eigene Wege einschlug, fern der Ausbildungssysteme, an deren Ende ein Amt, ein sicheres Auskommen stehen sollte. Von einer solchen Rebellion gegen die Pläne der Mutter konnte Hölderlin nur träumen, Hegel dachte über einen Studienwechsel nach, aber dann fügte er sich und brachte das Studium, das er angefangen hatte, zu Ende. Abgesehen davon, dass sie sich den Vorstellungen ihrer Eltern beugten, hatten die beiden offensichtlich wenig Zutrauen in ihre weitere berufliche Karriere ohne den üblichen Studienabschluss. Draufgänger waren sie nicht, sie werden gewusst oder geahnt haben, welches Schicksal ihnen drohen könnte, wenn sie jede Vorgabe in den Wind schlugen und sich ganz auf ihre Fähigkeiten verließen. Jean Paul war nicht nur ein eigensinniger Schriftsteller, dem sich alle metaphysischen Bedürfnisse, die sich bei anderen zu komplexen Theorien auswuchsen, in Geschichten ergossen, die sich wie ein feinmaschiges Netz über die philosophischen Abgründe legten, sondern auch ein bodenständiger, den irdischen Reichtümern verbundener Mensch. Diese grundsätzliche Begabung für das Leben, auch für das schwierige eines Schriftstellers, ließ sich nicht lernen.

Jakob Michael Reinhold Lenz hatte sie nicht. Er war erneut für einige Monate nach Sankt Petersburg gegangen und hatte dort auch eine Stelle gefunden, aber im Sommer 1781 war er wieder weg, weiter nach Moskau, wo er Freimauer und Aufklärer kennenlernte. Er arbeitete als Lehrer und freundete sich mit dem russischen Dichter Nikolai Michailowitsch Karamsin an, der einige Jahre später nach Westeuropa reiste und auf dieser Bildungsreise auch Kant in Königsberg besuchte. Ideen machten vor Landesgrenzen nicht halt, solange die Bewohner oder Bücher, in denen sie verwahrt waren, die Grenzen passierten, sie konnten schnell eingemeindet werden, sie waren Bürger im Reich des Wissens und der Aufklärung, das allen Menschen grundsätzlich offenstand und zugänglich war. Übersetzungen in andere Sprachen und neugierige Reisende trugen sie weiter, sodass eine Schicht von Intellektuellen entstand, die eine Ahnung davon hatte, was in anderen Ländern gedacht und diskutiert wurde.

Selbstbehauptung und gefühlte Nähe

Hölderlin ist der Dichter der frühen Jahre, des jugendlichen Idealismus, ein Freund für die Zeit der Empfindsamkeit, wenn ein Heranwachsender in den Ausläufern der Pubertät steckt, mit hochgemuten, flackernden Vorstellungen von sich und der Welt erfüllt. Er ist kein Kind mehr und noch nicht erwachsen, ein Inselbewohner, links das wilde Meer der Phantasie, rechts das kalte Meer der Realität, bedrängt von der praktischen Not, wohin es mit ihm gehen wird. Er wagt scheue und wirft herausfordernde Blicke auf die Welt, die sich abweisend gibt, es ist ihr egal, was aus ihm wird, sie hält wegen ihm in ihrem Lauf nicht inne. Die Erwartungen, die er an sich stellt, sind überspannt, die Aussichten, dass er seine Ziele erreichen wird, düster. Davon handelt Hölderlins Gedicht »Ich duld' es nimmer …«, dessen erste Strophen lauten:

Ich duld' es nimmer! ewig und ewig so
Die Knabenschritte, wie ein Gekerkerter
Die kurzen vorgemeßnen Schritte
Täglich zu wandeln, ich duld es nimmer!

Ists Menschenlooß – ists meines? ich trag es nicht,
Mich reizt der Lorbeer, – Ruhe beglükt mich nicht,
Gefahren zeugen Männerkräfte,
Leiden erheben die Brust des Jünglings.

Was bin ich dir, was bin ich mein Vaterland?
Ein siecher Säugling, welchen mit tränendem,
Mit hofnungslosem Blick die Mutter
In den gedultigen Armen schaukelt.

In diesem Dilemma zwischen den Höhenflügen der Phantasie und den tiefen Stürzen der Selbstzweifel findet die jugendliche Seele Halt bei dem grandios scheiternden Hölderlin, der sein Glück auf eine Karte setzte, seinen Idealen und Träumen bis in den Wahnsinn hinein die Treue hielt und auf diese radikale Weise einer abweisenden Welt die kalte Schulter zeigte. Er hinterließ ein schmales Werk, dem Abertausende Seiten mit Kommentaren und Interpretationen folgten, geschrieben von Philologen und Philosophen, die nahezu jeden Winkel im Leben und in der Dichtung des späteren Turmbewohners ausgeleuchtet haben. Die wissenschaftlichen Einsichten der Erwachsenen in die Welt Hölderlins wirken auf empfindsame pubertierende Gemüter ernüchternd, sie korrigieren die Illusionen jugendlicher Schwärmer, die sich diese zarten Seelen sowohl über die Exklusivität einer gefühlten Nähe zu einem Dichter machen, der unter den Zumutungen der Realität gelitten hat, als auch über die Möglichkeiten fester poetischer Bindungen zwischen ihnen und dem bewunderten Vorbild, die sich unmittelbar von Gemüt zu Gemüt herstellen, fernab von philologischer Rechenschaft.

Dabei würde keiner heute so schreiben und aus freien Stücken so denken wie Hegel und Hölderlin, denen es nicht leichtfiel, in Worte zu fassen, was ihnen durch den Kopf ging, was sie fühlten und als innere Bilder vor sich sahen. Kant erging es in dieser Hinsicht nicht besser, auch Schelling und Fichte nicht. Sie waren entweder in Zeitnot, sodass sie sich nicht darum kümmern konnten, wie sie etwas sagten, oder konnten es nicht besser hinkriegen, ihnen gelang nicht, der Gedanken Fülle in einfache Sätze zu pressen, die viel zu eng schienen und den Eindruck machten, aus allen Nähten zu platzen, wenn sich die Ideen mit ihnen hätten begnügen müssen. Sie waren mit dem, was sie dachten, selbst an ihre Grenzen gelangt und mussten sich langsam vorantasten, um nicht den Faden zu verlieren, und in dieser Lage konnten sie sich nicht damit ablenken lassen, dass sie überlegten, wie sich die Gedanken am eindrücklichsten und einfachsten darstellen ließen. Alles wirklich intellektuell Neue war eine Herausforderung, sowohl für den Leser als auch für den Autor.

Fichte hatte in Jena, Leipzig und in Wittenberg die Universität besucht, er hatte dort Theologie und Jura studiert, Brotstudiengänge im Sinne Jean Pauls, vor allem für all jene, die keine reichen Eltern hatten und denen keine Erbschaft winkte. Ihnen saß die Armut aus Kindheitstagen als Angst im Nacken, dass sie, wenn sie nur ihren Neigungen und Interessen folgten, den richtigen, das heißt materiell einträglichen Lebenslauf verpassen und scheitern würden. Eines Tages passierte, wovor Fichte sich gefürchtet hatte, er hatte kein Geld mehr in der Tasche und wusste nicht, wer ihm welches leihen konnte. Er brach darauf das Studium ab und wurde in Leipzig Hauslehrer, von irgendetwas musste er ja leben. Als er Kant entdeckte, das wird im Jahr 1790 gewesen sein, sprang der Funke sofort über, und er nahm sich in seiner Begeisterung vor, in eigenen Worten zu sagen, was Kant gemeint, aber nicht in der nötigen Verständlichkeit zu formulieren gewusst hatte, damit der Philosoph aus Königsberg, der ganz offensichtlich die geistigen Grundlagen eines neuen Zeitalters geschaffen hatte, von den Zeitgenossen besser und schneller verstanden und auf diese Weise, das ließe sich ergänzen, das Zeitalter besser und schneller zu sich selbst finden würde.

Dunkel ist der Sinn, wenn er neue, unbekannte Wege einschlägt. Wer da mitkommen und verstehen wollte, was gemeint war, der musste früh aufstehen und sich beim Studium ranhalten. Der junge Fichte unterwarf seinen Tagesablauf einem strikten Reglement, um sich die besten körperlichen und intellektuellen Voraussetzungen für eine rasche und erfolgreiche Lektüre der *Kritik der reinen Vernunft* zu verschaffen. Aus Leipzig berichtete er seiner Geliebten, die er in Zürich zurückgelassen hatte, dass er morgens um fünf Uhr aufstehe und bis elf Uhr vormittags Kant studiere, was ihm umso bemerkenswerter erschien, als er gewohnt war, lange zu schlafen. Am Nachmittag rannte er zwei Stunden durch Feld und Wald, um sich zu erfrischen und aufnahmebereit für die Lektüre am nächsten Tag zu sein.

Nachdem er die *Kritik der reinen Vernunft* gelesen und seiner Ansicht nach verstanden hatte, schrieb er eine Einführung in die fremde Gedankenwelt. Nicht nur, dass er selbstbewusst genug war, anzunehmen, dass er in der Lage sei, Kants Entdeckungen in einfache Worte fassen zu können, er glaubte auch herausgefunden zu haben, dass Kant den Grund, auf dem seine Philosophie stand, nicht durchdacht und genügend befestigt hatte, ein enormer Mangel, den er beheben wollte.

Wer sich einmal durch schwierige intellektuelle Probleme hindurchgearbeitet hat, der scheut vor weiteren nicht zurück. Ja, wenn es sich um Philosophen bei der Arbeit handelt, dann hält sie nichts davon ab, anderen, die gedanklich noch nicht so weit sind wie sie, Probleme zu bereiten, indem sie ebenfalls philosophische Bücher schreiben. Sie sind auf der Höhe der intellektuellen Auseinandersetzung, an der sich nur wenige beteiligen, angekommen, und jetzt mischen sie sich ein. Für die Dichtung gilt diese Abfolge von Lesen und Schreiben, der Aufnahme eines fremden und der Produktion eines eigenen Werkes nicht in diesem strikten Maße. Wer sich durch die Schwierigkeiten des Verständnisses, die ein Dichter ihm bereitet, gewühlt hat, der ist deswegen noch lange nicht in der Lage, eigene schwierige poetische Texte zu schreiben. Daraus ließe sich der Schluss ziehen, dass sich das Philosophieren lernen lässt, das Dichten aber nicht oder nur in sehr beschränktem Maße, indem die handwerklichen Fähigkeiten gefördert und geschult werden, und dass zum Philosophieren eine langwierige Gedankenübung gehört, eine Auseinandersetzung mit der Tradition, die zum Dichten nicht unbedingt und nicht in diesem Umfang notwendig ist. Die intellektuellen Fingerübungen von Philologen, die über schwierige Dichter ihre Kommentare und Analysen schreiben, sind Fingerübungen aus der zweiten Reihe, aus denen nie, oder in den seltensten Fällen, ein Vers hervorgehen wird, der es mit den Versen, vor denen sie ihre Tage verbringen, aufnehmen kann.

Fichte war von Kant so begeistert, dass er, der nicht recht wusste, was er in der bürgerlichen Welt mit sich anfangen sollte, darüber selbst zum Philosophen wurde. Die kritische Philosophie Kants machte aus dem ehemaligen Theologiestudenten und Hauslehrer, der nach Taten dürstete, der Geld und eine einträgliche Stelle brauchte, einen Gelehrten, einen, der Bücher las und Bücher schrieb, in der festen Absicht, sich einen Platz im Gespräch der Zeit zu erobern. Fichtes Karriere schien jetzt nichts mehr im Weg zu stehen. Er hatte, ohne dass er sich dessen in einem entscheidenden Maße vor seiner Kant-Lektüre bewusst gewesen ist, einen philosophischen Sinn, der durch die Begegnung mit dem Königsberger geweckt wurde. Dass er zu philosophieren begann, war insofern nur eine Folge seiner latenten Begabung, er tat, was er war, er trieb in die Wirklichkeit, was in ihm schlummerte. Die Entscheidung, im bürgerlichen Sinne ein Philosoph zu werden, sich um eine Dozentur zu bemühen, die ihm den Lebensunterhalt sicherte, war eine Reaktion auf die Vorgaben eines Wissenschaftsbetriebs, der herausragenden philosophischen Köpfen die Möglichkeit bot, für Geld Vorlesungen zu halten, die die Attraktivität und das Ansehen der Universität steigerten. Jena brauchte Fichte, so wie Fichte Jena brauchte.

Der Wille der einen und der Tod der anderen Mutter

Hölderlin musste gute Noten in der Schule bekommen, er musste die Examen schaffen, weil er sonst nicht das Ziel erreichte, das ihm die Mutter gesteckt hatte. Bei dem pietistischen Pfarrer Nathanael Köstlin, einem Onkel Schellings, erhielt er Privatunterricht in alten Sprachen. Auch im Klavierspielen und im Flötenspiel wurde er unterrichtet. Der Junge muss einen sehr braven, bürgerlich idyllischen Eindruck gemacht haben.

Die Mutter hatte früh beschlossen, dass er Pfarrer werden sollte. Die Berufswahl wurde nicht vertagt und auf später verschoben, wenn der Sohn ein Wort darüber würde mitreden können. Es gab keine Diskussionen über seine Zukunft, keine Fragen nach seinen Neigungen und Interessen, keinen Gedanken darüber, was für den Jungen das Beste sei, was ihm, wenn er anfangen musste zu arbeiten, ein Leben lang Freude machen könnte. Der Gedanke, dass das Leben gelungen war, wenn es glücklich machte, kam vielleicht gar nicht auf. Freude und Glück als Lebensziel waren in einem pietistischen Haushalt nicht vorgesehen, da zählte die Pflicht und eine Existenz, die Gott gefiel. Und was könnte Gott besser gefallen als ein neuer Pfarrer?

Im Herbst 1784 wurde Hölderlin für zwei Jahre auf die niedere Klosterschule in Denkendorf geschickt. Die Mutter unterzeichnete eine Urkunde, in der festgehalten wurde, dass ihr Sohn als Pfarrer arbeiten werde, andernfalls müsste das Geld für die Ausbildung zurückgezahlt werden. Hölderlin saß in der Falle. So frei wie Jean Paul wird er sich nie fühlen, nie sein können. Gegen seine Mutter kam er nicht an. Ihren Wunsch nicht zu erfüllen hieß, ihr Kummer zu bereiten, ihr Leid zu vergrößern. Hatte sie nicht genug an Unglück zu tragen? Sie möchte, dass aus ihrem erstgeborenen Sohn etwas Besonderes wird, ein Mitglied der besseren Gesellschaft, der Ehrbarkeit, einer, der das soziale Niveau der Familie hält. Auch ihr Vater war ja Pfarrer gewesen.

Der Tagesablauf in der Klosterschule war streng geregelt, weltliche Kleidung innerhalb und außerhalb des Klosters untersagt, verboten war die Lektüre mystischer und pietistischer Schriften ebenso wie die Lektüre schändlicher Bücher und Romane, worunter alles fallen konnte, was den Lehrern nicht gefiel. Die Jungen mussten eine schwarze Kutte tragen, als wären sie Schuldige und zur Buße verdammt, sie waren ständig am Lernen, Beten und Singen und kamen kaum an die frische Luft. Der Sommer ging dahin, und sie hingen hinter den dunklen Klostermauern fest, und im Winter drängten sie sich in den wenigen warmen Zellen zusammen. Sie durften einen Schoppen sauren Wein zum Mittagessen trinken und wurden bestraft, wenn sie, ihrer Jugend entsprechend, über die Stränge schlugen. In schlimmen Fällen flogen Schüler aus dem Kloster. Die Eltern, die ihre Kinder in diese Dressuranstalten des Wissens und Glaubens schickten, hofften, für die Karriere ihres Nachwuchses und das soziale Ansehen der Familie vorgesorgt zu haben. Hölderlins früher, voreiliger und schmeichlerischer, poetischer Dank für einen verhängten Ausbildungsplan trägt den Titel »… Uns würdigte einst …« und lautet:

Uns würdigte einst eurer Weißheit Wille,
Der Kirche Dienst auch uns zu weih'n,
Wer, Brüder, säumt, daß er die Schuld des Danks erfülle,
Die wir uns solcher Gnade freun?

Froh eilt der Wanderer, durch dunkle Wälder,
Durch Wüsten, die von Hize glühn,
Erblickt er nur von fern des Lands beglückte Felder,
Wo Ruh' und Friede blühn.

So können wir die frohe Bahn durcheilen,
Weil schon das hohe Ziel uns lacht,
Und der Bestimmung Sporn, ein Feind
von trägen Weilen,
Uns froh und emsig macht.

Ja, dieses Glück, das, große Mäcenaten,
Ihr schenkt, soll nie ein träger Sinn
Bei uns verdunkeln, nein! verehren Fleis und Taten,
Und Tugend immerhin.

Euch aber kröne Ruhm und hohe Ehre,
Die dem Verdienste stets gebührt,
Und jeder künfftge Tag erhöhe und vermehre
Den Glanz, der euch schon ziert.

Und was ist wohl für euch die schönste Krone?
Der Kirche und des Staates Wohl,
Stets eurer Sorgen Ziel. Wohlan, der Himmel lohne
Euch stets mit ihrem Wohl.

Das Rad der menschlichen Vorsehung rollte. Hölderlin wird unter der Entscheidung der Mutter sein Leben lang leiden, sie wird ihn in eine nicht nur im bürgerlichen Sinne unheilvolle Richtung lenken. Sobald er mit dem Plan seiner Mutter haderte, musste er sich auch eingestehen, dass er zu schwach war, einen anderen Weg einzuschlagen, und irgendwann würde er merken, dass er, den großen Ideen von Vernunft, Selbstbewusstsein und Freiheit zum Trotz, auf dunkle Weise zu sehr in sich verwickelt war, um aus sich herauszukommen, ins Offene, Freie. Über dieses undurchdringliche seelische Dickicht breitete sich das erhebende Gefühl wie ein Rettungstuch aus, dass sich in ihm und durch ihn, ohne seinen Willen, etwas Größeres vollzog, ein Schicksal, ein Plan der göttlichen Vorsehung. Die Art von Anfang, der durch eine bewusste, eigene Entscheidung gesetzt wird, und sei es als Korrektur und Kritik an dem, wie er war und sich fühlte und wie er nicht mehr sein mochte, kannte er nicht. Er konnte von einer Freiheit, dass er beherzt, mit einem vom schlechten Gewissen ungetrübten Sinn, tat, was er tun wollte, nur träumen. Nicht die materielle Not, nicht die Armut trieb ihn dort hin, wohin er nicht gehen mochte, sondern eine geliebte fremde Kraft, der unbeugsame Wille der Mutter, die nicht mit sich reden ließ.

Aus Denkendorf schrieb Hölderlin im November 1785 an Köstlin einen Brief. Er war fünfzehn Jahre alt und brauchte einen Menschen, der ihm einen Rat geben und ihm ein Vorbild sein konnte. Die Mutter stellte Forderungen, sie verlangte Gehorsam, Pflichterfüllung und Stärke, ihr durfte er nicht seine Schwächen zeigen. Er möchte, schrieb er, ein guter Christ sein, klug, in sich gefestigt und den Menschen freundlich gesinnt. Dann überkomme ihn der Wunsch, sich von allen zurückzuziehen, allein zu sein, was in den Augen der anderen so aussehen müsse, als würde er sie verachten. So schwanke er hin und her. Köstlin sollte ihm sagen, was er tun darf, was ihm erlaubt ist, der Onkel sollte ihm Führer, Vater und Freund sein. Der frühe Druck der kategorisch verhängten Pflichten warf auf die jungen Neigungen den Schatten des schlechten Gewissens, der Erfahrung, nicht bei sich, sondern zwei sich widerstreitenden Kräften ausgeliefert zu sein, die er am liebsten unter einen Hut gebracht, miteinander versöhnt hätte. Auf den Ebenen der Theorien hieß das, die Gegensätze zu vermitteln, die Einheit im Widerspruch zu suchen.

Für Hegel war das Jahr 1784 unheilvoll und schrecklich, seine Mutter starb, sie fiel einer Ruhrepidemie zum Opfer. Er selbst und seine Schwester überlebten die Krankheit mit Not. Der gute Geist, der sich um seine Bildung bemüht hatte, war nicht mehr um ihn. Er war vierzehn Jahre alt. Seine Schwester Christiane wird sich von nun an um den Haushalt kümmern. Der Vater heiratete nicht noch einmal.

Der Tod der Mutter war sicherlich der größte Schmerz in Hegels Leben. Er wird sich als Trauer und Tragik in ihn hineinsenken und dem Wissen, das er anhäuft, wie ein Fundament zugrunde liegen. Alles, was ist, vergeht und ist nur, weil es vergeht. Mit dem Leben beginnt der Tod, und mit dem Tod beginnt das Leben. Jede Zuversicht war auch ein Trug. Nie war das eine ohne das andere zu haben. Sollte der Furor des Verstehens, der die Welt umfassen und sein intellektuelles Leben prägen würde, der Erfahrung des Verlustes, der Abwesenheit, des Mangels, den der Tod der Mutter bedeutete, geschuldet sein? Es muss doch auch die Neugierde, der Wissensdrang in Gang gesetzt und am Laufen gehalten werden. Die Vorstellung, dass im Gedanken die Wirklichkeit zu sich selbst finden würde, war eine Beschwörung der Möglichkeit, das Vergangene zurückzugewinnen in der Erkenntnis dessen, was gewesen war, die sein Verschwinden aufhalten würde. Die Vernunft, die sich selbst als Wesen der Welt durchschaute, konnte den Tod an der Hand festhalten und ihm seine Macht nehmen, ihn zügeln und zähmen als ein hilfloses

Beharren der Zeit gegen das Werden, in dessen Kreislauf alles, was war und ist und gewesen sein würde, hineingezogen wurde. Wenn der Glaube sich nicht wie ein Tuch über den Tod legte, dann war mit diesem Einschnitt in Hegels Leben die Lücke gerissen, durch die das philosophische Licht hereinbrechen konnte. Die Existenz stand auf schwankendem Boden, der sich jederzeit öffnen konnte. Dass sie dennoch einen Schritt voranging und nicht auf der Stelle verharrte, musste einem inneren Druck geschuldet sein, sich auch ins Ungewisse hinein zu entfalten und allein dadurch zu sich zu finden. Der Sinn des Ganzen, wenn es einen gab, lag dem Menschen nicht wie ein verschnürtes Paket vor den Füßen, sondern entstand in der Bewegung, im Leben, das sich seiner selbst bewusst wurde.

Etappensiege gegen die Armut und für die Armen

Der genialische Friedrich Wilhelm Joseph Schelling, ein Produkt seiner herausragenden Talente und der emsigen Begabtenförderung durch seinen Vater, besuchte ebenfalls die Lateinschule in Nürtingen. Mit Hölderlin ging er fünf Monate zusammen in eine Klasse, der Ältere habe ihn, erzählte er später, als Hölderlin schon im Turm verschwunden war, vor ruppigen Klassenkameraden beschützt, die wahrscheinlich den kleinen, sehr viel jüngeren Naseweis, der vieles besser wusste, fühlen lassen wollten, dass Wissen allein im Leben nicht weiterhilft. Ein frühes der wenigen Gedichte von seiner Hand schrieb der junge Schelling auf den Tod des Pfarrers, pietistischen Schriftstellers und Ingenieurs Philipp Matthäus Hahn, den er als Kind mit großer Ehrfurcht angestaunt haben soll.

Der ehemalige selbstmordgefährdete Lehrling Karl Philipp Moritz hat die ersten Stufen der Leiter, die ihn aus seinem Elend hinausführen soll, genommen und ist in Berlin am Grauen Kloster Lehrer geworden und nicht, wie er es sich gewünscht hatte, Schauspieler. Goethes *Werther*, ein Buch vom heroischen Scheitern eines Unverstandenen, Abgewiesenen, in dem er sich hat spiegeln können, las er mit Begeisterung. Er suchte den Reformpädagogen Joachim Heinrich Campe auf und stattete den Dichtern Klopstock und Matthias Claudius einen Besuch ab, was auch immer er sich davon versprochen haben mochte, Zuspruch, Aufmunterung, Lehren. Wie viele andere, die einen tieferen Zusammenhalt suchten, eine gebildete Gemeinschaft, einen Verein im dunklen Abseits der ständischen Gesellschaft, wurde er schließlich Freimaurer, Mitglied der Loge zur Beständigkeit, in der er mit einflussreichen Menschen bekannt gemacht wird, die ihm bei seinem bürgerlichen Fortkommen würden helfen können. Er hat eine *Deutsche Sprachlehre für Damen* geschrieben, eine *Englische Sprachlehre für die Deutschen* wird folgen. Im Jahr 1782 ist er zu Fuß nach London und weiter durch England gelaufen, und dann hat er über diese Reise ein Buch verfasst. Die erste Ausgabe seines *Magazins zur Erfahrungsseelenkunde*, ein Sammelbecken für wundersame, bedenkenswerte, erstaunliche Tatsachen aus dem unerforschten Leben der Seele, das auch in die Hände von Kleist geraten wird, erschien 1783. Karl Philipp Moritz hatte es in Windeseile geschafft, sich nach oben zu bringen. Er tat etwas, er bemühte sich, er zeigte, dass er da war. Im entgegengesetzten Fall wäre er untergegangen. Die Leiden der Kindheit und der Jugendjahre lagen hinter ihm, aber sie waren nicht verschwunden, er schleppte sie mit sich herum, und wie Gespenster trieben sie ihn vor sich her.

In der Sonne standen und strahlten Wilhelm und Alexander von Humboldt. Zu Hause in Berlin Tegel wurden die Brüder von Joachim Heinrich Campe unterrichtet. Campe war Theologe. Im Jahr 1776 war er an das Philanthropin gegangen, eine

Reformschule, die 1774 in Dessau von dem Theologen Johann Bernhard Basedow ins Leben gerufen worden war. Bei Hamburg wird Campe eine eigene Erziehungsanstalt gründen. Ab 1785 legte der umtriebige Pionier eine mehrbändige *Allgemeine Revision des gesamten Schul- und Erziehungswesens* vor. Er wollte verändern und verbessern, ein Gärtner auf den Feldern des jungen Geistes, ganz im Sinne der Aufklärung. Er nahm die Dinge, die ihn interessierten, selbst in die Hand, schrieb pädagogische Bücher und Jugendromane, wie *Robinson der Jüngere*, kümmerte sich um Literatur für Kinder und Jugendliche und arbeitete als Verleger. Gegen Ende seines Lebens wird er auf seinem Landsitz bei Braunschweig Tausende von Bäumen pflanzen. Die Welt ließ sich verändern und verbessern, wenn zugepackt, nicht dadurch, dass sie über den Haufen geworfen wurde. Es war wie in der Natur, ein Samen musste gesät, die Pflanze gepflegt werden, bevor sie Früchte tragen konnte, damit darauf der Kreislauf von vorne begänne und die Früchte sich vermehrten.

Auch der Schweizer Johann Heinrich Pestalozzi möchte den Menschen helfen. Er hatte Jura und Theologie in Zürich studiert, das Studium abgebrochen und darauf eine landwirtschaftliche Lehre absolviert. Auf dem Landgut Neuhof in der Schweiz eröffnete er eine Armenschule für Kinder, die weben, spinnen und die Grundlagen des Landbaus erlernen sollten, auch in Lesen und Schreiben wurden sie unterrichtet. Das Projekt kam nicht in Fahrt und musste eingestellt werden, weil Pestalozzi das nötige Geld fehlte. Seinen Sohn, der 1770 geboren worden war, versuchte er nach den Vorstellungen Rousseaus zu erziehen. Der Versuch misslang, der Junge, dessen Entwicklung durch die Kinder, die sein Vater aufgenommen hatte, nicht unbedingt unterstützt worden war, konnte mit elf Jahren noch nicht richtig lesen und schreiben und wurde darauf bei Freunden untergebracht.

Wer ein weiches Herz hatte, der überließ die Armen nicht sich selbst, der versuchte, ihre Lage zu verbessern. Soziale Projekte greifen im Kleinen schneller als Umstürze und Revolutionen im Großen. Von einer Revolution redete in der Schweiz und in Deutschland keiner. Wer wusste, wie so etwas vor sich gehen sollte? Reformen waren Unternehmungen, die sich umsetzen ließen. Dafür brauchte es Engagement, einen Plan und Geld. Not und Leid fanden sich an jeder Ecke. Als der Gedanke, dass dem Menschen durch den Mitmenschen zu helfen war, sich durchzusetzen begann, zeigte sich das christliche Herz von seiner praktischen Seite und baute, gleichsam neben den Kirchen, Armenhäuser, Waisenhäuser und Lehranstalten, die zur allmählichen Verbesserung des Menschengeschlechts dienen sollten. Mehr mussten die Hilfsbereiten, die mitarbeiten wollten, nicht wissen, als dass keiner der Bedürftigen verloren gegeben werden sollte und in jedem etwas Gutes steckte, das nur geweckt und gefördert werden müsste. Wenn der Mensch schlecht von Natur aus wäre, dann lag die Vermutung nahe, dass die verzweifelte Lage, in die er geraten war, selbst verschuldet war. Keiner hätte einem schlechten Menschen helfen wollen. War der Mensch von Natur aus gut, standen die Chancen gut, dass sich ihm eine hilfreiche Hand entgegenstreckte.

Robespierre hatte Rousseau, der die Ideen vom guten Menschen und von einem gerechteren, glücklicheren Leben ins Rollen gebracht hatte, kurz vor dessen Tod besucht. Drei Jahre später, 1781, ließ er sich in seiner Geburtsstadt Arras als Anwalt nieder und machte sich einen Namen als jemand, der sich für die Armen einsetzte. Er wollte die Todesstrafe abschaffen und schrieb Flugschriften gegen die Machenschaften von Kirche und Adel. Er gehörte nicht zu denen, die sich damit zufriedengaben, Nischen für alternative Projekte zu suchen, und die versuchten, in einem beschränkten Rahmen Gutes zu wirken. Frontal und entschlossen, das Übel grundlegend anzugehen, stellte er sich vor seine Gegner. Im Spiegel seiner Vorstellungen, die Rousseau geprägt hatte, waren die Gesellschaft, die Zivilisation krank, und es sah so aus, als müsste eines Tages im Großen und Ganzen Gericht gehalten werden, nicht anders, als wie es täglich in den kleinen Verhandlungen geschah, bei denen er sich als Anwalt profilierte, der nur Angriff und Verteidigung kannte, Schuld und Urteilsspruch. Mit philosophischem Räsonnement, das nicht praktisch wurde, kam er hier nicht weiter.

Und Goethe? Er wurde geadelt, ein Zeichen der Anerkennung für seine erfolgreiche Integration in die höfische Gesellschaft Weimars. Als sei ihm nicht genug gelungen, um ihn vor anderen auszuzeichnen, entdeckte er den Zwischenkieferknochen, der Mensch und Affe gemeinsam ist, eine Entdeckung, die er als einen Ritterschlag empfunden haben musste. Der Fund habe ihm, schrieb er am 27. März 1784 aus Jena an Herder in Weimar, eine unsägliche Freude bereitet. Der Zwischenkieferknochen schien die beiden eigenwilligen Bewahrer und Förderer ihrer selbst erneut zusammenzubringen, wie in alten Straßburger Tagen, doch die frisch geknüpften Fäden der Zuneigung hielten nicht lange unter der Last der Unterschiede von Temperament und Weltläufigkeit, Ansehen und Wirkung.

Von Herder erschienen damals die ersten beiden Teile der *Ideen zur Philosophie der Geschichte der Menschheit*, eine anthropologische Deutung der Entwicklung der Welt als einer Abfolge von Völkern und Epochen, die der Herausbildung und Vervollkommnung der Humanität diene. Kant schätzte das Buch seines ehemaligen Schülers nicht, es sei nicht wissenschaftlich, meinte er, und verheddere sich in Analogien zwischen Mensch und Natur, die Kant scharf getrennt sehen wollte in einen Bereich, der von Zwecken und in einen, der von Notwendigkeiten geprägt sei. Herder war empört und nannte in einem Brief an Hamann die Rezension seines Königsberger

Lehrers niederträchtig. Der Herr Kant, hieß es dort, blähe sich auf seinem metaphysischen kritischen Richterstuhl auf und übe sich in Wortgaukeleien. Viel später würde Herder, der sehr empfindlich war, sich an Kant mit einer Schrift gegen den Herrschaftsanspruch der Vernunft öffentlich zu rächen versuchen. Noch war die Theorie nicht von der Existenz abgekoppelt, gab es Positionen und Konzepte zu verteidigen, an denen Lebenseinstellungen hingen. Das Feld, auf dem sich die Kombattanten bewegten, war noch nicht zum wiederholten Male umgepflügt und aufgeteilt. Welchen Anspruch die Vernunft bei der Deutung der Welt und des Wirkens Gottes geltend machen konnte und durfte, diese Frage war neu, und mit dieser Umwälzung der traditionellen Gedankengebäude und der Befreiung des Geistes aus deren Grundfesten trat die Erkenntnis vor die Tür und schaute ins Freie. Vieles, was sie sah, stellte sich jetzt unter einem anderen Licht dar oder zeigte sich zum ersten Mal. Aus dieser Aufregung, die Entdecker bewegt, wenn sie einen neuen Kontinent erobern, ergaben sich die großen, über die Landschaft fahrenden Gesten und die eiligen und hitzigen Debatten, wie zu deuten sei, was vor aller Augen zu liegen schien. Das antike Schicksal stritt erneut mit dem christlichen Gott um die Vorrechte auf die Menschen, die pantheistische Vorstellung einer All-Einheit meldete sich wieder zu Wort, ein Sittengesetz ohne christliche Gebote wollte definiert werden, die menschliche Freiheit trumpfte auf, die Seele sah ihr jenseitiges Zuhause und ihre Unsterblichkeit bedroht, die Natur sträubte sich gegen ihre Verwandlung zum toten Objekt der Wissenschaften, das Absolute wankte. Vor diesen Turbulenzen gesehen, konnte der kleine Rachefeldzug Herders dem Ansehen Kants nicht schaden.

Die alte Herrschaft auf Erden musste mit regionalen Aufständen, lokal agierenden Verrückten und politischen Tumulten rechnen, mit dem Brodeln der Unzufriedenheit, die durch

Hunger, Armut und Zwang entstand und mit Idealen von Gerechtigkeit und Freiheit am Leben gehalten wurde. Im Januar 1782 wurden Schillers *Räuber,* das Schauspiel vom Aufstand gegen Recht, Gewissen und Ordnung, in Mannheim aufgeführt. Der Herzog war verärgert und verbot seinem Regimentsarzt, noch eine Zeile zu schreiben. Aber Schiller gab nicht nach, der Erfolg beim Publikum und sein Talent beflügelten ihn, er dichtete insgeheim weiter und schrieb das Drama *Die Verschwörung des Fiesco zu Genua.* Der Konflikt zwischen Herrscher und Untertan war im Grunde unlösbar. Im September floh Schiller vor der Gängelei durch den Herzog, der mit Strafe drohte, über die Landesgrenze in die Freiheit und ins Ungewisse. Schiller war jung, er wollte sich vom Herzog nicht sagen lassen, wie er zu leben habe. In Bauerbach in Thüringen fand er auf dem Gut seiner Gönnerin Henriette von Wolzogen Unterschlupf. Er nannte sich Dr. Ritter, als hätte er Glück und Mut durch ein Wortspiel an sich ziehen wollen, er sei ein junger Mann, der seine Zeit mit Schreiben verbringe, und tatsächlich saß er an seinem Drama *Kabale und Liebe*, das Karl Philipp Moritz, der sich immer wieder aus seiner zermürbenden Melancholie aufrappelte, in einer Rezension verreißen würde, und machte sich dann an den *Don Carlos, Infant von Spanien.* Er verfügte über keine finanziellen Rücklagen und trug keinen vollen Geldbeutel mit sich herum, auf dem er sich hätte ausruhen können, er stand unter einem enormen Druck, er musste Theaterstücke produzieren, die erfolgreich sein würden. Als Dramenschreiber war er sofort ein Dichter, der bei jeder Zeile daran denken musste, dass zu verstehen war, was er sagen wollte, dass er mit seinem Stück bei den Zuschauern Interesse, im besten Falle ihre Begeisterung weckte. In dunkle poetische Grübeleien konnte er sich nicht zurückziehen.

Ein Jahr später tauchte er wieder in Mannheim auf und wurde für ein Jahr als Theaterdichter engagiert. Eins kam jetzt zum anderen, über Beziehungen, dass er Menschen gefiel und sie beeindruckte, und über die Öffentlichkeit, dass von ihm und seinen Stücken geredet wurde. Er lernte Charlotte von Stein kennen, und als er aus dem *Don Carlos* vorlas, war der Herzog von Weimar anwesend, der Schiller zu einem Weimarischen Rat erhob, wodurch die Sorgen des Dichters um sein täglich Brot sich nicht in Luft auflösten, aber er war einen Schritt auf dem Weg zur Absicherung seines Lebens vorangekommen. Die Begeisterung für Kunst und der Erkenntniseifer brannten unermüdlich und lichterloh, und als Schiller 1805 mit 45 Jahren viel zu früh starb, konnten die beiden, Dichtung und Philosophie, sich sagen, dass sie mit Schiller, der viele große Dramen, viele große Gedichte, einige bedeutende philosophische Abhandlungen und historische Studien geschrieben hatte, einen ihrer treuesten Anhänger, eine ausgeprägte Doppelbegabung, verloren hatten.

Denken und Dichten im Bann von Religion und Theologie

Zweihundertfünfzig Jahre trennen uns von Hegel und Hölderlin. Wer erfahren hat, wie Kinder über die Zeit, in der ihre Eltern ihre Jugend verbrachten, den Kopf schütteln, weil ihnen fremd und befremdlich ist, was sie von ihren Eltern darüber zu hören bekommen, der wird sofort verstehen, wie stark dieses Vierteljahrtausend ins Gewicht fallen kann. Der Dichter Heinrich von Kleist war fünfzehn Jahre alt, ein Kind noch, als er im Rang eines Fähnrichs bei der Belagerung der Stadt Mainz teilnahm, die von den republikanischen Franzosen besetzt worden war. Dreizehn Jahre alt war der später berühmte Kriegstheoretiker Carl von Clausewitz, als er in die Schlacht um Mainz zog.

Von Kriegstraumata sprach damals keiner, es gab für diese seelischen Verwundungen, um deren Behandlung sich heute viele Therapeuten bemühen, kein Wort. Karl Philipp Moritz hatte mit seinem *Magazin für Erfahrungsseelenkunde* versucht, für Berichte und Bekenntnisse über Verletzungen und Rätsel der Psyche einen publizistischen Ort zu schaffen. In ersten, tastenden Beschreibungen sollten Fälle von Auffälligkeiten des Gemüts dokumentiert werden, Grade des Wahnwitzes und der überspannten Einbildungskraft, wie Hypochondrie und Todessehnsucht.

Wenn wir Bücher von Zeitgenossen aufschlagen, von denen wir annehmen, dass sie und wir ähnliche Erfahrungen gemacht haben mit etwas, das wir Gegenwart nennen, Bücher des amerikanischen Philosophen Richard Rorty zum Beispiel oder des schwedischen Dichters Tomas Tranströmer, nehmen wir an, dass wir sie grundsätzlich verstehen können, dass wir mit ihnen Gesamteindrücke einer gemeinsamen Welt der Kultur, des wissenschaftlichen Fortschritts, der Kommunikationstechnologien teilen, und wir behaupten, sollten diese Autoren uns dennoch nicht zugänglich sein, das liege nur daran, dass ihre Ansichten und Gedanken unsere logischen Fähigkeiten, unser poetisches Sensorium und unser Assoziationsvermögen überschreiten würden, ganz so, als lese einer, der kaum Chemieunterricht in der Schule hatte, ein Lehrbuch der Chemie für höhere Semester. Wir schlagen ihre Werke mit Neugier auf, was ein Hinweis darauf ist, dass wir davon ausgehen, sie verstehen zu können. Sie stammen nicht aus fernen Zeiten oder fremden Kulturen, mit denen uns wenig zu verbinden scheint. Wir beginnen zu lesen und merken, dass sie ein Teil unserer Gegenwart sind, wir bewegen uns im allgemeinen Rhythmus und Tonfall unseres Sprachgebrauchs, wir stoßen auf unsere Art einer skeptischen, gebrochenen Weltempfindung, wir registrieren Vertrautes.

Eine ähnliche Erfahrung machen wir, wenn wir durch die Säle einer Kunstsammlung mit Werken der europäischen Renaissance bis zu solchen der Moderne wandern, nur dass uns jetzt das Gefühl von Nähe, Ferne oder Gemeinsamkeit sofort ins Auge springt. Im letzten Saal stehen wir vielleicht vor Installationen, mit denen wir nichts anzufangen wissen, vor denen wir ratlos sind wie vor den biochemischen Formeln unseres Lebens oder dem technologischen Bauplan unserer Alltagsgeräte.

Wenn wir das Buch *Differenz und Wiederholung* des französischen Philosophen Gilles Deleuze in der Hand halten, mag es uns ergehen wie bei der Lektüre von Hegels *Wissenschaft der Logik*, wir verstehen auf Anhieb nichts oder wenig, aber wir können doch sofort sagen, dass dieses Buch nicht vor zweihundert Jahren geschrieben wurde, und dann versuchen wir, uns zu erinnern, wie die Stimmung vor fünfzig Jahren unter den Intellektuellen in Paris gewesen sein mag, was sie beschäftigte, worüber sie redeten und wie sie lebten, um auf diese Weise dem Sinn des Textes vielleicht näherzukommen.

Regisseure, Schauspieler und Theaterkritiker, die in den Sechziger- und Siebzigerjahren auf dem Zenit ihrer Entwicklung und ihres Wirkens standen, glaubten im Eifer ihrer kulturellen Eroberungszüge, dass sie Sophokles und Aischylos eins zu eins, von Mensch zu Mensch verstehen würden, sie gingen in ihrem bildungsgesättigten Bühnenexistentialismus davon aus, dass sie die Seelenqualen und Begierden, die Ödipus und Medea gefangen nahmen, teilen könnten wie ein Stück Brot.

Schon die zweihundertfünfzig Jahre, die uns von Hegel und Hölderlin trennen, sind schwer zu überbrücken. Was damals in Deutschland in Dichtung und Philosophie geschah, das war kein Höhepunkt, nach dem es jahrzehnte- und jahrhundertelang bergab gegangen wäre, sondern ein Anfang, der gut gelang und nur deswegen gut gelingen konnte, weil die Beteiligten von Religion und Theologie geprägt waren, von dem hohen

Anspruch, den Religion und Theologie geltend machten, wenn es darum ging, über Mensch, Welt und Geist etwas Entscheidendes zu sagen. Sie hatten deswegen keine Scheu vor eigenen großen Entwürfen und großen Worten. Sie waren aufgewachsen mit der Idee von einem Reich, das unsichtbar war und alles Sichtbare einschloss, sie wurden von früh an konfrontiert mit lebendigen religiösen, theologischen Vorstellungen darüber, was und wie ein Mensch ist und zu sein habe. Später werden sie diese Vorstellungen korrigieren, verändern und durch neue Ideen ersetzen.

Diese Nähe zu Religion und Theologie reichte aus für einen Anfang, der wie ein Höhepunkt aussah, doch nur deswegen ein Gipfel zu sein scheint, weil er der letzte Reflex der Religion, die letzte Folge der Theologie war, die bei der Deutung der Welt hoch hinausgegriffen hatten.

Die Werke der deutschen Dichter und Philosophen aus dieser Zeit schweigen nicht über die menschlichen Abgründe, die Shakespeare Jahrhunderte zuvor und die alten Griechen Jahrtausende zuvor durchmessen hatten. Aber sie versuchten, sie mit dem Ideal der Humanität zu überbrücken. Der theologische Glaube und die religiöse Hoffnung lebten in der Idee nach, dass durch bestimmte Formen der Erkenntnis, durch Wissenschaft und Poesie, durch Bildung des Geistes und der Seele eine Erlösung des Menschen möglich sei.

Zu den Ausnahmen, die dieser Idee nicht anhingen, sondern die Tiefen der eigenen, der menschlichen Natur ungeschützt dem Tageslicht preisgeben wollten, gehörte der unglückliche Dichter Heinrich von Kleist, von dem keine Ideale überliefert sind, die er in der Wüste des Daseins aufgestellt hätte, um es sich dort wohnlicher zu machen, wie es immer dort geschieht, wo die Hoffnung auf einen letzten Sinn, der nicht von den Theologen verwaltet wird, und auf den Menschen, wie er sein könnte, würde er ohne Sündenfall gelingen, nicht erloschen ist.

Hegel und Hölderlin sind in ihrem Bemühen, die Religion für den Menschen zu retten, zwei Prototypen jener Gipfelzeit des Abschieds von der alten Welt und des Willkommens der neuen. Sie haben diesen Abschied nicht leichtfertig vollzogen, und sie haben nicht gedankenlos die Arme zum Willkommen ausgebreitet. Sie gehörten der alten Welt an, sie waren dort aufgewachsen, sie hatten noch ihre Bildungsinstitutionen durchlaufen, und sie zögerten nicht, sich der neuen Welt zu stellen. Dieser Widerspruch, der als Bewegungsgesetz die Welt und die Geschichte durchdrang, lebte auch in ihnen und suchte nach einer Lösung, in der Poesie bei dem einen, in der Philosophie bei dem anderen. Die Idee eines letzten Grundes, einer umfassenden Einheit war nicht nur ein philosophisches Konstrukt, sondern auch eine Lebensnotwendigkeit, eine existentielle Erfahrung.

Erste Anzeichen vom unsichtbaren Zusammenhang der Dinge

Am 1. November 1786 traf Goethe in Rom ein, ein Mann von 37 Jahren, der sich mit seiner Fahrt nach Italien auch einen Künstlertraum erfüllte. Drei vergebliche Anläufe hatte er unternommen, bis er endlich am 3. September 1786, um drei Uhr nachts, in Karlsbad in eine Postkutsche stieg und in den Süden aufbrach. Er nannte sich Filippo Miller, Tedesco, Pittore. Er hatte sich von niemandem verabschiedet, keinen Menschen in seinen Plan eingeweiht. Er musste einfach raus, weg von Weimar, weg von den Ämtern.

Karl Philipp Moritz hatte sich schon in der Stadt der Römer und verschütteten Griechen niedergelassen. Die beiden lernten sich noch im November kennen, ein Zufall brachte sie auf engstem Raum zusammen, als auf einem gemeinsamen Ausflug Moritz vom Pferd stürzte und sich einen Arm brach. Goethe kümmerte sich um den Kranken, hielt Nachtwachen am Krankenlager. Eines Tages begann ihm Moritz von seinem Leben zu erzählen, das den Stoff seines Romans *Anton Reiser* bildete. Goethe horchte auf und schrieb Charlotte von Stein, er staune über die Ähnlichkeit ihrer beider Lebensläufe, Moritz komme ihm vor wie ein jüngerer Bruder, der vom Schicksal überall dort schlecht behandelt worden sei, wo es ihn, Goethe, begünstigt habe. Mehr sagte er dazu nicht, als wollte er seiner fernen Geliebten ein Rätsel aufgeben. Er empfahl Charlotte von Stein, den *Anton Reiser* zu lesen, ohne ihr zu verraten, warum sie das tun solle, aber es sah so aus, als wollte er bei ihr den Eindruck wecken, dass sie in dem Roman eine Antwort darauf finden werde, was er meine, wenn er von der geschwisterlichen Nähe zwischen Moritz und ihm rede, und als versuche er auf diese Weise, die Aufmerksamkeit seiner Geliebten für eine längere Weile auf ihn, den Abwesenden, zu ziehen.

Ein Dichter war für Frauen und empfindsame Männer ein Licht, das ihnen den trüben Alltag erleuchtete und ihnen half, über die Mühsal der Tage hinwegzukommen, über die Langeweile, die Geschäfte und die Eintönigkeit. Er hob die Seele und die Herzen zu unbekannten Höhen, wo die Bewohner der Tälern ahnen konnten, was in ihnen steckte, und wo ihnen Worte nahegebracht wurden für Gefühle, Träume und Wünsche. Mit dem Temperament, mit den Leidenschaften der Dichter wurde die Trostlosigkeit und Gewöhnlichkeit des Lebens für Stunden vertrieben. Diese besonderen Wesen waren außergewöhnliche Kenner alles Menschlichen und Erfinder von Welten, die ihre Zuhörer und Leser gefangen nahmen. Wer in der deutschen Provinz einen originellen, genialen Dichter, einen wie Schiller, als Freund an seiner Seite hatte, der durfte sich glücklich schätzen.

Im Jahr 1785 reiste Schiller, der Ruhe und ein neues Zuhause suchte, nach Leipzig und dann nach Dresden. Der kunstsinnige Christian Gottfried Körner, der den Dichter bewunderte und ihm helfen wollte, hatte ihn zu sich eingeladen. Ein junger rebellischer Poet, der auf der Flucht war und auf die Theaterbühne drängte, musste eine interessante, mitreißende Erscheinung, eine Bereicherung für einen kleinen Kreis von Menschen sein, die ihn, kaum dass er durch die Tür geschritten war, in ihrer Mitte aufnahmen. Schiller war von dem Empfang freudig überrascht, und nachdem er sich bei seinen Wohltätern und Bewunderern eingerichtet hatte, schrieb er im Überschwang das Gedicht »An die Freude«.

Über die Schicksale von schwierigen, künstlerischen Charakteren gebeugt, konnte sich den Skeptikern und Verzagten unter ihnen die Ansicht aufdrängen, dass es sich wider alle bedrückenden Umstände lohne, den eigenen Interessen nachzugehen, der besonderen Bestimmung, die den Lebenslauf vorzugeben schien, treu zu bleiben und die Hoffnung nicht aufzugeben, dass sich das Glück irgendwann einstellen werde. Und wenn die Erfüllung kam, drängte sich der Eindruck auf, sie habe sich durch so viel Standfestigkeit herbeirufen lassen. Andere, die vom Glück freigebig gesegnet wurden, werden sich einreden, es sei ihnen als eine Art Belohnung für Talent und Trotz, Eigensinn und Beharrungsvermögen zuteilgeworden. Nur die Kühnen und Glaubensfesten werden sich sagen, was geschehe, sei nur dem Zufall oder der höchsten Macht zu verdanken.

Das Überleben in den bürgerlichen Verhältnissen hing am Geld, das sich in alle Beziehungen und Erscheinungen des Lebens drückte, als Besitz, Einkommen, Auskommen, Erbe, Tantiemen, Aussteuer, Vorschuss, Kredit und Schulden. Wer keines hatte und nicht auf einem Gut mit vollen Scheunen lebte, der ging unter, verarmte und verhungerte. Jeder, der sich auf seine eigenen Füße gestellt sah, musste zu Markte tragen, was er sein Eigen nannte, seine Arbeitskraft, seine Freiheit, seinen Körper, seinen Geist, und zusehen, dass ihm bei diesem Geschäft nicht alles genommen wurde, was er besaß, dass er einen Rest an Freude und Zuversicht zurückbehielt, mit dem sich leben ließ und der die Hoffnung auf eine Verbesserung der Lebensumstände, die einen Menschen aufrechterhielt, nährte.

Georg Forster kam an Land nicht so schnell voran wie auf den Meeren. Er saß jetzt als Professor für Naturgeschichte an der Universität im polnisch-litauischen Wilna fest und hatte das Gefühl, er sei auf Grund gelaufen. Aus freien Stücken wäre er nie in diese Einöde gegangen, ihn hatte die Not, das einfältige Schicksal des Überlebens getrieben, der leere Sparstrumpf. Er wäre, wenn ein günstiger Wind aufgekommen wäre, sofort wieder weg gewesen. Seiner Frau erging es nicht besser. Zwei Jahre mussten die beiden ausharren, dann konnten sie ihre Koffer packen.

Im Ruhezentrum der deutschen Philosophie, in Königsberg, arbeitete Kant daran, mit dem von ihm vermessenen Geist das menschliche Leben und Wirken zu untersuchen, ganz so wie ein Handwerker, der mit einer neuen Maschine überall herumfuhrwerkt, um herauszufinden, was sich damit alles anstellen lässt. Im Jahr 1785 erschien seine *Grundlegung der Metaphysik der Sitten*, ein Vorschlag, wie ein gutes Zusammenleben in großem Maßstab gelingen könnte. Seine Zeitgenossen lernten auf diese Weise den kategorischen Imperativ kennen, der von Kants Fachkollegen freundlich aufgenommen, von der Masse der Laien aber ignoriert wurde, nicht aus Desinteresse, sondern weil sie vom Auftauchen dieser Idee und ihrer Begründung, dass ein Mensch nur so handeln solle, dass das Gesetz seines Handelns für alle gelten könne, nichts mitbekamen. Sie gaben sich, um ihr Alltagsleben zu regeln, mit anderen, populären moralischen Varianten zufrieden, die ihnen von der christlichen

Tradition, die Rinnsalen gleich durch das Volk lief, nahegelegt wurde, zum Beispiel, dass einer dem anderen möglichst kein Leid und keinen Schaden zufügen solle. Jeder, der sich durch das Leben schlug, wusste, dass um diesen frommen Vorsatz Tag für Tag gerungen werden musste, dass Überforderung, Neid, Konkurrenz und Hunger ihn zu schlechten, schändlichen Handlungen trieben. Eltern und Lehrer schlugen ihre Kinder und Schüler, weil sie nicht folgsam waren. Ein Händler betrog einen Kunden, und sei es um einige Gramm. Ein Bauer stellte einer Magd gegen ihren Willen nach. Der kategorische Imperativ hätte traurig den Kopf geschüttelt, wenn er sich dem konstanten Ausmaß an Niedertracht und Egoismus hätte stellen müssen, das jeder Aussicht auf moralische Veränderung zum Besseren hohnsprach. Theoretisch war die Sache klar. Kant konnte nicht mehr tun.

Im selben Jahr, als Kant mit seiner Entdeckung an die kleine deutsche Öffentlichkeit trat, publizierte Friedrich Heinrich Jacobi unter Pseudonym ein schmales Buch, *Über die Lehre des Spinoza in Briefen an den Herrn Moses Mendelssohn,* und löste damit einen folgenreichen Streit darüber aus, was es mit dem Pantheismus Spinozas auf sich habe. Nach dem christlichen Verständnis Jacobis war der Spinozismus eine Form von Atheismus. Diese provokante Engführung wog umso schwerer, als Jacobi in seinem Buch von einem Gespräch berichtete, das er mit dem vier Jahre zuvor verstorbenen Lessing über Spinoza geführt hatte und in dem sich Lessing als Spinozist bezeichnete. Demnach wäre der allseits bewunderte Lessing im Grunde ein Atheist gewesen und hätte alle Religionen nur deswegen für gleich wert erachtet, weil er an keinen Gott und an keine Offenbarung glaubte. Auch Goethe las das Buch sofort und schrieb Jacobi im Oktober 1785, dass für ihn Spinozismus und Atheismus nicht dasselbe seien. Unter allen Büchern, die er kenne, sei Spinozas *Ethik* dasjenige, dessen Vorstellungsart mit seiner eigenen am meisten übereinstimme. Schon im *Werther* hatten sich pantheistische Vorstellungen wie ein gleißendes Licht ausgebreitet und dem Helden erhebende Augenblicke verschafft, in denen er glaubte, mit der Natur eins werden zu können.

Mit dem Buch von Jacobi brach in Deutschland eine Spinoza-Renaissance aus. Die Idee, dass Gott sich auch in der Natur zeige, war verführerisch, vor allem für jene, die es in den dunklen Kammern der dogmatischen Theologie, in die kein Sonnenstrahl fiel, nicht aushielten. Der Philosoph Moses von Mendelssohn sah sich durch Jacobis Werk herausgefordert, eine Gegenschrift mit dem Titel *An die Freunde Lessings* zu verfassen. Empört über die Mutmaßungen, denen sein Freund Lessing ausgesetzt war, und in dem Wunsch, ihm schnell Gerechtigkeit widerfahren zu lassen, brachte er das Manuskript eigenhändig zur Druckerei. Sein Einsatz wurde ihm nicht vergolten. Auf dem Weg zog er sich eine Erkältung zu, an deren Folgen er wenige Tage später, Anfang Januar 1786, starb. Der Streit, so schien es, hatte sein erstes Opfer gefordert.

Gute Schüler und bessere Lehrer

Schellings Vater, der eine deutliche Vorstellung von Bildung und Gelehrsamkeit hatte, war mit den schulischen Entwicklungsmöglichkeiten, die sich seinem Sohn boten, nicht zufrieden. Er nahm ihn deshalb im Alter von elf Jahren aus der Lateinschule in Nürtingen und steckte ihn ins Kloster Bebenhausen, in dem er selbst als Lehrer unterrichtete. Schelling saß dort jetzt mit Seminaristen zusammen, die siebzehn, achtzehn Jahre alt waren, und lernte Griechisch, Latein, Hebräisch, nebenbei noch Arabisch, Syrisch und moderne Sprachen, ein echter Überflieger, der steil nach oben schoss und irgendwann seine maximale Höhe erreicht haben würde. Da war er schon ein berühmter Mann, der dennoch keine Ruhe fand. Sein Wissen, seine Intuition und seine Begabungen machten ihn rastlos, so wie Ahnungen von großartigen, noch nie gesehenen Aussichten einen Wanderer von Berg zu Berg eilen lassen.

Hölderlin war einen Schritt auf seiner Laufbahn weitergekommen, er ging seit 1786 auf die höhere Klosterschule in Maulbronn. Die Disziplin, die dort herrschte, war lockerer als in der klösterlichen Lehranstalt in Denkendorf, die Zöglinge durften Spaziergänge außerhalb der Klostermauern machen. Eine schwarze Kutte, die sie daran erinnerte, dass sie der Kirche versprochen waren und dass sie ihre Jugend der Ausbildung zu diesem Dienst opfern sollten, mussten sie auch in Maulbronn tragen.

Der junge Hölderlin schrieb Gedichte. Die Empfindungen von empfindlichen Seelen suchten einen Weg, sich ausdrücken, und in der Not, in der Hölderlin steckte als Teil einer rigiden Zwangsgemeinschaft, die von Lehrern und Predigern geleitet wurde, boten sich Gedichte an, Briefe, Freundschaften und Schwärmereien, die wie Flussläufe waren, die überschäumendes Wasser aufnehmen und wegtragen konnten. Die Natur ist die größte Verlockung für Kinder, die im Zimmer sitzen und lernen sollen. Dass die Jungen in einem Männerverein erzogen wurden, wird ihr Gefühl, in harsche und befremdliche Verhältnisse geraten zu sein, verstärkt haben.

Schüler suchen, wenn sie hoch hinauswollen, Meister. Hölderlin bewunderte in frühen Jahren Klopstock, als er älter war, bemühte er sich verzweifelt um Schillers Nähe. Die beiden Dichter waren ihm Vorbilder in hohem Stil, vitalem Drang und dichterischem Leben. Die Auswahl unter den Zeitgenossen, die als Vorbilder taugten, war für junge Dichter nicht groß. Von Klopstock übernahm Hölderlin die Vorstellung, dass ruhmreiche Dichter patriotische Gesänge anstimmen sollten. Das Vaterland, von dieser poetischen Höhe herab betrachtet, war eine Gemeinschaft frommer und redlicher Menschen. Pietisten, wenn sie gottgefällig ins Land blickten, sahen das ähnlich. Die Aufgabe eines patriotischen Dichters bestand darin, das Volk an die heroischen Taten seiner Vergangenheit zu erinnern, damit es sich seiner Eigenart, seiner Bedeutung und seiner Sendung bewusst bliebe. Ein Dichter, der auf diese Weise zu dichten verstand, war kein Fremder im eigenen Land, kein Außenseiter, der von seinen Mitmenschen ignoriert oder belächelt wurde. Er gehörte zur großen Familie des Landes, er hatte ein Recht, seine Stimme zu erheben. In seinen Taten und Worten lag eine historische Notwendigkeit, die ihn und sein Werk rechtfertigte. Er besaß, wie es in Deutschland zweihundert Jahre später hieß, eine gesellschaftliche Funktion, und er konnte, wenn er sie erfüllte, sich einreden, dass sinnvoll war, was er machte, und nicht nur ein unerhebliches Produkt seiner Phantasie.

Hölderlin hielt sich am Rockzipfel einer unsichtbaren Gemeinschaft fest. Poesie war für den Jugendlichen eine Art Therapie, die aus der Not erwuchs, sich in der fremden Welt mit seinen Wünschen und Gefühlen zurechtzufinden. Solche eingebildeten Bindungen an höhere Ziele trugen ihn durch die trüben Zeiten seiner Jugend im Kloster, wenn sein Gemüt erschlaffte, die Melancholie wie ein Schatten auf ihn fiel und die Leiden der Einsamkeit, zu denen auch die Hypochondrie gehörte, ihn überkamen. Liebe und Schwärmerei waren die probatesten Mittel für eine irritierte, verunsicherte und hochfahrende Seele, sich vor psychischer Verwahrlosung und Isolation zu schützen. Hölderlin verliebte sich in Louise, in Stella. In dem Gedicht »An die Ehre« flattert ein unsicherer Held zwischen den gewöhnlichen Wonnen der Liebe und den herausfordernden Gipfeln des Ruhms:

Einst war ich ruhig, schlummerte sorgenfrei
Am stillen Moosquell, träumte von Stellas Kuß –
Da riefst du, daß der Waldstrom stille
Stand und erbebte, vom Eichenwipfel –

Auf sprang ich, fühlte taumelnd die Zauberkraft,
Hin flog mein Atem, wo sie den Lieblingen
Die schweisbetraufte Stirn im Haine
Kühlend, die Eich und die Palme spendet.

Umdonnert, Meereswoogen, die einsame
Gewagte Bahn! euch höhnet mein kühnes Herz,
Ertürmt euch, Felsen, ihr ermüdet
Nie den geflügelten Fuß des Sängers.

So rief ich – stürzt' im Zauber des Aufrufs hin –
Doch ha! der Täuschung – wenige Schritte sinds!
Bemerkbar kaum! und Hohn der Spötter,
Freude der Feigen umzischt den Armen.

Ach! schlummert' ich am murmelnden Moosquell noch,
Ach! träumt' ich noch von Stellas Umarmungen.
Doch nein! bei Mana nein! auch Streben
Ziert, auch der Schwächeren Schweis ist edel.

Die Dichtung der frühen Jahre war eine Möglichkeit, dem Durcheinander der Gefühle eine Form zu geben, die nach einem stabilen Ich aussah. Diese Art von therapeutischer Selbstvergewisserung setzte keine Selbsterkenntnis voraus, nur jenen Narzissmus, der die Kehrseite der Verunsicherung über ein irritiertes Ich ist. Das Ideal vom eigenen Ich, das in dieser Not entstand, förderte das Streben und das Verzagen, die Suche nach Anerkennung und die Angst vor dem Versagen. In philosophische Wörter gepackt, hieß das, sich zurechtzufinden zwischen den Versuchungen der Freiheit und den Notwendigkeiten der Natur, zwischen den Rechten der Subjektivität und den Maßgaben der Objektivität, zwischen Autonomie und Vermittlung.

Hegel geriet durch den Tod seiner Mutter nicht aus der Bahn. Er brach die Schule nicht ab, er verweigerte sich nicht den Anforderungen des Lebens. Er lernte, und er wird unter den Augen der toten Mutter gelernt haben, die ja nicht weg war, nur weil sie gestorben war. Geliebte Abwesende bleiben anwesend. Die unmittelbare Gegenwart der Mutter zu Lebzeiten wurde durch die Erinnerungen, die ihr nachgingen und sie festhielten, abgelöst, und die Verstorbene verwandelte sich auf diese Weise in eine Art ständige Begleiterin der zurückgelassenen Familie. Als sie noch bei ihren Angehörigen weilte, wurde sie unter ihnen aufgeteilt, jeder nahm sich von ihr, was er bekommen konnte, was ihm von ihr gegeben und geschenkt wurde, ein Wort, eine Geste, Aufmerksamkeit, Gegenwart. Jetzt, da sie tot war, trug jeder sie allein mit sich herum, jeder besaß sie für sich und sah sie so, wie sie für ihn gewesen war, damals, als sie noch lebte, greifbar und doch im Ganzen unfassbar. Die Trauer und die Erinnerungen, die in den Kindern und in ihrem Ehemann hochstiegen, konzentrierten und intensivierten die Tote, als zögen sie aus der verlorenen Gegenwart der Mutter, der Ehefrau einen Kern, der blieb, ein Wesen, ein tiefes Gefühl, das an die leere Stelle rückte, die sie mit ihrem Tod zurückgelassen hatte.

Sich weiter zu bilden war sicherlich ein Auftrag, den Hegel von ihr wie einen letzten Wunsch übernahm. Seine Trauer um ihren Verlust wurde in Arbeit und Wissen verwandelt. Eine Lehre, die er aus dem Tod seiner Mutter zog, muss für ihn darin gelegen haben, dass in der wahren, in der großen, tragischen Not unabwendbare Dinge geschahen. Auf diese Erfahrung einer unumstößlichen Notwendigkeit, die er anerkennen musste, wenn er im Sinne der Mutter und das hieß konsequent und vernünftig handeln wollte, reagierte der Sohn, so sah es von außen aus, mit Verlässlichkeit und Kontinuität.

Die Erfahrung, dass die Mutter der Segen des Hauses gewesen war, bestimmt noch die Gedanken, die er in der *Phänomenologie des Geistes* der Frau und Mutter widmet: »Die Verhältnisse der *Mutter* und der *Frau* aber haben die Einzelheit teils als etwas Natürliches, das der Lust angehört, teils als etwas Negatives, das nur sein Verschwinden darin erblickt; teils ist sie eben darum etwas Zufälliges, das durch eine andere ersetzt werden kann. Im Hause der Sittlichkeit ist es nicht *dieser* Mann, nicht *dieses* Kind, sondern *ein Mann, Kinder überhaupt*, – nicht die Empfindung, sondern das Allgemeine, worauf sich diese Verhältnisse des Weibes gründen.« Einfacher gesagt, die Frau findet sich selbst, ihre Bestimmung nur als Exemplar einer biologischen Gattung, nicht als bürgerliche Individualität, die sich für dies und jenes interessiert.

Hegels Schwester Christiane hat sich nach dem Tod der Mutter damit abfinden müssen, den Haushalt zu führen und für die Brüder und den Vater da zu sein. Sie wurde, unabhängig von ihren Fähigkeiten und ihren Begabungen, ganz im Stil der Zeit, in den Alltag abgedrängt, als wäre sie von geringerem Wert, ein Mensch, dem nicht zustand, sich zu erfüllen, der für andere da sein sollte, eine Dienerin. Über das Verhältnis von Bruder und Schwester schrieb Hegel in der *Phänomenologie des Geistes*, gleichsam im Rückblick auf die neuen Verhältnisse zu Hause: »Sie sind dasselbe Blut, das aber in ihnen in seine *Ruhe* und *Gleichgewicht* gekommen ist. Sie begehren einander nicht, noch haben sie dies Fürsichsein eines dem anderen gegeben und empfangen, sondern sie sind freie Individualität gegeneinander. Das Weibliche hat daher als Schwester die höchste *Ahnung* des sittlichen Wesens; zum *Bewusstsein* und der Wirklichkeit desselben kommt es nicht, weil das Gesetz der Familie das *ansich*seiende, *innerliche* Wesen ist, das nicht am Tage des Bewusstseins liegt, sondern innerliches Gefühl und das der Wirklichkeit enthobene Göttliche bleibt.« Mit anderen Worten, die Schwester bleibt daheim, der Bruder geht in die Welt hinaus.

Auch sehr große Geister sind Kind, Sohn, Bruder, Mann und bleiben es ihr geistiges Leben lang.

Intimität und Neugier

Die Briefe und Tagebücher von Dichtern und Philosophen sind in den meisten Fällen private und intime Texte, die für die Augen eines Dritten nicht vorgesehen sind. Und doch fallen sie allesamt unserer Neugier zum Opfer. Jeder Text eines berühmten Autors, der ein bestimmtes Alter erreicht hat, wenn ihn nicht ein Testament oder ein Erbe schützt, gelangt an die Öffentlichkeit, die keine Scheu hat, sich darüber herzumachen, so wie jeder nackte Mensch, oft reichen nackte Brust und nackte Beine, die Aufmerksamkeit auf sich zieht und jeder dann wer weiß was zu entdecken meint. Dabei stillt er nur seine Gier nach dem anderen, weil es schwerfällt, allein zu sein, weil er sich selbst fremd ist und für sich nicht die richtigen Worte findet und sehen möchte, wie andere das Leben hinbekommen haben, was ihnen eingefallen ist zu ihrer Existenz und der Welt. Der nackte Mensch produziert nackte Menschen. Jemand sieht einen Nackten, und sofort fühlt er sich selbst nackt. Genauso ergeht es einem Leser beim Blick in ein Tagebuch oder in Briefe, die nicht für ihn persönlich bestimmt sind. Da zeigt sich eine Seele, und sofort fühlt sich der Leser an seine eigene Seele erinnert, deren Existenz und Spannweite er manchmal vergisst oder gar nicht kennt.

Wer die Briefe des Ehepaars Herder zu lesen beginnt, geschrieben in den Monaten, in denen Johann Gottfried Herder 1788 nach Italien reiste und dort blieb, wird sie nach wenigen Seiten aus der Hand legen, weil er sich wie ein Dieb vorkommt, der in ein Haus eindringt, in dem er nichts zu suchen hat, oder wie ein Spion, der fremde Gespräche belauscht, die zwei Menschen, die einander sehr nahestehen oder sich sogar lieben, nur unter der Voraussetzung führen, dass sie glauben, nicht abgehört zu werden. Mit Lesern, die Jahrhunderte später auftauchen und ihnen gegenüber die Rechte entfernter Seelenverwandter geltend machen, hatte das Ehepaar Herder nicht gerechnet, als es sich Briefe schrieb. Goethe hat den Briefwechsel mit Schiller noch zu seinen Lebzeiten zum Druck freigegeben, er hielt den Austausch mit dem Freund über die Werke, an denen sie saßen, sowie über die Erscheinungen der Zeit für ein herausragendes Dokument, an dem sich die Deutschen bilden könnten. Wer sich für eine öffentliche Person hält, wird rechtzeitig damit beginnen, seine Worte, an wen sie auch gerichtet sein mögen, im Hinblick auf die Nachwelt mit großer Sorgfalt zu wählen.

Hölderlin hat keinen Gedanken daran verschwendet, ob seine Briefe veröffentlicht würden, und auch Hegel ging nicht davon aus, dass seine Briefe für Dritte von Interesse wären. Die beiden haben nicht mit ihren Verehrern, den Philologen und Philosophen gerechnet, die jedes Dokument, das mit dem Dichter und mit dem Philosophen zusammenhängt, sammeln und kommentieren, aus dem Bewusstsein einer kulturellen Pietät heraus, die Traditionen bewahren möchte, und in der Hoffnung, dadurch noch besser verstehen zu können, wer Hegel und Hölderlin waren, was sie fühlten, taten und dachten. Manche Nachfahren kennen die beiden wahrscheinlich besser als ihre Freunde oder Ehegefährten, besser als ihre Kinder.

Die Gegenwart, die wir mit den Lebenden teilen, treibt uns zu Vermutungen, wer und wie sie sind, und zu Verkürzungen der Perspektiven, in denen wir sie sehen könnten. Sie stehen neben uns, oder sie sitzen uns gegenüber, und das reicht uns, um in ein Gespräch mit ihnen zu kommen und die Illusion zu nähren, dass wir uns mit den Worten, die zwischen uns fallen und mit denen wir uns zu verständigen meinen, einander annähern. Die Tagebücher unserer Nächsten sind uns tabu, wir führen mit unseren Nachbarn keine ausführlichen Gespräche darüber, was sie in der Schule gelernt haben, welche Bücher sie gelesen haben, von welchen Menschen sie meinen beeinflusst zu sein. Wir teilen die Welt in interessante und weniger interessante Menschen, und Philologen und Philosophen im weiten Sinne rechnen zu den interessanten Menschen diejenigen, die dichten und denken, Werke schreiben und hinterlassen haben, die sie neugierig machen und mit denen sich zu beschäftigen ihnen sinnvoll erscheint. Für die professionellen Schriftdeuter sind Hegel und Hölderlin ein Glücksfall, so wie für Freunde des Kreuzworträtsels manche Kreuzworträtsel herausfordernd und gut, andere langweilig und mittelmäßig sind. Es möchte ja einer in dem Fach, das er zu beherrschen glaubt, sich immer wieder von seiner besten Seite zeigen und sich und anderen beweisen, was er kann.

Meine Nachbarn, die Bauern, die abends im Wohnzimmer auf dem Sofa sitzen und Fernsehen schauen, würden nicht verstehen, wie einer auf den Gedanken kommen kann, in den Briefen fremder Leute zu lesen. Sie ziehen Grenzen, die das Zusammenleben erleichtern sollen, und mischen sich nicht in Angelegenheiten, von denen sie meinen, sie würden sie nichts angehen. Das gilt auch und vor allem für das Privatleben anderer, an dem teilzuhaben auch bedeuten kann, in Streitigkeiten hineingezogen zu werden, die sich von außen nicht gut beurteilen lassen. Insofern verhalten sie sich wie erfahrene Hermeneutiker, die mit ihren Urteilen über andere nicht schnell bei der Hand sind und lieber Vorsicht walten lassen, als sich unüberlegt festzulegen und Partei zu ergreifen. Sie sagen ihre Meinung, aber sie möchten, dass Frieden im Dorf herrscht, und erwarten diese friedvolle Absicht und Einstellung auch von den anderen Dorfbewohnern. Dank dieser Rücksichtnahme funktioniert das Leben hier, und dass jeder weiß, was der andere macht, widerspricht diesem moralischen Gesetz des Zusammenlebens nicht. Dieses Wissen ist gelebte Anteilnahme, nicht hinterhältige Neugier von Leuten, die ihre Nase in Dinge stecken, die sie nicht verstehen und mit denen sie im Grunde nichts zu tun haben. Alle Aussagen über Seele, Gemüt und Geistesverfassung, vor allem wenn sie sich zu allgemeinen Charakteristika eines Menschen auswachsen, sind ihnen suspekt, und sie sagen dann schnell, um weitere, in ihren Ohren sinnlose Erörterungen und unerlaubte Grenzüberschreitungen abzuwürgen: Alles nicht so einfach, winken ab und wenden sich den wichtigen Dingen des Lebens zu, die erledigt werden müssen, weil sonst Unordnung oder Leid entsteht, Tiere füttern, Mittagessen kochen, im Garten und auf dem Feld arbeiten, Geburtstage feiern und Tote beerdigen.

Die Welteroberung von Philosophie und Poesie

Dass das Leben im Großen und Ganzen weltweit immer in den gleichen Bahnen zwischen Tag und Nacht, Arbeit und Vergnügen ablief, ließ sich vor zweihundertfünfzig Jahren aus Reisebeschreibungen erfahren, in denen von den unterschiedlichen Sitten der Völker berichtet wurde. Die Entdecker trieb nicht nur ihre Abenteuerlust in die Ferne, sie fuhren im Auftrag von Regierungen und wissenschaftlichen Akademien, die ein Interesse daran hatten, die Bodenschätze und kulturellen Seltsamkeiten der Welt zu erobern und zu klassifizieren. Anthropologie hieß die junge Wissenschaft einer globalen Menschenkunde, die Belege dafür zu erbringen schien, dass sich die Menschen von niederen zu höheren Stufen entwickelten, vom Naturzustand zur europäischen, vor allem zur französischen Zivilisation, ein Fortschritt, der in manchen Augen zweifelhaft war und viele Nachteile mit sich brachte.

Jean-Jacques Rousseau war der erste und schärfste Kritiker des im achtzehnten Jahrhundert hochschießenden Fortschrittsglaubens, dessen Anhänger die Resultate der expandierenden Naturwissenschaften begrüßten. Nicht überall wurden Bücher geschrieben, gedruckt, veröffentlicht und in Bibliotheken gesammelt, diese Tätigkeiten waren zivilisatorische Eigenarten, die zur Folge hatten, dass das Gedächtnis entlastet wurde und Philosophie und Dichtung sich ungehemmter ausbreiten konnten. Jeder, der schreiben und lesen gelernt hatte, konnte im achtzehnten Jahrhundert auf Papier festhalten, was ihm durch den Kopf ging, und eine imaginäre Welt entstehen lassen, die ihm gefiel. Gedanken wurden öffentlich zugänglich gemacht, von denen vorausgesetzt wurde, dass sie anderen eingängig und verständlich sein würden, wenn sie sich bemühten, sie zu verstehen. Sie standen in Büchern, konnten nachgelesen und in einsamen Stunden studiert werden. Das Leben zerfiel zunehmend in Theorie und Praxis, große Ideen und mühseligen Alltag, und in wachsendem Maße wurde die Masse derer, die ihren Unterhalt mit ihrer Hände Arbeit verdienten, skeptisch gegenüber den wenigen, die Gedankengebäude errichteten, dort drinnen wohnten und von dort aus auf die Straße schauten und die Vorgänge kommentierten.

Solange diese Gedankengebäude in der Nähe der Religion oder gar auf deren eigenem Feld errichtet wurden, drückten die einfachen Leute ein Auge zu, ja es konnte vorkommen, dass sie angetan und begeistert waren von Schriften und deren Urhebern, die etwas zu sagen hatten, das mit ihrem Leben und

Seelenheil zusammenhing. Solche guten Erfahrungen hatten die Leute in Württemberg mit den dortigen Pietisten gemacht, mit Johann Albrecht Bengel (1678–1752), dem ersten Künder des spekulativen Pietismus, mit Friedrich Christoph Oetinger (1702–1782), mit Philipp Matthäus Hahn (1739–1790) und mit Michael Hahn (1758–1819). Der spekulative Pietismus begnügte sich nicht damit, die Menschen zu einem frommen und tätigen Leben anzuhalten, er kümmerte sich um die Deutung von Geschichte und Natur als Erscheinungsweisen Gottes. Alles, was war, konnte als ein Zeichen gelesen werden, das auf Höheres verwies, einen Sinn, einen Plan, ein Heil. Geschichte und Natur waren eine besondere Art von Schrift, die besondere Schriftgelehrte und Schriftkundige erforderte, worunter sich Dichter zählen konnten, die mit ihrem poetischen Gespür Dinge wahrnahmen und ahnten, von denen vorher noch nie einer etwas gehört und gesehen hatte, an denen all die anderen bislang achtlos vorbeigegangen waren, vertieft in ihre Alltagssorgen und abgelenkt von ihren Vergnügungen. Wer behauptete, zu solchen umfassenden Lektüren der Welt in der Lage zu sein, glaubte, mit höheren Mächten in Verbindung zu stehen und auf irgendeine geheime Weise einen Zugang zu ihnen gefunden zu haben. Im einfachsten Fall, sich auf diesen exquisiten Austausch von Geist und Gott, Geschöpf und Schöpfer einen Reim zu machen, wurde dieser Kontakt mit den höchsten Ebenen, wo sich Auskünfte gewinnen ließen über das höchste Heil und den letzten Sinn, als Inspiration bezeichnet.

Ein Buch von Oetinger befand sich im Nachlass Hölderlins. Ein Exemplar des pietistischen *Liederkästlein* von Philipp Friedrich Hiller (1699–1769) erhielt er 1784, als er in Nürtingen konfirmiert wurde. »Das Erinnern« heißt eines seiner frühen Gedichte:

Viel, viel sind meiner Tage
Durch Sünd entweiht gesunken hinab.
O, großer Richter frage
Nicht wie, o lasse ihr Grab
Erbarmende Vergessenheit,
Laß, Vater der Barmherzigkeit,
Das Blut des Sohns es decken.

Ach wenig sind der Tage
Mit Frömmigkeit gekrönt entflohn,
Sie sinds mein Engel, trage
Sie vor des Ewigen Thron,
Laß schimmern die geringe Zahl,
Daß einsten mich des Richters Wahl
Zu seinen Frommen zähle.

Bücher erzeugen Bücher, Philosophen andere Philosophen. Einmal in Gang gebracht, ließ sich diese Entwicklung nicht mehr aufhalten, aber die Idee von dem einen Buch, in dem und durch das sich die Welt für alle erklären ließe, wie es die Bibel für die gläubigen Christen geworden war, verblasste nicht und lebte in der philosophischen Vorstellung weiter, dass sich Gott, Geist und Natur in Gedanken erfassen und ausdrücken ließen.

Die Konkurrenz der Philosophen untereinander war ein Kampf um die richtige Weltauslegung und das letzte Wort, um die entscheidende Erkenntnis. Jeder von ihnen ging davon aus, dass er diesen Kampf mit Argumenten gewinnen konnte. Der Wettstreit der Dichter mit den Philosophen drehte sich um die Anerkennung der Kunst als einer Form der Erkenntnis und um die Durchsetzung einer individuellen, poetischen Weltsicht, um das Recht auf künstlerischen Eigensinn. Die ambitionierten Philosophen und die hochfahrenden Dichter traten in die Nachfolge der Theologen, sie nahmen sich des Menschen an, seiner Stellung in der Welt, seiner Aufgabe, seiner Bildung und seiner Zukunft, und sie taten dies unter den Augen und der Mitwirkung der neuen Götter, die ihre Machtbereiche voneinander abzugrenzen versuchten, der Vernunft, der Poesie und der Geschichte oder, anders gesagt, der rationalen, der ästhetischen und der kulturellen Wahrheit.

Die Entscheidung für die eine oder die andere Seite fiel ganz nach der Begabung aus, aber nicht nur machte das Talent, das einer besaß, Vorgaben, auf welchem Gebiet er sich beweisen wollte, sondern auch die Art und Weise, in der Philosophie und Poesie unter den Zeitgenossen betrieben wurden, sprach ein Wort bei der Entscheidung mit. Die Philosophie hatte einen Platz an der Universität, die Poesie nicht, sie musste sich ohne institutionelle Anbindung behaupten. Dass im achtzehnten Jahrhundert eine Nähe bestand zwischen beiden, spürten viele, die das eine oder das andere Fachgebiet als ihre Profession betrieben, doch nur wenige, wie Schiller und die Romantiker Friedrich Schlegel und Novalis, hatten den Mut, sich auf beiden Feldern zu beweisen. Zu umfassenden systematischen philosophischen Abschlussberichten, wie sie Kant und Hegel gelangen, schaffte es keiner von diesen Doppelbegabungen, die sich auf bestimmte philosophische Themen konzentrierten, wie Schiller auf die Ästhetik, oder sich damit begnügten, wie Schlegel und Novalis, in essayistischen und aphoristischen Formen ihre Ansichten vorzutragen.

Wer sich auf die philosophischen Probleme mit jener Gründlichkeit einließ, die ihn dazu aufforderte, jeden Schritt, den er machte, logisch zu beweisen und eine ganze Welt, Erkenntnis, Moral, Natur, Gott, auszuschreiten, wie das bei Kant, Schelling und Hegel der Fall war, der blieb bei dem intellektuellen Ausdrucksfeld, auf das ihn seine Begabung verwiesen hatte. Eher wurden aus genuinen Dichtern auch Philosophen als aus genuinen Philosophen auch Dichter, ganz so, als würde die ausgebildete, geübte Kraft des analytischen Denkens verhindern, dass sich die Einbildungskraft entwickelte und aufblühte. Diese Beschränkung auf eine bestimmte Fähigkeit ließ sich als Selbstschutz verstehen, als sollte der Verstand, die Vernunft der kritischen Philosophen nicht ins Schwärmen geraten, sondern nüchtern und konsequent bei der Sache bleiben. Umgekehrt ließ sich die Einbildungskraft, einmal in die Breite und Höhe geschossen, nicht mehr zügeln und unter die Vorgaben des analytischen Denkens pressen, unter denen sie ihre Kräfte hätte einbüßen können.

Ob am Anfang des Weges, den Dichter einschlugen, das Träumen stand, die Sehnsucht, der Wille und die Not, das Ich gegenüber der Welt zu behaupten, und am Anfang des Weges, den Philosophen einschlugen, die Erfahrung von Sicherheit und Nähe, die ihnen durch das Wissen vermittelt wurde? Irgendein dunkles Gefühl, das unentdeckt und unerforscht bleiben würde, ließ das Gemüt dorthin oder hierhin sich neigen, so wie ein provozierter ausgeprägter Sinn, das Sehen oder das Hören, die Richtung mit vorgab, in die eine Seele, die um Ausdruck kämpfte, sich wenden würde.

Die bildende Kunst, die Malerei, spielte in den protestantischen Haushalten, in denen Hegel und Hölderlin aufwuchsen, keine Rolle. Der religiöse Glaube, mit Bekehrung, Beichte und Bekenntnis, favorisierte die Innenwelten, den Sinn, der sich aus dem biblischen Buchstaben und seiner Deutung ergab. Der Weg zur Welt lief durch ein altes Buch, Zeile für Zeile. Wer sich darin von früh an verfing und sich daran gewöhnt hatte, den Sinn der Welt in Wörtern zu suchen, der würde, wenn er nach anderen als den biblischen, den theologischen Vorgaben Ausschau hielt, wahrscheinlich immer zu einem Buch greifen, zum Wort, zum inneren Sinn und Hören und eben nicht zum Gemälde, zur bildenden Kunst, zum Sehen. Von Hegel und Hölderlin sind keine Skizzenbücher mit eigenhändigen Zeichnungen überliefert, wie sie Goethe anzulegen pflegte. Goethe versuchte, nicht bodenlos ins Blaue hineinzudenken, das heißt nicht anschauungslos und bedingungslos den Worten und Begriffen zu folgen, deren Bedeutung sich für Geister, die seit ihren frühen Bibeltagen sich an die Sinn stiftenden Wörter und Zeichen verloren hatten, nur ergab, wenn sie mit anderen Worten und Begriffen zusammen auftraten und kollidierten, mit ihrem jeweiligen Gegensatz, wie Himmel und Erde, Unendlichkeit und Endlichkeit, Gott und Mensch, Erlösung und Verdammnis, Unschuld und Sünde, Gut und Böse, Christ und Heide, Glaube und Wissen. Das wird die große Entdeckung Hegels sein, darin wird der komplizierte Versuch seiner *Wissenschaft der Logik* bestehen, die Begriffe, die Gegensätze des Denkens, die eine Welt ausmachen, aus sich selbst zu entwickeln, ohne dass die Bedeutung des einen die Bedeutung des anderen ersetzt, sondern so, dass sie auseinander hervorgehen. »Das Sein, das unbestimmte Unmittelbare ist in der Tat *Nichts* und nicht mehr noch weniger als Nichts«, heißt es im ersten Kapitel der *Wissenschaft der Logik*. Aber war dieser Weg zur absoluten Erkenntnis, den er einschlagen würde, sinnvoll? Konnte etwas, das in sich vollendet war, der logisch denkende Geist, ergründen, was mit ihm geschehen war, wie es zu seiner scheinbaren Vollendung gekommen war, und zwar mit dem einzigen Mittel, über das er verfügte, mit seiner eigenen Logik? Wie konnte ein Blick in den Spiegel dort eine Bestätigung, einen Beweis dafür finden, dass das Gesicht, das sich selbst nicht sehen konnte außer im Spiegel, wirklich im Spiegel zu sehen war?

»Die Erfahrung, welche das Bewußtsein über sich macht«, schreibt Hegel in der *Phänomenologie des Geistes*, »kann ihrem Begriffe nach nichts weniger in sich begreifen als das ganze System desselben oder das ganze Reich der Wahrheit des Geistes ... Indem es zu seiner wahren Existenz sich forttreibt, wird es einen Punkt erreichen, auf welchem es seinen Schein ablegt, mit Fremdartigem, das nur für es und als ein Anderes ist, behaftet zu sein, oder wo die Erscheinung dem Wesen gleich wird, seine Darstellung hiermit mit eben diesem Punkt der eigentlichen Wissenschaft des Geistes zusammenfällt; und endlich, indem es selbst dies sein Wesen erfaßt, wird es die Natur des absoluten Wissens selbst bezeichnen.«

Neue Erfahrungen suchen eine Heimat

Goethe war in Neapel und Sizilien gewesen, dann kam er wieder nach Rom zurück, und von dort fuhr er am 23. April 1788 nach Hause, zu seinen Ämtern und zum Herzog, zu seinen Pflichten und seinem Lebensentwurf. Am 18. Juni traf er in Weimar ein. Entweder besaß der Herzog ein großes Herz, dass er seinem Günstling solche Extravaganzen durchgehen ließ, oder er ahnte, dass er den Dichter nicht würde halten können, wenn er ihn nicht für einige Zeit in die Ferne ziehen ließ. Durch seine Flucht hatte Goethe sich zwei Jahre Urlaub von Weimar und den engen Verhältnissen dort genommen, ein enormer Luxus. Die traurige Lebensgeschichte, die ihm Karl Philipp Moritz in Rom erzählte, wird ihn daran erinnert haben, wie gut es ihm bisher ergangen war und dass er das Erreichte nicht leichtfertig verspielen sollte. Drei Monate später, ein riesiges Glück auch für ihn, wie sich bald herausstellen sollte, traf er zum ersten Mal Schiller, in Rudolstadt.

Schiller, wie immer sehr fleißig, wie immer in großer Sorge um sein finanzielles Auskommen, hatte das Fach gewechselt und eine *Geschichte des Abfalls der vereinigten Niederlande* geschrieben. Im Jahr 1788 wurde er Dozent für Geschichte in Jena, was nicht bedeutete, dass er jetzt genug Geld verdiente. Er hatte über die alten Götter Griechenlands ein Gedicht geschrieben, das im *Teutschen Merkur* erschienen war. Die antiken Götter waren untergegangen, an ihrer Stelle saß dort oben nur noch einer, der christliche Gott. Die einzige Chance, am Leben zu bleiben, bot ihnen die Dichtung. Den Idealen erging es nicht anders, auch für sie war die Poesie eine Art Reservat, in dem sie in schwierigen Zeiten, wo nur der Gott des Geldes zu regieren schien, überleben konnten. Aber hieß das nicht, die Welt an ihr fremden Maßstäben zu messen? Im Licht der Ideale sah die Wirklichkeit besser aus, als bestände zu Recht noch Hoffnung, dass sich das Leben auf Erden verbessern würde. Die gesellschaftliche Funktion eines Schriftstellers, der den Idealen treu blieb, konnte darin liegen, ein Lehrer der Nation oder, wo die Nation fehlte wie in Deutschland, ein Lehrer aller Menschen zu werden, die nach Kultur strebten.

Mit dem Geld, ein Gegner, der durch Abwesenheit an Kraft gewann, kämpfte auch Jean Paul, der vor seinen Gläubigern in Leipzig geflohen und nach Hof zurückgekehrt war, wo er eine Stelle als Hofmeister annahm. Auch er möchte als Dichter leben. Idealistisch zu sein hieß, nicht vor den eigenen Wünschen zurückzuschrecken, vor dem, was in der eigenen Seele steckte, was aus einem Ich werden konnte. Poesie und Leben ließen sich nicht immer trennen wie Wochentag und Feiertag. Satirische Skizzen hatte er schon veröffentlicht. Sein Favorit aber, der dem Bedürfnis seiner vielen Leser nach intellektueller Nestwärme entgegenkam, der aus lebenskluger Unterhaltung, idyllischen Abenteuern und draufgängerischen Verwicklungen gemacht war, wird die auf Offenherzigkeit und Verwandtschaft gegründete Welt der Romane sein, er will erzählen, einspinnen und ausspinnen.

Hölderlin wird einen einzigen Roman schreiben, *Hyperion oder Der Eremit in Griechenland*, eine poetische Liebesphilosophie über den Dichter und seine Ideale in revolutionärer Zeit, von großem intellektuellem Ernst und ästhetischer Anstrengung getragen, ohne jeden Witz, ohne Humor und Ironie. Diese drei erprobten Möglichkeiten, die menschliche Existenz zu erdulden und zu bestehen, kommen in seinem Werk nicht vor. Auch Gott lachte nicht und ertrug keine Witze. Das Leben war für eine Seele, in die sich der Pietismus von früh an eingenistet hatte, kein Spiel, und wo die Beichte, das Bekenntnis der Sünden ein Dauerzustand war, musste die Ironie wie ein Hohn auf die Wahrheit, wie eine Flucht aus der bedingungslosen Offenheit eines Christenmenschen vor Gott erscheinen. Der junge Hölderlin schrieb im Gedicht »M. G.«:

Herr! was bist du, was Menschenkinder?
Jehova du, wir schwache Sünder,
Und Engel sinds die, Herr, dir dienen,
Wo ewger Lohn, wo Seeligkeiten, krönen.

Wir aber sind es, die gefallen,
Die sträflich deiner Güte Straalen
In Grim verwandelt, Heil verscherzet,
Durch das der Hölle Todt nicht schmerzet.

Und doch o Herr! erlaubst du Sündern,
Dein Heil zu sehn, wie Väter Kindern,
Ertheilst du deine Himmelsgaben,
Die uns, nach Gnade dürstend, laben.

Rufft dein Kind Abba, rufft es Vater,
So bist du Helffer, du Berather,
Wann Todt und Hölle tobend krachen,
So eilst als Vater du zu wachen.

Hyperion findet in der schönen Diotima seine Lehrmeisterin, die ihn aus den Fängen der Politik befreit und wieder auf die Fährte der Schönheit setzt, da er als Dichter einem Volk einen größeren Dienst erweisen kann, wenn er von der Liebe als dem Urgrund aller Entzweiungen zu erzählen weiß, als wenn er sich in den Parteienstreit, der zu keinem guten Ende führen kann, verwickeln lässt. Schönheit gehört auch zu den Wörtern, die im Munde von Dichtern und Philosophen zu einem Konstrukt wurden, dem der alltägliche Gebrauch nicht mehr anzusehen war. Die Schönheit der Natur, eines Menschen, eines Gegenstandes und auch eines Gedankens löst beim Betrachter Freude, Erregung, Wohlgefallen und Interesse aus und weckt das Bedürfnis nach Nähe und Dauer. Aber so einfach wollte es sich Hölderlin, wider seine eigenen, unmittelbaren Erfahrungen, nicht machen. Von der Schönheit im emphatischen Sinne redet schon Platon, und wer hier den Faden aufnahm, der konnte ihn weiterspinnen. Ein Dichter hatte es mit der Schönheit der Worte, Wendungen und Bilder zu tun, und wenn ihm daran gelegen war, der Dichtkunst eine intellektuelle Schwere zu geben, die über den Augenblick des Genusses hinausreichte, dann tat er gut daran, sich über die Schönheit Gedanken zu machen, die weit über den Alltag, wo sie zuerst auftauchte, hinausreichten. Die Experten der Schönheit, die sich ihr mit Worten näherten und ihr mit Worten auf die Schliche kommen wollten, hatten für die entsprechenden Ideen und Gedanken eine Wissenschaft erfunden, die Ästhetik, die für Maler, Musiker, Schauspieler, Sänger eine viel geringere Rolle spielte als für Dichter und Philosophen.

Der junge Napoleon, nach Auxonne bei Dijon versetzt, klagte über seine schlechte Gesundheit, er schlief zu wenig und las Goethes *Werther*, den kleinen Roman, dessen Held nicht verstand, wie es sein konnte, dass die Welt sich nicht um ihn drehte, obwohl er es doch war, der großartige Gefühle hatte und, leider hoffnungslos, verliebt war, und obwohl er es doch war, der die Gefühle kannte, die den Kosmos bewegten und die Natur durchdrangen, der spürte, was es bedeutete, sich mit allem Sein und Werden, das die engen sozialen Verhältnisse sprengte, eins zu wissen. Dem Aufsteiger Napoleon muss Werther wie ein Bruder im Geiste vorgekommen sein. Hier traf er einen, der für sich keine tradierten Grenzen akzeptierte und sich der Welt aufzuzwingen versuchte, der nicht sofort zurückwich, sondern sich über alles ergießen wollte.

Verglichen mit diesen omnipotenten Phantasien der Jugend, war Kants *Kritik der praktischen Vernunft*, die 1788 erschien, ernüchternd, wie ein mahnender Verweis, ausgesprochen von einem Erwachsenen, der die jungen Rebellen mit dem dynamischen Selbstgefühl daran erinnerte, dass auch andere etwas wollen und Interessen und Vorlieben haben und deswegen nicht jeder machen kann, was er möchte, weil sonst alles im Chaos versinkt. Wann kam es schon dazu, dass Menschen ihren Interessen und Vorlieben nicht nachgegangen wären, dass sie sich selbst dabei Einhalt geboten hätten, um andere nicht zu beeinträchtigen und zu schädigen. Verhaltensregeln und moralische Hinweise wurden schon den Kindern beigebracht, sie wurden von den Kanzeln als christliche Gebote gepredigt und von Polizei und Richtern als Gesetze durchgesetzt. Wie kam eine philosophische Ethik, eine Kritik der praktischen Vernunft unter die Leute? Durch Vorlesungen, Seminare, Rezensionen unter den Gebildeten. Hegel wird sich später eine Geschichtsphilosophie ausdenken, die belegen soll, dass sich die Vernunft unter der Hand, ohne dass Menschen diesen Vorgang mit Absicht unterstützen, in der Wirklichkeit durchsetzen und im Laufe der langen Geschichte, die die Menschheit dahineilte, vollkommen in Erscheinung treten würde. Sie dehnte sich als Geist der Zeit in einer Epoche bis an die jeweiligen Grenzen der Erkenntnis, der damals möglichen Einsichten aus und verbreiterte auf diese Weise ihre Entwicklungsmöglichkeiten, die ihr in der darauffolgenden Epoche offen standen, in der sie erneut ihre Aufgabe erledigen würde, sich in den Maßen, die ihr in diesem Abschnitt ihrer Entfaltung zustanden, zu verwirklichen, sodass alles, was in einem bestimmten Zeitalter sich zeigte, was wirklich war, im Sinne von Hegels Geschichtsphilosophie auch vernünftig, notwendig genannt werden musste. Die Vernunft musste nicht hoffen, dass die Philosophen die Anzahl ihrer Vorlesungen und Seminare verdoppelten, um den Einfluss der vernünftigen Kräfte zu befördern. Der Fortschritt geschah von selbst, er war ein Systemeffekt. Hegel war deshalb auch guter Dinge, dass die Vernunft, die Geschichte ihr Ziel erreichen würden. Er war dem Wirken der Vernunft auf die Schliche gekommen, und insofern war er das beste Beispiel, ja ein untrüglicher Beweis dafür, dass es mit der Verwirklichung dieser Macht voranging. Auf dieser Grundlage steht schon das Konzept der *Phänomenologie des Geistes*: »Der Einzelne muß auch dem Inhalte nach die Bildungsstufen des allgemeinen Geistes durchlaufen, aber als vom Geiste schon abgelegte Gestalten, als Stufen eines Wegs, der ausgearbeitet und geebnet ist; so sehen wir in Ansehung der Kenntnisse das, was in früheren Zeitaltern den reifen Geist der Männer beschäftigte, zu Kenntnissen, Übungen und selbst Spiele des Knabenalters herabgesunken und werden in dem pädagogischen Fortschreiten die wie Schattenrisse nachgezeichnete Geschichte der Bildung der Welt erkennen.«

Das pantheistische Naturgefühl, dem Werther huldigte, gehörte nicht nur zur Lebensstimmung eines jugendlichen Geistes, sondern auch zur Entwicklungsgeschichte der weltgeschichtlichen Vernunft. Hätte Werther den Spinoza, der dem Pantheismus eine großartige philosophische Form gegeben hatte, so gelesen, wie Hegel ihn las, mit Bewunderung und mit Kritik, dann hätte er sich nicht davon hinreißen lassen, sondern versucht, sich mit dem objektiven Geist seiner Zeit zu arrangieren und ihm dort auf die Sprünge zu helfen, wo sich schon zeigt, wohin er demnächst gehen wird, um das Programm einer sich in der

Geschichte entfaltenden Vernunft zu erfüllen. Er tat es nicht, mit den bekannten Folgen, sich aus der Welt zu schaffen, in die er nicht zu passen schien.

Der späte Hölderlin, der nach seinen philosophischen Exkursionen in der ersten Hälfte seines Lebens im Turm am Neckar, wohin der Gang seines Geistes ihn geführt hatte, begann nach einfachen Worten, emblematischen Sätzen für die Offenbarungen und Rätsel der Welt zu suchen, fand in dem Gedicht »Höheres Leben« eine Art Sinnspruch auch für diesen objektiven, höheren Zusammenhang von Erinnern und Werden, von Tradition und Ich, den die Jugend in ihrem Eifer, sich selbst zum Ausdruck zu bringen, nicht zur Kenntnis nehmen möchte:

> Der Mensch erwählt sein Leben, sein Beschließen,
> Von Irrtum frei kent Weisheit er, Gedanken,
> Erin'rungen, die in der Welt versanken,
> Und nichts kann ihm der innern Werth verdrießen.
>
> Die prächtige Natur verschönet seine Tage,
> Der Geist in ihm gewährt ihm neues Trachten
> In seinem Innern offt, und das, die Wahrheit achten,
> Und höhern Sinn, und manche seltne Frage.
>
> Dann kann der Mensch des Lebens Sinn auch kennen,
> Das Höchste seinem Zweck, das Herrlichste benennen,
> Gemäß der Menschheit so des Lebens Welt betrachten,
> Und hohen Sinn als höhres Leben achten.

Hegel und Hölderlin hatten ihr achtzehntes Lebensjahr erreicht, als ein späterer Kollege des Fachbereichs Philosophie auf der Erde auftauchte, der einen ganz anderen, modernen Ton anschlagen würde. Arthur Schopenhauer kam am 22. Februar

1788 in Danzig auf dieselbe verschrobene und vertrackte Welt, auf der die beiden jungen Männer in Tübingen ihre theologische Ausbildung aufnahmen, um Pfarrer zu werden und jeden Sonntag über das Reich Gottes zu predigen. Schopenhauer wird Hegel persönlich kennenlernen und Goethe treffen, der ein gutes Wort über ihn verlieren wird, weil er in dem jungen Mann einen Freund seiner Farbentheorie fand, die von den Wissenschaftlern mit Skepsis aufgenommen wurde. Schopenhauer war anders als seine Vorgänger im Fach, er markierte philosophisch und stilistisch einen Bruch, er reichte in eine andere Zeit hinein, als wäre er zu früh geboren worden. Er wird das Umsturzgenie Friedrich Nietzsche aufrütteln, der Säcke mit philosophischem Ballast abwerfen wird, und sein Hauptwerk, *Die Welt als Wille und Vorstellung*, das buddhistischen, organismischen Geist in die christliche deutsche Gedankenwelt trägt und dort als Lebensphilosophie eingepflanzt, wird von Thomas Mann in dem Roman *Buddenbrooks*, der 1901 erscheint, mit der aktuellen Seelengeschichte des deutschen Bürgertums verbunden. Als hätte die Vernunft sich entschlossen, einen Umweg einzuschlagen, oder als hätte sie sich eines Besseren besonnen und sich in ihrem Drang zur Selbstverwirklichung zurückgenommen, war Hegels Stern um die Wende des neunzehnten Jahrhunderts längst gesunken und flackerte nur noch nach in den Geschichtsphilosophien revolutionärer Theorien, die die Hoffnung nicht aufgaben, dass der Kapitalismus, aufgrund der Widersprüche, die er produzierte, und mithilfe des Proletariats, das unter seinem ausbeuterischen System zu leiden hatte, sich selbst erledigen würde.

Am 21. Juni 1788 starb Johann Georg Hamann, er sank neben den Heroen des achtzehnten Jahrhunderts, Schiller, Goethe, Kant, in sich zusammen wie ein Haufen fruchtbarster Kompost und rutschte in das Dunkel des Vergessens, in dem all jene Geister sitzen, die sich nicht auf eingängige Formeln bringen lassen, ungelöste Gleichungen, intellektuelle Primzahlen. Der dänische Philosoph Sören Kierkegaard, der ihm verwandt war als Streiter für die subjektive Wahrheit und den christlichen Glauben, hat ihn kurz vor der Mitte des neunzehnten Jahrhunderts wiederentdeckt, er lobte und schätzte ihn. Kierkegaard, 1813 geboren, wird Vorlesungen von Schelling besuchen, Hegel lesen und voller Empörung ein Buch gegen Hegel, gegen die Anmaßungen der Objektivität schreiben, die großartige *Abschließende Unwissenschaftliche Nachschrift*. Mit Schopenhauer, Kierkegaard und Nietzsche begann die Philosophie noch einmal von vorne, sie trieben den Gedanken aus der schwierigen Position eines Vermittlers zwischen alter und neuer Welt, Theologie und Philosophie, Glauben und Wissen, und stellten ihn vor die Entscheidung, entweder mit Schopenhauer und Nietzsche etwas Neues zu wagen, ohne einen christlichen Gott, oder mit Kierkegaard erneut einen Weg zurück ins religiöse Denken und Philosophieren zu finden.

Es wurde August, die Sonne schien in das Jahr 1788, und Herder, der Kulturen und Völker, aber nicht die Rätsel seiner Seele kannte, packte seinen Koffer und machte sich unvermutet auf eine Reise nach Italien. Nicht auszuschließen ist, dass ihn die Absicht getrieben hat, dem allseits bewunderten, von ihm mit Skepsis beobachteten Goethe, der von Italien schwärmte, zu zeigen, dass auch er in der Lage war, die gewohnten Verhältnisse zu verlassen und in die Ferne zu schweifen, um sich in einem anderen Licht zu sehen. Oder er wollte sich nach den Jahren im Amt und am Schreibtisch beweisen, dass er noch wie in seinem besten Mannesalter ausschwärmen konnte, dass er Mensch genug war, um sich in einer fremden Welt zurechtzufinden. Er hätte daheimbleiben sollen, die Reise ging schief, und er bereute bald zutiefst, sich auf sie eingelassen zu haben, kaum dass er ein paar Tage von zu Hause weg war, weg von seiner Frau und seinen Kindern.

Goethe hatte in Rom sofort Anschluss an die dort lebenden Künstler gefunden und den Aufenthalt in Italien sich auch mit Frauen angenehm gemacht, was für junge Männer immer eine probate Option ist, schnell unter Fremden heimisch zu werden. Herder hat für Liebeleien keinen Sinn, er ist verheiratet, er sehnt sich nach seiner Ehefrau, er sei, klagte er ihr, zu alt für solche Extravaganzen wie eine weite Reise ins Ungewisse. Er hatte in Italien nichts verloren. Dann machte er, was alle ausprobieren, die Nähe und Anschluss suchen, ohne sich unter die Menschen zu mischen, er klapperte Kunstwerke ab. Wenn er schon hier war, dachte er, wollte er sich anschauen, was sehenswert war. Aber die schlechte Grundstimmung blieb, er fühlte sich in Rom nicht wohl. Rom sei ein Grabmal des Altertums, schrieb er seiner Frau Caroline am 13. Dezember 1788, aus dem er sich herauswünsche. Die Reise schien ihm ein weiterer Beweis dafür, dass das Leben subjektiv war und die Wahrheit, nicht irgendeine in dem Sinne, ob es regnet oder die Sonne scheint, sondern jene, die für die eigene Existenz eine tragende Rolle spielte, nicht objektiv sein konnte und die Vernunft dem Lebensgefühl hinterherhinkte wie eine alte Rechthaberin.

Im Jahr 1787 war Friedrich Heinrich Jacobis Buch *David Hume über den Glauben, oder Idealismus und Realismus* erschienen. Der gläubige Jacobi fand Kants *Kritik der reinen Vernunft* nicht überzeugend. Das rationale Denken, das der Philosophie ein Gefühl von Autonomie und Souveränität verschaffte, mochte sich anstrengen, wie es wollte, es reichte nicht aus, um die Vielfalt des Lebens zu erfassen, zu der auch Gott und die religiösen Erfahrungen gehörten. Im Grunde musste die Frage geklärt werden, wie Kant dazu kam, im Namen aller Menschen zu sprechen, als hätte er den Kreis des Menschlichen ausgeschritten.

In Zürich verlobte sich Fichte 1788 mit seiner Geliebten, einer Nichte Klopstocks, des Erfinders der Gelehrtenrepublik. Die Tradition forderte überall ihre Rechte ein, und in den wenigstens Fällen wurde sie, die unter dem Deckmantel der Gewohnheit und der Konvention daherkam, radikal infrage gestellt. Das Leben zerfiel in einen fraglos hingenommenen und einen kritisch zu prüfenden Bereich, so wie es sich von seiner privaten und seiner öffentlichen Seite zeigte. Die schärfsten Analytiker des Geistes waren stumpfe Mitläufer des Alltags.

Kapitel 2

Die alte und die neue Welt

Vorteile der französischen Aufklärung

Im Sommer 1788 fiel die Ernte in Frankreich katastrophal aus, und das Volk dachte, jetzt müsse der König eingreifen, helfen. Der Staat saß auf einem Berg von Schulden und konnte sich kaum mehr bewegen, und der König, Ludwig XVI., der dringend Geld brauchte, wurde nervös und wollte es mit allen Mitteln und unter allen Umständen eintreiben lassen. Er mochte nicht darüber verhandeln und diskutieren und umging und beschnitt deshalb die Rechte jener, die ein Wort bei dieser Aktion mitzureden hatten. Darauf kam es zu Protesten derer, die sich übergangen fühlten; Richter, Beamte und Adlige klagten ihre Rechte ein. Eine Gesellschaft, die etwas komplizierter aufgebaut war als ein Stamm, funktionierte nicht ohne Juristen, ohne die Rechtskundigen. Auch die Revolution in Frankreich konnte sich auf diese soziale Gruppe als Kraft, die geltende Gesetze, traditionsreiche Rechte durchzusetzen verstand, verlassen.

Der Dritte Stand der Bürger ohne adeligen Dünkel und ohne theologische Weihe, begann in dieser heiklen Lage nachzudenken, wie der Staat neu organisiert werden könnte. Es ging ihm nicht um partikulare Interessen, deren Durchsetzung bestimmten Berufen oder Ständen zum Vorteil gereicht hätte, sondern um das Wohl der Nation. Die Ausrichtung der Gedanken und Ideen am großen Ganzen, an einer Einheit, die alle Bürger umfasste, wirkte wie ein Weckruf. Die Nation machte den Eindruck eines neu geborenen Wesens, das kraftvoll war und von dem sich nicht sagen ließ, was aus ihm werden würde, und insofern war sie wie geschaffen, um damit Politik gegen die traditionellen Standesinteressen zu organisieren. Unter seiner Heimat konnte sich jeder etwas vorstellen, sein Dorf, eine Landschaft, ein Gebiet, das von Grenzen umfasst wurde und in dem dieselbe

Sprache gesprochen wurde. Die Nation dagegen war eine unbekannte Aufgabe, die erst noch gelöst werden musste, eine Zukunft, die in der Gegenwart beginnen konnte. Der König sah ein, dass er im Streit um die verletzten Rechte einlenken musste, und rief aus der Schweiz den Bankier und ehemaligen Finanzminister Frankreichs, Jacques Necker, zu sich. Der Bankier sollte den maroden Staat retten. Er traf im August 1788 in Paris ein.

Die bürgerliche Partei folgte vor allem zwei Rednern, Sieyès und Mirabeau, beide waren Überläufer, ein Geistlicher und ein Adeliger, die sich Gedanken um das Wohl des Ganzen machten. Die Befürworter dieser nationalen Partei waren mit den Ideen der Aufklärung vertraut, durch Lektüre und Gespräche, sie waren mit diesen Ideen groß geworden. Ein intellektuell offenes Elternhaus, ein Salon, wie ihn Madame de Staël, Jacques Neckers Tochter, von Kindheit an gewohnt war, konnte den Lauf der Geschichte vorantreiben. Die fortschrittlichen Geister waren von der neuen politischen Lage nicht überfordert, im Gegenteil, sie waren für die ersten Stadien der Geschichte, die jetzt begann, und für das, was sie selbst dabei zu tun hatten, gut vorbereitet. Sie verfügten über einen zeitlichen Vorsprung dank der neuen Ideen, die sie aufgesogen hatten. Der mit den Gedanken von Montesquieu, Voltaire, Rousseau, Diderot, Condillac und Condorcet erfüllte Geist war zu der Zeit, bevor die revolutionären Ereignisse das Ruder übernahmen, der Geschichte um einige Schritte voraus.

»Sowie daher die reine Einsicht für das Bewußtsein ist«, heißt es im Kapitel über den Kampf der Aufklärung mit dem Aberglauben in der *Phänomenologie des Geistes*, »hat sie sich schon verbreitet; der Kampf gegen sie verrät die geschehene Ansteckung; er ist zu spät, und jedes Mittel verschlimmert nur die Krankheit, denn sie hat das Mark des geistigen Lebens ergriffen, nämlich das Bewußtsein in seinem Begriffe oder sein reines Wesen selbst … An einem schönen *Morgen*, dessen Mittag nicht blutig ist, wenn die Ansteckung alle Organe des geistigen Lebens durchdrungen hat; nur das Gedächtnis bewahrt dann noch als eine, man weiß nicht wie, vergangene Geschichte die tote Weise der vorigen Gestalt des Geistes auf; und die neue, für die Anbetung erhöhte Schlange der Weisheit hat auf diese Weise nur eine welke Haut schmerzlos abgestreift.« In Frankreich, wo die Aufklärung lernen musste, mit dem Hunger und der Unzufriedenheit des Volkes zu rechnen, wird der Mittag blutig sein. Revolutionen schienen, so gesehen, unnormale Entwicklungsschübe zu sein, durch die der übliche Lauf der Dinge ins Stolpern gerät. Der vorzeitige Sprung in ein anderes Stadium wird sich dadurch an den Akteuren, die ihn forcierten, rächen, dass sie Opfer der Korrekturbemühungen werden, die eine Gesellschaft durchführt, um wieder ins Gleis der Entwicklungslogik zu finden. Auf die Revolution folgte Kaiser Napoleon.

Probleme mit den großen Wörtern

Die Kindheit war vorbei, sobald die Frage auftauchte, was es mit dem Leben auf sich hat. Statt sich in die Arme der Welt zu werfen und vor Ort eine Antwort zu suchen, haben Hegel und Hölderlin sich nicht vom Fleck gerührt und eine Antwort auf die Frage im Kopf zu finden versucht. Warum und wann Hölderlin ein Dichter und Hegel ein Philosoph werden wollte, lässt sich nicht genau sagen, irgendwann, bei dem einen früher, bei dem anderen später, und auf eine Art und Weise, die sich nicht beeinflussen ließ, schoben sich äußere und innere Kräfte wie Kontinente zusammen, eine individuelle Eigenart und soziale und kulturelle Vorgaben, und verstärkten einen schlummernden Impuls, ja brachten ihn zum Ausbruch. Allen erging es so, und nicht einmal jene, die die Möglichkeit hatten, umzukehren oder die Richtung zu wechseln, konnten sich von diesen Vorgaben befreien. Auch die Korrektur eines Lebenslaufs unterlag persönlichen Beschränkungen, die aus der Freiheit, die den Menschen von Philosophen zugeschrieben wurde, einen Fundus machte, aus dem nicht alles, was sich einer für sich wünschte, geschöpft werden konnte.

Wer in der Pubertät steckt, der weiß, dass über Sex nachzudenken und Sex mit jemandem zu machen zweierlei Dinge sind, die zu unterschiedlichen Resultaten führen, zu Phantasien, Poesie und Erregung im einen Fall, zu Erfahrung, Wissen und Befriedigung im anderen. Nur bei dem, der Sex mit jemandem macht, finden Geist und Körper zusammen, deren traditionelles Doppelleben eine Voraussetzung dafür ist zu glauben, es sei sinnvoll, dem Nachdenken über die großen Dinge, Glück, Freiheit, Liebe, Selbst, viel Platz im Leben einzuräumen, statt zu lernen, wie es möglich ist, das Begehren und Sehnen zu erfüllen. Es ist besser zu tun, was möglich und sinnvoll ist, statt nur darüber nachzudenken, schon deswegen, weil sich die Probleme des Lebens im Leben stellen und nicht im Denken, das sich mit den Problemen des Denkens befasst. Wären Hegel und Hölderlin nach Paris gegangen, um sich dort auf die Seite der Revolution zu stellen, bei allen Schwierigkeiten, die sich gezeigt hätten, die richtige Seite zu finden, sie wären nicht auf den Gedanken gekommen, sich ausführlich mit Liebe und Einheit als philosophischen Ideen zu beschäftigen, nicht weil sie keine Zeit dafür gehabt hätten, sondern weil sie mit Problemen konfrontiert gewesen wären, die nur mit anderen Wörtern hätten beschrieben werden können und Lösungen forderten, die sich nicht aus Konzepten wie All-Einheit und Vereinigung ergeben hätten. Das Werk, das sie schufen, konnte nur aus einer Distanz zum Leben, wie sie es führten, und die sich durch Gewohnheit oder Ignoranz einstellte, entstehen. Das Denken ist in den Lebensvollzug auf geheime oder offensichtliche Weise eingewoben, und auch die poetische Würde und logische Kühle, die die Werke von Dichtern und Philosophen tragen und prägen, sind weder von dem historischen Ort, an dem sie entstanden, noch von der existentiellen Dynamik ihrer Schöpfer loszulösen. Etwas bleibt immer hängen.

Die Nähe, die zu Wörtern gespürt werden mag wie Leben, Liebe, Geist, Vernunft, Seele, Freiheit, Unendlichkeit und Gott, resultiert daraus, dass jene, die davon noch berührt werden, daran gewöhnt sind, sie in bestimmten Zusammenhängen zu hören und sie zu gebrauchen. Sie verwenden sie, bevor sie sich Gedanken darüber machen, was diese Wörter genau bedeuten, sie füllen sie mit vagen Vorstellungen und gehen davon aus, dass andere, die sie ebenfalls benutzen, ähnliche Vorstellungen damit verbinden. Mit anderen Wörtern wie Trieb, Wille, Staat, Gesellschaft, Wissenschaft, wird genauso nachlässig und zuversichtlich umgegangen, sie werden gebraucht, bevor jene, die sie verwenden, sich Rechenschaft darüber verschafft haben, was sie genau damit bezeichnen möchten. Es ist ungefähr so, als würden wir mit einer Handvoll Pfeilen auf ein Ziel schießen, in der Hoffnung, dass ein Pfeil das Ziel treffen wird. Manchmal beschweren wir uns, dass wir nicht verstehen, was mit einem Satz, in dem diese gewichtigen Wörter verwendet werden, gemeint ist, er sei zu abstrakt, sagen wir, und wir möchten dann lieber konkrete, einzelne Fälle hören, um auf diese Weise wieder unsere Vorstellungskraft anzukurbeln, die von den großen Wörtern, sobald sie geballt auftreten, an die Seite gedrängt wird und ihren Geist aufgibt. Die Skepsis gegenüber dem vollmundigen Denken resultiert aus diesen Erfahrungen mit der Unbestimmtheit des Lebens, die sich nicht mit Wörtern überwinden lässt.

Leser von Romanen gewinnen in dieser Hinsicht ähnliche Eindrücke wie im Leben, sie müssen keine Angst davor haben, dass sich ihnen diese unbescheidenen großen Wörter in den

Weg stellen und sie dann hindern, einer Geschichte zu folgen. Die Dunkelheit der Begriffe wird durch Handlungen ersetzt, verdrängt oder erläutert. Bei der Philosophie ist das anders, sie bemüht sich aus innerem Drang, die großen Wörter zu erklären, die wie Drachen am Himmel flattern, gehalten von Seilen der Argumentationen, Erläuterungen und Analysen, die so etwas sind wie die Handlungen der Philosophie.

Philosophierende Dichter wie Schiller und Hölderlin konnten sich dem Sog des abstrakten Denkens nicht entziehen, unter anderem deswegen nicht, weil sie im intellektuellen Umfeld von Produzenten, Bewahrern und Vermittlern großer Wörter aufwuchsen, mehr oder weniger bedeutende Pfarrer und Theologen auf der einen Seite und Denker wie Platon, Spinoza, Rousseau, Kant auf der anderen. Sie fühlten sich von ihnen, deren Einfluss sie sich nicht entziehen konnten und wollten, zu eigenen Gedanken herausgefordert, so wie vor einigen Jahrzehnten im Osten Europas die Bewohner der sozialistischen Länder notgedrungen mit Marx, Engels und Lenin in Berührung kamen und über diese Klassiker die Bekanntschaft mit den entscheidenden Wörtern des Kommunismus schlossen, wie Kapitalismus, Proletariat, dialektischer Materialismus und klassenlose Gesellschaft.

Die schwergewichtigen Wörter sind Substantive, zu denen sich nur manchmal entsprechende Verben finden lassen, wie Denken und denken, in den meisten Fällen sind sie unnahbar, sie lassen nicht mit sich reden und lehnen es ab, sich von einer anderen, zugänglicheren Seite zu zeigen. Ich bleibt Ich, sodass einem zuerst nur das jeweilige Gegenteil einfällt, um ihrem Sinn näher zu kommen, Geist und Materie, Ich und Du, Seele und Leib, das Ganze und die Teile, Endlichkeit und Unendlichkeit. Aber richtig schlau wird dadurch keiner. Vielleicht wäre es besser, diese großen Wörter zu meiden und mehr Verben zu verwenden, mit denen sich beschreiben lässt, was gerade getan wird oder was einer zu tun beabsichtigt und wie er sich fühlt.

Was auch immer am Anfang der Welt gestanden haben soll, Logos, Wort, Tat, jeder kleinere, kreatürliche Anfang beginnt mit einem Gefühl, und was wir dann in unserem Leben auch treiben mögen, die Gefühle, jene Schar von empfindsamen Boten, die wortlos Kunde von der Welt überbringen und der Welt ohne Worte einen Eindruck davon verschaffen, wer und wie wir gerade sind, verlassen uns nie, auch nicht im Schlaf, der umso tiefer ist, je ruhiger und zufriedener wir im Bett liegen, weil wir vergessen haben, dass die Zeit bis zur Ewigkeit kurz ist und wir sie nutzen sollen.

Wenn Wind aufkommt

Sturm war angesagt, aber die Unerfahrenen und Nachlässigen winkten ab und dachten, er würde rasch weiterziehen, so schlimm würde es nicht werden. Der Tag begann unauffällig, der Himmel war gleichmäßig grau, keine Wolken trieben dahin wie die Boten eines drohenden Unwetters. Die Gewohnheit, und sei sie nur einige Stunden alt, macht vertrauensselig. Am frühen Nachmittag kam Wind auf, einige Wolken ließen sich blicken, aber waren das schon die Vorzeichen eines Sturms?

Dann wurde, von einer Sekunde auf die andere, der Himmel schwarz, und die Bäume bogen sich zur Erde hinab und schwankten wie auf hoher See, Unmengen von Blättern und Zweigen wirbelten durch die Luft. Die Dachplatten auf der Scheune klappten hoch, auf und zu, wie der Mund eines Fisches, und es fehlte nicht viel und sie wären abgerissen und irgendwohin geschleudert worden. Auf der Weide meines Nachbarn stürzte eine alte Eiche um, kaum dass er die Pferde, die unter den Bäumen

Zuflucht gesucht hatten, in den Stall getrieben hatte. Auf dem Hof gegenüber wurde ein Dach durch einen abgerissenen schweren Ast zerstört, Bäume fielen, Birken, Kastanien, Buchen, Eschen, die ein langes Leben hinter sich hatten, und der umliegende Wald wurde verheert.

Mein Nachbar sagt mir vor und nach jedem Unwetter, ich solle darauf achten, dass das Scheunentor geschlossen ist, und wenn ich vergessen haben sollte, es zuzumachen, dann schiebt er es meistens noch rechtzeitig zu. Deswegen war das Scheunentor auch geschlossen, als der Sturm anrückte, sonst wäre der Wind hineingefegt und hätte das Dach hochgedrückt und mit sich genommen.

Nach einer halben Stunde war der Sturm vorbei, und mein Nachbar lief um sein Haus, um zu sehen, ob und wo es gelitten hatte, und auch ich ging raus, um nachzuschauen, ob etwas zu Schaden gekommen war, um das ich mich kümmern müsste, und mein Nachbar, als er mich sah, kam und sagte, alles nicht so einfach, was auch in diesem Fall von Naturgewalt ein berechtigter Kommentar zur Lage war und als ein Hinweis darauf verstanden werden konnte, dass nicht nur die von Menschen gemachten Verhältnisse, die ihnen über den Kopf wuchsen, immer komplizierter wurden, sondern auch die Verhältnisse, die nicht in ihrer Hand lagen, wovon mein Nachbar aus eigener Erfahrung zu erzählen wusste, weil er in den Jahren, als er noch Felder bewirtschaftete, hatte erleben müssen, dass Regenfälle, Hagel und Sturm großen Schaden für die Landwirtschaft mit sich brachten.

In den nächsten Tagen drang von überallher der Lärm von Motorsägen, und Dachdecker standen auf den hohen Dächern der Höfe und reparierten die Schäden. Alle versuchten, den alten Zustand wiederherzustellen, aber in dem gewohnten Bild der Umgebung fehlten jetzt einige Bäume, Lücken waren gerissen, an die sich das Auge gewöhnen würde, und noch Wochen später lagen im Wald Bäume kreuz und quer, da weder die Waldbesitzer noch die Waldarbeiter dem Schaden so rasch hinterherkommen konnten. Auch mein Nachbar, der ein hohes Alter erreicht hatte, mühte sich im Wald mit den gestürzten und eingeknickten Bäumen ab, die er mit seinem Traktor aus dem Dickicht herauszog, um sie an den Rand des Waldweges zu legen, wo sie zurechtgeschnitten und von wo sie dann abgeholt werden würden. Er sagte, dass die Stürme heftiger würden, er muss es wissen, er lebt schon immer hier und wird keinen Sturm verpasst haben. Er kann aufzählen, welche Winter in welchem Jahr besonders kalt gewesen waren. Er hat für Naturereignisse ein gutes Gedächtnis und behauptet auch, dass sich das Wetter vorhersagen lasse, je nachdem von welcher Kirche der Glockenschlag zu hören sei. Auf mich macht er manchmal den Eindruck, als würde er Zeichen lesen können, die ich nicht sehe, nicht kenne und nicht verstehe. Die Zeichen, die ich zu verstehen versuche, kennt auch er, es sind Buchstaben, und so groß die Welt ist, die in diesen Buchstaben steckt, sie kommt, was Reichtum und Sinnlichkeit angeht, an die richtige Welt nicht heran, die nicht für alle Menschen gleich aussieht, auch wenn sie in dieselbe Richtung schauen. Die einen sehen mehr als die anderen, und auch wenn sie das Gleiche sehen, eine Kuh, ein Auto, einen Baum, einen Vogel, so wissen sie nicht, ob sie dasselbe sehen. Sie gehen nur davon aus, weil sie dasselbe Wort für die Dinge, auf die sie sich gegenseitig hinweisen, verwenden, aber sicher können sie sich einer Gemeinschaft des Identischen nicht sein, sondern eben nur der Erfahrung, die mit der Mitteilung, mit dem Gespräch unter Menschen wächst, dass mehr oder weniger große Ähnlichkeiten bestehen zwischen den Dingen, die sie und jenen, die die anderen sehen.

Die Gewohnheit im Umgang mit der Welt der Sinneseindrücke, dass sie von allen geteilt werde, als bewegten sich alle in demselben Raum, hat sich gleichsam auf den Umgang mit den

Buchstaben übertragen. Auch hier gilt als Voraussetzung, dass alle dasselbe verstehen müssten, was der sprichwörtlichen Versicherung eines geteilten Verständnisses zugrunde liegt, etwas stehe dort schwarz auf weiß, als sei durch die Buchstaben die Welt mickerig und einfach genug geworden, um Missverständnisse auszuschließen. Da es in der Welt des Buches keine Sinnestäuschungen mehr gibt, weil die Buchstaben in einer bestimmten Reihenfolge auf dem Papier verharren, scheint das Unverständnis, das sich beim Lesen einstellen mag, nur daher zu rühren, dass einer etwas nicht verstehen kann, so wie schlechte Augen weniger sehen als gute, oder nicht verstehen will, weil er sich stur stellt, seinen Ansichten treu bleiben möchte und nicht bereit ist, Neues zur Kenntnis zu nehmen. Dass er etwas nicht versteht, weil für ihn dieses Etwas nicht existiert und er nicht weiß, wie er es in seine Welt holen könnte, scheint ausgeschlossen zu sein, dabei weiß doch jeder aus eigener Erfahrung, dass seine Aufnahmefähigkeit für Theorien, Wissen, Neuigkeiten, ob aus der Mathematik, der Physik, der Biologie oder der Philosophie, beschränkt ist. Davon zeugt das Bekenntnis, das nicht jeder sich auszusprechen traut, weil Verstehen und Wissen Mittel der Konkurrenz sind und soziale Unterschiede markieren, dass er nicht mehr mitkomme. Wer nicht in dieser Konkurrenz steht, der weist mit großer Geste als Banalität oder überflüssiges Werk von sich, was er nicht versteht. Hegel fand, dass sich der Leser anstrengen müsse zu begreifen, was er geschrieben habe, statt sich gelangweilt davonzustehlen oder hochnäsig darüber hinwegzugehen. »Von allen Wissenschaften, Künsten, Geschicklichkeit, Handwerken gilt die Überzeugung«, schreibt er in der *Phänomenologie des Geistes*, »daß, um sie zu besitzen, eine vielfache Bemühung des Erlernens und Übens derselben nötig ist. In Ansehung der Philosophie dagegen scheint jetzt das Vorurteil zu herrschen, daß, wenn zwar jeder Augen und Finger hat, und wenn er Leder und Werkzeug bekommt, er darum nicht imstande sei, Schuhe zu machen, jeder doch unmittelbar zu philosophieren und die Philosophie zu beurteilen verstehe … Es ist nicht erfreulich zu bemerken, daß die Unwissenheit und die form- und geschmacklose Roheit selbst, die unfähig ist, ihr Denken auf einen abstrakten Satz, noch weniger auf den Zusammenhang mehrerer festzuhalten, mal die Freiheit und Toleranz des Denkens, bald aber Genialität zu sein versichert.« Wer sich gegen andere durchsetzen und vor anderen behaupten möchte, der muss um seine Welt der Buchstaben Grenzen ziehen, die gleich und besser Gesinnte, die ihm zu folgen willens und in der Lage sind, einschließen, und anders und schlechter Gesinnte, die ihm nicht folgen können und nicht folgen möchten, ausschließen, auch wenn die Welt, die die Buchstaben eröffnen, für alle offenstehen sollte. Das Paradox der Aufklärung und der Philosophie der Vernunft bestand darin, dass sie etwas voraussetzte, was sie zugleich im Vollzug ihrer Arbeit dementierte, dass die Verstandeskräfte unter den Menschen gleich verteilt seien und dass das Denken insofern eine demokratische Angelegenheit sei, um die sich jeder selbst kümmern sollte. Der Kreis derer, die um dieses Projekt sich bewegten, in dem vor allem über die Grundlagen des menschlichen Lebens und Selbstverständnisses diskutiert wurde, war sehr klein.

In Paris regt sich eine neue Welt

Finanzminister Necker, auf den viele Pariser große Hoffnungen richteten, wurde vom König am 11. Juli 1789 wieder entlassen. Als die Nachricht von diesem Akt souveräner Willkür in der Hauptstadt eintraf, versammelten sich der Unmut und die Empörung und zogen nach Versailles, um dem König zu zeigen, dass Necker Freunde und Anhänger hatte, und um ihn zu bewegen, die Entlassung zurückzunehmen. Der jüngere Bruder des Königs, Graf Artois, der ein herrischer und arroganter Mensch gewesen sein soll, wollte nicht mit den Demonstranten verhandeln und befahl der Nationalgarde, auf die Versammlung zu feuern und sie auseinanderzutreiben. Die Soldaten taten so, als hätten sich nichts gehört, sie verweigerten den Gehorsam und rührten sich nicht vom Fleck. Der König sah sich in eine prekäre Position gerückt, er wusste, dass er jetzt etwas Kluges tun musste, um die aufgebrachten Gemüter zu beruhigen und die Lage zu entspannen. Im Bewusstsein, dass er als König vom Volk geliebt würde, trat er mit der Königin ans Fenster und erklärte, dass er Necker wieder in sein Amt einsetzen werde, dass die Beratungen der Nationalversammlung, die vom Dritten Stand ins Leben gerufen worden war, nicht mehr gestört und nur mit ihrer Zustimmung Steuern erhoben würden.

Die Demonstranten schienen zufrieden zu sein, sie vertrauten ihrem König, sie hatten erreicht, was sie erreichen wollten, und sie kehrten mit einem königlichen Versprechen in der Tasche nach Paris zurück. Der König und der Hof atmeten auf, als das Volk verschwunden war, und Necker wurde wie versprochen in sein Amt als Finanzminister zurückgerufen. Aber der König war ein Schuft, wie alle, denen es nur um ihre eigenen Interessen und ihren eigenen Vorteil ging, er spielte ein falsches Spiel, er dachte gar nicht daran, nachzugeben und sich an sein Versprechen zu halten, und ließ Regimenter um Paris zusammenziehen, um den Aufsässigen eine Lehre zu erteilen und ihnen zu zeigen, wo die Grenzen verliefen. Als sich in Paris die Nachricht verbreitete, dass Militär anrücken und sich um die Hauptstadt lagern würde, stieg der Pegel der Empörung.

Wer in diesen Tagen wissen wollte, was passierte, was gesagt und beschlossen wurde, der ging ins Palais Royal, wo Franzosen, von den Ereignissen, der Unsicherheit, den Nöten und den Hoffnungen wachgehalten, dicht gedrängt zusammenstanden. Jeden Morgen wurden hier Zeitungen und Flugblätter verteilt, die in der Nacht zuvor gedruckt worden waren und die Nachrichten des letzten Tages unter die Leute brachten, vor allem solche, die die Entschlüsse der Nationalversammlung betrafen, die in Versailles tagte. Die Menge las, stritt und diskutierte, sie informierte sich, hielt sich auf dem Laufenden und wurde auf diese Weise ein Teil des Geschehens. Zeitungen, Flugblätter und Gerüchte stellten eine Öffentlichkeit her, die nicht homogen, aber lebendig war, hellhörig und anfällig für jedes ungewohnte Ereignis.

Der König gab sich siegessicher, seit er das Militär unmittelbar hinter sich wusste, und erklärte im Wahn der Herrscher, deren Thron auf Unterdrückung und Leid steht, dass er die Armee, die er als sein Eigentum betrachtete, einsetzen werde, wie und wann er es für richtig halte. Noch ging er davon aus, dass im Grunde alles so war wie immer, dass er Herr der Lage war. Das Bedürfnis nach Sicherheit und die Unfähigkeit, über den Tellerrand der Gewohnheiten zu schauen, blockierten auch bei ihm die Einsicht in die Veränderungen, die sich abzeichneten, in die sich entwickelnden neuen Verhältnisse.

Die Mitglieder des Dritten Standes, gekleidet in schwarze Trachten, als gehörten sie einem Orden an, gingen debattierend im Park von Versailles spazieren, und wer sie so ihrer Wege gehen sah, der konnte meinen, er sähe die berühmten antiken Philosophen in den Hainen des alten Athen herumwandern und miteinander diskutieren. Diesen Eindruck machten sie auf Dr. Edward Rigby, einen englischen Arzt, der mit drei anderen Engländern in Paris weilte und, wie alle, von den Ereignissen überrascht wurde. Wer rechnete schon damit, dass gerade in den Tagen seiner Vergnügungsreise ins Nachbarland dort eine Revolution ausbrechen würde.

Finanzminister Jacques Necker kam und ging, als sei er nur ein Spielball in der Hand der Mächtigen. Kaum dass er sein Amt erneut angetreten hatte, wurde er auch schon wieder entlassen. Und da ihm die Lage in Paris zu unsicher wurde, floh er nach Genf. Der König blieb stur und trotzig und wich keinen Schritt zurück, im Gegenteil, er preschte nach vorne, er wollte eine neue Regierung um sich herum bilden, die keine Rücksicht auf die Wünsche des Volkes nehmen und hart und unerbittlich gegen die aufsässigen Untertanen vorgehen würde.

Auch Dr. Rigby gab so schnell seine touristischen Vorsätze nicht auf. Er ging, allem Trubel und allen Unsicherheiten zum Trotz, ganz so, als würden die Tage wieder in ihre gewohnten Bahnen gleiten, wenn jeder Einzelne nur so weitermachte wie zuvor, mit seinen Freunden ins Theater. Kaum aber hatten sie Platz genommen, trat ein Schauspieler auf die Bühne und erklärte, eine Deputation des Volkes habe beschlossen, dass heute Abend in ganz Paris keine Vorstellungen stattfinden würden. Die Zeit für Dramen und Belustigungen auf der Bühne war vorbei, das wirkliche, das ernste Drama spielte sich auf der Straße ab.

Im Palais Royal regten sich die Menschen über die neuen Entwicklungen am Hof auf, sie waren verunsichert, wussten nicht, was zu tun sei und wie es weitergehen würde. Redner versuchten, besänftigend auf die aufgeregte Masse einzuwirken, sie rieten zur Mäßigung. Die Stimmung schien jederzeit kippen zu können, und dann würde kein Halten mehr sein, keiner würde die Menge kontrollieren können.

In diese heikle und aufgeladene Atmosphäre stürzte ein völlig aufgelöster Mann, er fiel dort hinein wie ein Funken Feuer in eine Scheune voll mit Stroh und sagte, um Fassung ringend, Dragoner hätten in den Tuilerien auf die Bürger eingeschlagen, sie hätten geschossen, er selbst sei von einer Kugel getroffen worden. Und dann zeigte er auf seine Wunde am Bein und rief: Zu den Waffen, Bürger.

Das ist die Version von Dr. Rigby.

Camille Desmoulins, ein damals recht mittelloser Advokat in Paris, der im April 1795 auf dem Schafott landen wird, sah die Ereignisse an diesem Tag, in die er involviert war, etwas anders. In einem Brief an seinen Vater vom 16. Juli 1789, zwei Tage nach der Erstürmung der Bastille geschrieben, ist er der Held, der den Aufstand ins Rollen brachte. Die Bürger, schreibt er, seien schockiert gewesen über die Entlassung Neckers. Als er das erste Mal zu den Waffen gerufen habe, wollte kein Mensch ihm folgen. Aber die Stimmung sei aufgeheizt gewesen und er sei von anderen und von den Umständen gedrängt worden, eine Rede zu halten, nicht nur vor einer Handvoll Menschen, sondern vor sechstausend Bürgern. Der Sohn sah die Brust seines Vaters vor Stolz schwellen, und es ist anzunehmen, dass daraufhin seine eigene Brust sich zu heben begann. Er sei, schrieb er begeistert weiter, zu diesem Zweck auf einen Tisch gestiegen, und von dort oben herab habe er dann gesagt: Bürger! Und dass es eine Frechheit sei, Necker zu entlassen, dass der Hof einen geheimen Plan verfolge, der vielleicht in dieser Nacht noch ausgeführt werde, die zu einer Bartholomäusnacht für die Patrioten werden könnte. Darauf, schrieb der Sohn an seinen Vater, der jetzt große Augen gemacht haben wird, habe er sich nicht mehr zurückhalten können und habe gerufen: Zu den Waffen, Bürger, zu den Waffen, und alle seien losgestürmt.

Musste ein Vater seinen Sohn nicht bewundern, der tatkräftig genug war, Geschichte zu machen?

In der Version von Dr. Rigby, der vielleicht nicht alles mitbekommen hat, versuchte Camille Desmoulins im Gegenteil, das Volk zu beruhigen, als der Ruf erscholl: Zu den Waffen, Bürger, zu den Waffen. Desmoulins habe zu Bedenken gegeben, dass der Mann, der aus den Tuilerien gekommen war, ein Provokateur sein könnte, geschickt von der Regierung, vom Hof und dem

Militär, um die Bürger zu einer unbesonnenen Tat zu verleiten, damit dann umso heftiger gegen sie vorgegangen werden könnte.

Wer auch immer rief: Zu den Waffen, Bürger, zu den Waffen, die Menge ließ sich nicht mehr zurückhalten und setzte sich in Bewegung, sie durchsuchte Häuser, in denen sie Waffen vermutete, und plünderte die Läden von Büchsenmachern, und dann zog sie mit Flinten, Bratspießen, Schwertern, Piken und schwerem Werkzeug bewaffnet durch die Straßen, und wo immer sie auf etwas stieß, das sie an den wortbrüchigen König erinnerte, versuchte sie, ihrer Wut dadurch Luft zu machen, dass sie es zerstörte und niederbrannte.

Scharen von Fremden und Einwohnern verließen jetzt die Stadt, in der die Ordnung zusammenzubrechen drohte und in der sich weiter aufzuhalten für viele zu gefährlich geworden war. Aber auch der Unmut und der Protest suchten eine stabile Form. In den einzelnen Stadtbezirken wurden Bürgerwehren und Ausschüsse gebildet, um weitere Ausschreitungen zu vermeiden, um die Plünderer und Armen zu beruhigen und zu entwaffnen und um Maßnahmen zu koordinieren und Proklamationen zu erlassen, was zu tun sei, wie die Bürger sich verhalten sollten.

Am Morgen des 14. Juli 1789 hieß es, in der Stadt gebe es genügend Lebensmittel, Waffen und Munition, um zu überleben und sich zu wehren, die Bürger sollten ihren Geschäften nachgehen und die Läden öffnen. Die alte Ruhe kehrte aber nicht zurück. Überall waren Schüsse zu hören, die Bürgerwehren übten sich im Schießen, und in den einzelnen Bezirken der Stadt läuteten die Kirchenglocken die Bewohner herbei, dass sie sich den Verteidigungsmaßnahmen anschlossen.

Am Nachmittag wurde die Bastille, das Wahrzeichen eines despotischen Regimes, zur Verblüffung aller Beteiligten im Handumdrehen gestürmt, es gab Tote und Verletzte. Die Freude über dieses Ereignis, das als ein Zeichen der Freiheit, der Befreiung verstanden wurde, überschwemmte Paris und auch die Menge, die im Palais Royal zusammengelaufen war. Der Jubel dort ließ aber schlagartig nach, als die abgeschlagenen Köpfe zweier Verteidiger der Bastille auftauchten, die, auf Piken gespießt, wie Trophäen herumgetragen wurden. Auch soll im Blutrausch einem der Geköpften das Herz herausgerissen worden sein, das nun, ebenfalls auf eine Pike gespießt, in den Himmel gehalten wurde. Das waren keine guten Vorzeichen für die nächsten Stunden und Tage. Dr. Rigby war entsetzt.

In der Nacht wurden Bäume gefällt und Straßenbarrikaden errichtet, das Pflaster wurde herausgehebelt, und die Steine wurden auf die Dächer der Häuser getragen, um sie später als Wurfgeschosse verwenden zu können. Das Gerücht kursierte, eine Armee unter Graf Artois stände bereit, die Bewohner der aufsässigen Stadt anzugreifen.

Dr. Rigby verbrachte eine schlaflose Nacht, er hatte Angst, aus der belagerten Stadt nicht mehr rechtzeitig herauszukommen. Er würde es Tage später schaffen.

Der König gab jetzt endlich dem Druck des Volkes nach. Am Freitag, den 17. Juli, zog er mit einem langen Zug von Bürgern, Beamten und Vertretern der Generalstände in Paris ein und legte sich dort, da ihm die passenden Worte fehlten, eine Kokarde an, das militärische Abzeichen für eine volksfreundliche Gesinnung, um zu zeigen, dass auch er einen neuen Anfang begrüße. Das Volk zeigte sich nachsichtig mit seinem Herrscher, jubelte ihm zu und feierte.

Aber die Stimmung blieb angespannt, die Unruhe ließ sich nicht mehr vertreiben, und die Unsicherheit, wie es in Paris weitergehen würde, glich einer schwarzen Gewitterwolke, die mit Donnern und Blitzen drohte. Die Meute, Rächer, Voreilige und Selbstgewisse, übte Lynchjustiz. Die Rohheit zeigte, zu was sie in der Lage war. Sie würde sich nicht mehr eindämmen lassen. Drei große Wörter, Freiheit, Gleichheit und Brüderlichkeit, machten sich bereit, den Lauf um die Welt aufzunehmen. Fünf Wochen später, am 26. August 1789, war es so weit, die allgemeinen Menschen- und Bürgerrechte wurden erklärt.

Die Scheu der Frauen vor den großen Wörtern der Männer

Ich saß da und las Hegel, und meine Tochter fragte mich, wer das sei, und ich sagte, ein Philosoph, und sie fragte: Und was meint er?, und ich sagte, das sei nicht so einfach zu sagen, worauf sie mich skeptisch ansah, was ich verstehen konnte, weil es komisch ist, mit einem Buch dazusitzen und nicht erklären zu können, worum es in dem Buch geht.

Ich sagte, es gehe um den Geist, was die Sache nicht viel besser machte, und dann sagte ich, es gehe um das Denken, was meine Tochter als Antwort zu akzeptieren schien, worauf ich mich ermutigt fühlte hinzuzufügen, es sei bei ihm so, als würde der Geist sich mit sich selber unterhalten, das Denken mit sich selber ein Gespräch führen, um auf diese Weise herauszufinden, wie es funktioniere, was das sei, Denken, Geist.

Und was hat er herausbekommen?, fragte meine Tochter, und ich sagte, dass der Geist, wenn er sich ganz durchschaut, so ist wie Gott. Das schien sie hinzunehmen, entweder weil es in ihren Ohren völlig absurd klang oder weil sie sich sagte, dass Gott nicht Gott wäre, würde er sich nicht auch selbst durchschauen. Ich sagte ihr nicht, dass Hölderlin mit den griechischen Göttern gesprochen hat oder so tat, als würde er mit ihnen reden können. Es gibt ja kein Zeugnis darüber, dass er im Alltag mit Zeus oder Athene gesprochen hat, als gingen sie neben ihm wie ganz reale Wesen. Götter tauchen in seiner Dichtung auf, aber dort bewegen sie sich auf einem exterritorialen Gebiet, das seinen eigenen, poetischen Gesetzen unterliegt. Was hier gilt, muss nicht dort, im normalen Leben, auch gelten. Darin liegt ein großer Vorteil der Poesie vor der Philosophie. Bei Hegel kommen Zeus und Athene als aktuelle Ansprechpartner nicht vor.

Manche Informationen, denke ich, wie der Hinweis auf Hölderlin und seine Götter, sollten besser nur in einem größeren Kontext, durch den deutlich wird, wie sie zu verstehen seien, vermittelt werden, damit der Zusammenhang, in dem sie aufgenommen, verstanden und genutzt werden können, nicht sofort reißt und die Fortführung des Gesprächs darüber für sinnlos erachtet und abgebrochen wird. Eine Voraussetzung für eine gelungene Kommunikation besteht darin, dass zwei sich aufeinander beziehen, dass sie sich eine Vorstellung davon machen können, was der andere meint, wenn er etwas sagt, und dass sie es ernst nehmen, sodass sie auf das, was der andere sagt, nicht nur mit einem Schulterzucken reagieren.

Als in der letzten Hälfte des achtzehnten Jahrhunderts bei Kant das Ding an sich auftauchte, konnten sich alle, die Kant lasen oder sich von jemand erklären ließen, was Kant sagte, eine Vorstellung vom Ding an sich machen, es wurde ihnen, auch wenn sie zuvor nie etwas davon gehört hatten, in einem gewissen Sinne vertraut, sodass jene, die rasch Freundschaft mit großen Wörtern schlossen, bald in der Lage waren, ebenfalls über das Ding an sich zu reden, als wäre das eine alltägliche Sache, so wie wir uns daran gewöhnt haben, vom Unbewussten zu reden, und annehmen, dass es so etwas gibt.

Über den Kreis von Dichtern und Philosophen ist das Ding an sich damals nicht hinausgekommen, und das ist heute nicht anders, im Gegenteil, seine Lage hat sich insofern verschlechtert, als kein Dichter mit dem Ding an sich von Kant noch etwas zu tun haben möchte, es spielt für ihr Tun und Treiben keine Rolle, auch wenn sie von einer verborgenen Wahrheit, die in den Dingen steckt, ausgehen würden, einer Art Geheimnis, die sie entdecken könnten. Aber für diese Vorstellung müssen sie sich nicht den intellektuellen Aufwand der *Kritik der reinen Vernunft* machen, in der Kant das Ding an sich erneut zu bestimmen versuchte. Dass die Wahrheit nicht immer zutage liegt, wissen die meisten aus ihrer Alltagserfahrung. Die angehenden und fertigen Philosophen, die sich in den Universitäten, auf Tagungen und Kongressen treffen und Bücher schreiben, reden, wenn sie von Kant reden, auch vom Ding an sich, wie es Kant verstanden haben wollte. Manche Spezialisten können gar nicht von ihm lassen und kennen alle Wendungen und Drehungen, die es vor Kant und im Werk Kants machen konnte, so wie es auch eine Geschichte des Unbewussten vor Sigmund Freud gibt, mit dem das Unbewusste in die Alltagssprache gekommen ist.

Hegel und Hölderlin haben gleichsam ganz in der Nähe vom Ding an sich gelebt, es gehörte zu den Wörtern, die in den Gesprächen unter Intellektuellen auftauchten, so wie heute jeder, der über größere gesellschaftliche Zusammenhänge reden möchte, eine Vorstellung mit dem Wort System verbindet, was auf einen genialen Mann aus Niedersachsen zurückgeht. In Lüneburg wurde 1927 ein Junge geboren, aus dem einmal ein sehr berühmter Soziologe werden würde. Er hieß Niklas Luhmann, arbeitete später in der Verwaltung und wurde dann Professor in Bielefeld. Dort stellte er auch seine Zettelkästen auf, in die er sein enormes Wissen von der Welt packte, bei deren intellektueller Eroberung er systematisch vorgegangen sein muss, sonst hätte er dieses Pensum nicht bewältigen können. Auch Karl Marx, der sich nicht für Systeme, sondern für die politische Ökonomie interessierte, hat sein halbes Leben in London in der

Bibliothek verbracht und Bücher exzerpiert, um auf diese Weise herauszufinden, was es mit dem Kapital und der Ware auf sich habe. Die Folge war, dass er ein berühmtes Buch, *Das Kapital*, schrieb und seitdem seine Anhänger vom Kapitalismus und der kapitalistischen Gesellschaft redeten, die sie abschaffen wollten. Mit Luhmann ist das Wort System, das die von Marx eingeführten Wörter gleichsam absetzte, normal geworden, sodass jeder vom System der Gesellschaft, der Kunst, des Rechts, der Wirtschaft wie von seinen Verwandten spricht. Wer jetzt so tut, als gäbe es so etwas nicht oder als sei ein System eine Vorstellung, die zu wenig mehr tauge als zum Staunen wie vor einer funktionstüchtigen komplexen Maschine, deren Bauplan sich nicht kritisieren, sondern nur beschreiben lässt, dem wird es in manchen Gesprächen unter Intellektuellen schwerfallen, die lockere Kommunikation aufrechtzuerhalten und als ernst zu nehmender Kommunikationsteilnehmer weiterhin akzeptiert zu werden.

Ein schlimmes Los in der Geschichte der Gespräche, in denen sich Menschen ihrer Herrschaft über sich und die Welt, die mit der Selbstbehauptung beginnt und mit der Welterklärung endet, zu vergewissern versuchen, wurde dem Wort Gott zuteil, das außerhalb der schrumpfenden Kirche so gut wie nicht mehr öffentlich gebraucht wird, von Ausrufen der Verwunderung, die den Rückgriff ins Abgelegte kultivieren, abgesehen. In der Zeit von Hegel und Hölderlin ging es ihm noch gut, wenn auch damals schon seine großen glänzenden Tage vorbei waren.

Die Wörter führen ein Leben, sie kommen auf die Erde, werden groß und stark, sie schießen in die Höhe, aber dann neigt sich der Stamm, und sie sinken ihrem Ende entgegen, und wären sie nicht in Büchern wie in einem Grab verwahrt, es dauerte nicht lange, und keiner würde sich noch an sie erinnern, nicht an Gott, nicht an das Ding an sich und nicht an das System.

Caroline Böhmer, die nach dem frühen Tod ihres Mannes erst August Wilhelm Schlegel heiratete und dann den viel jüngeren Schelling, schrieb in einem Brief aus Jena vom 9. Juni 1799, was sie von Friedrich Heinrich Jacobis Verhältnis zu Gott hielt. Sie hat damals schon einige tragische und ungewöhnliche Erlebnisse hinter sich, Schwangerschaften, den Tod ihres Mannes und zweier von drei Kindern, Verwicklungen in die Turbulenzen der Mainzer Republik, eine Flucht, eine verheimlichte Schwangerschaft, einen Aufenthalt im Gefängnis, sie hatte viel erlebt. Aber jetzt, da es um philosophische Fragen ging, wurde sie vorsichtig. Dennoch wollte sie ihre Meinung sagen, es ging ja nicht nur um Philosophie, sondern auch um das Leben, wie sie es verstand.

Sie schrieb, dass sie Jacobi nicht folgen könne, wenn er sage, er möge nicht leben, wenn kein Gott sei, und dass das Gute nur existiere, wenn es einen Gott gäbe. Sie könne das nicht nachempfinden, sie fühle so nicht. Für sie sei das Gute an keine Bedingung gebunden. Insofern könne sie sagen, dass das Gute ihr Gott sei.

Herder war mit Jacobi befreundet, sie duzten sich, sie redeten von gleich zu gleich miteinander. Am 20. Dezember 1784 schrieb er ihm aus Weimar einen langen Brief darüber, wie er Spinoza verstehe und warum er ihn über alles schätze und dass Jacobi es sei, der Spinoza falsch verstehe, und dass das Problem, das Jacobi mit Spinoza habe, darin bestehe, dass Jacobi einen Gott brauche, den er sich in Menschengestalt vorstellen könne, der zu ihm spreche und an ihn denke. So direkt und selbstbewusst redeten zwei Herren, die glaubten, dass sie sich auf einem ihnen gehörenden Feld bewegten, unter vertrauten Erscheinungen und Geschichten.

Als sei Caroline Schlegel-Schelling, ehemals Böhmer in ein fremdes Territorium eingedrungen, räumte sie nach ihren Einwänden gegen Jacobi, die in den Grundsätzen nicht hinter den

Einwänden Herders zurückstanden, ein, dass sie über diese Dinge ohne Kenntnis des philosophischen oder metaphysischen Wortgebrauchs spreche. Das klang fast so, als redete eine Ururgroßmutter von Ludwig Wittgenstein, der über ein Jahrhundert später die Bedeutung von Wörtern an ihren alltäglichen Gebrauch knüpfen wird. Zu einer solch radikalen Einsicht gelangte Herder nicht, obwohl gerade er auf dem Zusammenhang von Geist, Kultur und Sitten bestand, der ein Volk zu einer Einheit schmelzen würde.

Sie kenne viele Bedürfnisse des spekulierenden Geistes nicht, schrieb Caroline Schlegel-Schelling, als müsste sie bedauern, dass sie nicht wusste, wie sie es den Herren, die über die bedeutenden, wichtigen Gedanken wachten, recht machen könnte. Nach diesem Bekenntnis zog sie sich aus dem Gebiet zurück, in dem Unbefugte wie sie nichts zu suchen hatten. Sie könne sich, sagte sie, damit abfinden, dass nicht jedes Gemüt im Hinblick auf die Wissenschaften des Unendlichen und Begrenzten so genügsam sei wie sie selbst.

Sie hatte Lebenserfahrung und Verstand. Warum reichte das für eine Frau nicht aus, um selbstbewusst unter Männern mitzureden?

Fichte, der unbedingt von sich reden machen wollte, der sich nach vorne drängelte, laut und unbescheiden war, teilte am 20. Juni 1790 seinen Eltern mit, er sei nicht in der Lage, einen gewöhnlichen Berufsweg auf sich zu nehmen. Auf eine Dorfpfarrei sich zu setzen, das könne er nicht ertragen, und Gott, der ihm diesen Sinn für das Ungewöhnliche eingegeben habe, wisse, dass er sich nicht dafür hergeben könne. Am Anfang jenes Jahres hatte er an seine Verlobte Johanna Rahn geschrieben, er habe nur ein Bedürfnis, nur eine Leidenschaft, das heißt, er habe nur dann ein volles Gefühl seiner selbst, wenn er wirken könne.

Was hätte er mit seinem Wirkungswillen, nachdem er das Studium der Theologie und das Jurastudium abgebrochen hatte, Besseres machen können, als sich auf die Philosophie zu werfen, der mit Kant neue und ungewohnte Erfolge beschieden waren? Die Zeit, Bücher zu schreiben, in denen es um alles ging, war günstig.

Am 5. September 1790 schrieb er seiner Verlobten, dass er aus Zufall in das Studium der Philosophie Kants geraten sei. Diese Philosophie sei sehr schwer zu verstehen, ihre Grundsätze seien Spekulationen, die ihm Kopfschmerzen bereiteten, aber keinen unmittelbaren Einfluss auf das Leben hätten. Doch ihre Folgen, die aufzuzeigen seine Aufgabe sein könnte, seien sehr wichtig für das gegenwärtige Zeitalter, dessen Moral verdorben sei.

So ins Große und Bedeutsame hinein redete einer, der ein Held zu werden versuchte, ein Ich, das sich viel zutraute, sich ein Publikum wünschte und um sich versammeln würde, das seinem Einfluss erlag. Fichte wird es, dank dem Bedürfnis eines spekulierenden Geistes nach Entfaltung seiner selbst und nach Wirkung auf andere, für eine gewisse Zeit ganz nach oben schaffen, in die Welt der Männer mit den großen Wörtern.

Hegel war, als er die *Phänomenologie des Geistes* schrieb, davon überzeugt, dass »das Vortreffliche der Philosophie unserer Zeit seinen Wert selbst in die Wissenschaftlichkeit setzt und, wenn auch die anderen es anders nehmen, nur durch sie in der Tat sich geltend macht. Somit kann ich auch hoffen, daß dieser Versuch, die Wissenschaft dem Begriffe zu vindizieren und sie in diesem ihrem eigentümlichen Elemente darzustellen, sich durch die innere Wahrheit der Sache Eingang zu verschaffen wissen werde. Wir müssen überzeugt sein, daß das Wahre die Natur hat, durchzudringen, wenn seine Zeit gekommen, und daß es nur erscheint, wenn diese gewonnen, und deswegen nie zu früh erscheint noch ein unreifes Publikum findet …« Anders gesagt, er ging selbstbewusst davon aus, dass er mit den richtigen Gedanken zur richtigen Zeit kam.

Auch Hölderlin hat sich über die historische Angemessenheit des poetischen Wortes Rechenschaft gegeben und in dem Gedicht »Blödigkeit«, einer Variante der beiden Fassungen über den Dichtermut, versucht, sich der Hoffnung zu vergewissern, dass er als Dichter zur rechten Zeit komme, um zu künden, was an der Zeit sei.

Sind denn dir nicht bekannt viele Lebendigen?
Geht auf Wahrem dein Fuß nicht, wie auf Teppichen?
Drum, mein Genius! tritt nur
Baar in's Leben, und sorge nicht!

Was geschiehet, es sei alles gelegen dir!
Sei zur Freude gereimt, oder was könnte denn
Dich belaidigen, Herz, was
Da begegnen, wohin du sollst?

Denn, seit Himmlischen gleich Menschen,
ein einsam Wild,
Und die Himmlischen selbst führet, der Einkehr zu,
Der Gesang und der Fürsten
Chor, nach Arten, so waren auch

Wir, die Zungen des Volks, gerne bei Lebenden,
Wo sich vieles gesellt, freudig und jedem gleich,
Jedem offen, so ist ja
Unser Vater, des Himmels Gott,

Der den denkenden Tag Armen und Reichen gönnt,
Der, zur Wende der Zeit, uns die Entschlafenden
Aufgerichtet an goldnen
Gängelbanden, wie Kinder, hält.

Gut auch sind und geschickt einem zu etwas wir,
Wenn wir kommen, mit Kunst, und von
den Himmlischen
Einen bringen. Doch selber
Bringen schikliche Hände wir.

Lang und mächtig musste eine Tradition des Redens und Denkens sein, dass sich in ihrem Windschatten im achtzehnten Jahrhundert Männer aus der Masse der Mitbürger lösten und sich in die vorderste Reihe stellten, direkt vor Gott, Götter, Geschichte und Publikum, und mit ungebrochenem theatralischem Sendungsbewusstsein das Wort in eigener Sache erhoben, die immer und mit großer Selbstverständlichkeit die Sache aller Menschen war, genau genommen aller männlichen Menschen, die als Krieger Geschichte machten, als Priester und Pfarrer Gott auslegten, als Studenten und Professoren antike Götter anhimmelten und als Dichter und Philosophen ein exquisites Publikum von ihresgleichen suchten. Ein Wort reichte sich hier die Hand mit dem anderen, bis ein Netzwerk entstanden war, in dem eine *Wissenschaft der Logik* und eine Elegie wie »Brot und Wein« keine Überraschung waren, sondern nur ein Beweis für die Wunderkraft manchen Geistes. Die weiblichen Menschen, die sich um Kinder und Gefühle kümmern sollten, hingen dieser Entwicklung weit abgeschlagen hinterher.

Die Begeisterung für das eigene Ich als Mittel zur Befreiung

Etwas drinnen treibt ins Leben hinaus. Das Eigene, ein Gemisch aus Wünschen, Interessen und Hoffnungen, möchte sich zeigen, auf welche Hindernisse es auch stoßen mag. Der Druck baut sich langsam auf. Es gibt eine grundlegende vage Vorstellung vom eigenen Ich, ein Gefühl von sich selbst, das, solange die Wörter, die es ertasten, fehlen, an Freude, Lust und Schmerz gebunden ist, an Aktionen und Reaktionen, die nicht immer vom eigenen Willen, aus eigenem Vermögen gesteuert werden, sie kommen und gehen, gleich Naturereignissen, Tag und Nacht, Sonne und Regen.

Nichts verfliegt und verschwindet, was vorfällt, wird gespeichert, gräbt sich ein und formt sich. Aus den Kräften und Empfindungen entwickelt sich eine Art Statut oder Programm, das sehr unbeholfen aussieht, noch lässt sich nicht genau sagen, was gewollt und gefordert wird, es gibt nur Ahnungen und Hinweise auf bevorstehende Entwicklungen. Das Ich, dieses eine, besondere, von dem in den ersten Jahren nicht abzusehen ist, was aus ihm wird, zu was es gemacht ist, wohin es unterwegs ist, lässt sich Zeit mit dem Aufwachen: Johann Christian Friedrich Hölderlin, geboren am 20. März 1770 in Lauffen am Neckar, Georg Wilhelm Friedrich Hegel, geboren am 27. August 1770 in Stuttgart.

Manche erleben ein zweites Erwachen, eine Revolution des Geistes, sie wollen noch einmal von vorne beginnen, einen zweiten Anfang finden, sie drängen hinaus aus den festen Verhältnissen, in denen sie untergekommen sind, sie suchen etwas Neues, eine radikale Veränderung. So geschah es dem Dichter, Prediger und Lehrer Johann Gottfried Herder, geboren am 25. August 1744 in Mohrungen, im Jahr 1769: »Ich gefiel mir nicht als Gesellschafter … Ich gefiel mir nicht als Schullehrer … Ich gefiel mir nicht als Bürger … Am wenigsten endlich als Autor … Alles also war mir zuwider … Ich musste also reisen … So wars. Den 4./15. Mai Examen: d. 5./16. Renociert: d. 9./20. Erlassung enthalten: den 10./21. Die letzte Amtsverrichtung: den 13./24. Einladung von der Krone: d. 17./28. Abschiedspredigt, den 23./3. Aus Riga: den 25./5. in See … Alles gibt hier dem Gedanken Flügel und Bewegung und weiten Luftkreis! Das flatternde Segel, das immer wankende Schiff, der rauschende Wellenstrom, die fliegende Wolke, der weite, unendliche Luftkreis! …«

Wasser, Luft und ein grenzenloser Horizont, das ist als Erscheinung und Gefühl wie ein leeres weißes Blatt Papier, auf dem sich ungehemmt die Wörter, Einfälle, Ideen und Gedanken ausbreiten können, die von irgendwoher, aus Seele, Geist, Vernunft, Gedächtnis, kommen und von irgendetwas, von Empfindung, Trieb, Wahrnehmung, Reiz, geweckt werden.

Das zweite Erwachen ist eine Reaktion auf einen Mangel an Glück, auf eine Existenzweise, in der sich nicht erfüllt, was die Sehnsucht verlangt, auf eine Aushöhlung des Ich, ein Dahinsiechen in Gewohnheiten, als gehörte einer, dem es so ergeht, schon zu Lebzeiten zu den Toten. Es besteht eine Kluft, eine Disproportionalität zwischen dem Selbst, das sich noch nicht erschöpft hat, oder glaubt, dass es von den anderen verkannt und in seiner Entwicklung gehemmt wird, und der Welt, die es umschließt und ihm den Atem zu nehmen scheint, weil sie diesem Ich andere Erfahrungen, wie eine Erweckung, einen Ausweg, und andere Ausdrucksmöglichkeiten verweigert, die es zu sich, zur Erfüllung seiner selbst, zur Offenlegung seiner Eigentümlichkeiten führen könnten.

Die Kraft, die ein Ich auf eine Entdeckungsreise treibt, nannte Schiller Begeisterung. Am 7. Mai 1785 schrieb er aus Leipzig an Christian Gottfried Körner: »Das Leben von tausend Menschen ist meistens nur Zirkulation der Säfte, Einsaugung durch die Wurzel, Destination durch die Röhren und Ausdünstung durch die Blätter … Ich weine über diese organische Regelmäßigkeit des größten Teils in der denkenden Schöpfung, und *den* preise ich selig, dem es gegeben ward, der Mechanik seiner Natur nach Gefallen mitzuspielen und das *Uhrwerk* empfinden zu lassen, daß ein freier *Geist* seine Räder treibt … Tausend Menschen gehen wie Taschenuhren, die die Materie aufzieht, oder, wenn Sie so wollen, ihre Empfindungen und Ideen tröpfeln hydrostatisch, wie das Blut durch feine Venen und Arterien, der Körper usurpiert sich eine traurige Diktatur über die Seele, aber sie kann ihre Rechte reklamieren, und das sind dann die Momente des Genius und der Begeisterung.«

Wenn sich die weltlichen und geistlichen Mächte gegen das Leben verschworen haben, wenn sie es unterdrücken und für ihre Interessen und Ansprüche gefügig zu machen versuchen, dann werden nur diejenigen es schaffen, aufzubrechen und die Reise zu sich selbst anzutreten, die dazu genügend Kraft in sich spüren, denen sich Lücken im System zeigen, aus denen sie entkommen können, denen sich Aussichten auftun, wohin sie sich wenden können. Die Dichter und Philosophen traten die Reise ins Innere an. Der Kampf mit den Mächten, die sich dort ausgebreitet hatten, frühe Erfahrungen, Erziehung und Theologie, konnte gewonnen werden, wenn einer sich nicht scheute, ihn zu führen. Denken, träumen, fühlen und dichten waren wie offene weite Felder. Und mit Freunden an der Seite war die Schlacht schon halb gewonnen. Im selben Brief an Körner schrieb Schiller: »Glück zu also, Glück zu dem lieben Wanderer, der mich auf meiner romantischen Reise zur Wahrheit, zum Ruhme, zur Glückseligkeit so brüderlich und treulich begleiten will. Ich fühl es jetzt an uns wirklich gemacht, was ich als Dichter nur ahndete. – Verbrüderung der Geister ist der unfehlbarste Schlüssel zur Weisheit. *Einzeln* können wir nichts.«

Die Dichter und Philosophen, die sich nicht zufriedengaben mit dem gewöhnlichen bürgerlichen Lebenslauf, die anderes suchten und wollten als ein Auskommen, einen Beruf und Geld, waren einsam und auf sich gestellt. Sie mussten in dieser Not Gleichgesinnte finden, um sich am Leben erhalten zu können und um nicht verrückt zu werden, was geschehen konnte, wenn da keiner war, der sie verstand, der den Zustand ihres

Geistes und ihres Empfindens spiegelte und sie auf diese Weise zusammenhielt. Die einen brauchten Freunde und Freundschaftsbündnisse, sie klammerten sich an Bekenntnisse, die sich in Gespräche und in Briefe ergossen, die anderen wurden Mitglieder von geheimen Gruppen, Freimaurer, von Logen aller Art, in denen sie Menschen zu finden hofften, die aus diesen Parallelwelten heraus auf die Wirklichkeit Einfluss zu gewinnen sich bemühten. Die einen nahmen ein Amt, eine Stellung an, sie suchten einen Platz unter den Gelehrten einer Universität, die Nähe von Aufgaben und Pflichten, die sie mit der Welt und dem Alltag verbanden, und wer eine Frau fand, gründete eine Familie. Das machten Kant, Hegel, Goethe, Wieland, Schiller, Herder, Fichte und Schelling. Die anderen, denen das nicht gelang, die allein blieben mit ihren Ideen, Idealen und Sehnsüchten, ohne Familie, ohne Amt, ohne Stellung, gingen vor die Hunde. Das war das Los von Hölderlin, Lenz und Kleist.

Als Madame de Staël, die umtriebige, temperamentvolle und geistreiche Tochter des entlassenen Finanzministers Jacques Necker, von Genf nach Deutschland reiste, um sich dort unter den Dichtern und Philosophen umzusehen, wunderte sie sich, wie all diese empfindsamen Seelen und tiefen Geister in der deutschen Einöde zu überleben vermochten. Sie selbst fand am Ende ihrer Reise den Schüssel zu dem Rätsel und er hieß: Enthusiasmus, Begeisterung für Dinge, die unsichtbar waren, die im Kopf und im Herzen lebten, Vorstellungen, Gedanken und Ideen, die hoch hinausgingen. Die Grenze zum Irrwitz und Irrsinn war auf dieser frühen Stufe der intellektuellen Vergesellschaftung nah gewesen.

Das Dunkel der ersten Monate und das Leid der frühen Jahre

In den Jahren, als Hölderlin und Hegel auf die Welt kamen, gab es noch keine Säuglingsforscher wie die Psychologen René Spitz und Daniel Stern, die über hundertfünfzig Jahre später mit ihren Untersuchungen am Fötus und am Neugeborenen begannen. Die Vermutungen über das Leben des Säuglings, die um 1800 kursierten, reichten von der Vorstellung, die schwangere Mutter würde durch ihr Blut und ihre Nerven das zukünftige Erdenkind prägen, bis zu Jean Pauls gegenteiliger Ansicht in seiner Erziehungslehre *Levana*, dass die seelische und geistige Bildung erst mit der Geburt beginne. »Alles Erste bleibt ewig im Kinde, die erste Farbe, die erste Musik, die erste Blume malen den Vordergrund seines Lebens aus; noch aber kennen wir dabei kein Gesetz als dieses: beschirmt das Kind vor allem Heftigen und Starken, sogar süßer Empfindungen. Die so weiche, wehrlose und so erregbare Natur kann von *einem* Mißgriff verrenkt und zu einer wachsenden Mißgestalt verknöchert werden.«

Jean Pauls Erziehungslehre erschien 1806, viel zu spät, um noch auf Hegels und Hölderlins Entwicklung einen Einfluss nehmen können. Die beiden Kinder mussten sich in den ersten Jahren auf das natürliche Empfinden ihrer Mütter verlassen und auf deren Vorstellungen über Erziehung, die jene wiederum von ihren Müttern übernommen haben werden.

Um 1800 saß kein Erwachsener vor einem Erwachsenen, dessen Beruf es war, zuzuhören und sich ein Bild von dem Innenleben des anderen zu machen, und versuchte sich daran zu erinnern, was in seiner Kindheit vorgefallen war, das ihn wie ein Fluch, wie ein böser Dämon verfolgte und seine Seele krumm und krank machte. Keiner konnte in seiner pathologischen Not zu einem Psychotherapeuten eilen. Diese Experten gab es noch nicht.

Die Kinder wurden zu Hause geboren und bekamen Namen wie Friedrich, Wilhelm, Immanuel, Henriette, Caroline, Johanna und den Segen der Kirche. Die Eltern, Verwandten und Freunde, die den Säugling sahen, gingen davon aus, dass aus diesem Wesen, wenn es gesund und vollständig war, zwei Arme, zwei Beine, Appetit, Laute, eines Tages ein richtiger Mensch würde, dass es zu ihnen, den Erwachsenen, auf der Stufenleiter der Entwicklung aufrücken würde und dann mit ihm mehr anzufangen sei. Bis dahin blieb der Säugling eine Art menschliche Hypothese, ein Bewohner zweier Welten, ein Zwitter, der aus dem unerforschlichen Dunkel aufgetaucht war und jetzt unter den Menschen weilte und dem noch etwas von dieser geheimnisvollen Dunkelheit anhaftete, was die Menschen, die sich um ihn sorgten, zu ignorieren versuchten. Sie überspielten die Fremde, die zwischen ihnen und ihm bestand. Als wäre er ein leerer Topf, versuchten sie, ihn dann mit dem zu füllen, was ihnen selbst nahelag, was sie mochten, mit Nahrung, Wörtern, Reizen, und hofften, ihn auf diese Weise möglichst schnell in ihren Kreis der Verständigen hineinzuziehen. »Soll man im Meer einer menschlichen Seele Abschnitte, und auf ihm Grade der Breite und Länge angeben: so muß man beim Kinde einen ersten Abschnitt der drei ersten Jahre machen … In dieser Dämmerperiode, in diesem ersten Mondviertel oder -achtel des Lebens lasse man das Licht nur selber wachsen, ohne eines anzuzünden. Hier sind noch die Geschlechter ungeteilt … Der ganze Mensch ist noch eine dicke feste Knospe, deren Blume oder Blüte sich bedeckt«, meinte Jean Paul.

Ein Säugling hat Hunger und braucht Schlaf. Psychoanalytiker haben sich mit der Idee eines winzigen Bündels aus minimalen körperlichen Bedürfnissen nicht zufriedengeben wollen und in den Säugling den Anfang einer seelischen Entwicklung gelegt, die im Lauf der folgenden Jahre bestimmte Phasen durchlaufen werde. Sigmund Freud entdeckte im Säuglingsalter eine orale Phase, Erik H. Erikson die Stufe, in der das Urvertrauen entsteht, und Margarethe Mahler ging davon aus, dass sich in diesen frühen Monaten die Symbiose mit der Mutter herausbilde. Der amerikanische Psychiater Daniel Stern fand diese Modelle zu schlicht und hat auf der Grundlage klinischer Forschungen an Säuglingen für die ersten fünfzehn Monate mehrere sich überlappende Stadien in der Entwicklung des Selbst festgestellt. Die Eltern von Hegel und Hölderlin konnten von diesen Forschungsergebnissen nichts wissen, und auch die meisten Erwachsenen heute, die Kinder in die Welt setzen, haben davon keine Ahnung und denken sich vor allem nur ihren Teil, wenn sie ihre Kinder betrachten.

In seinem *Magazin für Erfahrungsseelenkunde*, das zwischen 1783 und 1793 in Berlin erschien und in dem er Auszüge aus seinem psychologischen Roman *Anton Reiser* abdruckte, hat Karl Philipp Moritz Erinnerungen aus den frühesten Jahren seiner Kindheit veröffentlicht, die verraten, wie es einem Säugling im ausgehenden achtzehnten Jahrhundert erging. Keiner, nicht einmal Moritz, der für die Analyse der frühen Psyche wie berufen war, machte sich über dieses kleine Wesen große Gedanken.

»Die allerersten Eindrücke«, schreibt Moritz, »welche wir in unserer frühesten Kindheit bekommen, sind gewiß nicht so unwichtig, daß sie nicht vorzüglich bemerkt zu werden verdienten. Die Eindrücke machen doch gewissermaßen die Grundlage aller folgenden aus; sie mischen sich oft unmerklich unter unsere übrigen Ideen und geben denselben eine Richtung, die sie sonst vielleicht nicht genommen haben. Wenn die Ideen der Kindheit bei mir erwachen, so ist es mir oft, als ob ich über die kurze Spanne meines Daseins zurückschauen könnte, und als ob ich nahe dabei wäre, einen Vorhang aufzuziehn, der vor meinen Augen hängt. Daher ist es auch seit mehrern Jahren oftmals die Beschäftigung meiner einsamen Stunden gewesen, diese Erinnerungen in meine Seele zurückzurufen. Freilich merke ich es deutlich, daß dieses oft nur Erinnerungen von Erinnerungen sind. Eine ganz erloschne Idee war einst im Traume wieder erwacht, und ich erinnere mich nun des Traumes, und mittelbar durch denselben erst jener wirklichen Vorstellungen wieder. Auf die Art weiß ich es, wie meine Mutter mich einst im Sturm und Regen, in ihren Mantel gehüllt, auf dem Arme trug, und ich mich an sie anschloß, und ich kann die wunderbar angenehme Empfindung nicht beschreiben, welche mir diese Erinnerung gewährt.« Mehr fiel ihm ohne die Hilfe eines Psychoanalytikers nicht ein. Der nächste Satz führt aus dem dunklen Dasein des Säuglings heraus, und die Autobiographie der Seele gewinnt an Boden: »In meinem dritten Jahre zog meine Mutter mit mir aus meiner Geburtsstadt weg …«

Bei aller Neigung zur Introspektion, zur analytischen Betrachtung des eigenen Innenlebens ist sich Moritz doch ein Rätsel geblieben, er soll sein Leben lang unter Hypochondrie, eine seelische Krankheit, die damals in Mode kam, als die Anzahl der Zeitschriften und der Bücher schnell stieg und ein Zusammenhang zwischen Lesen und Leiden auf der Hand zu liegen schien, und unter Depressionen gelitten haben. Hypochondrie schien eine Reaktion auf psychische Engpässe zu sein, ein Stocken der seelischen Zirkulation zwischen innen und außen. Hier litt einer an sich selbst, dass er nicht der war, der er sein wollte, dass er nicht aus sich herauskam und in sich selbst zu vermodern drohte.

Herder sah Moritz mit ungetrübtem Blick. Moritz sei, schrieb Herder an seine Frau am 10. Februar 1789 aus Neapel, »ein gedrücktes, krankes Wesen, auch in seiner Gedankenreihe«, was bedeutete, dass der Hypochonder sich selbst immer weiter in die Hypochondrie hineindrückte, je länger er über sich und die Welt nachdachte. Ein Hypochonder machte sich hypochondrische

Gedanken. Er konnte sich deshalb auf diese Weise nicht aus dem schwarzen seelischen Loch ziehen.

Hölderlins Vater starb, als der Sohn zwei Jahre alt war. Was auch immer darauf in der Seele des Kindes geschah, es lernte das Unfassbare kennen, dass sich Ereignisse nicht revidieren ließen, sosehr der Wunsch sie zur Umkehr zu zwingen versuchte, dass alles Wünschen nicht half und kein Gebet zu Gott. Da lag die Vorstellung nahe, so vage sie war, dass es zwei Welten geben musste, die eine hier auf Erden, und die andere dort, wo der Vater jetzt war, wo er sein musste, weil er nicht ganz weg sein konnte, und wohin der Junge gelangte, wenn er sich erinnerte und seiner Phantasie folgte. Die Erwachsenen sagten, es würde diese andere Welt geben, so wie sie sagten, dass dort oben Gott wohnen würde. Der Junge machte die Erfahrung, dass die Erinnerung, die er suchte, schmerzvoll war und dass die Schmerzen nachließen, wenn die Erinnerungen eine bestimmte Form annahmen, wenn sie in Bildern und Geschichten gezügelt wurden. Es gab, dieses Gefühl war da und ging nicht weg, kein reines Glück mehr. Ein Mangel an Sein blieb zurück.

Der Tod hatte die Zeit in sein Leben gebracht, die dem sorglosen Anfang den Schmelz der Zuversicht nahm. Seine Seele wurde wund, überreizt, und Ruhe fand er nur, wenn er fern der anderen war, die auch um den Toten trauerten, in der Natur, die unbeeinflussbar, in stetem Gleichklang ihren Gang ging. Die Erinnerung an die Beerdigung seines Vaters wird in der ersten Strophe des Gedichts »An Thills Grab« auftauchen:

> Der Leichenreihen wandelte still hinan,
> Und Fakelnschimmer schien' auf des Theuren Sarg,
> Und du, geliebte gute Mutter!
> Schautest entseelt aus der Jammerhütte,

Als ich, ein schwacher stammelnder Knabe noch,
O Vater! lieber Seeliger! dich verlohr,
Da fühlt' ichs nicht, was du mir warst, doch
Mißte dich bald der verlaßne Waise.

Er hat damals nicht verstanden, wie ihm geschah, als der Vater starb, und er hat auch viel später nicht verstanden, was dieser Tod für ihn bedeutete. Er wusste nur, dass er etwas verloren hatte, das nicht wiederkommen würde, und dass er sich wie einer fühlte, der mit seinen Erinnerungen und einer Lücke zurückblieb. Mit dem Tod des Vaters wird er begonnen haben, sich selbst ein Rätsel zu werden, er wird sich selbst etwas abhandengekommen sein, ein Mensch, dem von früh an das eigene und das fremde Leben, Fühlen und Verstehen nicht mehr ganz geheuer, nicht einfach gegeben und wie selbstverständlich waren. Das Leben wurde schlagartig dunkel und kompliziert, von unbekannten Mächten umlagert, schmerzvoll und einsam, von unstillbaren Sehnsüchten heimgesucht.

So kommt einer zum Dichten, so kommt einer zur Philosophie.

In der *Phänomenologie des Geistes* schrieb Hegel, gleichsam auch in Erinnerung an den Tod seiner Mutter: »Der Tod, wenn wir jene Unwirklichkeit so nennen wollen, ist das Furchtbarste, und das Tote festzuhalten das, was die größte Kraft erfordert. Die kraftlose Schönheit haßt den Verstand, weil er ihr dies zumutet, was sie nicht vermag. Aber nicht das Leben, das sich vor dem Tode scheut und von der Verwüstung rein bewahrt, sondern das ihn erträgt und in ihm sich erhält, ist das Leben des Geistes. Er gewinnt seine Wahrheit nur, indem er sich in der absoluten Zerrissenheit findet.« Es sieht so aus, als sei die Erfahrung der eigenen Trauer zum seelischen Motiv für die grundlegende Kraft des Negativen in seiner Philosophie geworden, die Einheit durch die Widersprüche hindurch gewinnt.

Unüberwindliche Distanz und versuchte Nähe

Wenn ich meiner Tochter erklären möchte, wie die beiden aufwuchsen, dann sage ich, dass sie sich eine Liste machen soll mit all den Dingen ihres Lebens, die sie für selbstverständlich hält. Auf der Liste ständen dann auch Sachen wie iPhone, WLAN, Spotify, WhatsApp, und dann sage ich ihr, die könne sie streichen und noch viele andere technische Dinge, das hätte es damals nicht gegeben, ob sie sich das vorstellen könne, was das bedeutet haben muss? Das kann sich keiner mehr vorstellen, was das hieß, ein Leben damals. Und in dieses Leben fallen dann Sätze und aus diesem Leben kommen dann Sätze, und die Nachgeborenen, die sich über diese Sätze beugen, tun so, als würden sie verstehen, was sie bedeuten, weil sie von Menschen gesagt wären, die sie zu verstehen glauben, weil sie selbst auch Menschen sind mit ihren Freuden und Leiden, ihrer Suche nach Sinn und Geborgenheit.

Wir verstehen den logischen Zusammenhang, die unmittelbare Aussage jener Sätze, aber wir verstehen nicht die vollständige Bedeutung, die darunter steckt oder darüber schwebt, und wir können nicht den Kontext der Gefühle rekonstruieren, in dem diese Sätze entstanden. Für Philologen ist das ein Ärgernis, und sie durchstöbern deswegen Archive, um herauszufinden, wie die sozialen Umstände damals aussahen und in welchem großen, allgemeinen Zusammenhang von Aussagen diese besonderen Sätze fielen und wie es dann zu diesen Sätzen hat kommen können.

Nach dem Zweiten Weltkrieg entstand in Frankreich eine historische Schule, die wissen wollte, was es hieß, zu einer bestimmten Zeit gelebt zu haben. Sie legte Studien vor, die sich mit sozialen und existentiellen Phänomenen wie Kindheit und Tod, Inquisition und Fegefeuer, Karneval und Sündenlast, Hexerei und Aberglauben in ihren historischen Erscheinungen und den damit verbundenen Lebenserfahrungen beschäftigten. Diese Rekonstruktionen von untergegangenen Welten lassen uns den Abstand spüren, der uns von der Vergangenheit trennt, und gleichzeitig versuchen sie, ihn zu überbrücken, indem sie uns zu verstehen geben, dass es früher, genau wie heute, im Grunde darum gegangen sei, sein Leben irgendwie hinzubekommen, mit all den Ängsten, Sorgen, Verrücktheiten, Problemen, Zwängen und Freuden, die es jedem bereitet.

Aber trotz aller Bemühungen, es bleibt dabei, dass wir uns nur vorstellen können, was andere erlebten und dachten, dass nicht wir es sind, denen es so erging, sondern die anderen. Es ist unmöglich, den Platz des anderen vollständig einzunehmen, wir tun nur so, wir versuchen es, aber es gelingt uns nicht. Jeder, der sich von einem anderen nicht verstanden fühlt, macht die Erfahrung, dass auch zwei, die sich gut zu verstehen glauben, schnell an die Grenzen der Mitteilung und des Mitgefühls stoßen können, dass die einfachsten Sätze mit einem Mal falsch verstanden werden und sich keine Einigkeit darüber herstellen lässt, was zwei Menschen meinten gemeinsam erlebt zu haben. Nur die Suggestion, dass wir den anderen verstehen, führt dazu, dass wir das Gefühl haben, dem anderen nahe zu sein. Wir können es nicht wissen, und wenn wir uns auch gegenseitig einreden, dass wir uns nahe seien, so können wir nicht davon ausgehen, dass diese Nähe dauerhaft ist. Wir müssen den anderen schon akzeptiert haben als jemanden, den wir verstehen können, bevor wir glauben können, ihn zu verstehen. Und wir müssten uns selbst schon verstanden haben, bevor wir darüber nachdenken, wie und warum wir den anderen meinen verstehen zu können. Wir suchen Nähe, Bindungen, Allianzen, Gemeinsamkeiten und geben uns deswegen Illusionen, Täuschungen und Hoffnungen hin.

Ich sage meiner Tochter, dass es nicht möglich sei, ein umfassendes Gefühl dafür zu entwickeln, wie die beiden, der Dichter und der Philosoph, sich selbst und die Welt erlebten, in der sie sich bewegten. Aber es gebe ein paar Dinge, die sie wissen müsse, um sich eine vage Vorstellung zu machen, wie das Leben für die beiden gewesen sein könnte. Damit habe sie eine Art Baugerüst, anhand dessen sie die Dimensionen des Gebäudes zu erahnen vermöge, das dahinter verborgen sei.

Die beiden lebten nicht auf Tahiti, sondern in Württemberg, und sie lebten nicht im achten Jahrhundert, sondern im achtzehnten. Sie wuchsen in einer sehr engen und kleinen Welt und unter der höfischen Diktatur des Herzogs Carl Eugen auf, der ein selbstherrlicher Menschenverächter war, der seine Untertanen für sein Wohlleben ausbeutete, ein Sklavenhändler, der Tausende seiner Landeskinder an andere Herrscher verkaufte, die sie dann in den Krieg schickten. Die Luft hat ganz anders gerochen, und nahezu alles, die Menschen, die Häuser, die Städte, die Dörfer, die Flüsse, die Hügel, die Wege, die Kleider, hat anders ausgesehen, und wahrscheinlich auch der Himmel und die Sterne, so wie auch heute noch der Himmel und die Sterne auf dem Land anders aussehen als in der Stadt, wo die Lichter nie ausgehen, und die Dinge, Kleider, Möbel, Wäsche, Bücher, fühlten sich anders an, und die Geräusche waren andere, weil auch die Dinge, die sie hervorbrachten, andere und anders waren. Die Stille war größer, Kirchenglocken schlugen, die Stimmen der Menschen hingen ganz anders als heute in der Luft, da mehr Platz für sie gewesen ist, Fuhrwerke rollten, und die Tiere mischten sich ein in den verhaltenen Lärm. Es gab keine industriell produzierten Nahrungsmittel und keine Massenwaren des täglichen Bedarfs. Die Dichter und die Philosophen schrieben mit Federn, die gespitzt werden mussten, bevor sie in die Tinte getaucht wurden, und sie schrieben auf Papier, das dick war. Sie hatten kein elektrisches Licht, sie lebten unter dem Licht von Sonne und Mond und unter dem Kerzenschein.

In dieser Welt wurde früh gestorben, an Krankheiten, beim Kinderkriegen, und der Schmerz fuhr ständig hinein ins Leben wie ein Blitz, und es blieb einem armen Menschen wenig anderes übrig, als tapfer zu sein und durchzuhalten. Krankheit, Schmerz und Tod waren die frühen Begleiter durch das Leben, und weil es kein Mittel gab, sich vor ihnen zu schützen, und kaum eines, um das Leiden zu verjagen, mussten die Menschen sich damit abfinden, und sie versuchten, sich einen Reim darauf zu machen, dass das Leben nicht nur Glück brachte und nicht gemacht war, um glücklich zu sein, sondern ein mühsamer Weg war mit Tränen, Klagen und Trauer. Wenn sich das Leben nicht vor sich selbst schützen ließ, dann war es am besten, sich Gott anzuvertrauen und bei ihm Trost und Kraft zu suchen, die helfen würden, nach den Schicksalsschlägen weiterzumachen. Es war Gott, der das Leben schenkte und die Tage werden ließ und der bestimmte, wann die letzte Stunde anrückte. Alte theologische Vorgaben bildeten die Grundlage eines religiösen Lebens, das sich im Alltag festgesetzt hatte, als Gebet bei Tisch und Gebet am Abend, als Kirchgang am Sonntag, Bibellektüre, kirchliche Feiertage, religiöse Unterweisung durch die Eltern und religiöser Unterricht durch den Pfarrer. Die Einübung und Einführung in die Religion verliefen gleichsam unter der Hand, als etwas Normales, das zur allgemeinen Erziehung, zu den üblichen Sitten und Gewohnheiten gehörte. Neben allem anderen, das uns von den beiden trenne, sagte ich, sei vielleicht dieser Glaube innerhalb eines funktionierenden religiösen sozialen Lebens das größte Hindernis, das sich zwischen uns schiebe.

Die beiden rückten jetzt in weite Ferne, und um sie näher heranzuziehen, sagte ich, dass sich dieser Abstand, der zwischen uns und ihnen liegt, verkleinert haben könnte, als sie ins Tübinger Stift einzogen und mit der Philosophie bekannt wurden, mit Platon, Spinoza und vor allem mit Kant. Kaum waren

Hegel und Hölderlin ins Stift und in die Welt der Gedanken eingetreten, waren sie von Büchern und Dozenten umgeben, von Wissen, das sich im Nachhinein aus den Archiven und den Bibliotheken ziehen und aus den Abhandlungen und Lehrbüchern, die damals vorlagen und gebraucht wurden, rekonstruieren ließ, Ideen, die sich Jahrhunderte später noch verfolgen und von philosophisch und philologisch versierten Forschern zu einem Netz verknüpfen ließen, in dem die beiden, so schien es, wie Fische an Land gezogen werden konnten.

Schritte aus dem Dunkel

Herder ist es gewesen, der sich früh für eine Geschichte der Reize und Empfindungen empfänglich zeigte, die jeden Menschen überfluten, sobald er auf die Welt kommt. Hätten Eltern seine Abhandlung über den Ursprung der Sprache aus dem Jahr 1772 oder seinen Aufsatz über das Erkennen und Empfinden in der menschlichen Seele aus dem Jahr 1778 gelesen, sie würden den Säugling, der nach Milch schreit oder warm eingewickelt in der Wiege schläft, mit einer Bewunderung beobachten, die über den Elternstolz hinausgeht. In dem kleinen Körper flattern die Nerven wie die Blätter einer Esche im Wind, da sie versuchen, mit den Reizen, die auf sie eindringen, fertigzuwerden. Der Säugling strampelt sich ab in einer Sphäre, die, wie Herder sagt, viel zu groß ist für seine schwachen Kräfte und deswegen eine Herausforderung für ihn ist, sich anzustrengen und zu wachsen. Für Herder ist diese Not ein Glück, weil der Mensch im Ansturm der Sinneseindrücke damit beginnt, Ordnung zu schaffen, zum einen durch Sprache und zum anderen indem er lernt, sich auf die Dinge zu konzentrieren, die für ihn wichtig sind.

Hegel und Hölderlin werden zuerst Schwäbisch lernen. Doch bis sie so weit waren, würde es noch etwas dauern. Die beiden lagen da und fanden zu sich selbst, indem sie sich der Welt öffneten, die auf sie eindrang. Dieser Prozess verlief gleichsam automatisch, sie mussten nichts aus eigenem Willen dazutun. Der Dichter hatte vor dem Philosophen einen Vorsprung von fünf Monaten.

Keine Ahnenforschung und keine Analyse der Gene können erklären, woher die beiden Neulinge gekommen sind. Sie werden im großen Buch des rätselhaften Lebens, unabhängig davon, wie interessant und bedeutsam sie für manche Zeitgenossen und Nachfahren sein werden, keine entscheidende Rolle spielen. Die Seite, auf der ihre beiden Namen auftauchen, wird vom kalten Wind der kosmischen Sinnlosigkeit achtlos umgeschlagen. Es ist nur den archivarischen Künsten und Bemühungen der Menschen zu verdanken, dass ihre Namen für ein, zwei Zeilen in diesem enorm dicken Buch erhalten blieben und sich nicht schon dort aufzulösen begannen, wo sie zum ersten Mal hingesetzt worden waren. Kein naturwissenschaftliches, technisches, medizinisches oder soziales Problem, das von ihnen zu lösen gewesen wäre, wartete auf sie, keine politische Not, die behoben, keine geschichtliche Tat, die begangen, und keine moralische Größe, die bewiesen werden möchte, hielten nach ihnen Ausschau. In diesem Sinne wichtig oder unersetzbar waren sie nicht. Sie könnten sich deshalb noch Zeit mit dem Aufwachen lassen. Dann aber werden sie in intellektuelle Verhältnisse hineinwachsen, in denen sie, und später viele andere, die sie schätzen und bewundern, zu der Überzeugung gelangen, dass das, was sie denken und schreiben, von großer Bedeutung sei, von existentieller Dringlichkeit. Würde ihr Werk nur als ein philosophisches und poetisches Sprachspiel aufgefasst, es wäre längst verblasst. Nur die Hoffnung, die vom Verstehen und Wissen, vom Nachvollzug und von der Ahnung aufrechterhalten wird, dass auf den Seiten, die sie beschrieben, etwas zu entdecken sei, das woanders nicht zu finden ist, eine Art Geheimnis, das eine Entschlüsselung der Welt und des Menschen verspricht, ein Sinn, der über dessen Alltagserfahrungen weit hinausreicht in Sphären, die nicht jedem aus eigener Kraft zugänglich sind, hat dazu geführt, die Erinnerung an sie am Leben zu erhalten, indem ihre Schriften immer wieder vorgezogen und studiert werden. Als die beiden zu Bestandteilen der institutionalisierten wissenschaftlichen Forschung wurden, da wurden sie gleichsam zu Selbstläufern philosophischer und philologischer Auslegungen.

Der eine Absolvent des Tübinger Stifts wurde ein Philosoph, in dem Sinne, dass er über die Probleme nachdachte, über die üblicherweise von Philosophen nachgedacht wurde, mit dem Unterschied, dass er alle seine Vorgänger kritisierte, am Anfang erklärte, dass er alles anders machen werde, und am Ende behauptete, dass alle philosophischen Probleme jetzt durch ihn geklärt seien. Der andere ehemalige Stiftler wurde ein Dichter in dem Sinne, dass er sich im Großen und Ganzen, in Gedicht, Roman und Drama, in einer Weise auszudrücken versuchte, in der üblicherweise Dichter sich auszudrücken pflegen, mit dem Unterschied, dass er sich Problemen stellte, die alle anderen, das heißt die Menschen im Allgemeinen, nicht zu haben schienen.

Beiden gemeinsam waren eine auffällige Konsequenz beim Verfolgen ihrer Ideale und Ziele und eine ebenso auffällige Überheblichkeit und Unerbittlichkeit gegenüber dem, was zu ihrer Zeit gedacht und geschaffen wurde. Sie waren damals der Ansicht, dass sie besser als andere Dichter und Philosophen wüssten, was anstand, und besser als ihre Konkurrenten das dafür Nötige tun konnten. Das ist das Recht der Jugend, und doch muss hinter dieser Ansicht mehr gestanden haben als eine normale juvenile Anmaßung. Sie bauten ihr ganzes Leben darauf, das, wozu sie fähig waren, so weit in die Ferne und in die Dunkelheit letzter großer Wörter hineinzutreiben, wie es ihnen dank ihrer Begabung und ihrem Eigensinn möglich war.

Ein Denken in Maßen und Formen, die einem vielseitig erfüllten, verständigen Leben nicht schadeten, sondern es förderten, hat Goethe geübt, gepflegt und beherrscht. Die Fähigkeit, eine solch stabile Ausgewogenheit gegenüber den Anforderungen der Umwelt zu behaupten, war auch eine Frage des Charakters, das heißt von wiederholt gemachten Erfahrungen, die zum eigenen Vorteil, zur Selbstbehauptung gereichten, und von frühen Prägungen des Gemüts, die nicht mehr zu beeinflussen waren. Schiller war über Goethes psychischen Festungsbau entsetzt und empört. In einem Brief an Körner vom 2. Februar 1789 aus Weimar schrieb er: »Öfters um Goethe zu sein würde mich unglücklich machen: er hat auch gegen seine nächsten Freunde kein Moment der Ergießung, er ist an nichts zu fassen; ich glaube in der Tat, er ist ein Egoist in ungewöhnlichem Grade. Er besitzt das Talent, die Menschen zu fesseln und durch kleine sowohl als große Attentionen sich verbindlich zu machen; aber sich selbst weiß er immer frei zu behalten. Er macht seine Existenz wohltätig kund, aber nur wie ein Gott, ohne sich selbst zu geben – dies scheint mir eine konsequente und planmäßige Handlungsart, die ganz auf den höchsten Genuß der Eigenliebe kalkuliert ist. Ein solches Wesen sollten die Menschen um sich herum nicht aufkommen lassen. Mir ist er dadurch verhaßt, ob ich gleich seinen Geist von ganzem Herzen liebe und groß von ihm denke.«

Ein Säugling, aus dem in bürgerlichen Verhältnissen etwas werden soll, hat ein klares pädagogisches Ziel zu erreichen. Eine sprichwörtliche Wendung, mit der Kinder ermahnt werden, sobald sie über die Stränge schlagen, fasst die Vorgaben zusammen. Sie müssen, heißt es, entweder zur Vernunft kommen, das ist die sanftere Variante, die auf Einsicht setzt, oder zur Vernunft gebracht werden, das ist die herrschaftliche Variante, die auf Unterwerfung baut. Die Kinder sollen ihre Ausgelassenheit, ihre Natur zügeln lernen und sich den Verhaltensregeln der Erwachsenen beugen. Wer sich die drei Hülsenbeckschen Kinder auf dem gleichnamigen Bild von Philipp Otto Runge aus dem Jahr 1805 anschaut, versteht sofort, was mit der pädagogischen Forderung nach Vernunft gemeint ist. Die drei Geschwister stellen eine Art Phänomenologie des kindlichen Geistes dar, drei Stufen auf dem Weg aus der Unmündigkeit, vom stumpfen Staunen in die Welt über Trotz und kindliche Randale und Ausgelassenheit bis zur Morgendämmerung von erster Einsicht, Vorsicht und Überblick. Die Kinder sind zwei, vier und fünf Jahre alt. Sonnenblumen wachsen neben dem Kleinsten wild in die Höhe, die Köpfe sind in alle Richtungen gedreht, als wären auch die Blumen wild und sich selbst genug und als wollten sie nur tun, wozu sie Lust haben, und erkunden, was um sie herum passiert. Das Leben der Menschen nimmt von der inneren Natur aus seinen Lauf, vom Naturzustand, wie dieser Anfang in der Ideenwelt Rousseaus hieß.

Die Kinder füllen den ganzen Raum im Vordergrund des Bildes aus. Es geht nur um sie, darum, wie der Mensch ist, sich fühlt und sich aufführt in dieser Spanne des Lebens. Sie werden nicht von oben herab angeschaut, als würde ein Erwachsener vor ihnen stehen und auf sie heruntersehen. Der Betrachter des Bildes befindet sich mit ihnen auf Augenhöhe, als sollte er sich daran erinnern, dass auch er einmal ein Kind gewesen ist, und als sollte er verstehen lernen, dass die Kinder Wesen sind, die ihren eigenen Weg gehen, getrieben von ihren inneren, natürlichen Kräften. Sie werden der Vernunft nicht verloren gehen, wenn sie die Kurve kriegen, und das heißt in diesem Fall der bildlichen Darstellung ihrer Entwicklung, sie müssen, im Alter von fünf, sechs Jahren, scharf vom eingeschlagenen Weg abbiegen und an einem geraden weißen Zaun entlang, der ihnen die weitere Richtung vorgibt, auf ein Haus zulaufen, in dem die Welt der Kindheit endet und die Eltern, die Erwachsenen auf sie warten.

Das älteste der drei Kinder steht an dieser Gabelung von erfüllter wilder Kindheit einerseits und der Zeit der frühen Reife andererseits. Es sieht verständig und verantwortungsvoll aus, als es einen letzten Blick zurück auf die jüngeren Geschwister wirft. Gleich wird die Kindheit aus freien Stücken auf den Weg einschwenken, der zur Welt der Erwachsenen führt. Im Rücken der Kinder, in weiter Ferne, liegt eine Ansammlung von Häusern, die Gemeinschaft, die sie wie auf unsichtbaren Händen trägt und stützt und deren Mitglieder sie einst werden.

Je nach den pädagogischen Konzepten, die Eltern verfolgen, nach den Vorstellungen, wie schnell ihr Nachwuchs sich in der bürgerlichen Gesellschaft zurechtfinden und durchsetzen soll, wird die Strecke, die vom Anfang bis zur Wegbiegung reicht, durch Bildungsanstrengungen verkürzt, als sei keine Zeit zu verlieren und als hätten die Kinder nur etwas zu gewinnen, wenn aus ihnen früh kleine Erwachsene werden, oder verlängert, als sollten die Kinder vor der Welt der Erwachsenen möglichst lange bewahrt werden.

Das Reich der Ideen und Ratschläge fürs Leben

Hegel und Hölderlin lernten als Kinder Dinge, deren Nutzen ihnen nicht unmittelbar einleuchtete, Wörter einer fremden Sprache, die lateinische Grammatik, Griechisch, auch etwas Hebräisch. Sie werden einmal lateinische und griechische Bücher lesen, lateinische Texte schreiben und lateinisch reden können. Bücher lesen und auf Reisen gehen waren die beiden Möglichkeiten, dem Alltag, der Enge der bekannten Welt, die nicht größer war als ein Dorf, eine Stadt und die Wegstrecken dazwischen, zu entkommen und die Lust und Neugier auf Ungebundenes, Fremdes, Erregendes zu stillen. Ein Gemüt fand doch nur seine Ruhe, wenn es sich in einer von Gott gewollten Bahn wusste. War im Himmel ein Riss, dann begannen die Umtriebe, die Spekulationen. Gedanken, die Einfluss nehmen sollen, müssen niedergeschrieben werden. Durch die Bücher und dann auch durch die Zeitschriften, deren Anzahl ab 1760 wuchs, wurden Zeiten und Räume vernetzt. Es entstand eine unsichtbare parallele Welt des Wissens, der Diskussionen, der Auseinandersetzungen, des Austausches. Der erste Unterricht legte einen Faden aus, und dann kamen immer neue Fäden hinzu, und es sah so aus, als könnte sich ein junger Mensch durch Fleiß und Neugier am Wissensstrang aus den armseligen Verhältnissen ziehen, in die er durch seine Geburt geraten ist.

Hölderlins jüngerer Stiefbruder Carl durfte nach dem Willen der Mutter nicht in Tübingen Theologie und Philosophie studieren. Er hatte von seinem Vater kein Vermögen geerbt und sollte deshalb Schreiber auf einem Amt werden. Dass von dem Jüngeren heute noch die Rede ist, hat er dem späten Ruhm des Älteren zu verdanken. Am 11. Februar 1796 schrieb Hölderlin aus Frankfurt, wo er als Hofmeister angestellt war, an den Stiefbruder, der mit seiner Existenz in den Amtsstuben haderte: »Ich bedaure Dich, Lieber! daß Deine zum Theil wirklich alberne Lage Dir böse Launen abnöthigt. Vergiß Dich in Ideen: das ist freilich ein kurzer Rath, ein kalter Trost, aber gewiß Deiner und meiner würdig.« Hier sprach ein Student der Theologie, der nicht Pfarrer werden wollte, aus eigener Erfahrung. Die Ideen bildeten eine Welt für sich, kompliziert, herausfordernd, einnehmend und verlockend. Nach den vielen Jahren des Lernens boten sie einen Fluchtweg zum wahren Leben.

Im Reich der Ideen waren Dichter und Philosophen unter sich, und wenn sie genug Geist hatten, konnten sie hier frei und selbstbewusst auftreten, sich einen Namen machen und eine zweite Existenz gründen, sie konnten ein Doppelleben führen, dort die Wirklichkeit, wo die Dinge beim Namen genommen wurden und jeder sich in die Vorgaben der sozialen Nöte einfügen musste, und hier die Möglichkeit, sich selbst, seine Bedürfnisse, seine Fähigkeiten und Begabungen, zu entfalten. Die beiden Tübinger Stipendiaten werden sich auf diese Weise in eine leichte Form der Schizophrenie einüben, die ihnen von der christlichen Kultur, in der sie aufgewachsen waren, und den Theologen mit ihrer Lehre von den zwei Welten, der irdischen und der himmlischen, eingeprägt und vorgemacht worden ist. Sie hatten durch die Religion und die Kirche einen großen mächtigen Unsichtbaren kennengelernt, der über allen und allem waltete, eine Art Übervater, der Themen vorgab, die den Menschen im Allgemeinen und das Werden und Sein der Welt betrafen.

Carl nahm den Rat seines Stiefbruders nicht an, er blieb in der lebenspraktischen Bahn, in die er von der Mutter einmal gesetzt worden war, er war fleißig, strengte sich an und machte Karriere. Auch Hölderlin blieb sich treu, und er entwischte der Einflusssphäre der Mutter, indem er eines Tages aus dem Kreis der im bürgerlichen Sinne Zurechnungsfähigen einfach verschwand. Dank der Ideen, die er sich zurechtlegte, hatte er die bürgerliche Welt mit ihren Forderungen an das eigene Leben bald hinter sich gelassen, wenn auch nicht vergessen. Er wurde in jungen Jahren verrückt, das heißt, vorsichtiger gesagt, er machte 1806 auf seine Mitmenschen den Eindruck, verrückt geworden zu sein, und damit war er für alle, die ihre Hand nach ihm ausstreckten und in irgendeiner Form zu etwas zwingen wollten, seine Mutter, die Kirche und die Gesetze der Realität, unerreichbar geworden. Es wäre mit ihm sicherlich nicht dahin gekommen, wenn er den Mut aufgebracht hätte, sich seiner Mutter zu widersetzen, wenn er mit dem Studium der Theologie gebrochen hätte, wie er sich das gewünscht hat, und wenn er in friedlichen Zeiten hätte leben können. Aus ihm wäre ein anderer geworden, hätte er begonnen, Jura zu studieren, wie sein Vater, dem er in mancher Stunde nacheifern wollte. Er wurde zum Dichter auch aus einer inneren Not heraus, weil die Dichtung einen Ausweg bot aus Verhältnissen, in die er von früh an gesperrt worden war, und scheiterte auch daran, dass dieser Ausweg sich insofern als Chimäre erwies, als die Freiheit, die er versprach, nur zu gewinnen und zu erhalten war, wenn es ihm gelang, aus der Dichtung einen erfolgreichen Beruf zu machen. Der Sänger des Volkes war ein Dichter mit Publikum, er musste bezahlt werden, Geld zum Lebensunterhalt verdienen.

Am Ende seiner Laufbahn durch die Verwaltung war der Stiefbruder Carl Gok zum Hof- und Domänenrat im Stuttgarter Innenministerium aufgestiegen. Im Jahr 1831 wurde er geadelt, wie Goethe und Schiller, wie Herder, der sich seinen Adelstitel in Bayern hatte überreichen lassen. Ein Buch, das vom Weingebiet Württemberg handelt, machte Carl Gok über den Kreis der Kollegen im Innenministerium hinaus bekannt. Er kümmerte sich später auch um eine erste Ausgabe von Gedichten seines Stiefbruders, der abgeschieden in einem Tübinger Turm in seiner eigenen Welt lebte. Carl Gok konnte sich endlich zurücklehnen und die Qualen der Langeweile und des Stumpfsinns aus den langen Jahren vergessen, die er in den Amtsstuben mit dem Kopieren von Schriftsätzen hatte verbringen müssen, und sich sagen, dass es sich gelohnt hatte, durchzuhalten und sich nicht an Hirngespinste, an Ideen zu verlieren, die zu nichts führten außer im besten Fall zu einem gewissen Ruhm unter Menschen, die die Poesie liebten.

Hegels Bruder Georg Ludwig, der sechs Jahre jünger war, starb 1812 als Offizier der Armee Napoleons in Russland. Seine drei Jahre jüngere Schwester Christiane Luise ertränkte sich

1831, unmittelbar nach Hegels Tod, in einem Fluss. Den größten Teil ihres Lebens hatte sie in ihrem Geburtsort Stuttgart verbracht. Sie heiratete nicht, gründete keine Familie und arbeitete als Gouvernante, Erzieherin und Privatlehrerin. Im Jahr 1820 kam sie für eineinhalb Jahre in eine Heilanstalt in Zwiefalten. Sie kämpfte in Schüben mit ihren Gemütszuständen, mit seelischem Unwohlsein, mit Depressionen. Ärztlich betreut wurde sie auch von Karl Schelling, dem Bruder des Philosophen Friedrich Wilhelm Schelling. Seiner Schwester schrieb Hegel am 26. Juli 1817 aus Heidelberg, wo er Professor war: »... das Wichtigste für den Menschen ist, sich von seinen unthätigen Gedanken abzuziehen und in einem fruchtbaren Wirken für einen edeln Zweck dieses Abziehen und ebenso die Befriedigung seines Gemüt(es) zu finden ...«

Gegensätzlicher konnten die Ratschläge nicht sein, die der junge Dichter Hölderlin und der reife Philosoph Hegel ihren nahen Verwandten gaben. Sie wollten ihnen helfen, eine erträgliche Balance mit der Welt zu finden, und griffen dabei auf die Erfahrungen zurück, die sie selbst gemacht hatten, als sie versuchten, sich mit dem Leben zu arrangieren und einen Weg zu finden, wie sie die Wirklichkeit ertragen könnten.

Nachdem sie aus der Heilanstalt entlassen worden war, schrieb Hegel am 12. August 1821 seiner Schwester einen Brief, in dem er den Willen zur Selbstheilung beschwor: »... von der Erstarkung Deines Geistes und Gemüts ist zu hoffen, daß du die Vergangenheit, die Erinnerung Deiner Leiden, daß Gefühl des Unrechts und der Kränkungen von Menschen überwindest. Und zunächst wenigstens darf ich Dich darauf aufmerksam machen, daß Du dahin vornehmlich in Dir arbeitest, diese Vergangenheit hinter Dich zu bringen und Dich um Deinen gegenwärtigen Gemütszustand und Dein Verhalten gegen die Menschen zu bemühen. Je mehr du aus Deiner Gegenwart, Deiner innern und äußerlichen gegen Andere, jene Erinnerungen bezwingen und wegbringen kannst, desto gesünder wird Dein Gemüt und desto freundlicher wird Dein Verhältnis zu anderen und derselben Verhältnis zu Dir werden.«

Wer sich selbst und die anderen nicht verlieren wollte, der musste versuchen, seine Seele unter Kontrolle zu bringen, jenes Gemisch aus Selbstgefühl, Selbstbehauptung, Selbsteinschätzung, Wünschen und Bedürfnissen, das sich ohne eigenes Zutun, allein durch die Erfahrungen, die einer machte, in ein Verhältnis zur Welt setzte. Diese Art der sozialen Selbsterhaltung gelang nicht jedem, der bei Verstand zu sein schien. Innere Kräfte trieben einen Menschen woanders hin als in die Arme der Vernunft, die darauf pochte, sich darüber Rechenschaft abzulegen, ob Zwecke, Interessen und Gründe sinnvoll waren, tauglich fürs Überleben und das ersehnte Glück. Leiden, Sehnsüchte und Ideen stießen ihn immer tiefer in sich selbst hinein, bis er unerreichbar für andere geworden war und ein Leben ohne Austausch mit der Umwelt führte, als wäre er in einen unzugänglichen Turm eingeschlossen. Freunde, Verwandte, Ärzte und Seelenkundige standen dann ratlos vor dem Verlorenen, der die Gemeinschaft verlassen hatte und mit einem Mal nicht mehr zu sein schien als ein »Zeichen«, wie Hölderlin im Entwurf des Gedichtes »Mnemosyne« schrieb, »deutungslos«:

> Ein Zeichen sind wir, deutungslos,
> Schmerzlos sind wir und haben fast
> Die Sprache in der Fremde verloren.
> Wenn nemlich ein Streit ist über Menschen
> Am Himmel, und gewaltigen Schritt
> Gestirne gehn, blind ist die Treue dann,
> wenn aber sich
> Zur Erde neigt der Beste, eigen wird dann
> Lebendiges, und es findet eine Heimat
> Der Geist.

Im Tübinger Stift wurden Hegel und Hölderlin Freunde. Es lässt sich nur vermuten, warum sie aufeinander zugingen. Sie haben keine Briefe hinterlassen, die über die ersten Gründe ihrer Freundschaft Auskunft geben, darüber, was den einen zum anderen zog. Es mag sein, dass ihr unterschiedliches Temperament eine Rolle spielte, Hegel soll gleichmütig und bedächtig gewesen sein, Hölderlin melancholisch und launenhaft. Der eine litt unter dem Druck der prosaischen Welt und der Mutter, er war ein Schwärmer, der andere machte einen bodenständigen Eindruck, er fand sich in die Verhältnisse, in die er gekommen war, er konnte sich leicht orientieren. Sie entdeckten gemeinsame Interessen und Vorlieben für bestimmte Gedanken und Ideen, sie teilten große Vorbehalte gegenüber der Theologie, die ihnen zu langweilig war und eine beklemmende Beschränkung des Geistes. Sie machten sich zusammen auf, etwas Neues zu entdecken, Ideen, die aus den dogmatischen Mauern des Stifts hinausführten.

Hölderlin wollte ein Dichter sein, das wusste er recht früh. Hegel hatte keine Ahnung, was aus ihm im besten Fall der Selbstbehauptung werden sollte. Zur Philosophie als einem möglichen Beruf fand er erst, nachdem er das Tübinger Stift verlassen hatte. Er machte seine Hausaufgaben und spielte gerne Karten, er scheint nicht arrogant, nicht hochfahrend gewesen zu sein, er schätzte Geselligkeit in Maßen, auch weil sie dazu taugte, sich von der Gedankenarbeit zu erholen. Die beiden gehörten nicht zu den Ersten unter den Studenten im Stift, es gab Kommilitonen, die besser waren als sie, wenigstens in den Augen der Lehrer, die regelmäßig Ranglisten veröffentlichten, damit auch die Eltern, die Erfolge von ihrem Nachwuchs erwarteten, sahen, wo ihr Sohn stand.

Die deutsche Provinz im Jahr der Französischen Revolution

Als Schiller sich entschloss, für kurze Zeit Historiker zu werden, öffnete sich ihm die Universität. Seine Antrittsvorlesung in Jena am 26. und 27. Mai 1789 widmete er der Frage, was einer davon habe, wenn er Universalgeschichte studiert. Die Vorlesung war ein großer Erfolg, Hunderte von Studenten waren gekommen, ihn zu hören, und danach brach lauter Jubel aus. »Der Himmel gebe nur«, schrieb Schiller am 28. Mai aus Jena an Körner, »daß meine Kollegien im nächsten halben Jahr einschlagen.« Je mehr Hörer er an sich zog, mit umso mehr Einnahmen konnte er rechnen. Und dann beschäftigte ihn noch ein anderes Problem, das einfacher zu lösen gewesen wäre, wenn er genügend Geld gehabt hätte: Er suchte eine Frau. Es lag auf der Hand, dass er eine Frau, die ihm gefiel, die zu ihm passte, nur bekommen würde, wenn er ihr finanzielle Sicherheit, stabile bürgerliche Verhältnisse bieten konnte.

Die naheliegende Antwort auf die Frage, zu welchem Zweck er in Jena Vorlesungen über Universalgeschichte hielt, war, dass er Anerkennung brauchte, dass er Erfolg haben musste, der sich materiell auszahlte. Auch der Mann mit dem philosophischen Kopf, der er selbst war und den er in der Jenaer Vorlesung als einen Intellektuellen einführte, der über den Dingen schwebte und deswegen in der Lage war, ihren Zusammenhang und den tieferen Sinn der Wirklichkeit zu begreifen, mit dem sich aber keine Revolution machen ließ, wie sie wenige Wochen später in Frankreich ausbrechen sollte, musste sich darum sorgen, wie er in den Niederungen des Alltags, wo aller höherer Sinn an den materiellen Nöten scheiterte, über die Runden kam.

Herder reiste im Juni 1789 aus Italien zurück nach Weimar. Im Juli erreichte er Nürnberg. Von dort schrieb er seiner Frau:

»Im Geist war ich stets bei Euch, das soll mir kein Feind leugnen; nur zu sehr, und zu oft bin ich bei Euch gewesen. Jetzt komme ich – aber nicht im Triumph … Außerordentlich wohl hat mir's getan, seit ich wieder in Deutschland bin, nach welchem Land ich mich zuletzt gesehnt habe, daß mir Speise, Trank und Schlaf nicht mehr gefielen … Die Reise hat mich, glaube ich, sehr verändert; gottlob indessen, wenn ich da bin, ist sie vorüber.« Der Geist, der am Schreibtisch in Gedanken durch die Weltgeschichte bis zu den biblischen Anfängen schweifte, scheute die unmittelbare Konfrontation mit der Fremde. Ihn bedrückte das Heimweh, er sehnte sich nach dem gewohnten überschaubaren Kreis, ausgestattet mit Bekanntem und der Familie, mit Menschen und Dingen, die ihm vertraut waren. Die weite Welt, die hinter Deutschland begann, war ihm unheimlich, er fühlte sich als Mensch, als Mann für solche Aufbrüche ins Neue und Ungewisse, zu anderen Sitten, Kulturen und Völkern, zu Reisen, die für ihn Unruhe und Revolutionen im Gemüt auslösten, zu alt. Als Historiker würde er noch eine Weile durch Zeiten und Länder schwärmen, aber im wirklichen Leben machte er keinen Schritt mehr aus seiner heimatlichen Kultur, aus der Stabilität heraus. Im Geist, so schien es, konnte jeder bei sich zu Hause bleiben, er kam sich dort nicht abhanden, auch wenn er mit seinen Gedanken unter fremden Völkern, Sitten und Kulturen weilte, von denen einem Forscher keine Gefahren drohten, solange sie nur in seiner Vorstellung auftauchten. Das Fremde zu verstehen war, wenn diese Aufgabe von daheim aus betrieben wurde, eine erregende und angenehme Sache. Auch Herder machte unmittelbar vor dem Ausbruch der Französischen Revolution die Erfahrung, dass er ein philosophischer Kopf war und nicht dafür geschaffen, den heimischen Beobachtungsposten aufzugeben, die hohe Warte der Ideen.

Der spätere preußische Bildungspolitiker Wilhelm von Humboldt hatte Georg Forster und Friedrich Heinrich Jacobi kennengelernt und war jetzt auf einer Reise nach Paris, die ihn auch in die Schweiz führte, wo er sich mit dem Theologen und Menschenforscher Johann Caspar Lavater traf, der wegen seiner physiognomischen Studien berühmt und gefürchtet war. Lavater behauptete, einen aussagekräftigen Zusammenhang zwischen Gesicht und Charakter, äußerer Form und innerem Stoff, sichtbarer Erscheinung und unsichtbarem Wesen erkennen zu können, als sei der Mensch eine in sich geschlossene körperliche und geistige Einheit, der er nicht entkommen konnte, so wenig wie seinem Schicksal. Ein Treffen mit ihm musste für jeden Besucher ein erregendes Wagnis bedeutet haben. Jeder, der sich mit ihm unterhielt, konnte davon ausgehen, dass Lavater nicht nur zur Kenntnis nahm, was der Besucher sagte, sondern sich auch damit beschäftigte, wie das, was der andere sagte, mit dem übereinstimmte, was er sah. Der Besucher war gleichsam zwei Mal anwesend, als Rede, der zugestimmt oder widersprochen werden konnte, und als Charaktererscheinung, die Lavater darüber Auskunft gab, was er von seinem Gegenüber als Menschen zu halten habe, Mutmaßungen, die sich wie ein Schatten auf den Sinn der Rede gelegt haben werden.

Im Jahr der Französischen Revolution zählte Friedrich Schlegel Geld, das ihm nicht gehörte, er absolvierte, als würde er nur auf einem großen Umweg zu sich gelangen, eine Banklehre in Leipzig, die nicht dazu führte, dass er sich in einem Beruf, der Einkünfte versprach, niederließ. Im nächsten Jahr würde er zu seinem Bruder August Wilhelm nach Göttingen ziehen und mit dem wilden Drang eines Menschen, der endlich seinen Interessen und Neigungen folgen konnte, ein groß angelegtes Studium beginnen, Jura, Philologie, Philosophie und Geschichte. Aus ihm sollte ein halber Universalgelehrter werden, ein Intellektueller, der auf vielen Gebieten des Geistes zu Hause war, zu Wissenschaft, Philosophie und Dichtung etwas zu sagen hatte und die Idee von der romantischen Ironie und Universalpoesie in Umlauf brachte, die den Anspruch der wissenschaftlichen Philosophie zu kippen versuchte, dass es ihr gelingen würde, ein feststehendes und umfassendes Gedankengehäuse zu errichten. Die Romantiker waren intellektuelle Nomaden, im Geiste ständig unterwegs, eine berauschende und bedrückende Erfahrung, die im Alter dazu führen konnte, dass sie in die Arme der katholischen Kirche eilten und Zuflucht bei einem Weltbild suchten, das einen unverrückbaren Sinn versprach und dafür Unterwerfung verlangte.

In Weimar zeigte die bessere Gesellschaft wenig Verständnis für das sexuelle Leben, das der Günstling des Herzogs in aller Öffentlichkeit führte. Goethe war seit 1788 mit Christiane Vulpius zusammen, die sechzehn Jahre jünger war und aus den ärmlichen Verhältnissen Weimars kam. Erst im Jahr 1806 würde er seine Geliebte heiraten. Als hätte er durch seine lange Reise nach Italien, die der Herzog geduldet hatte, seine Position in Weimar endlich unanfechtbar gemacht, kümmerte er sich nicht um das Gerede, das sein Liebesleben in der Provinz entfachte, ja, er setzte noch eins drauf und schrieb seine erotischen *Römischen Elegien*.

In Königsberg saß Kant an der *Kritik der Urteilskraft*, der letzten der drei Kritiken, deren erste sich mit der Natur des Verstandes und der Vernunft und deren zweite sich mit der Freiheit des Handelns beschäftigt hatte, und dachte über die Möglichkeit von Urteilen nach, über den Zusammenhang, der zwischen dem Besonderen und dem Allgemeinen bestand, über ästhetische und teleologische Urteilskraft, über das subjektive Gefühl für das Schöne und den objektiven Zweck einer Sache, über das interesselose Wohlgefallen und das Erhabene, über die Naturbegabung des Genies, seine Originalität und Einbildungskraft. Er drehte weiterhin seine Runden, achtete darauf, dass die Temperatur in seinem Haus im Sommer und im Winter gleich blieb, pflegte seine Mittagstafel und grübelte viele Stunden täglich am Schreibtisch, allein mit sich, allein mit der Welt, wie er sie sich vorstellte, auf seine Art und Weise auch er ein Geisterseher.

Hegel und Hölderlin waren jung, sie hatten noch keine eigenständigen, beruflichen Kontakte mit der Welt geknüpft und keine aufrüttelnden, prägenden Erfahrungen gemacht, die über den privaten Bereich und die Festung des Wissens hinausgingen. Auf diese Weise hätte es noch eine Weile weitergehen können mit einem ruhigen beschaulichen Leben daheim in Gedanken und Vorstellungen. Doch dann, als sie mit ihrem Studium begannen, brach die Französische Revolution aus. Sie ließen jetzt nicht alles stehen und liegen, um nach Paris zu fahren. Sie steckten fest im Gleis ihrer Ausbildung, ihres Herkommens, ihrer Lebensplanung. Die Erwartungen der Eltern, Pflichtgefühl, wahrscheinlich auch die Unfähigkeit, wer und was sie waren in einem ganz anderen Licht zu sehen, existentieller und intellektueller Provinzialismus, Vorsicht und Bedenken vor ungeplanten und unverhältnismäßigen Veränderungen, ein praktisches Desinteresse an der Politik und die Sorge um das soziale Fortkommen hielten sie in Tübingen fest. Das war bei vielen Deutschen nicht anders. Weder Karl Philipp Moritz noch Schiller, Kant, Fichte und ganz sicher nicht Goethe packten die Reisetasche und zogen los nach Paris, um sich mit eigenen Augen anzusehen, was dort vor sich ging. Es dauerte nicht lange, dann kippte die abwartende, erwartungsvolle, neugierige Stimmung unter den deutschen Dichtern und Philosophen in Distanz, Abwehr und Abscheu um. Spätestens als das französische Königspaar guillotiniert wurde, war es vorbei mit dem Wohlwollen, das deutsche Intellektuelle, die unter dem Despotismus im eigenen Land litten, für die Revolutionäre übrig hatten. Zu den Ausnahmen zählte Georg Forster.

In Hölderlins Gedicht »Burg Tübingen«, entstanden 1789/90, hofft ein junger Mann vor einem Mahnmal der deutschen Geschichte, Mut zum Handeln zu finden:

Hier im Schatten grauer Felsenwände,
Von des Städters Blicken unentweiht,
Knüpfe Freundschaft deutsche Biederhände
Schwöre Liebe für die Ewigkeit,
Hier wo Heldenschatten niederrauschen,
Traufe Vaterseegen auf den Sohn
Wo den Lieblingen die Geister lauschen
Spreche Freiheit den Tyrannen Hohn!

Hier verweine die verschloßne Zähre
Wer umsonst nach Menschenfreude ringt
Wen die Krone nicht der Bardenehre,
Nicht des Liebchens Schwanenarm umschlingt,
Wer von Zweifeln one Rast gequälet,
Von des Irrtums peinigendem Loos,
Schlummerlose Mitternächte zählet,
Komme zu genesen in der Ruhe Schoos.

Die Französische Revolution und das Reich Gottes

Hegel und Hölderlin waren 1789 neunzehn Jahre alt. Paris war für die beiden weit weg. Die Französische Revolution würde zu ihnen kommen. Der Unterschied war groß, ob ein Deutscher zu den Franzosen ging, sich dort umsah und dann nach Hause zurückkehrte oder ob er in der Heimat blieb, sich still verhielt und dann mit einem Mal aufgerüttelt wurde, weil französische Soldaten vor seiner Tür standen und er, wie alle anderen,

Gegner und Freunde der neuen Verhältnisse im Nachbarland, feststellte, dass Revolutionen sich nicht exportieren ließen. Für die beiden jungen Studenten im Stift muss die Erfahrung grundlegend, vielleicht auch irritierend gewesen sein, dass sie in dem Augenblick der Geschichte, als eine neue Epoche begann, nicht zu denen gehörten, die politisch handelten, die etwas taten. Ein Gefühl von Bewegungslosigkeit, von Ausgeliefertsein würde sie von nun an ständig begleiten, nicht nur wenn sie über die Vorgänge im Nachbarland nachdachten und über ihre persönlichen Möglichkeiten, daran teilzunehmen.

Als die Revolution ausbrach, merkten die beiden Stiftler, dass sie keine Revolutionäre der Tat waren und niemals welche sein würden. Sie würden über die Revolution als ein Mittel, die Entwicklung von Ereignissen zu beschleunigen, nachdenken, aber mehr würden sie in dieser Hinsicht nicht unternehmen. Die Aufgabe, die ihnen durch die Erfahrung des epochalen revolutionären Umsturzes im Nachbarland gestellt wurde, bestand darin, für eine andere Art von Revolution sich bereitzuhalten und in diesem Sinne dort zu wirken, wo sie sich auskannten, wo sie zu Hause waren, im Reich der Ideen.

Sie standen im Zenit jugendlicher Handlungskraft, tatkräftiger Energie. Aber das Schicksal, ein unauflösbares Gemisch aus sozialem Herkommen und psychischer Konstitution, Freiheit unter Notwendigkeiten, zwang sie zur Untätigkeit, zum Nachdenken und würde konsequent, als suchte es nach einem Ausgleich zwischen ihren persönlichen Möglichkeiten und den historischen Vorgaben, ihre Lebensbahn auf eine revolutionäre, fast tragische intellektuelle Höhe treiben. Ihre Ideen vom Werden im Vergehen, von der Vermittlung der Widersprüche, vom ungehemmten Fortschreiten der Vernunft und vom schwer zu erkennenden Wink und Wirken der Himmlischen waren auch Reaktionen und Reflexe auf diese provozierte Passivität in jungen Jahren, als eine neue Welt die alte ablöste und die beiden jungen Männer, die gegen die Dogmen der Theologie rebellierten, im Status von Beobachtern verharrten.

Einerseits waren sie noch nicht alt genug, um zu der Gruppe derer zu gehören, die das, was sie erreicht hatten in ihrem Leben, Ansehen, Besitz, vor einem Umsturz, einer revolutionären Veränderung der Verhältnisse zu schützen versuchen würden. Andererseits waren sie nicht mehr jung genug, um zu der Gruppe derer zu gehören, die nicht verstanden, was dort drüben vor sich ging, die sich durch die Umwälzungen nicht bewegt, nicht herausgefordert fühlten. Sie waren gerade alt und jung genug, um durch die Ereignisse in Frankreich in eine beklemmende, reizbare Lage versetzt zu werden. Sie würden sich selbst daraus befreien, indem sie sich auf das konzentrierten, was sie konnten, was ihr Eigenes war, auf ihr Talent, Denken und Dichten. Und die Gedanken, die sie sich machten, waren von nun an nicht mehr fern der Zeit, unabhängig von der Geschichte, als besondere, deutsche, politische, und als allgemeiner, alles umfassender Prozess, sondern entstanden aus ihr und gingen mit ihr.

Auch diese Erfahrung, auf eine ihnen eigentümliche Weise tätig zu werden in der Untätigkeit, die Gedanken aus der Starre der Gewohnheiten, der Traditionen zu lösen, sie mit der Möglichkeit einer Revolution zu verbinden und dadurch einen eigenen Weg ins Offene und Neue zu finden, wird die beiden Studenten im Tübinger Stift früh zu Freunden gemacht haben. Ohnmacht verband sich mit einem draufgängerischen Gefühl des Protestes gegen das symptomatische theologische Establishment. Sie nahmen sich auf dem Feld des Geistes, der alternativen Entwürfe für ein Leben in Gemeinschaft Großes vor, ganz im Sinne einer jugendlichen Subkultur. Hölderlin schrieb Hegel am 10. Juli 1794 aus Waltershausen, wo er seit einigen Monaten als Hofmeister bei der Familie von Kalb arbeitete: »Lieber Bruder! Ich bin gewiß, daß Du indessen zuweilen meiner gedachtest, seit wir mit der Losung ›Reich Gottes‹ voneinander schieden. An dieser Losung werden wir uns nach jeder Metamorphose, wie ich glaube, wiedererkennen. Ich bin gewiß, es mag mit Dir werden, wie es will, jenen Zug wird nie die Zeit in Dir verwischen. Ich denke, das soll auch der Fall sein bei mir. Jener Zug ist's doch vorzüglich, was wir aneinander lieben. Und so sind wir der Ewigkeit unserer Freundschaft gewiß.«

Die Idee vom Reich Gottes war der große Schatz, den die beiden aus der pietistischen Tradition Württembergs, aus dem evangelischen Stift in Tübingen und aus ihrer Lektüre von Kants 1793 erschienener Schrift über die *Religion innerhalb der Grenzen der bloßen Vernunft* gehoben hatten. Was immer sie darunter genau verstanden haben mochten, diese Idee gewann an Leben, Bedeutung und Attraktion in einer Zeit des Umbruchs, in der mehr geschah als eine Revolution einer Staatsform. »Der revolutionäre Wunsch, das Reich Gottes zu realisieren«, schrieb Friedrich Schlegel mit universalpoetischem Gespür im 222. seiner 1798 erschienenen Athenäums-Fragmente, »ist der elastische Punkt der progressiven Bildung und der Anfang der modernen Geschichte. Was in gar keiner Beziehung aufs Reich Gottes steht, ist in ihr nur Nebensache.« Progressiv war eine Bildung, die sich nicht auf alten Wissensbeständen wie auf einem vollen Bankkonto ausruhte und sich nicht mit der Welt, wie sie war, abfand. Sie schritt voran, sie war ständig unterwegs und auf der Suche, wie einer, der etwas verloren hatte, und wüsste er auch nicht zu sagen, was es sei, sie war unruhig und beweglich, wie alle, die keinen festen Wohnsitz haben, sie entfaltete und entwickelte sich und war auf etwas gerichtet, das die Erfüllung der Zeit versprach, eine umfassende, erlösende Wahrheit, Einkehr.

Das Reich Gottes war einmal eine religiöse Idee gewesen, die das Ende der irdischen Welt, die Hoffnung auf einen Ausstieg aus dem menschlichen Jammertal beschwor. Mit der Französischen

Revolution, mit der die moderne politische Geschichte der universellen Ideale begann, Brüderlichkeit, Freiheit und Gleichheit aller Menschen, war das Reich Gottes zu einer umstürzlerischen Idee in der Jugendphase jedes aufgeweckten Geistes geworden. Diese Idee ließ ihn nicht kalt, er hielt mit ihr daran fest, dass auch er irgendwann zu seinem Recht auf Erden gelangen würde, zur Verwirklichung seiner selbst und zur Aussöhnung von Vernunft und Religion, Glauben und Wissen, Individuum und Gemeinschaft. Die Aussicht auf ein neues Zeitalter, deren Entwickler und Verkünder im Reich der Gedanken sie sein konnten, wird den beiden Studenten das eingezwängte Leben im Tübinger Stift erleichtert haben. Sie hatten jetzt eine Mission, einen Auftrag, der sie aus dem grauen Alltag einer Berufsausbildung heraushob. Aus zukünftigen Pfarrern, die sich an eine Gemeinde wenden sollten, wurden Intellektuelle, die sich ans Volk wenden wollten. Die Grundstruktur des Verhältnisses von Geist und Welt blieb bestehen. Sie überwinden zu können, bedeutete, die Aufgaben des Intellektuellen zu definieren, ihm einen Platz in einem Beruf zu geben, aus ihm einen Philosophen oder einen Dichter zu machen, zwei Varianten des Geistes, durch die sich die Verbindung zum großen Ganzen fern der Politik und der Tat erhalten ließ.

Der Zug der hungrigen Frauen nach Versailles

Am 5. Oktober 1789 bewegte sich ein Zug von mehreren tausend Frauen von Paris nach Versailles, wo der König mit seiner Familie lebte. Die Frauen mochten nicht mehr warten, bis die Männer mit ihren Diskussionen fertig waren. In Paris herrschte großer Hunger. Es musste etwas geschehen, und die Frauen hatten sich entschlossen, die Sache in die Hand zu nehmen. Sie wollten den König nach Paris holen, damit er sah, wie es dem Volk erging, und etwas unternahm. Die Stimmung war aufgeheizt. Die Frauen stürmten das Rathaus und bewaffneten sich. Dann marschierten sie los. Der Weg nach Versailles zog sich hin, wenn er zu Fuß zurückgelegt werden musste. Bürger der Nationalgarde begleiteten die Frauen, in der Hoffnung, die aufgebrachten Gemüter beruhigen zu können. Die Frauen ließen sich nicht umstimmen und nicht aufhalten und erreichten endlich nach Stunden Versailles.

Die Nachricht von ihrem Protestzug war ihnen vorausgeeilt. In Versailles tagte die Nationalversammlung, und als sich in ihren Reihen herumgesprochen hatte, dass Paris im Anmarsch sei, wurde beschlossen, den König zu benachrichtigen. Der König wäre kein König gewesen, wenn er sich nicht auf angenehme Weise zu beschäftigen gewusst hätte. Er saß nicht im Schloss und dachte über die Lage des Landes nach, sondern er lief durch die umliegenden Wälder von Meudon auf der Suche nach Tieren, die er töten könnte.

Die Frauen drängten in das Gebäude der Nationalversammlung, sie klagten ihr Leid, sie forderten Brot. Robespierre bemühte sich, sie zu beruhigen. Es regnete.

Der König kehrte aus den Wäldern zurück und empfing im Schloss die Abgesandten der wütenden Frauen. Aber die Frau, die ihm die Klagen vorbringen sollte, war so aufgeregt, dass sie ohnmächtig wurde, als sie ihn sah. Der König war darüber sehr gerührt und schickte die Gruppe der Abgesandten wieder zu den anderen Frauen zurück. Er wusste nicht, was er tun sollte.

Die Gardes du Corps dachten nur daran, wie sie den König beschützen konnten, und wollten die Frauen vertreiben. Die Nationalgardisten von Versailles versuchten, die Lage zu entschärfen. Es kam zu ersten Verwundeten, aber zu keinen Eskalationen. Dann brach die Nacht herein.

Lafayette, der Führer der Nationalgarden, der junge Held des amerikanischen Unabhängigkeitskrieges, war am späten Nachmittag mit seinen Truppen von Paris aufgebrochen und traf um Mitternacht in Versailles ein. Die Männer waren vom Regen völlig durchnässt und vom Marsch erschöpft und suchten sich gleich einen Platz zum Schlafen. Auch Lafayette, nachdem er mit dem König gesprochen hatte, legte sich müde ins Bett. Die Nacht war kurz genug.

Am frühen Morgen rottete sich eine bewaffnete Meute zusammen, nicht nur Pariser, auch Leute aus Versailles. Sie drangen in das Schloss ein, um es zu plündern, und liefen auf das Gemach des Königs und auf die Zimmer der Könige zu. Dort weilte auch Madame de Staël, die Tochter des Finanzministers Necker, die alle Berühmten ihrer Epoche persönlich zu kennen schien. Schon als kleines Mädchen hatte sie im Salon ihrer Mutter brilliert, wo ein großer Geist neben dem anderen saß und so geistreich plauderte, wie, nach Madame de Staëls Ansicht, nur die Franzosen zu plaudern verstanden. Es wäre verwunderlich gewesen, wenn sie an jenem Tag nicht in Versailles bei der Königin gewesen und Zeugin der Vorfälle geworden wäre.

Die Meute stürmte voran, sie wollte sich nicht aufhalten lassen, wer sich ihr in den Weg stellte, wurde angegriffen und schlimmstenfalls ermordet. Ein Blutbad schien unvermeidbar zu sein. Da erschienen Nationalgardisten und vertrieben die Angreifer aus dem Schloss. Der König musste etwas tun, und erneut rechnete er damit, dass sich die Gemüter beruhigen würden, wenn er sich dem Volk zeigte. Er trat auf den Balkon, auch die Königin musste vor die aufgebrachte und hungrige Menge treten und sich zeigen. Lafayette stellte sich an ihre Seite, und um den guten Willen des Königs und seiner Getreuen zu signalisieren, zog er einen Mann aus dem Gardes du Corps mit auf den Balkon und sagte ihm, er solle die Kokarde an seinen Hut heften. Mit dieser Geste der Solidarität war die Leibwache des Königs gerettet.

Am frühen Nachmittag setzte sich ein langer Zug nach Paris in Bewegung. Die wütenden Frauen hatten ihr Ziel erreicht. Sie hatten zwar kein Brot bekommen, aber sie hatten den König und die Königin aus ihrem Schloss geholt und führten sie jetzt mit sich. Das Königspaar verließ das pompöse Versailles. Sie ahnten nicht, dass es für immer sein würde. Sie werden nie mehr dorthin zurückkehren. Der zweite Sieg der Revolution nach dem Sturm auf die Bastille am 14. Juli gehörte den Frauen.

So hat es der große französische Historiker Jules Michelet erzählt, der noch Zeitzeugen befragen konnte, in seiner Geschichte der Französischen Revolution.

Der schwierige Weg zu sich selbst

Hegel und Hölderlin machten im Stift, was alle Studenten tun, sie lernten, sie lasen Bücher, hörten den Lehrkräften zu und schrieben Arbeiten. Sie wühlten sich in den Stoff hinein, der für sie vorgeschrieben war, und da sie nicht nur brav und fleißig waren, wühlten sie sich auch in den Stoff hinein, der sie interessierte. Das Studium von Platon gehörte zu ihrer Ausbildung. Auch Kant lernten sie durch ihre Dozenten kennen. Was sie noch lasen, lässt sich nicht vollständig aufzählen, auf jeden Fall Jacobi, Herder, Rousseau, Machiavelli, Spinoza, Leibniz und Wielands *Teutschen Merkur*.

Die Zeitschrift, die vierteljährlich erschien, erwähnte Hölderlin schon in einem Brief aus Maulbronn vom April 1787. Im Januarheft jenes Jahres waren »Briefe über die Kantische Philosophie« abgedruckt worden. In den Heften des Jahres 1789 konnten sie einen Artikel »Über die Franzosen« und einen

»Über das bisherige Schicksal der Kantischen Philosophie« lesen sowie eine Rezension über Karl Philipp Moritz' Schrift »Über die bildende Nachahmung des Schönen« und eine »Kosmopolitische Adresse an die französische Nationalversammlung«, deren Verfasser bezweifelte, ob ein Volk ein Recht auf einen gewaltsamen Umsturz habe.

Der *Teutsche Merkur* ließ die beiden an einem Gespräch teilnehmen, das sie mit anderen, die sie nicht persönlich kennen mussten, verband zu einer Art unsichtbaren Gemeinschaft. Sie wurden durch die Lektüre zu intellektuellen Zeitgenossen. Sie gehörten zu einer Gemeinde, die verstreut lebte und in Gedanken zusammenzufinden schien, die vorgetragen und diskutiert wurden. Eine solche Erfahrung konnte erst gemacht werden, als die Anzahl und die Auflage der Zeitschriften und Zeitungen wuchsen und die Leser das Gefühl hatten, dass dort Dinge besprochen und dargestellt wurden, die für das geistige Leben der Gegenwart wichtig waren. Einst hatte die Bibel diese Aufgabe der Gemeindebildung für die Gläubigen wahrgenommen. Jetzt waren es mehrere Bücher und Zeitschriften, in denen sich der Geist einer neuen Zeit, der langsam zu sich fand, zeigen konnte. Die grundlegende Vorstellung, dass es, wie Hegel in seiner *Phänomenologie des Geistes* ausführt, so etwas wie eine Totalität des weltlichen Geistes gebe, deren Momente »das *Bewusstsein*, das *Selbstbewusstsein*, die *Vernunft* und der *Geist*« seien, insofern dieser noch nicht zu sich gekommenen war, mag durch die Diskussionen unter den deutschen Intellektuellen über die Französische Revolution bestärkt worden sein.

»Vernunft und Freiheit«, schrieb Hegel Ende Januar 1795 an Schelling, »bleiben unsre Losung, und unser Vereinigungspunkt die unsichtbare Kirche.« Er wird gewusst haben, dass diese Kirche nicht so unsichtbar sein konnte, wie sie in der Losung zu sein behauptete, sie brauchte, damit der Kirchenbau in die Höhe schießen konnte, Ideen, die kursierten, Schriften, in denen sie sich niederließen und durch die sie an andere weitergereicht wurden. Ohne Öffentlichkeit würde die unsichtbare Kirche ein Konstrukt der Phantasie bleiben, fern der Wirklichkeit, auf die es ihm und den anderen beiden, Hölderlin und Schelling, die an dieser Losung mit jugendlichem Eifer hingen, ankam.

Noch gingen sie davon aus, dass die unsichtbare Kirche ein Projekt war, das sie nur mit vereinten Kräften verwirklichen würden. Der schillernde Begriff verwies auf eine religiöse Hoffnung, die von Abtrünnigen der Theologie geteilt wurde, er war ein Sammelbecken für schwärmerische Geister, die sich vorgenommen hatten, aus Religion, Philosophie und Kunst, aus Vernunft und Einbildungskraft eine neue Gemeinschaftskultur zu bilden, in der sich nicht nur die Intellektuellen, sondern auch das Volk erkennen würde. Doch der Tag würde kommen, an dem die Wirklichkeit als Macht und Gewalt auftrumpfte und sich bei ihnen die Einsicht durchsetzte, dass jeder von ihnen alleine einen Turm des Geistes würde hinstellen müssen.

In Maulbronn hatte Hölderlin sich im Oktober oder November 1786 in die Tochter des Klosterverwalters verliebt. Louise war zwei Jahre älter als er. Die beiden Jugendlichen schrieben sich Briefe und trafen sich. Im Oktober 1788 ging Hölderlin nach Tübingen ins Stift. Im März/April 1789 trennte er sich von Louise und schickte ihr den Ring und ihre Briefe zurück. Er habe noch keinen Stand erlangt, der ihrer würdig sei, schrieb er, deswegen könne er nicht um ihre Hand anhalten. Auch glaube er nicht, dass sie mit einem »mürrischen, missmutigen, kränkelnden Freunde«, wie er selbst sich einschätzte, glücklich werde. Er werde erst froh sein, wenn er seine Ziele erreicht und seinen Ehrgeiz befriedigt habe.

Seiner sorgenvollen und wachsamen Mutter teilte er im Frühjahr 1789 mit, dass er wegen zweier Stuttgarter, Hegel und

Märklin, um zwei Stellen auf der Rangliste seines Jahrgangs zurückgefallen sei. Das Bekenntnis schmerzte ihn. Dass er über eine solche Lappalie nicht mit Schweigen hinwegging, lässt sich nur dem Automatismus eines Gewissens zuschreiben, das durch Gewohnheit und Zwang sich zur Wahrheit, zur Beichte getrieben fühlte. Er musste vor seiner Mutter seine guten, aber vor allem seine schlechten Seiten offenlegen, weil erst dann seine Hoffnung, sein Vorsatz auf festen Füßen stand, dass er sich mehr anstrengen und verbessern würde. Als wollte er seiner Mutter zeigen, dass er trotz seiner Schwächen und Mängel ihrer Liebe wert sei, erzählte er ihr, dass er von dem Dichter Christian Friedrich Daniel Schubart mit väterlicher Zartheit aufgenommen worden sei, als er ihn besuchte.

Die Mutter bereitete ihm Sorgen, weil die Mutter sich Sorgen um ihn machte. Er hoffe, dass sie mit ihm zufrieden sei, er wolle sie nicht kränken, sie solle wegen ihm nicht traurig oder verstimmt sein, schrieb er ihr, sonst falle er zurück in den alten Lebensüberdruss. Die beiden hingen fest in einer pathologischen Beziehungsfalle. Es gab für diese Art von Bindung damals kein Wort, keine Theorie. Er hat sich in dem frühen Gedicht »Die Meinige« zusammenreimen müssen, wie er und seine Mutter in diese schwierige psychische Lage geraten waren, die aufzulösen er sich keinen Rat wusste:

Meine Mutter! – o mit Freudentränen
Dank' ich, großer Geber, lieber Vater! dir,
Mir o mir, dem glücklichsten von tausend
andern Söhnen
Ach die beste Mutter gabst du mir.
Gott! ich falle nieder mit Entzücken,
Welches ewig keine Menschenlippe spricht
Tränend kan ich aus dem Staube zu dir bliken –
Nimm es an, das Opfer! mehr vermag ich nicht! –

Ach als einst in unsre stille Hütte
Furchtbarer! herab dein Todesengel kam,
Und den jammernden, den flehenden aus ihrer Mitte
Ewigteurer Vater! dich uns nahm;
Als am schröklich stillen Sterbebette
Meine Mutter sinnlos in dem Staube lag –
Wehe! noch erblik ich sie, die Jammerstätte,
Ewig schwebt vor mir der schwarze Sterbetag –

Ach! da warf ich mich zur Mutter nieder,
Heischerschluchzend blikte ich an ihr hinauf;
Plözlich bebt' ein heilger Schauer durch des Knaben
  Glieder,
Kindlich sprach ich – Lasten legt er auf,
Aber o! er hilft ja auch, der gute –
Hilft ja auch der gute, liebevolle Gott – –
Amen! amen! noch erkenn ichs! deine Ruthe
Schläget väterlich! du hilfst in aller Noth!

O! so hilf, so hilf in trüben Tagen,
Guter, wie du bisher noch geholfen hast,
Vater! liebevoller Vater! hilf, o hilf ihr tragen,
Meiner Mutter – jede Lebenslast.
Daß allein sie sorgt die Elternsorgen!
Einsam jede Schritte ihres Sohnes wägt!
Für die Kinder jeden Abend, jeden Morgen –
Ach! und oft ein Tränenopfer vor dich legt!

Daß sie in so manchen trüben Stunden
Über Witwenquäler in der Stille weint!
Und dann wieder aufgerissen bluten alle Wunden,
Jede Trau'rerinnrung sich vereint!
Daß sie aus den schwarzen Leichenzügen

Oft so schmerzlich hin nach seinem Grabe sieht!
Da zu sein wünscht, wo die Tränen all' versiegen,
Wo uns jede Sorge, jede Klage flieht.

O so hilf, so hilf in trüben Tagen,
Guter! wie du bisher noch geholfen hast!
Vater! liebevoller Vater! hilf, o hilf ihr tragen,
Sieh! sie weinet! – jede Lebenslast.
Lohn' ihr einst am großen Weltenmorgen
All' die Sanftmuth, all die treue Sorglichkeit,
All' die Kümmernisse, all' die Muttersorgen,
All die Tränenopfer ihrer Einsamkeit.

Lohn' ihr noch in diesem Erdenleben
Alles, alles, was die Teure für uns that.
O! ich weiß es froh, du kanst, du wirst es geben,
Wirst dereinst erfüllen, was ich bat.
Laß sie einst mit himmlisch hellem Blike
Wann um sie die Tochter – Söhne –
  Enkel stehn, –
Himmelan die Hände faltend, groß zurüke
Auf der Jahre schöne Strahlenreihe sehn.

Wann sie dann entflammt im Dankgebete
Mit uns in den Silberloken vor dir kniet,
Und ein Engelschor herunter auf
  die heilge Stätte
Mit Entzücken in dem Auge sieht;
Gott! wie soll dich dann mein Lied erheben!
Halleluja! Halleluja! jauchz' ich dann;
Stürm aus meiner Harfe jubelnd Leben;
Heil dem grosen Geber! ruf ich himmelan.

In dem Brief an die Mutter aus dem Frühjahr 1789 nahm er noch einmal Anlauf und begehrte erneut auf gegen ihren Wunsch, dass aus ihm ein Pfarrer werde, und sei es einer, der nebenbei Gedichte schrieb. Ob er nicht Jura studieren dürfe, fragte er sie. Aber dann, als wüsste er, dass er sich gegen den Willen seiner Mutter nicht durchsetzen konnte, gab er aus freien Stücken, ohne dass es eines ermahnenden Briefes von ihr bedurft hätte, nach. Er unterwarf sich.

Das Verhältnis des »gehorsamsten Sohnes« zu seiner »liebsten Mamma«, wie er sich selbst und sie in den Briefen aus jener Zeit nannte, war kompliziert und würde heute Therapeuten beschäftigen. Sie ließ ihren Sohn nicht los, und er war nicht in der Lage, sich von seiner Mutter zu lösen, ja zu befreien. Zu einer Veränderung, einer Verbesserung dieser Bindung, in der sich Symbiose, Zwang, Angst und Abhängigkeit mischten, kam es auch nicht, als er sich für Philosophie zu interessieren begann. Die Gedanken über Freiheit, Selbstbewusstsein und Ich, die er dort fand, waren offenbar zu abstrakt, seelenlos, aus der Luft gegriffen, als dass sie ihm hätten helfen können, sich von seiner Mutter etwas zu lösen. Was er in den Büchern las, das hatte mit dem Werden der eigenen Freiheit, der Entwicklung des persönlichen Selbstbewusstseins und mit dem Weg des individuellen Ichs wenig zu tun, die fremden Ideen ließen sich nicht sinnvoll auf das eigene psychische Leben übertragen, sodass er sich selbst besser verstanden hätte, ein Halbwaise, dem Vater und Stiefvater früh weggestorben waren, der erstgeborene Sohn einer ihn umklammernden Mutter, das Produkt eines rigiden Ausbildungssystems.

Die theologischen und philosophischen Theorien, die die beiden jungen Stipendiaten in Tübingen kennenlernten, trieben sie auf ein Feld hinaus, das weit weg lag von den seelischen Erscheinungen eines normalen Lebens, Furcht und Sorge, Anhänglichkeit und Selbstständigkeit, Einsamkeit und Trauer, Überforderung und Depression, Vertrauen und Verlorenheit, Liebe und

Selbstwertgefühl, Scham und Sexualität, Anerkennung und Autonomie. Sie lernten nicht, was es bedeutete, dass einer in einer Familie aufwuchs, die sein Gemüt und seinen Neigungswinkel zum Leben bestimmte, dass er eine Sprache zu sprechen begann, mit der er sich und die Welt auf eine bestimmte Weise beschrieb, dass er eine Kultur kennenlernte, die ihm eine Perspektive vorgab, welche Dinge wichtig und wie sie zu verstehen seien, und dass er in Lebensweisen und Denkformen in einem umfassenden Sinne eingemeindet wurde. Darüber werden sie erst später, wenn sie das Stift verlassen haben, nachdenken, soweit sie das konnten in einem Kontext, der ihnen bestimmte intellektuelle Vorgaben machte, wie Gott, Seele und Unsterblichkeit, das Absolute und ein letzter Sinn. Keiner der beiden, so individuell, so eigenartig sie sein mochten, ragte aus der Glasglocke der Zeit heraus. In Hölderlins später Elegie »Brot und Wein« wird es heißen:

> Göttliches Feuer auch treibet, bei Tag und bei Nacht,
> Aufzubrechen. So komm! daß wir das Offene schauen,
> Daß ein Eigenes wir suchen, so weit es auch ist.
> Fest bleibt Eins; es sei um Mittag oder es gehe
> Bis in die Mitternacht, immer bestehet ein Maas,
> Allen gemein, doch jeglichem auch ist eignes beschieden,
> Dahin gehet und kommt jeder, wohin er es kann.

Spinoza und die Folgen

Zu den intellektuellen Problemen, mit denen Hegel und Hölderlin im Stift konfrontiert wurden, gehörte die Frage, warum und in welchem Maße die menschliche Vernunft, von der keiner mit Sicherheit sagen konnte, woher sie kam, sondern nur vielleicht, wie sie funktionierte, sich einer göttlichen Offenbarung beugen müsse, die auf der Annahme beruhte, dass ein Gott, wenn es ihm gefiel, mit Menschen kommunizierte. Entweder hingen Glauben und Wissen miteinander zusammen und fing der Glaube einfach dort an, wo das Wissen aufhörte, oder sie existierten nebeneinander und waren zwei sich ausschließende oder ergänzende Weisen einer Weltauslegung, die mit einer himmlischen Macht rechnete. Ein sittliches Leben ließ sich durch den Glauben an Gott begründen und rechtfertigen, wie die Gebote, die Moses von Gott empfangen hatte, bewiesen, aber auch die Vernunft, wenn sie ganz auf sich gestellt war, konnte vielleicht in der Lage sein, letzte Wahrheiten, an die sich eine Moral knüpfen ließ, aufzustellen, wie es Kant mit dem kategorischen Imperativ versucht hatte.

Der theologische Deutungsrahmen war von der christlichen Tradition vorgegeben. Dort hinein trat mit Kant die Philosophie als Wissenschaft vom Aufbau der geistigen Vermögen, zu deren umstürzlerischen Resultaten der Nachweis gehören sollte, dass die Theologie eine Lehre von Dingen sei, die sich wissenschaftlich nicht beweisen, sondern nur glauben und predigen ließen, und dass eine Vernunft, die sich zu ihrem Schaden mit dem Glauben verbrüderte, um die Einheit der Weltsicht zu bewahren, sich ihrer Grenzen und Kräfte nicht bewusst war, auch wenn Gott den Menschen mit Vernunft begabt haben sollte.

Die Auseinandersetzungen zwischen der kritischen Philosophie und der Theologie waren nicht aus praktischen Problemen entstanden, das heißt im Zusammenhang mit sozialen, politischen, juristischen Fragen, aber es war absehbar, dass sie praktische Folgen außerhalb der evangelischen Kirche haben würden, deren gesellschaftlicher Einfluss schrumpfen würde, wenn die Vernunft sich bei der staatlichen und gesellschaftlichen Ordnung der weltlichen Angelegenheiten durchsetzte. Die Theologen führten mit den neuen Philosophen, die Anhänger

Kants waren, einen epochalen Verteilungskampf um den Zugang zur Wahrheit. Die Vernunft erhob einen universellen Anspruch, indem sie so tat, als sei sie eine anthropologische Konstante. Die Französische Revolution hatte praktisch vorgemacht, was Universalismus bedeuten konnte, als sie die allgemeinen Menschenrechte verkündete und die Macht der Kirche aufhob. Die amerikanische Unabhängigkeitserklärung galt nur für Weiße, nicht für Schwarze.

Der Theologe Friedrich Schleiermacher hat auf diese prekäre geistige und soziale Lage des Glaubens im Jahr 1799 mit seinen *Reden über die Religion* reagiert. Religion, erklärte er, sei ein Gefühl für das Unendliche. Damit stellte er die Religion wieder auf ein freies, nicht umkämpftes Feld. Die Vernunft sah dem Gefühl, ihrem traditionellen Widerpart, der sich täglich ihrem Zugriff entzog, hinterher wie ein Spaziergänger einem davonfliegenden Vogel.

Hegel mochte sich mit dem Gegensatz von Religion und Vernunft nicht abfinden und hat ihm seinen zweiten längeren Aufsatz gewidmet, der 1802 unter dem Titel »Glauben und Wissen« erschien und, in Auseinandersetzung mit den Ansichten von Kant, Jacobi und Fichte, exemplarisch vormachte, wie er mit festgefahrenen Positionen der Tradition umzugehen gedachte. Wie ein Streitschlichter ließ er beide Parteien, Glauben und Wissen, die sich beide letztlich darin einig waren, dass ein Mensch nicht dort sein könne, wo ein Gott war, sich die Hand reichen und zur Einsicht kommen, dass sie nicht so verschieden waren, wie sie es sich bisher eingeredet hatten, da sie ja offenbar ein Wissen davon hatten, was sie glaubten.

Von großem Einfluss auf die jungen Geister, die sich von der traditionellen Theologie abwandten, aber den Glauben an einen Gott nicht aufgeben wollten, und das hieß an der Idee von der Einheit der Welt festhielten, die nicht in Geist und Natur zerfallen sollte, war das Spinoza-Büchlein von Jacobi, dessen zweite Auflage 1789 erschienen war. Mit Spinozas pantheistischer Philosophie ließ sich an einen Gott glauben, der in der Welt war und sich als Welt entfaltete und zeigte, sodass allem Endlichen ein Unendliches, der Freiheit eine Notwendigkeit, jeder rationalen Erkenntnis eine Ahnung vom Übermenschlichen und allem Bedingten ein Unbedingtes innezuwohnen schien. Gott steckte im Sein und offenbarte sich in der Geschichte. Diese Erkenntnis machte aus jungen Intellektuellen, die sich für die aktuellen Debatten interessierten, entsprechende Abhandlungen und Zeitschriftenartikel lasen, nicht nur informierte Zeugen ihrer Zeit, sondern auch ahnungsvolle Deuter der dort unterschwellig wirkenden Kräfte, die sie, wenn sie geistig offen, hellhörig und selbstständig genug waren, wie ein geheimes Buch entziffern und lesen und dann in ihren eigenen Worten, mit ihren eigenen Theorien zum Ausdruck bringen konnten. Sie mussten dafür nur auf eine umfassende Weise mit der Gegenwart und deren Wahrheit verschmelzen. Eine Voraussetzung dafür bestand darin, eine Philosophie der Vereinigung, der Einheit zu entwerfen, durch die ein einzelner Geist in die Lage versetzt würde, über alles so zu reden, als spräche er, dank einer Symbiose von Subjekt und Objekt, Geist und Natur, aus dem Inneren der Zeit und nicht, wie Kant und seine Nachfolger, nur über Dinge, wie sie erscheinen, und Menschen, wie sie sind und sein sollen.

Diese dualistische Ansicht hat sich in wissenschaftlichen Kulturen weitgehend durchgesetzt, auch meine Nachbarn, die Bauern, halten an ihr fest, ohne dass sie sich darüber philosophische Gedanken gemacht hätten. Sie sind in sie hineingewachsen, wie die meisten anderen auch. Entweder die christliche Kultur oder die wissenschaftliche Kultur haben dafür Sorge getragen, dass sich dieses Weltbild erhielt und zum privaten Gebrauch übernommen wurde. Meine Nachbarn trennen auch strikt zwischen Körper und Geist und glauben nicht, dass die

Natur in irgendeinem Sinne beseelt sei. In meinem Dorf und in seiner Umgebung leben aber auch Menschen, die anderer Ansicht sind und glauben, dass Materie und Geist nicht so einfach zu trennen sind. Sie tendieren mehr zu einer diffusen, esoterischen Ansicht und gehen davon aus, dass eine geistige in der irdischen Welt eine wichtige Rolle spielt. Richtige Monisten, die eine Einheit von Geist und Natur annehmen, sind sie nicht, sie könnten eine solche Ansicht auch nicht philosophisch begründen. Die einen wie die anderen, die dualistische und die esoterisch diffuse Seite, gehen davon aus, dass ihre Vorstellungen den Erfahrungen entsprechen und von Erfahrungen bestätigt werden. Die einen fahren mit Maschinen, die immer größer werden, über die Äcker, die anderen gehen an einem bestimmten Tag zu einer bestimmten Zeit an eine Quelle, um dort Wasser zu schöpfen, von dem sie annehmen, dass es Heilkräfte berge. Schelling hätte sich für diese Quelle sicherlich interessiert, Hölderlin sich über den Raubbau an der zerstörten Natur empört, und Hegel hätte die Vernunft, die auch hier im Dorf zu Wort kommen muss, auf der einen Seite im Rückstand gesehen, auf der anderen Seite gefangen in den Nöten eines rationalen Legitimationswahns.

Eine Zeit der Entscheidungen und der Intellektuellen

Für Menschen, die durch die Vorfälle in Frankreich berührt wurden oder sich gar durch sie herausgefordert fühlten, war die Französische Revolution eine Art Einübung in die Politik. Für die Franzosen, die sich den Ereignissen nicht entziehen konnten, waren der Umsturz und seine Folgen von blutigem Ernst, für die Beobachter in den Nachbarländern und darüber hinaus, die, solange kein Krieg erklärt worden war, aus sicherer

Entfernung zuschauten, waren die Vorgänge ein Lehrstück über Macht und Gewalt. Da die Ereignisse sich überstürzten und oft verwirrend waren, wurden die Lektionen, die keinem festgelegten Lehrplan folgten, schnell und wie zufällig und unüberlegt verabreicht.

Allen Beteiligten, ob in Frankreich oder im Ausland, blieben die Vorgänge im Grunde undurchschaubar, jeder war ihnen ausgeliefert und musste versuchen, die Zusammenhänge zu erkennen, die Ziele der Gruppen zu verstehen, die Motive und Interessen der einzelnen Akteure zu unterscheiden. Die Politik erfasste das Leben, das sich davor nur als Opfer oder als Nutznießer der Macht kennengelernt hatte. In ihrem reißenden Strom zeigte sich schnell, wer zu was in der Lage sich fühlte. Es war, als hielte sie den Menschen einen Spiegel vor, in dem sie erkennen konnten, wer sie waren und zu was sie bereit waren, ob sie mutig oder ängstlich waren, freiheitsliebend oder zögerlich, draufgängerisch oder vorsichtig, rebellisch und kämpferisch oder zurückhaltend und vernünftig.

In Paris mussten die Bürger jeden Tag eine Entscheidung treffen, ob sie auf die Straße gehen sollten, um Neuigkeiten zu erfahren, oder ob sie besser Versammlungen besuchten, um sich zu informieren, ob sie in einer Menge mitliefen, sich bewaffneten, eine Rede hielten, nach vorne stürmten oder ob sie sich zurückhielten, wenig sagten und abwarteten. Die meisten reagierten nach den Vorgaben ihrer sozialen Lage und ihrer Fähigkeiten. Juristen, wie Robespierre, schwangen Reden und gingen in die Klubs, Soldaten folgten Befehlen oder verweigerten sie, die Geistlichen versuchten, ihre Pfründe zu verteidigen, die Adeligen intrigierten und emigrierten, die armen Leute suchten ihren Hunger und ihren Hass auf die Reichen zu stillen, die Bettler und Diebe plünderten, und der König, der etwas Entscheidendes tun musste, war, bei dem Durcheinander, das herrschte, unsicher, was er tun sollte. Jeder wurde durch die

Ereignisse dazu gedrängt, sich über den Platz, den er in der Gesellschaft einnahm, Gedanken zu machen, ob er bekam, was ihm zustand, ob er ein Recht hatte, mehr zu kriegen, was er fordern durfte und welche Pflichten er erfüllen musste, ganz so, als würden die sozialen und politischen Umstände, die Bedingungen und Verhältnisse, in denen die Bürger lebten, neu sortiert und festgelegt, und jeder könnte ein Wort dabei mitreden. Keiner wusste, wie weit er mit seinen Forderungen gehen durfte, und keiner wusste vorab einzuschätzen, was sich andere herausnehmen würden. Aus diesem Grund war die Stimmung in der Stadt aufgeladen. Jedes Mal, wenn eine Grenze überschritten wurde, bei der Erstürmung der Bastille, beim Marsch der Frauen nach Versailles, bei der Flucht des Königs, bei seiner Ermordung, bei Massakern, öffneten sich neue Möglichkeiten für Interessen und Hoffnungen, für Chancen und Rückschläge. Die Zeit der Revolution war dicht gefüllt mit Geist und Tat, nichts, was öffentliche Wirkung hatte, konnte sich langsam entwickeln, alle Nöte, vorangetrieben durch unerfüllte Bedürfnisse wie Hunger und Anerkennung, drängten zur Entscheidung. Die Tage, die Stunden zählten mit ungewohnter Macht.

Als wäre diese Lage nicht bedrückend genug, wussten alle Bürger, die mitmachten und mitgerissen wurden, nicht, wohin die Ereignisse sie führten, welchen Ideen sie konsequent folgen, ob sie die Monarchie abschaffen, den König absetzen, die Republik ausrufen, die Religion verbieten sollten. Keiner der Akteure verfügte über einen von langer Hand vorbereiteten Plan, nur über Ideen, wie sie Jean-Jacques Rousseau in seiner Schrift vom *Gesellschaftsvertrag*, Montesquieu in seinem Buch über den Geist der Gesetze und John Locke in seiner Abhandlung über Regierungsformen ausgeführt hatten.

Der Wert der Gedanken und Ideen, der Intellektuellen, die sich Sorgen um die Gesellschaft machten, stieg wie der Wert einer Aktie. Die Nationalversammlung debattierte über das Wohl der ganzen Nation, sie war eine Art Symbol dafür, dass eine Gesellschaft über sich selbst nachdenken konnte und ihr Schicksal in die Hand zu nehmen verstand. Von den sechshundert Mitgliedern des Dritten Standes, die sich zu den Generalständen im Mai 1789 in Versailles zusammengefunden hatten, waren mehr als die Hälfte Advokaten und Notare, neben Beamten, Kaufleuten und einigen Überläufern aus den beiden anderen Ständen, dem Adel und dem Klerus. Wer mehr als seinen Namen und besser als die anderen zu schreiben vermochte, füllte die rasch anwachsende Zahl von Flugblättern und Zeitungen mit Nachrichten, die die Stadt und das Land auf dem Laufenden hielten oder der Propaganda dienten.

In Deutschland wurden die Informationen aus dem aufgewühlten Nachbarland gierig aufgenommen und verbreitet. Erst hatte die deutsche höfische Welt ihr Vorbild in der französischen gefunden, und jetzt, mit der Französischen Revolution, sah es so aus, als würde eine neue bürgerliche Welt, die eine ganze Nation zu umgreifen vermochte, die Deutschen mit ihren zahlreichen monarchistischen Kleinstaaten weit hinter sich lassen. Im Vergleich mit dem deutschen Nachbarn am Rhein stand Frankreich mit einem Mal an der Front der geschichtlichen Entwicklung hin zu einer modernen bürgerlichen Gesellschaft.

Noch war die Idee der Menschheit nicht ganz in die Hände der politisch tatkräftigen Franzosen gefallen. Sie hatten die allgemeinen Menschenrechte ausgerufen, aber wie die Menschheit in jedem einzelnen Menschen zu sich finden und herangebildet werden sollte, das war von ihnen nicht geklärt worden und würde sich jetzt in Frankreich, das vom Strom der Ereignisse fortgerissen wurde, nicht einfach lösen lassen. Wer eine Antwort auf diese schwierigen Fragen suchte, der brauchte Ruhe zum Nachdenken.

Was die Juristen im revolutionären Frankreich waren, wortgewandte Anreger, wenn es sich um Fragen der Politik handelte, das konnten in Deutschland, wo die Gegenwart sich schwer damit tat, einen Schritt voranzukommen, die Dichter und Philosophen werden, wenn es darum ging herauszufinden, was es mit der Menschheit und dem Menschen auf sich hatte.

Erste Reaktionen auf die Revolution in Frankreich

In der Nacht des 20. Juni 1791 floh die königliche Familie aus Paris. Der König hatte keinen Plan, nur eine Hoffnung, er würde Truppen um sich scharen, Getreue, die auf ein Zeichen, auf einen Befehl von ihm warteten, um mit ihm nach Paris zurückzukehren und die alte Ordnung wiederherzustellen. Am Tag der Flucht musste er sich als Kammerdiener verkleiden, damit er nicht erkannt und festgehalten würde, er musste sich unter die kleinen Leute mischen, ein Akt der Selbsterniedrigung, durch den er sich, wenn er entdeckt wurde, eine Blöße vor seinen Untertanen geben würde, die ihn als König achteten und nicht als einfachen Mann.

Am Morgen des nächsten Tages wurde die Flucht in Paris bemerkt. Lafayette versuchte, dem abwesenden König zu helfen, und behauptete, Royalisten hätten ihn entführt in der Hoffnung, den Aufruhr zu beenden. Der König war ein Symbol, und wer ihn wie ein Pfand in der Hand hatte, der mochte glauben, dass die alte Ordnung sich wiederherstellen oder durch Kompromisse korrigieren und dadurch erhalten ließe.

Die königliche Familie kam nicht weit. In Varennes wurde ihre Kutsche angehalten, der König erkannt und die Familie zur Rückkehr nach Paris gezwungen. Der König und die Königin waren jetzt Gefangene im eigenen Land, und unsicher war, wer ihnen nach dieser Aktion bei Nacht und Nebel, die ganz danach aussah, als hätte sich der König gegen das Volk gewandt, jetzt noch vertrauen würde.

Auch Wilhelm von Humboldt floh, aus Berlin, wo er als Jurist im Dienste des preußischen Staates arbeitete, aufs Land. Er war 24 Jahre alt, frisch verheiratet und nicht mehr willens, seine Tage mit Amtsgeschäften zu vertun. In einem Brief aus Burgörner vom 16. August 1791 an Georg Forster, der damals als Bibliothekar in Mainz lebte, rechtfertigte er seinen Schritt ins Private, der ganz so aussah, als wollte sich hier ein Intellektueller seinen Pflichten gegenüber der Allgemeinheit entziehen. Er gehe davon aus, schrieb er, dass Forster, der doch ebenfalls die Freiheit und die Unabhängigkeit schätze, seine Entscheidung nicht missbilligen werde. Er wolle nur das machen, wovon er sich den meisten Gewinn für seine Bildung erwarte, und habe deshalb ein stilles häusliches Dasein gewählt, in dem er für sich selbst und für die ihm nahen Personen leben könne, und er hoffe, »wozu im Grunde alles Tun und Treiben in der Welt, selbst wider seinen Willen, nur als Mittel dient«, etwas beizutragen »zur Bereicherung oder Berichtigung unserer Ideen«. Das Reich der Ideen war ein Parallelbau zum Reich Gottes. Für die Errichtung beider Reiche waren Mitarbeiter nötig, die Zeit und Geld hatten, um in Ruhe nachzudenken, und denen es dann auch gelang, diese Gedanken in der Öffentlichkeit zu verbreiten. Auf dieser Ebene der Ideenfindung waren die Felder groß und noch nicht von anderen Pionieren zugebaut, ein umtriebiger Privatgelehrter konnte nach Belieben pflügen und säen, ohne sofort an fremde Grenzen zu stoßen, und für eine kommende Gemeinschaft arbeiten, das heißt die intellektuellen Grundlagen einer anderen, besseren Welt legen. Nicht viele Männer waren hier tätig, und das Gefühl für die Souveränität, mit der sie sich im Reich der Ideen bewegten, erhob sie zu kleinen

Fürsten, die überzeugt davon waren, dass sie auch für andere arbeiteten, wenn sie ihren eigenen Interessen und Vorlieben nachgingen, weil der Allgemeinheit, dem Volk letztlich zugutekommen würde, was sie sich ausdachten und womit sie sich beschäftigten.

Mit Wilhelm von Humboldts jüngerem Bruder Alexander war Georg Forster im Jahr 1790 durch Holland und England und dann nach Paris gefahren, ganz sicher nicht um sich nur Notre Dame anzusehen, sondern um sich ein Bild von den Vorgängen in der französischen Hauptstadt zu machen, wo ein Volk einen König zum Einlenken gezwungen hatte, auch wenn ungewiss war, wie die Partie zwischen Herrscher und Untertanen enden würde. Forster stellte sich später auf die Seite der Französischen Revolution. »Die politische Welt geht genau so, wie man es nach dem, was vorhergegangen ist, erwarten kann«, schrieb er am 12. Juli 1791 an seinen Schwiegervater Heyne in Göttingen. »Man hat die Menschen als freie unmündige Wesen lehren, erziehen, zu reifen Wesen bilden wollen, und man hat sie schändlich gemißbraucht, sie dumm und blind zu machen gesucht, sich Herrschaft über freie Intelligenzen angemaßt und seine Leidenschaften dabei befriedigt. Ist es ein Wunder, daß die Ausbrüche des endlich erwachten Gefühls nun nicht ganz rein und ungemischt seyn können? Für meinen Theil kann ich nicht aufhören zu bewundern und in das äußerste Erstaunen zu gerathen, daß so viel Mäßigung, so viel reine ächte Tugend, nämlich politische Tugend, noch in einem Volke möglich ist, welches Jahrhunderte lang unter den elendesten Despoten und unter einem so ganz ohne aller intellectuellen Vorzüge und jedes inneren Wertes beraubten, tief herabgesunkenen Adels seufzte … Kein Fehler, kein Irrthum, kein Mißbrauch ist, dessen die Nationalversammlung beschuldigt werden kann, wovon nicht der Fluch auf den vorhergehenden Despotismus zurückfällt.« Für Deutschland käme, schrieb Forster, der wenige Jahre später in Paris in elenden Verhältnissen sterben würde, eine Revolution ein halbes Jahrhundert zu früh. Sie kam ein halbes Jahrhundert später, 1848.

Mit Revolten ganz anderer Art, die auch zum Tod führen konnten, hatte Schiller zu rechnen. Er mochte sich durch Nachdenken, Zwang und Kontrolle zum Herrn über seinen Geist aufschwingen, sein Körper gehorchte ihm nicht und warf ihn nieder, er wurde krank, litt an heftigen Krämpfen im Unterleib, und das Atmen fiel ihm schwer. Das Wissen über den Körper, das er sich im Medizinstudium angeeignet hatte, half ihm nicht, sich vor Krankheiten zu schützen. Mochte Kant auch einige Geheimnisse des Geistes gelüftet haben, der Körper, um den sich die Philosophen nicht kümmerten, weil sie davon keine Ahnung hatten, machte seine Arbeit weiterhin im Dunkeln und zeigte jedem Arzt, der herbeieilte, um zu helfen, dass er zu spät kam und nur noch zusehen konnte, dass er den Schaden, der eingetreten war, eindämmte oder behob.

Schiller nahm Opium, und aus unbekannten Gründen gab der Körper endlich eines Tages nach, er regenerierte sich und brachte sich wieder ins Lot. Schiller war dem Tod nur knapp entwischt. Ein Lebensentwurf aber ließ sich nicht einfach von heute auf morgen ändern. Viel Arbeit wartete auf ihn. Die *Geschichte des Dreißigjährigen Krieges* und der *Abfall der Niederlande* waren noch nicht fertig, und Sorgen um seine Finanzen quälten ihn, aber aller Fleiß half nicht weiter, wenn der Körper nicht mehr mitmachte. Dann aber, so wie Hamann in seinen Geldnöten ein Mäzen in den Schoß gefallen war, änderte sich Schillers finanzielle Lage auf einen Schlag, als ihm vom dänischen Prinz Friedrich Christian von Augustenburg im Herbst 1791 ein generöses Geschenk gemacht wurde. Drei Jahre lang wird er eintausend Taler bekommen, um ungestört zu dichten und zu denken. Die Briefe, die Schiller dem spendablen

Prinzen ab Juli 1793 schreiben wird, handeln von der ästhetischen Erziehung des Menschen, ein philosophisches Programm zur Läuterung der Untertanen, das Freiheit, Vernunft und Sinnlichkeit zu vermitteln versucht und letztlich dem Erhalt und der Förderung des Staates dient. In jedem Dichter, der auf die Gesellschaft mit friedlichen Mitteln wirken wollte, steckte ein Volkslehrer, ein pädagogischer Führer und Berater der Souveräne, der die nötige Anerkennung seiner intellektuellen Arbeit nicht besser und schneller zu erlangen schien als durch ein ambitioniertes Projekt, das neue, glückliche Menschen zu schaffen versprach, denen nicht einfallen würde, eine Revolution anzuzetteln.

So hoch hinaus in Regierungsgeschäfte griff Goethe nicht, er machte aus der Kunst keinen Ableger der Staatskunst, er brauchte als Dichter keinen Sockel aus abstrakten, philosophischen Gedanken, mit denen sich der Anspruch auf staatsbürgerliche Macht und Einflussnahme durch einen Dichter rechtfertigen ließ. Er zog sich vor dem Lärm der Geschichte, der seine ausgewogene Existenz in Weimar nur unnötig irritieren würde, in die Natur zurück, die Großes im Stillen wirkte. Im Jahr 1790 erschien *Die Metamorphose der Pflanzen*, eine Abhandlung, die wie eine Provokation auf den aufgeregten Zeitgeist wirken musste. Goethe stand abwartend auf der Seite der Evolution, die einer Art Erziehungsidee der Natur glich, von der sich für Staat und Gesellschaft lernen ließ, dass in jedem Ding nicht nur, wie die Romantiker zu behaupten nicht müde wurden, ein Geheimnis, sondern ein Gesetz seiner selbst ruhte. Mit Revolutionen, die Entwicklungen aus den ihnen eigenen Bahnen trieben, wollte er nichts zu tun haben.

Auch der ehemalige Banklehrling Friedrich Schlegel folgte nur dem Gesetz, das in ihm waltete, aber auf keinen bürgerlich schlichten Nenner zu bringen war, der einen Beruf erahnen ließ, es gab sich kund als Interessen, Wünsche, Sehnsüchte, als

Neugier auf sich selbst und auf den hohen Geist von Gelehrten, Philosophen und Dichtern. Von Göttingen, wo er Klassische Philologie bei Georg Forsters Schwiegervater Christian Gottlob Heyne gehört hatte, zog er nach Leipzig, um sich mit Jura, dem Brotstudium für zaudernde Intellektuelle, anzufreunden, und las nebenbei oder vor allem Literatur und Philosophie, da auf diesen Feldern für ihn die Chancen größer waren, Geistesverwandten zu begegnen und Anregungen für sein weiteres Leben zu bekommen, das vor ihm lag wie ein zusammengerollter Teppich.

Schopenhauer war drei Jahre alt. Er konnte laufen und sprechen und wohnte noch in Danzig, wo sein Vater ein angesehener Kaufmann war, der seinen Sohn zu einem angesehenen Kaufmann heranbilden wollte, was ihm nicht gelang. Eltern, die aus ihren Kindern das machen wollen, was sie selbst geworden sind, stehen ihren Kindern meistens nur im Weg, auch wenn sie es gut mit ihnen meinen und Traditionen erhalten wollen.

In großem, weitem Sinne väterlich dachte auch der in Dublin geborene Schriftsteller und Politiker Edmund Burke, als er sein Buch *Reflections on the Revolution in France* schrieb, das 1790 erschien. Es war die erste grundlegende Kritik der Französischen Revolution, deren Befürworter sich nicht um die Geschichte und die Traditionen ihres jeweiligen Landes scherten, wie eine Horde Jugendlicher, die mit ihren Eltern nichts mehr zu tun haben wollen und glauben, aus dem Stand alles, Leben, Menschen, Gesellschaft, besser machen zu können. Als dem jungen Friedrich Gentz, der in Berlin als Beamter und Nachtschwärmer lebte, das Buch im Frühjahr 1791 in die Hände fiel, wurde aus dem Anhänger der Französischen Revolution einer ihrer schärfsten Gegner. Er übersetzte das Buch sofort ins Deutsche. *Die Betrachtungen über die Französische Revolution* erschienen 1793.

Die französischen Revolutionäre zuckten über ihre Kritiker mit der Schulter, schauten sich im Ausland um nach Freunden und Gesinnungsgenossen, von denen sie glaubten, sie würden auf ihrer Seite stehen, und überreichten 1792 Briefe mit der Ehrenbürgerschaft der Republik Frankreich an Schiller, Campe, Klopstock und Pestalozzi.

Hölderlin saß im Stift und schrieb ein Gedicht über die Freundschaft und jene Bande, die einen jungen Mann von zwanzig Jahren in der Heimat festhalten. Die ersten drei Strophen lauten:

Wie der Held am Siegesmahle
Ruhen wir um die Pokale,
Wo der edle Wein erglüht,
Feurig Arm in Arm geschlungen,
Trunken von Begeisterungen
Singen wir der Freundschaft Lied.

Schwebt herab aus külen Lüften,
Schwebet aus den Schlummergrüften,
Helden der Vergangenheit!
Kommt in unsern Krais hernieder,
Staunt und sprecht: da ist sie wieder,
Unsre deutsche Herzlichkeit!

Uns ist Wonne, Gut und Leben
Für den Edlen hinzugeben,
Der für unser Herz gehört,
Der zu groß, in stolzen Reigen
Sich vor eitlem Tand zu beugen,
Gott und Vaterland nur ehrt.

Er hatte noch einen weiten Weg vor sich, um aus sich einen großen Dichter zu machen. Gott und Vaterland aber wird er nicht untreu werden. Zwischen dem Himmel eines unsichtbaren Vaters und dem Mutterboden der Heimat bleibt er ausgespannt wie ein Bogen.

Gemüt und Geist auf unterschiedlichen Wegen

Aufgenommen in das Tübinger Stift wurden nur die Söhne angesehener Familien und Bürger, von Geheimen Räten, Professoren, Superintendenten, Beamten, aber nicht die Söhne von einfachen Bürgern, wie Handwerkern und Bauern. Auch Hegel musste, wie Hölderlin, eine Abmachung unterschreiben, dass er nach der Ausbildung im Stift für die Kirche oder eine Schule zur Verfügung stehen und nicht umsatteln und einen anderen Beruf ergreifen würde, andernfalls hätte er das Geld, das der Staat in ihn investiert hatte, zurückzahlen müssen. Hölderlin und er machten ihren Magister in Philosophie 1790, danach begann das Studium der Theologie. Beide dachten darüber nach, das Fach zu wechseln und Jura zu studieren.

Im Jahr 1790 trat Schelling in das Stift ein. Er war fünfzehn Jahre alt. Die drei teilten mit anderen Stiftlern ein Arbeitszimmer. Es heißt, am Jahrestag der Erstürmung der Bastille, am 14. Juli 1793, hätten sie und andere Begeisterte einen Freiheitsbaum aufgestellt und wären drum herumgetanzt. Am 19./20. Juni 1792 hatte Hölderlin seiner Schwester über den Krieg zwischen Frankreich und Österreich geschrieben: »… wir kriegen schlimme Zeiten, wenn die Österreicher siegen … bete für die Franzosen, die Verfechter der menschlichen Rechte.« Im September wurden in Paris Adelige und Priester, die in Gefängnissen saßen, von wild gewordenen Vollstreckern ihres eigenen selbstgerechten Wahns massakriert. Frauen sollen den Ermordeten die Herzen herausgeschnitten haben. Die französische Armee, von Deutschen als Befreier begrüßt oder als Gegner und Besatzer verflucht, eroberte Worms, Speyer, Frankfurt am Main und Mainz. Im November 1792 erklärte Hölderlin seiner Mutter im Ton eines alten Veteranen, der sich über die kriegsbegeisterte Jugend freut: »Rürend ists und schön, daß unter der französischen Armee bei Mainz, wie ich gewiß weiß, ganze Reihen stehen von 15 u. 16jährigen Buben.« Er selbst hielt sich für sehr empfindsam und wäre niemals für Ideen und Ideale freiwillig ins Feld gezogen. Er war ein Dichter, zum Rühmen berufen, und nährte seine Phantasien mit dem Leiden der jungen Männer, die notgedrungen Geschichte machten. Ihm selbst war bewusst, dass er in diesem Drama mit vielen armen Helden mit gezinkten Karten spielte. In einem Brief vom 14. September 1792 an seinen Freund Neuffer bekannte er: »Du wirst lachen, daß mir in diesem meinem Pflanzenleben neulich der Gedanke kam, einen Hymnus an die Kühnheit zu machen. In der That, ein psychologisches Rätsel!« Auf die Spur des Rätsels, wie Leben und Kunst bei ihm so weit auseinanderklaffen konnten, kam er nicht, dafür fehlten ihm die Worte und waren ihm die Zugänge zu sich selbst versperrt. Im Januar 1793 wurde Ludwig XVI. öffentlich hingerichtet, sein Kopf fiel unter der Guillotine, und auch die Führer der Girondisten, die eine etwas gemäßigtere Politik durchzusetzen versprachen, wurden verhaftet und umgebracht. Welchen Grund hätte es für die beiden Stiftler zum Feiern am 14. Juli 1793 gegeben? Anfang Juli 1793 hatte Hölderlin seinem Bruder erklärt, es hänge »an einer Haarspitze, ob Frankreich zu Ende gehen soll, oder ein großer Staat werden«. Warum musste es gleich ein großer Staat sein, warum reichte nicht erst einmal, dass Frankreich eine große Nation oder ein großes Land würde? Hatte er wirklich Ahnung von der Politik, und woher hätte er sie haben sollen? Besser in das Bild vom Tübinger Stiftler, der zur höheren Schicht gehörte, passte ein Vorfall vom 16. November 1789. Da soll Hölderlin in der Münzgasse, vielleicht ist er auf dem Weg zum Markt gewesen, einem ganz normalen Schullehrer, der ihn nicht grüßte, den Hut vom Kopf geschlagen haben. Der junge Mann aus gutem Hause, der seine Launen hatte und Gedichte schrieb, die zwischen Niedergeschlagenheit und Heldenmut schwankten, konnte offenbar sehr hochnäsig sein gegenüber Leuten, die sozial niedriger gestellt waren als er.

Hegel war, nach außen hin, offenbar die Ruhe selbst, gelassen, gefasst, freundlich. Aus seinem ersten Jahr im Stift 1788 hat sich ein Aufsatz von ihm erhalten, der von den Vorteilen handelt, »welche uns d. Lektüre der alten klassischen Griechischen u. Römischen Schriftsteller gewährt«. Von Hegel ist kein leichtfüßiger, eleganter Satz, nicht einmal in seinen Briefen, überliefert, er schrieb so schwerfällig und in die Gedanken versunken, wie er gesprochen haben soll, aber ihm gelangen großartige Bilder und angriffsfreudige, ironische Bemerkungen. In dem frühen Aufsatz heißt es: »Nur eine geringe Bekanntschaft mit diesen Werken u. das eigene Gefühl zeigen uns, daß diese Schriftsteller immer ihre Darstellungen aus der Natur selbst geschöpft, u. die Erfahrungen die sie uns vortragen selbst gesammelt hatten. Aus dem Studium ihrer Staatsverfassung u. des Systems ihrer Erziehung lernen wir noch mehr, daß die Kenntnisse eines jeden weit entfernt waren von der kalten Buchgelehrsamkeit, die sich mit todten Zeichen ins Gehirn drükt, wie Lessing in seinem Nathan die Summe der Begriffslosen Worte nennt, womit unsere Köpfe von Jugend auf angefüllt werden, u. woraus grösthenteils unser Gedankensystem besteht ...«

Ohne Scheu, mit frühem polemischem und kritischem Talent, dessen fruchtbarer Boden ein stabiles Selbstbewusstsein gewesen sein muss, erklärte er, was ihm an dem Bildungssystem, in dem er steckte, nicht gefiel, wobei schon hier, lange bevor er dem Begriff zu einer großen philosophischen Würde verhelfen sollte, auffällt, dass ihn nicht die hohen Anforderungen an das Lernen störten, das Pensum an Wissen, sondern das Hantieren mit leeren, begriffslosen Worte, die sich wie Figuren auf einem Brett hin und her schieben lassen, aber mit der Sache selbst wenig Kontakt haben, mit der Realität, was, wie und warum etwas war, und mit dem Leben, in dem er stand und das er verstehen wollte. Er wird später in der *Phänomenologie des Geistes* Wirklichkeit, Bewusstsein, Selbst, Wissen, Wahrheit, Vernunft als Momente der Bildungsgeschichte des sich entfaltenden Geistes zu beschreiben versuchen, der Stufe für Stufe eine Treppe der Selbsterkenntnis als Weg in die Welt erklimmt, an deren Ende er eine freie Aussicht auf sich selbst zu genießen vermag als jene »Kraft, die stets verneint und alles schafft«, wie es in Goethes *Faust* heißen wird. Hegel wollte etwas herausbekommen und sich nicht in etwas hineinphantasieren, er klebte von Anfang an mit der Nase an der gläsernen Tür, die zur Welt hinausging, und hatte kein Interesse daran, sich irgendwo in der Stube vor dem Tag zu verkriechen.

Als er mit dem Studium der Theologie begonnen hatte, versuchte er immer wieder, dem Stift und den Lehrkräften zu entkommen und möglichst viel Zeit zu Hause in Stuttgart zu verbringen. Von ihm sind keine Briefe aus jenen Jahren des strengen Internatslebens für junge Erwachsene überliefert. Anhand seiner sämtlichen Briefe lässt sich sagen, dass die Form des Briefes ihm zur Mitteilung von Ereignissen, Umständen und Plänen diente und nicht der räsonierenden Selbstauskunft und der Beschreibung von Seelenzuständen wie bei Hölderlin, der durchgehend den Eindruck vermittelt, er sei auf Zuspruch, Rechtfertigung, Bestärkung und Zuneigung, wie labile Psychen sie brauchen, angewiesen gewesen.

Obwohl er mit Hegel im Stift befreundet war, wenn auch nicht eindeutig zu sagen ist, was unter dieser Freundschaft zu verstehen ist, klagte Hölderlin über Einsamkeit und freudlose

Zeiten. Die meisten Briefe aus seiner Tübinger Studienzeit gingen an seine Mutter. Er bat sie um Geld, er rechtfertigte seine Ausgaben, er beschwor sie, dass er ihr keinen Kummer bereiten wolle, er entschuldigte sich bei ihr, wenn sie sich Sorgen um ihn machte, er lobte ihre Weisheit und klagte über sein Leid, er fühlte sich von ihr missverstanden, er versuchte, sich ihr in bestem Licht zu zeigen, und er zählte die Fortschritte auf, die er als Student und als Dichter gemacht hatte. Immer wieder nahm er Anlauf, zaghaft seine Interessen gegen sie durchzusetzen, nur um sofort wieder einzuknicken und alle Wünsche zurückzunehmen. Er erläuterte seine Motive und seine Pläne, aber an der Mutter, an ihrer Zustimmung führte kein Weg vorbei.

Am Ende seiner Zeit im Stift erklärte er, dass er nach Jena an die Universität gehen oder eine Stelle als Hofmeister annehmen werde. Er habe einen heftigen Drang dazu, sich weiterzubilden. Er konnte jetzt auch die Mission, die er verfolgte, beschreiben, er wollte der Menschheit dienen, der »Besserung des Menschengeschlechts«, wie er seinem Bruder Carl Ende September 1793 aus Tübingen mitteilte. Er wünschte sich, »in unserm Zeitalter die Keime« zu wecken, »die in einem künftigen reifen werden«. Das war ein großes Projekt, das sich der Französischen Revolution an die Seite stellen ließe, die mit Macht und Gewalt zu erreichen versuchte, was er mit Kunst und Philosophie zu befördern gedachte. Er brauchte so ein herausragendes, bedeutsames Projekt, dessen Notwendigkeit jedem sofort einleuchten würde, der die Hoffnung auf eine bessere, erlöste Welt nicht aufgegeben hatte. Wer wäre er ohne diese Aussichten gewesen, wie hätte er vor seiner pietistischen Mutter rechtfertigen können, dass er kein Pfarrer werden, sich nicht um eine Gemeinde und die Vergebung der Sünden und die Erlösung der Seelen kümmern wollte?

Männer in seinem Alter kämpften auf den Straßen und auf den Schlachtfeldern für Freiheit, Brüderlichkeit und Menschlichkeit, ohne sich ständig Rechenschaft darüber zu geben, ob dieser Kampf ihren unmittelbaren Interessen und Neigungen diente, ob sie dabei auf ihre Kosten kämen. Er selbst, der sich zum Dichter berufen fühlte, schrieb Gedichte über Helden und das Vaterland und bewegte sich, ein treuer Sohn seiner schwäbischen Heimat, nicht vom Fleck. Er führte einen aussichtslosen Kampf mit seiner Mutter, haderte mit seinem unerfüllten dichterischen Ehrgeiz und litt an den Umständen einer Berufsausbildung, die ihn davon abzuhalten drohte, sich seinen eigenen Studien zu widmen, die notwendig waren, um seine hohen Ziele in der Dichtkunst zu erreichen.

Bevor er einen Schritt in die Welt gemacht hatte, bürdete er seinen intimsten Weggefährten, der Dichtung und den Ideen, die Last des Handelns auf, sodass es schien, als würde seine Aufgabe darin bestehen, seiner Vorliebe, einem dichterischen Auftrag, einem göttlichen Ruf, denen er sich nicht verweigern konnte, zu folgen. Die Dichtung und die Ideen mussten umso bedeutsamer und zeitgemäßer, sie mussten drängende Antworten auf die Nöte der Gegenwart sein, je unfähiger er für andere Arten des Handelns war, je weniger er sich in die gefahrvollen Niederungen der Politik verstricken wollte. In dieser Spannung zwischen Selbsterfüllung und Selbstaufgabe, Gesang und Opfergang, Neigung und Pflicht, zwischen einer hochgestimmten Innenwelt und einer bedrückenden Außenwelt lebte er verstärkt seit dem Ausbruch der Französischen Revolution, bis er sich ganz in Ideen und in die Poesie zurückzog und sich schließlich darin verlor.

Bildung und Erziehung waren ihm Mittel, um Ideal und Wirklichkeit anzunähern und um ihm selbst, als Lehrer, Pädagoge, Dozent und Dichter, einen sinnvollen Platz unter jenen Mitstreitern zu sichern, die ebenfalls auf den Feldern des Geistes um eine gute Sache kämpften. Sein erstes Erziehungsprojekt hieß Fritz und war der Sohn von Charlotte von Kalb, bei der er im Januar 1794 eine Stelle als Hofmeister antrat, auf Empfehlung von Schiller, der durch den gemeinsamen Freund Gotthold Stäudlin auf Hölderlin aufmerksam gemacht worden war.

Hegel war in den ersten Jahren nach dem Ende des Studiums mit ganz anderen Problemen beschäftigt, das zeigen die religionsgeschichtlichen Werke, die er in seiner Zeit als Hofmeister in Bern schrieb, Studien zur jüdischen und frühen christlichen Geschichte, zu den Lehren Jesu und zur Entwicklung einer positiven, in Lehrsätzen verankerten Religion, als müsste er sich noch einmal der Grundlagen seines Glaubens, seines religiösen Gefühls und seines theologischen Studiums kritisch vergewissern. Daneben beschäftigte er sich mit Politik und Verfassungsfragen sowie mit Ökonomie und Philosophie. Er war kein Schwärmer, kein Phantast, kein Dichter. Denken als Erfahrung und Bestätigung der eigenen intellektuellen Freiheit im Reich des Wissens, in dem er kluge, verzerrte, interessierte, aufregende, widersprüchliche Darstellungen der Wirklichkeit fand, war für ihn eine entscheidende Form des Handelns, der Orientierung und der Selbstvergewisserung. Helden brauchte er dafür nicht, auch keine Ideale, nur Ruhe und eine Bibliothek. Beides fand er in Bern, bei seiner ersten Stelle als Hofmeister, die er Ende 1793 antrat.

Krieg und Säuberungsaktionen

In Frankreich machten Priester gemeinsame Sache mit den Royalisten. Die Antwort auf diese Verbrüderung ließ nicht lange auf sich warten, in Avignon kam es im Oktober 1791 zu Massakern an den Gegnern der Revolution. Das Land rutschte immer mehr in die Nähe eines Bürgerkrieges. Besorgte Bürger, die Frankreich vor einem Rückfall in die alten Verhältnisse bewahren wollten, hielten einen Krieg mit dem Feind im Ausland für ein gutes Mittel, die zerstrittenen Kräfte im Land zu bündeln und auf ein einziges Ziel zu lenken. Andere glaubten, im Gegenteil, dass der königliche Hof und seine Anhänger es darauf abgesehen hätten, das Land in einen Krieg mit dem Ausland zu treiben. Österreich und Preußen verbündeten sich und hofften auf einen Bürgerkrieg, der Frankreich schwächen würde, sodass es schnell besiegt werden könnte.

Unter den Bedingungen einer Revolution, deren Ausgang ungewiss war, schien die Möglichkeit verschwindend klein zu sein, mit Argumenten Einigkeit zwischen den Parteien, den Klubs und in der Bevölkerung herzustellen. Auch wenn seit der Zusammenkunft der Generalstände in diesem regen Forum über Pläne und Gesetze debattiert, um das richtige Vorgehen gestritten und um Mehrheiten für die nächsten Schritte gekämpft wurde, so herrschte doch überall der Argwohn, ob Verbündete nicht in Wahrheit Gegner waren und ob im Hintergrund nicht Komplotte geschmiedet wurden, die zum Untergang der Revolution führen würden. Noch war der König da. Er hatte zwar einen Eid auf die Verfassung geleistet, aber das bedeutete nicht, dass er nicht den Interessen seiner Anhänger folgen würde.

Die Emigranten, unter ihnen der junge Romantiker René de Chateaubriand, der sich dem royalistischen Heer anschließen und in den Krieg ziehen wird, trommelten zum Gegenschlag und suchten im Ausland nach Verbündeten gegen das neue Regime in Frankreich. Österreichische und preußische Truppen sammelten sich und rückten vor. Am 20. April 1792 stimmten der König und die Nationalversammlung dafür, Österreich den Krieg zu erklären, wenige Woche später folgte die Kriegserklärung an Preußen. Am 25. Juli 1792 hatte der Herzog von Braunschweig, der General der Koalition, ein Manifest unterzeichnet, das am nächsten Tag aus Koblenz abgesandt wurde und zwei Tage später in Paris in aller Munde war. Der Herzog drohte,

Rache zu üben an allen Mitgliedern der staatlichen Organisationen, sollte dem König und seiner Familie etwas zustoßen, sowie an allen Franzosen, die sich einer einrückenden österreichisch-preußischen Armee entgegenstellen würden. In Frankreich hieß es jetzt, das Vaterland sei in Gefahr, aber wie es zu retten sei, das wusste keiner zu sagen. Das Misstrauen gegen den König und seine Anhänger wuchs, die Ansicht verbreitete sich, dass sie mit falschen Karten spielten, dass sie einen Krieg provozierten, um den König in Sicherheit zu bringen und die Revolution zu verraten.

Am 10. August 1792 nahm das Volk die Zügel in die Hand und stürmte die Tuilerien. Der König und die Königin flüchteten in die Nationalversammlung, wo sie sicher zu sein glaubten. Das Schloss wurde von Adeligen und den Schweizer Garden verteidigt. Die Angreifer waren ihnen an Zahl weit überlegen. Die schlecht bewaffnete Vorhut der Meute wurde von den Schweizer Garden, die sie in Reih und Glied und mit angelegtem Gewehr erwarteten, niedergeschossen. Doch gegen die nachdrängenden Massen, die schweres Geschütz mit sich führten, waren die Verteidiger des Königs machtlos, 700 Schweizer wurden getötet, 1100 Angreifer starben, nur einige Adlige konnten entkommen. Der junge Napoleon beobachtete aus einem Hotelfenster die Ereignisse. Der König war besiegt und wurde mit seiner Familie ins Gefängnis gebracht.

In der von Johann Wilhelm von Archenholz herausgegebenen Zeitschrift *Minvera* ließ sich seit dem ersten Heft, das im Frühling 1792 erschienen war, nachlesen, was in Frankreich geschah. Archenholz selbst war im Sommer 1791 mit seiner Familie ins Nachbarland gereist und hatte sich in Paris niedergelassen. Er wohnte dort bis zum Sommer 1792. Im letzten Heft des Jahrgangs 1792 findet sich ein detaillierter Bericht über die Vorgänge am 10. August in Paris: »Die Vorzimmer, die Treppen, die Capelle, der Saal des Conseils, alle Zimmer des Schlosses waren mit Todten bedeckt, und auf den Stufen des Throns selbst lagen Leichname. Ströme Bluts flossen auf allen Seiten … Groß war aber auch die Anzahl der Todten unter dem Volk … Ludwig, dieser unglückliche König, der aber eine unbegreifliche Unempfindlichkeit, oder eigentlich Geistesstumpfheit zu bezeugen scheint, war an diesem Tag noch Zuschauer seiner Suspendierung, mußte Ohrenzeuge aller der Flüche seyn, die man an den Schranken der National-Versammlung gegen ihn ausstieß; mußte hier das Schicksal vernehmen, daß seine Diener erlitten hatten, mußte von den Gedanken erschüttert werden, an einem Tage gegen seinen Willen, die Ursache des Todes mehrerer Hunderte seiner Getreuen gewesen zu sein; denn er hatte das Schloß verlassen, ohne vorher die nöthigen Maaßregeln nehmen zu lassen, so viele Weiber, Kinder und Bedienten, die hier wehrlos waren, aus einem Ort zu entfernen, aus dem er selbst wegen der bevorstehenden Gefahr geflohen war. Ich weiß nicht, in welchem Grad alles dieses den König gebeugt hat; allein ich weiß, daß er mit gutem Appetit sein Mittagsmahl verzehrte.«

Keine zwei Wochen später drangen Truppen der Koalition auf französisches Territorium vor. In Paris wurden in aller Eile Soldaten zusammengestellt, die an die Front marschieren sollten. Als sie abgezogen waren, breitete sich die Angst aus, die Royalisten könnten die Gunst der Stunde, da Paris wehrlos sei, nutzen und zu einem Schlag gegen die Revolution ausholen. Menschen, die sich von dieser Möglichkeit bedroht und herausgefordert fühlten, rotteten sich daraufhin zusammen, sie wollten Blut sehen.

Vom 2. bis zum 6. September 1792 wurden Hunderte von Gefängnisinsassen, Adelige und Anhänger der alten Ordnung, die in den Augen der Meute eine Gefahr für die Revolution darstellten, sowie Kriminelle ermordet. Die Säuberungsaktionen, einmal in Gang gesetzt und von der Nationalgarde nicht aufgehalten, griffen auf Orte über, in denen Irre und Aussätzige untergebracht waren, sowie auf Krankenhäuser, in denen auch Frauen und Kinder niedergemacht wurden. Das Gemetzel wiederholte sich in anderen Städten.

Im Strom der Geschichte oder am Ufer des Stroms

Wer von Tübingen nach Paris laufen wollte, der musste 550 Kilometer zurücklegen, dafür brauchte er zwei Wochen, wenn er sich beeilte. Das Gefühl für Entfernungen ändert sich mit den Nachrichten, die von dem einen Ort zum anderen wandern. Nachrichten, die häufig und regelmäßig eintreffen, schaffen eine größere Nähe. Orte, die nichts von sich hören lassen, existieren für andere nicht.

Paris vor der Revolution war für Hegel und Hölderlin keine wichtige Stadt, das antike Athen war für sie viel bedeutsamer. Zwischen ihnen und den Griechen klaffte kein Abgrund. Von klein auf hatten sie sich mit den alten Sprachen beschäftigen müssen, sie lasen griechische Literatur und Philosophie im Original. Die Gewohnheit, sich mit der Antike auseinanderzusetzen, baute Brücken des Verständnisses, schaffte Nähe. Als Hölderlin im Tübinger Stift begann, den *Hyperion* zu schreiben, seinen ersten und einzigen Roman, lebte er in der Phantasie im alten Griechenland.

Sie wussten aus eigener Anschauung nichts von Paris, sie konnten Französisch, kannten aber Frankreich nicht. Was sie von der weiten Welt wussten, das hatten sie gehört oder gelesen oder auf Stichen und Bildern gesehen. Hölderlin unternahm im letzten seiner Jahre in Maulbronn eine Reise an den Rhein, über Mannheim und Heidelberg nach Speyer, und im Frühjahr 1791 eine Reise in die Schweiz, wo er auch Lavater in Zürich besuchte, vielleicht in der Hoffnung, dass Lavater ihm sagen werde, aus ihm würde ein großer Dichter werden, eine Aussage, die im Herzen der Mutter von Gewicht hätte sein können.

Dann brach die Revolution in Frankreich aus, und mit ihr rückte Paris näher. Am 21. September 1792 wurde die Monarchie abgeschafft und einen Tag später die Republik ausgerufen. Die Könige und Fürsten Europas trauten ihren Augen und Ohren nicht. Unter den Untertanen in Deutschland war die Stimmung gemischt, die einen fanden nachahmenswert, was im Nachbarland geschah, wussten aber nicht, wie sie das anstellen sollten in einem Land, das in zahlreiche souveräne Staaten zerfleddert war. Die anderen schraken vor den Gewalttaten zurück und hielten an der deutschen Tradition, dem deutschen Recht fest, an den Eigenarten des Landes, in dem sie lebten, sie trauten dem Volk nicht und verließen sich auf den Geist der Gesetze, auf die Sitten und eine humanistische Kultur, dass die Untertanen zu aufgeklärten Menschen erzogen und der Staat auch auf diese friedliche Weise reformiert werden könnte. Sie schickten ihre Vorstellungen zur Verbesserung der Menschen, der Heimat und der Welt gleichsam an die Front der Geschichte. Sie wussten ja, dass es ohne die Ideen der Aufklärung nicht zur Französischen Revolution gekommen wäre.

Am 20. September 1792 unterlag bei Valmy im Departement Marne das Heer der Koalition den französischen Truppen. Darauf ging der französische General Custine Richtung Rhein in die Offensive und eroberte in wenigen Wochen Speyer, Worms, Mainz und Frankfurt.

In Mainz wurde am 23. Oktober 1792 eine »Gesellschaft deutscher Freunde der Freiheit und Gleichheit« gegründet, ein Jakobinerklub, dem Georg Forster, auch wenn er daran festhielt, dass Deutschland für eine Revolution nicht reif war, nach anfänglichem Zögern beitrat. Die moralische und politische Lage, in die er geraten war, seit die Franzosen die Stadt besetzt hatten, ließ ihm seiner Ansicht nach keine andere Wahl. Er wollte vor der Freiheit, die mit den Franzosen ins Land gekommen war, nicht weglaufen und warf sich deswegen den politischen Herausforderungen in die Arme. Seine Frau und seine Kinder schickte er nach Straßburg. Er wusste, dass er sich mit seinem Engagement auf dünnem Eis bewegte. Im März 1793 gehörte er zu denen, die die Mainzer Republik ausriefen. Am 25. März reisten Forster und sein Kombattant Adam Lux nach Paris, um sich persönlich vor dem Nationalkonvent für den Anschluss der Mainzer Republik an Frankreich einzusetzen. Ihre Mission war erfolgreich, der Vorschlag wurde vom Nationalkonvent angenommen.

Zwischen Mainz und Tübingen lagen zweihundert Kilometer Fußmarsch. Ob die zwei Stiftler Hegel und Hölderlin, die um den Freiheitsbaum getanzt haben sollen, geglaubt haben, dass die Revolution die letzten Kilometer nehmen und dann bei ihnen vor dem Tor stehen würde? Nach Zürich waren es einhundertsechzig Kilometer zu Fuß, und was das hieß, wusste Hölderlin. Er musste eine deutliche Vorstellung davon haben, wie nah die Republik ihnen gekommen war. Oder war der Tanz eine Art Beschwörung gewesen, durch die die Feinde der Revolution gebannt werden sollten? Am 14. Juli 1793 hatte die Belagerung von Mainz durch die Truppen der Koalition begonnen.

Adam Lux, der mit Georg Forster nach Paris ging, war fünf Jahre älter als Hegel und Hölderlin. Er hatte in Mainz Philosophie studiert. Wer er war und was aus ihm wurde, das erzählte der Jakobiner und Armenarzt Johann Georg Kerner seinen Lesern in einer langen Fußnote seines dritten öffentlichen Briefes aus Paris vom 2. März 1795.

Kerner wurde am 9. April 1770 in Ludwigsburg, in der alternativen Residenzstadt Herzog Carl Eugens, geboren. Er war der Sohn eines hohen höfischen Beamten und der ältere Bruder von Justinus Kerner, der, als jüngstes von sechs Kindern, am

18. September 1786 auf die Welt kam, in der er sich als Arzt und Schriftsteller einen Namen machen würde. Er wird Gedichte schreiben, die Autobiographie *Bilderbuch aus meiner Knabenzeit* sowie den Krankenbericht *Seherin von Prevost* über Friedericke Hauffe, die Stimmen hörte und Geister sah und die letzten Jahre ihres kurzen Lebens in seinem Haus verbrachte. Als Hölderlin in der Mitte seines langen Lebens in die Universitätsklinik Tübingen eingeliefert wurde, weil er sich wie ein Verrückter aufführte, traf er dort auf Justinus Kerner, der dem Arzt und Leiter der Klinik assistierte. Kerner wird auch eine Rolle bei der ersten Ausgabe von Hölderlins Gedichten spielen.

Sein Bruder Georg besuchte die Carlsschule in Stuttgart und studierte Medizin. In den Osterferien und in den Herbstferien 1790 machte er sich heimlich nach Straßburg auf, um sich die Revolution, wie sie in Wirklichkeit war, als Tat und Ereignis, nicht nur als Ideal und Idee auf dem Papier, aus der Nähe anzusehen. So groß und tatkräftig konnte die Begeisterung der Jugend für den epochalen Umbruch in der unmittelbaren Nachbarschaft sein.

Im Mai 1791 wurde er als Doktor der Medizin aus der Akademie entlassen. Er verlobte sich darauf mit Auguste Breyer, der Tochter des Regierungssekretärs Breyer aus Stuttgart. Hölderlin erwähnte eine »Breierin« in einem Brief an seinen Freund Neuffer vom 14. September 1792, als er auf seine Schwester zu sprechen kam: »Meine liebe Rike schrieb mir heute auch, daß sie recht lustig in Stutgart gewesen sei. Das gute Kind ist ganz unvermutet Braut geworden. Wir wollen uns recht freuen, lieber Bruder! wenns ihr gut geht. – Von ihrer neuen Freundin, Breierin, schreibt sie ganz begeistert.« Kerner löste die Verlobung bald wieder auf.

Im Frühjahr 1791 war er erneut in Straßburg und wurde Mitglied des Jakobinerklubs. Im November reiste er weiter nach Paris, wo er andere Deutsche traf, die sich ansehen wollten, was hier vor sich ging, die Journalisten Konrad Engelbert Oelsner und Georg Wedekind, Georg Forster, Karl Friedrich Reinhard, die Malerin Ludovike Simanowiz, die seit Kindheitstagen mit Schiller und dessen Schwestern befreundet war, und Adam Lux.

Beim Sturm des Volkes auf die Tuilerien stellte sich Georg Kerner, der sich zu den Girondisten, zu den Anhängern Dantons zählte, auf die Seite der Verteidiger des Königs. Als Robespierre an die Macht kam und Danton geköpft wurde, musste Kerner aus Frankreich fliehen. Mit der Hilfe Reinhards, der beim Auswärtigen Amt in Paris arbeitete, gelangte er 1794 in die Schweiz, wo er sich bei der Vertretung der Französischen Republik meldete, die ihn noch im Herbst jenes Jahres in geheimer politischer Mission nach Württemberg schickte, damit er dort für die Neutralität des Landes gegenüber Frankreich werbe.

Karl Friedrich Reinhard, 1761 in Schorndorf in Württemberg geboren, war seit 1791 in Paris, wo er in den Dienst der französischen Regierung eintrat. Er hatte das Tübinger Stift besucht und war 1787 Hofmeister in Bordeaux gewesen. Hölderlin wird Ende 1801 ebenfalls nach Bordeaux gehen und dort eine Stelle als Hofmeister bei dem hamburgischen Konsul Daniel Christoph Meyer antreten. Vermittelt wurde ihm diese Anstellung durch Jakob Friedrich Ströhlin, geboren am 11. Februar 1743, Professor für Griechisch, Englisch und Französisch am Stuttgarter Gymnasium, der selbst einmal in Bordeaux Hofmeister gewesen war.

Von Januar bis September 1795 war Georg Kerner wieder in Paris, dann reiste er mit Reinhard als dessen Privatsekretär über die Niederlande nach Hamburg, wo er schließlich, nachdem er sich in Kopenhagen zum praktischen Arzt hatte weiter ausbilden lassen, als Armenarzt arbeitete. Am 7. April 1812 starb er dort an Fleckfieber.

Ende Juli 1793 schrieb Hölderlin an seinen Bruder: »Daß Marat, der schändliche Tyrann, ermordet ist, wirst Du nun auch wissen. Die heilige Nemesis wird auch den übrigen Volksschändern zu seiner Zeit den Lohn ihrer niedrigen Ränke und unmenschlichen Entwürfe angedeihen lassen. Brissot dauert mich im Innersten. Der gute Patriot wird nun wahrscheinlich ein Opfer seiner niedrigen Feinde. Nun genug vom Staatswesen.«

Der gute Patriot Brissot war weit herumgekommen, er hatte Jura studiert und sich als Journalist und Autor von Büchern, die von Recht, Eigentum und Diebstahl handelten, einen Namen gemacht, er hatte eine Weile in London gelebt und war durch Nordamerika gereist. Auch er gehörte zum Kreis der Girondisten, deren Name sich von der Tatsache abgeleitet hatte, dass viele ihrer Abgeordneten aus dem Departement Gironde kamen, dessen Hauptstadt Bordeaux ist. Sie trafen sich im Salon von Madame Roland, die die Revolution ebenfalls nicht überleben würde, sie landete im November 1789 unter der Guillotine. Brissot gab seit Ende Juli 1793 die Zeitschrift *Le Patriote français* heraus, er stimmte für den Krieg gegen die österreichisch-preußische Koalition und, nach anfänglichem Zögern, für die Hinrichtung des Königs. Am 30. Oktober 1793 wurde er geköpft.

Reichte der Name einer Zeitschrift, um aus ihm in den Augen Hölderlins einen guten Patrioten zu machen, oder hatte er eine bestimmte Vorstellung davon, was ein Patriot sei?

Im zweiten Heft des *Neuen Teutschen Merkur* vom Mai 1793 konnte Hölderlin einen Aufsatz von Christoph Martin Wieland lesen, der von den Schwierigkeiten handelte, ein deutscher Patriot zu sein in einem Land, das in viele kleine Staaten zerpflückt war. Wieland hoffte, dass ein deutscher Patriotismus sich herausbilden werde, wenn die Bürger ihren Staat schätzen gelernt hätten als die Macht, die die Gleichheit vor dem Gesetz und die bürgerliche Verfassung garantiere. Das Wort Verfassungspatriotismus wurde erst zweihundert Jahre später von dem Politikwissenschaftler und Journalisten Dolf Sternberger geprägt, aber was Wieland meinte, hätte sich in diesen Begriff gefügt. Der Nationalpatriotismus der Franzosen, der nicht zwischen Gesellschaft und Staat unterscheiden würde, war ihm dagegen zuwider.

Eine junge Französin, die von der Entwicklung in ihrem Land mit Sorge erfüllt war und sich deswegen selbst um die Angelegenheiten des Staates und der Nation kümmern wollte, mit Mitteln, die ihr geeignet erschienen, ein politisches Problem zu lösen, war Charlotte Corday, geboren am 27. Juli 1768 in der Normandie, Kind einer verarmten adeligen Familie. Sie stand auf der gemäßigten Seite der Revolution, dort, wo auch die Angst kursierte, dass sich die Ereignisse überschlagen könnten, weil die einmal freigesetzten Kräfte nicht mehr zu bändigen wären. In Caen, wo sie bei einer reichen Tante wohnte, besuchte sie die Zusammenkünfte von Girondisten, die 1793 aus Paris dorthin geflohen waren, auch sie Opfer eines schwelenden, hier und dort aufflackernden Bürgerkrieges, der in der Bretagne und der Vendée zu royalistischen Aufständen führte. Corday wollte ihr Frankreich vor dem Abgrund retten. Sie hatte einen besonderen Feind im Auge, Jean Paul Marat, den Sprecher der Radikalen.

Am 9. Juli 1793 fuhr sie von Caen nach Paris, wo sie zwei Tage später eintraf. Sie nahm sich ein Zimmer in einem Hotel, kaufte am nächsten Morgen ein Messer und versuchte mehrmals, zu Marat vorgelassen zu werden, sie schickte ihm kurze Briefe mit der Bitte, ihn sprechen zu dürfen. Da die Briefe unbeantwortet blieben, ging sie zu ihm hin. Marats Lebensgefährtin öffnete die Tür, aber sie wollte, da sie misstrauisch war, die fremde junge Frau nicht hereinlassen. Corday ließ sich nicht abweisen und drängte sich in die Wohnung. Marat, der in der Badewanne lag, wo er wegen seines Hautausschlags ein Kräuterbad nahm, hörte den Streit zwischen seiner Lebensgefährtin und der Besucherin und rief Corday zu sich. Sie komme, sagte sie, als sie vor ihm stand, um ein Komplott der Girondisten zu enthüllen. Dann stach sie ihm das Messer in die Brust. Marat starb sofort. Corday versuchte zu fliehen, wurde festgenommen und am Abend des 17. Juli unter die Guillotine gelegt. Sie war keine 25 Jahre alt.

Adam Lux, der Abgesandte aus Mainz, war Zeuge der Hinrichtung. Er erkannte in Corday eine Seelenverwandte, eine echte Republikanerin, wie Georg Kerner schrieb. Kaum war er allein in seinem Zimmer, kaum war er zur Besinnung gekommen, setzte er sich hin, immer noch aufgewühlt, und verfasste zwei Schriften, eine Lobrede auf Corday und eine Schrift über die Tyrannen der Revolution. Beide Schriften ließ er sofort drucken. Er wusste, was er damit riskierte, und nahm das Schicksal, das ihn ereilen würde, stoisch hin. Er wurde verhaftet, ins Gefängnis geworfen und starb wenig später unter der Guillotine mit 28 Jahren.

War es in einer historisch brisanten Lage nicht besser, einen kühlen Kopf zu behalten und sich in die Ereignisse nicht verwickeln zu lassen? Nichts Unerwartetes, nichts Dramatisches würde geschehen, alles würde so bleiben, wie es war, wenn jeder mit ruhigem Blut und abwägendem Verstand daheim seinen Interessen, seiner Arbeit nachging.

Hegel hat, 14 Jahre nach der Ermordung von Charlotte Corday und Adam Lux 1793, in seiner *Phänomenologie des Geistes* die selbstgerechte revolutionäre Gesinnung, die sich mit ihren Idealen über die Wirklichkeit und die historische Notwendigkeit hinwegsetzt, zu Grabe getragen: »Das Herzklopfen für das Wohl der Menschheit geht darum in das Toben des verrückten Eigendünkels über, in die Wut des Bewusstseins, gegen seine Zerstörung sich zu erhalten und dies dadurch, daß es die Verkehrtheit, welches es selbst ist, aus sich herauswirft und sie als ein Anderes anzusehen und auszusprechen sich anstrengt. Es spricht also die allgemeine Ordnung aus als eine von fanatischen Priestern, schwelgenden Despoten und für ihre Erniedrigung hinabwärts durch Erniedrigen und Unterdrücken sich entschädigenden Dienern derselben erfundene und zum namenlosen Elende der betrogenen Menschheit gehandhabte Verkehrung des Gesetzes des Herzens und seines Glücks.«

Hölderlin wünschte sich weg, raus aus der Gegenwart, der er nicht gewachsen war, zurück in ein ideales Griechenland der Heroen und der kühnen Jugend. Sein Gedicht »Griechenland« ist ein Gespräch zwischen einem über seine Wirklichkeit hadernden Ich und einem idealisierten Selbst, eine Art poetisch inszenierte Schizophrenie, in der eine imaginierte ferne Vergangenheit über eine bedrückende unabänderliche Gegenwart siegt. Das Gedicht entstand 1793/94:

Hätt' ich dich im Schatten der Platanen,
Wo durch Blumen der Ilissus rann,
Wo die Jünglinge sich Ruhm ersannen,
Wo die Herzen Sokrates gewann,
Wo Aspasia durch Myrthen wallte,
Wo der brüderlichen Freude Ruf
Aus der lärmenden Agora schallte,
Wo mein Plato Paradiese schuf,

Wo den Frühling Festgesänge würzten,
Wo die Ströme der Begeisterung
Von Minervens heil'gem Berge stürzten –
Der Beschützerin zur Huldigung –
Wo in tausend süßen Dichterstunden,
Wie ein Göttertraum, das Alter schwand,
Hätt' ich da, Geliebter! dich gefunden,
Wie vor Jahren dieses Herz dich fand,

Ach! wie anders hätt' ich dich umschlungen! –
Marathons Heroen sängst du mir,
Und die schönste der Begeisterungen
Lächelte vom trunknen Auge dir;
Deine Brust verjüngten Siegsgefüle,
Deinen Geist, vom Lorbeerzweig umspielt,
Fülte nicht des Lebens dumpfe Schwüle,
Die so karg der Hauch der Freude külte.

Ist der Stern der Liebe dir verschwunden?
Und der Jugend holdes Rosenlicht?
Ach! umtanzt von Hellas goldnen Stunden,
Fültest du die Flucht der Jahre nicht;
Ewig, wie der Vesta Flamme, glühte
Mut und Liebe dort in jeder Brust;
Wie die Frucht der Hesperiden, blühte
Ewig dort der Jugend stolze Lust.

…

Ach! es hätt' in jenen bessern Tagen
Nicht umsonst so brüderlich und groß
Für ein Volk dein liebend Herz geschlagen,
Dem so gern des Dankes Zähre floß; –
Harre nun! sie kommt gewiß, die Stunde,
Die das Göttliche vom Staube trennt –
Stirb! du suchst auf diesem Erdenrunde,
Edler Geist! umsonst dein Element.

Attika, die Riesin, ist gefallen,
Wo die alten Göttersöhne ruh'n,
Im Ruin gestürzter Marmorhallen
Brütet ew'ge Todesstille nun;

Lächelnd steigt der süße Frühling nieder,
Doch er findet seine Brüder nie
In Ilissus heil'gem Thale wieder –
Ewig dekt die bange Wüste sie.

Mich verlangt in's beß're Land hinüber
Nach Alcäus und Anakreon,
Und ich schlief' im engen Hause lieber,
Bei den Heiligen in Marathon!
Ach! es sei die lezte meiner Tränen,
Die dem heil'gen Griechenlande rann,
Laßt, o Parzen, laßt die Schere tönen,
Denn mein Herz gehört den Todten an!

Es starben die Heißblütigen, die Leidenschaftlichen, die Unbesonnenen, die Armen und Hungerleider, die Machtbesessenen und die Draufgänger, all jene, die eines Tages die Chance auf sich zustürzen sahen, in den Lauf der Ereignisse einzugreifen. Es bedurfte dazu nicht mehr, als sich von der Gegenwart herausgefordert zu fühlen und keine Angst vor einer Entscheidung zu haben, die praktische Folgen nach sich ziehen, die einen Zeitgenossen auf die Straße treiben würde.

Als die Französische Revolution ausbrach, wurden alle Franzosen mit einem Mal von der Politik erfasst. Die einen duckten sich weg, die anderen trieb es hinaus in den Tumult, in die Auseinandersetzungen. Die einen waren von dem Sog der Ereignisse überfordert, hatten Angst, die anderen nahmen den Kampf auf. Keiner konnte so tun, als gingen ihn die Geschehnisse nichts an. Jeder zeigte, wer er war, er wurde von der Politik gleichsam aus sich heraus in die Öffentlichkeit eines Bekenntnisses gezogen. Keiner konnte schweigen und so tun, als hörten die anderen dieses Schweigen nicht. Keiner konnte sich in die vier Wände seines Privatlebens zurückziehen und so tun, als sähen die anderen diesen Rückzug von der Straße nicht. Das Leben war öffentlich geworden und anstrengend. Die neue unbekannte Macht der Politik überforderte den Verstand und die Gefühle, und die Ereignisse schluckten die Menschen, Hunderte, Tausende, die die Ereignisse vorantrieben.

Die Nachbarn in Deutschland, wenn die Unruhe und die Neugier sie nicht packten, der Strom der Geschichte sie nicht mit hineinriss, starrten gebannt über den Rhein und empfanden schwer die Stille und Bewegungslosigkeit, die um sie war und in der sie verharrten. Warum hätten Hölderlin und Hegel ihr Leben, ihre bürgerlichen Aussichten, ihre individuellen Wünsche für ein fernes politisches Ziel, ein vages allgemeines Wohl riskieren sollen? Wer nicht Hunger litt, wen nicht die Not nach vorne ins Getümmel trieb, der hielt sich zurück. Sie waren vorsichtig, Eigenbrötler und Egoisten, Träumer und Mitläufer, Realisten und Zauderer, aber sie mussten jetzt, in diesen aufgewühlten Zeiten, wie zur Rechtfertigung des Schweigens, der Passivität, der Zurückhaltung, etwas tun, etwas Originelles, Gleichwertiges, Eigenes, und unter diesem historischen und seelischen Druck begannen sie, sich große Gedanken zu machen und Türme aus Ideen zu bauen. Und je höher die Türme in den Himmel der Wahrheiten ragten, umso unentbehrlicher schienen sie für den Dichter und den Philosophen zu sein. Sie gruben die Erde des Gemeinverständlichen um, um die Fundamente tief genug anzulegen. Es ging um bedeutende Dinge: Ich, Welt, Erkenntnis, Geist, Gott, Geschichte. Wer mochte da kommen und sagen, hier, im Reich der Ideen, würde nicht gearbeitet, hier riskierten ein Dichter und ein Philosoph nicht die Ruhe des Gewohnten, hier ginge es nicht ums Ganze, um eine besondere Art von Revolution, die in der deutschen Provinz schon viel früher, 1781, begonnen hatte, als Kants *Kritik der reinen Vernunft* erschien.

Stil des Gefühls und Stil des Wissens

Im Jahr 1801, Hegel war 31 Jahre alt, erschien seine erste philosophische Schrift, in der er sich, die Zusammenarbeit mit seinem hochbegabten jungen Freund aus Tübinger Tagen festigend, mit den Differenzen der Systeme von Fichte und Schelling auseinandersetzte. Bis dahin lebte Hegel intellektuell im Verborgenen, als brüte er vor sich hin. Er wusste, dass er, wenn er etwas sagen würde, nichts Persönliches verlauten lassen würde, das Herz lag ihm nicht auf der Zunge, er würde seine Seele nicht preisgeben, weder über seine Wünsche und Hoffnungen noch über seine Gefühle reden, wie das Dichter taten, und würde er einen Aufsatz, gar ein Buch schreiben, dann sollte ihm die Niederschrift dazu dienen, Gedanken, die einer Sache galten, festzuhalten und vielleicht anderen zur Kenntnisnahme, zur Prüfung, zur Kritik vorzulegen. Da er so lange schwieg, konnte das nur heißen, dass ihm die Sache, um die es ihm ging, nicht ganz klar war oder dass er den Einfällen nicht traute, die ihm kamen, sie taugten nicht dazu, dass er sich seiner Gedanken sicher wurde. Als er so weit war, sich in die Diskussionen seiner Zeitgenossen einzumischen, und anfing zu publizieren, ließ schon sein polemischer Stil erkennen, was er sich als erstes Ziel seiner Mühen vorgenommen hatte, dass es ihm nicht nur um neue Ideen ging, sondern auch um eine Kritik der philosophischen Gegenwart und ihrer Tradition. Hegel schwärmte im Laufe seiner schriftstellerischen Karriere systematisch aus, wie einer, der ein sehr großes Feld zu bestellen hat, sich überlegen muss, wo er am besten anfängt und wie er am besten vorgeht. Die Standfestigkeit und Geschlossenheit, die ihm vorschwebten, hatten Namen, die ihm von der Zeit wie ein Arbeitsprogramm zugerufen wurden, sie hießen Wissenschaft, System, Enzyklopädie.

Hölderlin drang früh in die Öffentlichkeit, er wollte gehört werden. Von ihm waren im *Musenalmanach fürs Jahr 1792*, den sein Freund Neuffer herausgab, vier Gedichte erschienen, ein Fragment aus dem Roman *Hyperion oder Der Eremit in Griechenland* wurde 1794 in Schillers Zeitschrift *Neue Thalia* abgedruckt, weitere Gedichte folgten in der *Thalia*-Ausgabe von 1795 sowie in Schillers *Musenalmanach für das Jahr 1796*, der erste Band des *Hyperion* erschien 1797, im gleichen Jahr ein Gedicht in Schillers *Horen*, und der zweite Band des *Hyperion* kam 1799 heraus. Verglichen mit Hegel war Hölderlin umtriebig und laut und, bei allen Selbstzweifeln und Klagen, selbstbewusst genug, der Öffentlichkeit Proben, Beweise seines Talents vorzulegen.

Hölderlin dichtete seit seinen frühen Jugendtagen, er wird nur einen Roman und nur ein unvollendetes Drama schreiben, keine Erzählungen, einige philosophische und poetologische Studien beginnen sowie Dramen und Gedichte aus dem Griechischen übersetzen. Früh hatte er die ihm passende Form des Ausdrucks und der Mitteilung gefunden, durch die er zeigen konnte, welchen Eindruck etwas auf ihn machte, welchen Gedanken er nachhing, welche Gefühle ihn umtrieben. Seine Empfindsamkeit, dass er sich von Stimmungen, Sehnsüchten, Wünschen, Hoffnungen, Gefühlen leiten ließ, war eine Voraussetzung dafür, dass ein Gedicht entstand und gelang. Das Denken, das sich vor anderen rechtfertigen musste, wenn es kritisch und philosophisch genannt werden konnte, war für das Allgemeine zuständig, das allen anderen offenen Geistern zugänglich war, die Empfindungen dagegen, auf die sich die Dichter verlassen mussten, hüteten das Individuelle, das, wenn es nicht alleine dastehen wollte, sich seiner Nähe zur Zeit, zur Allgemeinheit bewusst werden musste. Aus diesem Kontrast der Aufgaben von Denken und Dichten entwickelte er einen hohen, weit ausgreifenden Stil und Ton, der seine philosophisch-poetische Erfahrung und Durchdringung der Welt ausdrücken sollte und doch nicht verbergen konnte, dass er nicht aus dem unmittelbaren Resonanzraum eines empfindenden Wesens herausfand, soviel Hölderlin auch lesen und studieren, sich in Ideen und Konzepte hineindenken mochte.

Hegel füllte ein offenes Bewusstsein mit Wissen, sein Selbst wuchs mit dem Fremden, das er sich aneignete. Hölderlin war von Anfang an auf seine psychische Statur verwiesen, über die er nicht verfügte, die er intellektuell nicht durchdrang, und er nahm von dem Fremden nur auf, was sich dort einfügen ließ. Statt auszuschwärmen, musste er lernen, sich zu konzentrieren, er musste sich hüten vor den Überforderungen durch das Fremde und versuchen, das Eigene zu finden, zu pflegen, zu bilden und auszusprechen. Von den Beständen und Vorgaben des philosophischen und theologischen Wissens drohte ihm die Gefahr, sich darüber zu verlieren. Wenn er nicht ins Schweigen und ins Nachmachen fallen wollte, musste er hinaus in die reale und imaginierte Welt gehen, um sie und sich selbst zu erfahren, nach einer Jugend, die er hinter den Mauern eines Stiftes hatte verbringen müssen, wo die Sehnsucht nach Natur, Liebe und Harmonie unter der Last von Büchern wuchs. Er hatte sich zwei Ziele gesetzt. Er wollte ein bedeutender Dichter werden, was er nur schaffen konnte, wenn er sich in der Konkurrenz mit den anderen durchsetzte, und er wollte dem Wort des Dichters ein Gewicht geben, das die Poesie vor der Philosophie nicht nur bestehen ließ, beide nicht nur gleichwertig machte, sondern die Stimmung, die Ahnung, die Kunst über die Philosophie, das Wissen, das Argument, die Logik hinaushob und der Dichtung einen souveränen Platz im Reich des Geistes, in Volk und Vaterland zuwies, einen Platz, den die Dichtkunst bei den alten Griechen innegehabt hatte, als Sophokles gleichberechtigt neben Sokrates stand, die Intuition neben der Erkenntnis, die Begeisterung neben dem Begriff.

Wenn ein junger Dichter hohe Ansprüche an sich stellte, wenn er Großes vollbringen wollte, wenn, wie er in seinen

Gedichten schrieb, der »Durst nach Männervollkommenheit« und »Männerwerk« ihn trieb, der Wunsch nach »Klopstockgröße«, nach »Pindars Flug«, wenn der Lorbeer ihn reizte und die Vollkommenheit, dann musste er, um all das zu erreichen, sich ausdehnen und nicht nur von sich selbst, sondern von größeren Zusammenhängen reden, vom Vaterland, von der Heimat, von Geschichte und dichterischem Auftrag, von der Unsterblichkeit der Seele und von der Freiheit. Die Wirklichkeit konnte diesen Expansionsdrang der Einbildungskraft zügeln und ihn schmerzvoll darauf hinweisen, dass zwischen Leben und Dichtung oft ein Abgrund klaffte. Für jemanden, der von der Anerkennung großer Männer träumte und gegenüber Dritten vom »guten Kind« redete, wenn er seine erste Jugendliebe und seine Schwester meinte, musste es verwirrend gewesen sein zu erfahren, dass »der schändliche Tyrann« Marat durch die Hand einer jungen Frau starb, die mit ihren 25 Jahren kaum älter war als er.

Nur wenn er Verse schrieb und auf diese Weise in sich versank, konnte er bei sich bleiben und sich selbst als lyrisches Ich beobachten. Diese Art der Kontrolle lernte er in dem pietistischen Haushalt und Umfeld, in dem er aufwuchs. Er konnte seinen Empfindungen folgen, ohne sich ihnen auszuliefern und von ihnen weggeschwemmt zu werden. Das Gedicht brachte seine Gefühle in eine bündige Form, es machte aus ihnen reflektierte Bekenntnisse, es setzte den Regungen der Seele und des Gemüts Grenzen. Die Mutter war ihm in diesem Sinne zu einem unerreichbaren Vorbild geworden. Sie hatte im Schmerz über die Toten der Familie die Fassung bewahrt, sie trug, seit sie allein war, auch ganz alleine, wie ihr Sohn in dem Gedicht »Die Meinige« schrieb, die »Elternsorgen«, sie kümmerte sich standhaft um die Bewältigung des Alltags, und ihre Kinder, ihr ältester Sohn vor allem, bemühten sich, ihr keinen zusätzlichen Kummer zu bereiten.

Rücksicht zu nehmen bedeutet, seine Wörter mit Bedacht zu wählen, sie daraufhin zu prüfen, welche Wirkung sie auf den anderen haben werden. Hölderlin lernte durch den Tod, der in die Familie einbrach, und durch den Schmerz der Trauer, den er erlebte, ein zweites Mal das Sprechen und übte sich auf diese Weise ein in die lyrische Form einer indirekten Mitteilung. Gebete und Kirchenlieder werden diese Ausbildung einer ins Leben hineingewandten Frömmigkeit unterstützt haben. Gott und die Erlösung, die Mutter und die Trauer, das Ich und das in bestimmte Formen gebundene Reden gehörten zusammen. Ihnen gegenüber standen das kurze Glück einer unschuldigen und naiven Kindheit und eine Natur, die eine andere, erhabene Sprache sprach und dann, seit dem Studium in Tübingen, die Ideen und Ideale einer imaginären Welt.

Die Hymnen, die er in Tübingen schrieb, sind den großen Themen der suchenden, schwärmerischen Herzen gewidmet, der Unsterblichkeit, der Wahrheit, der Muse, der Freiheit, der Göttin der Harmonie, dem Genius Griechenlands, der Menschheit, der Schönheit, dem Genius der Jugend, der Freundschaft, der Liebe, dem Schicksal und dem Genius der Kühnheit. Das waren alles auch Männerphantasien, in denen das Heil des Vaterlands oder der Tod für das Vaterland, die Niederwerfung eines Tyrannen, der Heldenbund von Brüdern, in dem »deutsches Blut und deutsche Liebe glühn«, wie es in der ersten Fassung der »Hymne an die Freiheit« heißt, eine wichtige Rolle spielten und, wie im Gedicht »Kanton Schweiz«, die Hoffnung beschworen wurde, dass eines Tages »in erfreuende That sich Schaam und Kummer verwandelt«. Hier redete sich ein junger Mann im Überschwang ungelöster Gefühle in etwas Überwältigendes und insofern in etwas ihn Erlösendes hinein.

Die Enge des Dienstes und das Ende der Diktatur

Am 21. Januar 1793 wurde der französische König Ludwig XVI. in Paris hingerichtet. Aus manchem Skeptiker der Revolution, der gewohnt war, die Ermordung einfacher Menschen im Krieg als ein Opfer, das die Geschichte forderte, hinzunehmen, wurde mit diesem prominenten Mord ein Gegner der Umwälzung. Einen König zu töten, das ging zu weit. Am 23. Juli 1793 wurde Mainz, die einzige deutsche Stadt, die versucht hatte, dem französischen Beispiel in kleinem Maßstab zu folgen, von der Armee der Koalition zurückerobert. Die Bewohner der befreiten Stadt brachen zu einem Rachefeldzug auf und begannen, die Mainzer Jakobiner niederzumetzeln.

Ende Juli übernahm Robespierre die Macht. Mit ihm verschärfte sich der Terror gegenüber dem eigenen Volk. Jetzt reichte es schon, dass einer sich verdächtig machte, dem neuen Regime nicht zu folgen, und er wurde inhaftiert. Am 16. Oktober 1793 wurde die junge Königin zur Guillotine geführt und hingerichtet. Damit waren die letzten Bande zur Vergangenheit gekappt, es sah so aus, als sollte mit allen Mitteln ein Platz freigeräumt werden für eine Zukunft, deren erhoffte oder nur herbeigeredete Ankunft rechtfertigen musste, was geschehen war. Die Gegenwart wurde gesäubert, die neue Gesellschaft würde nur kommen, wenn alle Bewohner Frankreichs bereit waren, sie zu empfangen, sie duldete keine Abtrünnigen, Zweifler und Versager, keine Bürger, die anders dachten und sich anderes ersehnten. Tausende von Aufständischen, Königstreuen, Revolutionsgegnern, Verteidigern der alten Zeit, der christlichen Religion und ihrer Priester, wurden im anhaltenden Bürgerkrieg von Soldaten und Anhängern der revolutionären Regierung im Namen der Nation, dem neuen höchsten Gemeinschaftswesen, das noch viel Unheil über die Welt bringen würde, umgebracht.

Meine Tochter fragt mich, ob die Französische Revolution

eine gute Sache gewesen sei, und ich sage ihr, das sei schwierig zu sagen. Unter den Gegnern der Revolution waren nicht nur solche, die unmittelbar von den Veränderungen betroffen waren, wie die französischen Adeligen, sondern auch weitgehend Unbeteiligte, wie der irische Politiker und Schriftsteller Edmund Burke oder Goethe in Weimar. Es sei, sage ich, nicht so einfach, sich ein Bild von der Lage damals zu machen, so wie es heute nicht einfach ist, sich ein Urteil über die Zustände in Gebieten zu bilden, wo mehrere Parteien in Kriege gegeneinander verwickelt sind. Wenn Historiker ein Gesamtbild entwerfen, bei dem sie nicht nur die Auskünfte der Archive, sondern auch die kurzfristigen und langfristigen Ergebnisse der Ereignisse berücksichtigen können, sähe das, was vorgefallen sei, kompakter und übersichtlicher aus, als es sich für die Zeitgenossen darstellte, die ihre Vorteile und Interessen verfolgten oder bedroht wurden, die Täter oder Opfer waren. Einerseits wissen die späteren Historiker mehr als die Zeitgenossen, andererseits sind sie, weil sie nicht direkt involviert sind in das Geschehen, empfindungslos, auch wenn sie geschockt, gerührt oder auf eine andere Weise von den Berichten, die sie lesen, mitgenommen sind. Das geht auch den Zeitgenossen so, wenn sie von einem Unglück nur hören und es nicht selbst erleben. Es ist nicht möglich nachzuempfinden, was ein Zeitgenosse empfunden haben mag, so wie es unmöglich ist mitzuempfinden, was es für jemanden heißt, etwas zu erleben. Wir machen uns Vorstellungen, ziehen Vergleiche, um die Distanz, die das Erleben zwischen uns und den anderen schafft, zu überbrücken.

Die Kluft zwischen den Menschen ist nicht zu überwinden, weder im Hinblick auf die Gefühle noch, wenn es um Gedanken geht. Ein Satz fällt, und wir, die wir diesen Satz hören, sind es, die ihn in uns hineinziehen, in unser Verstehenssystem, wodurch er zu einem uns verständlichen Satz wird. Aber ob er so gemeint war, können wir nur herausfinden, wenn wir nachfragen, und wenn wir nicht nachfragen können, weil derjenige, der den Satz sagte, tot oder weggegangen ist, dann müssen wir uns mit dem zufriedengeben, was nicht mehr sein Satz, sondern unser Satz geworden ist, auch wenn wir davon ausgehen und behaupten, es wäre der Satz des anderen, den wir nur so verstehen oder zu verstehen versuchen, wie er gemeint sei. Das seien, sage ich meiner Tochter, alles Probleme, mit denen sich Friedrich Schleiermacher, der 1793 noch als Hauslehrer arbeitete, beschäftigt habe.

Auch wenn es möglich wäre, alle Zeitschriftenartikel über die Ereignisse in Frankreich zu kennen, die Hölderlin und Hegel gelesen haben könnten, wenn es möglich wäre, ein Maximum an gedrucktem Wissen, das den beiden zugänglich war, zusammenzustellen, bleiben große Lücken, nicht nur, weil alle Gespräche, an denen die beiden direkt oder indirekt beteiligt waren, nicht zu rekonstruieren sind, sondern auch, weil keiner wissen kann, wie die beiden die Nachrichten, die zu ihnen drangen, oder die Kommentare, in denen die Ereignisse geschildert wurden, aufgenommen haben. Wenn einer heute sagt, er informiere sich über die Welt, indem er Zeitung lese und Nachrichten im Fernsehen schaue, dann weiß kein Dritter mit Sicherheit zu sagen, welches Wissen von der Welt der andere sich auf diese Weise wirklich aneignet. Die Zeitung wird achtlos durchgeblättert, nur wenig von dem, was einer liest, wird verstanden, die Nachrichten nur mit halben Ohr angehört, es wird nicht nachgefragt, wenn etwas nicht klar wurde, es wird nur vermutet, was etwas bedeuten könnte, oder es wird nur sinnlos wiederholt, was gesagt und geschrieben wurde.

Nachdem die beiden das Studium in Tübingen abgeschlossen hatten, arbeitete Hegel in Bern, Hölderlin in Waltershausen als Hofmeister. Sie mussten Kindern vor allem Rechnen, Schreiben, Vokabeln und Grammatik beibringen. Für Hölderlin war diese Stelle mit hohen Erwartungen an sich selbst und an den

Schüler verknüpft. Er hatte pädagogische Modelle im Kopf. Bevor er Erfahrungen mit Kindern, mit Unterrichten und Erziehen gesammelt hatte, hatte er sich schon Ideen darüber zurechtgelegt, was ein Kind, was Erziehung und was deren Ziel sei. Ein Kind hatte vor diesen fest gefügten Gedankenmauern seines Lehrers kaum Chancen, seinen eigenen Weg zu finden.

Die beiden Hofmeister waren Bedienstete in einem fremden Haushalt und vom Wohlwollen der Eltern und der Kinder abhängig. Sie waren mit der Losung »Reich Gottes« voneinander geschieden und steckten jetzt in einer prekären Lage, die sie nur als eine Art Notlösung ertrugen, bis sie woanders, in besseren, ihnen angemessenen Verhältnissen Fuß gefasst hätten. Sie gingen davon aus, dass sie nicht ihr Leben lang Hofmeister bleiben würden. Der eine wusste noch nicht, was aus ihm werden könnte, der andere wollte ein Dichter sein, obwohl es sogar für Schriftsteller, die Romane für schlichtere Gemüter schrieben, schwierig war, sich darauf eine bürgerliche Existenz aufzubauen. Jean Paul kam ohne einen Mäzen aus, Goethe schloss sich dem Herzog von Weimar an, Herder übernahm Ämter bei der Kirche, Wieland war unter anderem Herausgeber des *Teutschen Merkur*, Schiller hatte für drei Jahre ein Stipendium aus Kopenhagen erhalten, und Kant war Professor.

Die beiden jungen Männer werden sich in Bern und in Waltershausen nach den gemeinsam verbrachten Jahren im Stift einsam gefühlt haben. Mit einem Mal trat eine große Stille um sie herum ein, sie hatten keinen Freund, keinen Vertrauten, keinen Gleichaltrigen, mit dem sie sich unbeschwert über die Dinge unterhalten konnten, die sie interessierten, so wie sie es von ihren Studienjahren gewohnt waren. Die Maschinerie des Bedienstetenlebens setzte sich in Gang, und die Freiheit, die sie sich im Stift vom Leben erhofft hatten, sah mit einem Mal ganz anders aus. Auch jetzt waren wieder die Ideen und Gedanken die Retter in der Not, mit ihnen konnten sie fliehen, in Reiche, die nicht von dieser beengten Welt waren, in der sie nicht mehr waren als Teil des Personals.

Am 5. April 1794 starben Danton und seine Anhänger, darunter Desmoulins, unter der Guillotine. Der Philosoph Condorcet, der über den Fortschritt des menschlichen Geistes ein Buch geschrieben hatte und sich dafür eingesetzt hatte, dass auch Frauen wählen dürften, beging im Gefängnis Selbstmord, er wollte nicht darauf warten, dass andere ihm den Kopf abschlugen. Die Karren mit den Verurteilten rollten ohne Unterlass durch Paris zum Richtplatz. Keiner der Zuschauer warf sich den Wagen, die wie ein Symbol einer unaufhaltsam sich erfüllenden Geschichte waren, in den Weg. Was einmal angefangen worden war, schien sich nicht mehr aufhalten zu lassen und riss alle, die dabei waren, in eine tiefe Schuld. »Unschuldig ist daher nur das Nichttun wie das Sein eines Steines, nicht einmal eines Kindes«, wird Hegel später in der *Phänomenologie des Geistes* schreiben. Die beiden Hofmeister hatten, bei all dem Kummer, den ihnen ihre Lage bereitete, großes Glück, weit weg von Paris zu sein. Welche Untaten in ihrer Nähe auch begangen wurden, von Verbrechern, vom Staat, sie lebten an der Peripherie der entscheidenden Ereignisse. Sie würden in ihrem ganzen Leben keinen Schritt ins aktive Zentrum der Geschichte machen. Sie spürten den Wind der epochalen Vorgänge, aber sie ließen sich nicht von ihm mitreißen, etwas zu tun, das die Grenzen der Wirklichkeit, die sie umgab und deren Teil sie waren, überschritten hätte.

Ende Juli wurde Robespierre, der ehemalige Anwalt der Armen, gestürzt, und am 28. Juli 1794 wurden er und seine Anhänger hingerichtet. Die Diktatur war zu Ende, aber das Land fand keinen Frieden. Auch der Krieg mit der feindlichen Koalition ging weiter. Am 14. Dezember 1794 standen wieder französische Truppen vor Mainz. Bei dem ständigen Hin und Her der Mächte im Kampf um Einfluss und Terrain verloren Tausende, die in den Strudel der Geschichte hineingezogen wurden, ihr Leben. Keiner weiß mehr, wie sie hießen, sie schrieben keine Gedichte, sie hinterließen kein philosophisches System. Sie hatten keine wirkliche Chance zu wählen, was sie aus freien Stücken tun würden, sie konnten sich nicht ins Abseits, in einen stillen Winkel zurückziehen. Die Geschichte packte sie am Nacken und trieb sie aufs Schlachtfeld, für Ideale, für die Nation, für die Freiheit, für den König, die Fürsten, für die Macht. Am 5. April 1795 schlossen Preußen und Frankreich in Basel Frieden. Im August 1796 kam es zum Friedensschluss zwischen Württemberg und Frankreich.

Als wäre ihm eine Last von der Seele gefallen, da jetzt endlich Frieden war und er sich in Ruhe seinen Träumen widmen konnte, schießt in dem Gedicht »An Herkules«, das in jenem Friedensjahr entstand, ein lyrisches Ich, wie befreit zu wilden Illusionen über sich selbst, weit über sein Vermögen, seine Taten hinaus, ohne dass ein Anflug von Ironie den selbst ernannten Helden für kurze Zeit zur Erde zurückgezwungen hätte:

In der Kindheit Schlaf begraben
Lag ich, wie das Erz im Schacht;
Dank, mein Herkules! den Knaben
Hast zum Manne du gemacht,
Reif bin ich zum Königssize
Und mir brechen stark und groß
Taten, wie Kronions Blize,
Aus der Jugend Wolke los.

Wie der Adler seine Jungen,
Wenn der Funk' im Auge klimmt,
Auf die kühnen Wanderungen
In den frohen Aether nimmt,
Nimmst du aus der Kinderwiege,

Von der Mutter Tisch' und Haus
In die Flamme deiner Kriege,
Hoher Halbgott, mich hinaus.

Wähntest du, dein Kämpferwagen
Rolle mir umsonst ins Ohr?
Jede Last, die du getragen,
Hub die Seele mir empor,
Zwar der Schüler mußte zahlen;
Schmerzlich brannten, stolzes Licht,
Mir im Busen deine Stralen,
Aber sie verzehrten nicht.

Wenn für deines Schiksaals Woogen
Hohe Götterkräfte dich,
Kühner Schwimmer! auferzogen,
Was erzog dem Siege mich?
Was berief den Vaterlosen,
Der in dunkler Halle saß,
Zu dem Göttlichen und Großen,
Daß er kühn an dir sich maß?

Was ergriff und zog vom Schwarme
Der Gespielen mich hervor?
Was bewog des Bäumchens Arme
Nach des Aethers Tag empor,
Freundlich nahm des jungen Lebens
Keines Gärtners Hand sich an,
Aber kraft des eignen Strebens
Blikt und wuchs ich himmelan.

Sohn Kronions! an die Seite
Tret' ich nun errötend dir,

Der Olymp ist deine Beute;
Komm und teile sie mit mir!
Sterblich bin ich zwar geboren,
Dennoch hat Unsterblichkeit
Meine Seele sich geschworen,
Und sie hält, was sie gebeut.

Die Pflicht, zu sich selbst zu kommen durch den Geist

Die Hausherren, für die Hegel und Hölderlin arbeiteten, hatten beide eine Karriere beim Militär hinter sich. Der reiche Kaufmann Karl Friedrich von Steiger, sechzehn Jahre älter als Hegel, war Offizier gewesen und gehörte zum Großen Rat in Bern. Die Familie verbrachte den Winter in einem Haus in der Stadt, den Sommer auf einem Landgut am westlichen Ufer des Bieler Sees, von dem aus die Insel zu sehen war, auf der Rousseau einmal gelebt hatte. Major von Kalb, achtzehn Jahre älter als Hölderlin, hatte in Amerika an der Seite der Franzosen gegen die Engländer gekämpft und lebte jetzt in einer von seiner Familie eingefädelten Ehe mit Charlotte von Kalb, geboren 1761, die in ihrem ehelichen Unglück ein Liebesverhältnis mit Schiller begann. Nach dem Ausbruch der Französischen Revolution verlor der Major in französischen Diensten seinen Posten, ging seiner Verarmung entgegen und erschoss sich. Auch sein Sohn Fritz, um dessen Erziehung sich Hölderlin als Hofmeister kümmern sollte, wird sich erschießen.

Die Jungen, die Hegel unterrichtete, waren sechs und acht Jahre alt, der Junge, mit dem sich Hölderlin abmühte, gehörte ebenfalls in die Altersklasse, die Lehrer mit ambitionierten Zielen dazu verleitet, in dem Kind einen kleinen vielversprechenden Erwachsenen zu sehen, das heißt eine Bündelung von potenziellen guten Anlagen, die gegen die kindliche Unvernunft geweckt und gefördert werden müssten.

Der Berufsanfänger Hölderlin konnte am Anfang seines Dienstes nicht klagen. Er lebte auf einem einsam gelegenen gutsherrenartigen Schloss und hatte Zeit für sich und seine eigene Fortbildung, er las die verehrten alten Griechen, Kant und Schillers Schrift *Über Anmut und Würde* und schrieb am *Hyperion* weiter. Die Gesellschafterin von Charlotte Kalb hieß Wilhelmine Marianne Kirms. Sie spreche, schrieb Hölderlin seiner Schwester am 16. Januar 1794 aus Waltershausen, Englisch und Französisch, lese Kant und habe »eine ser interessante Figur«. Seiner Schwester müsse nicht bange sein um ihr »reizbares Brüderchen«, die junge Frau sei »versprochen und noch viel klüger« als er. Das klang kokett, als würde über die Schulter des vertrauten reizbaren Brüderchens ein selbstbewusster Mann schauen, der mit den Augen zwinkert und Nachsicht fordert, weil die Natur ihn treibe, keine Gelegenheit zur Liebe auszulassen, in der der junge Hofmeister, in seiner Verwirrung und Not, eine Halbwaise ohne Vater und mit einer übermächtigen Mutter, offenbar den üblichen Weg sah, ein richtiger Mann zu werden.

Hölderlin trank mit dem Major Bier, durfte dessen Pferde benutzen, freundete sich mit dem Pfarrer des Dorfes an, predigte hin und wieder in der Kirche und unternahm Ausflüge, allein oder mit der Familie. Die Briefe an seine Mutter unterschrieb er nicht mehr mit »Ihr gehorsamster Sohn Friz«, sondern selbstbewusster mit »Ihr Friz«. Er hatte sich mit seinem Wunsch, kein Pfarrer zu werden, durchgesetzt, hatte eine Stellung angenommen und verdiente Geld, er lag seiner Mutter nicht mehr auf der Tasche und er war weit weg von zu Hause. Ein junger Mann, so sah es aus, hatte sich auf die eigenen Füße gestellt und würde seinen Wünschen, seiner Bestimmung leben können, er würde ein großer Dichter werden und in der

Welt der Vorstellungen und Ideen aufgehen, mit denen er auf die Gegenwart einwirken wollte. Ein Dichter, der vom Ehrgeiz getrieben wurde, mit den Großen in einem Atemzug genannt zu werden, brauchte eine Aufgabe. Mit Gedichten für den Tagesgebrauch mochte er sich nicht abgeben. Das neue Zeitalter stellte Forderungen, niemals, schrieb er im April 1794 in einem Brief an seinen Freund Ludwig Neuffer, der selbst Gedichte schrieb und später Pfarrer wurde, dürften die »heiligen Grundsäze des Rechts und der reineren Erkenntniß« vergessen werden. Zur Erbschaft, die angenommen werden musste, gehörten die Erklärung der Menschenrechte und Kants *Kritik der reinen Vernunft*. Die praktischen Folgen lagen auf der Hand. Wenn alle Menschen die gleichen Rechte hatten, dann durfte auch ein Dichter, der sich große Hoffnungen über sich machte, auf seinem Recht zur Selbstverwirklichung bestehen, und wenn die Vernunft nicht hinreichte, etwas über Gott zu sagen, dann herrschte auf Erden unter den Menschen, für die die Vernunft zuständig war, nicht die Sünde, wie die Theologen behaupteten, Buße und Reue, Selbstzerknirschung und Verzicht, sondern die Pflicht zur Freiheit, zum eigenen Ich, zum gegenseitigen Wohlgefallen, wie die Philosophen sagten, dann zählte nicht mehr, was einer im theologischen Sinne war, ein Mensch in seiner Not vor Gott, sondern nur, was einer aus sich machte, ein Mensch in seinem Streben nach seinem Glück. In dem Gedicht »Freundes Wunsch« aus dem Jahr 1794 heißt es in einer Art suggestiver Selbstversicherung:

> Edles Herz, du bist der Sterne
> Und der schönen Erde werth,
> Bist deß werth, so viel die ferne
> Nahe Mutter dir bescheert.
> Sieh, mit deiner Liebe lieben

Schöner die Erwählten nur;
Denn du bist ihr treu geblieben,
Deiner Mutter, der Natur!

Im April 1794 schrieb er Schiller, dem er die Anstellung bei der Familie von Kalb verdankte, einen Brief, in dem er im selbstbewussten Ton eines Menschenbildners Rechenschaft abgab über die Mittel, Ziele und Erfolge der Erziehungsmethode, die er bei dem kleinen Fritz anwandte, an dessen Entwicklung sich dann zeigen sollte, was es bedeute, der menschlichen Natur und den Idealen der Menschheit zu folgen. Schon Jean Paul hatte sich über den allgemeinen pädagogischen Furor gewundert und im fünften Paragrafen seiner Erziehungslehre aus dem Jahr 1806 festgestellt, dass »kein Zeitalter so viel über die Erziehung sprach und riet und tat als unseres, und unter den Ländern wieder keines so viel als Deutschland, in welches Rousseaus geflügelte Samenkörner aus Frankreich verweht und eingeackert wurden«.

Hölderlin hatte Schiller im September 1793 in Ludwigsburg kennengelernt, eine kurze Begegnung, bei der für den Jüngeren alles, was um ihn herum war und nicht mit Schiller zusammenhing, sich in Luft aufgelöst haben muss. Sein halbes Leben lang, bis er in die Klinik eingeliefert wurde, blieb der bewunderte Landsmann sein Vorbild, ein Ideal, das den ehrgeizigen Anfänger nicht nur über sich hinaushob, sondern auch niederdrückte und, wenn er in begeisternder Stimmung war, herausforderte, sich selbst und Schiller und allen anderen, die im Reich der Geister etwas zu sagen hatten, zu zeigen, dass er besser war als der Ältere, der für ihn eine Art idealisiertes Ich war, ein Wunschbild seiner selbst. Wie Schiller wäre er gerne gewesen, ein junger Mann, der bewiesen hatte, dass er sich nicht unterdrücken ließ, der ein Dichter wurde gegen den Willen der Obrigkeit und die Widrigkeiten der Umstände und sich als

Intellektueller, als ein philosophischer Kopf einen Namen, einen Rang erstritten hatte. Das Vorbild, aus der Perspektive familiärer Nöte betrachtet, sah aus wie ein geliebter und verehrter Ersatzvater, von dem der Sohn gelobt werden wollte, dem er nacheiferte und mit dem er heimlich um die Muse und den Lorbeer konkurrierte.

Die Beziehung zu Schiller, die Unterwerfung mit Selbstbehauptung verband, ähnelte dem Verhältnis zu seiner Mutter, in dem sein Bedürfnis, die eigene Wahrheit zu leben, von dem Zwang angegriffen wurde, sich nach ihren Wünschen zu richten. Beide Gefühle in Hinblick darauf, wer und was er sei, ein grandioses oder ein braves Ich, ob er dem Eigenen folgen dürfe oder sich dem Fremden ausliefern müsse, nährten die Hoffnung nach Anerkennung durch andere und ließen, um sich aus diesem Widerspruch zu befreien, die Idee einer Liebe entstehen, die allumfassend und deshalb erlösend war.

Am 10. Juli 1794 schickte Hölderlin einen Brief, der für Hegel bestimmt war, über seinen Freund Neuffer in Stuttgart an Hegels Schwester, an die »Heglin«, wie Hölderlin schrieb, die ihn an den Bruder weiterleiten sollte. Das war, den Bestand der überlieferten Dokumente zugrunde gelegt, der erste Brief seit ihrer Trennung. Im Oktober 1793 war Hegel nach Bern gereist, und im Januar 1794 hatte Hölderlin seine Stelle in Waltershausen angetreten. Den vorhandenen Briefen zufolge vergingen neun, zehn Monate seit ihrem Abschied in Tübingen, bis Hölderlin sich bei Hegel wieder meldete. An Neuffer, für den und mit dem Hölderlin schwärmen konnte, und an seine Mutter, der gegenüber er jederzeit auskunftspflichtig war, schrieb Hölderlin Briefe sofort nach seiner Ankunft in Waltershausen. »Du warst so oft mein Genius«, bekannte er Hegel. »Ich danke Dir ser viel. Das fül ich erst seit unserer Trennung ganz … Wir müssen uns zuweilen mahnen, daß wir große Rechte aufeinander haben … Du bist mer mit Dir selbst im Reinen, als ich …

Schreibe mir doch recht viel, was Du jezt denkst und thust, lieber Bruder!«

Der Brief kam unverhofft, aber nicht ohne Absicht. Mit der Schlinge der Erinnerung, die Hölderlin auslegte, versuchte er den Freund aus dem Stift an sich zu ziehen, da er ihn für ein philosophisches Gespräch brauchte, das er mit Neuffer nicht führen konnte. Mit Neuffer, dem Herausgeber eines Musenalmanachs, in dem Hölderlin publizierte, redete er über Poesie, mit ihm konnte er nicht über Kant und Schiller diskutieren. Er habe den Plan, schrieb er Neuffer drei Monate später, am 10. Oktober 1794, einen Aufsatz über ästhetische Ideen vorzulegen, den er ihm schicken werde, wenn er fertig sei, eine Fortführung von Schillers Buch *Über Anmut und Würde*. Schiller sei nicht weit genug über Kant hinausgegangen, diesen Schritt werde er jetzt machen. Kant hatte den Menschen in Vernunft und Sinnlichkeit zerlegt, in einen Menschen, der seiner Natur unterworfen war, und in einen, der sich der Pflicht beugen sollte, die die Vernunft ihm vorgab. Schiller versuchte, die beiden getrennten Teile zu vereinen, und behauptete, erst wenn der Mensch aus Neigung, aus natürlichem Drang tue, was die Pflicht ihm gebiete, würde er mit Freuden vernünftig sein und sittlich handeln, und er würde auf diese Weise zeigen, dass eine schöne Seele in ihm walte. Dass Schiller das Empfinden der Schönheit den individuellen Kräften unterwarf und insofern psychologisch verstand, wird Hölderlin nicht gefallen haben, für den Schönheit als Harmonie ein objektives Gesetz des Seins war, das den Gesetzen der Freiheit, der Moralität entsprach, die den Einzelnen mit dem Allgemeinen verbanden. Die Einheit beider, von Schönheit und Freiheit, lag an einem nichtbewussten Ursprung, von dem die Lebensbahn des Menschen, der einst mit der Natur eins gewesen war, ihren Ausgang nahm, und tauchte als Ziel einer erneuten Vereinigung auf, zu dem die Sehnsucht der Liebe den Menschen streben ließ.

Er lese Kant, ließ er Hegel am 10. Juli 1794 wissen, und die Griechen. Mehr sagte er nicht, als gäbe es nichts darüber mitzuteilen unter Freunden, die gemeinsam Kant entdeckt hatten, als wäre er vorsichtig, unsicher, als wollte er nichts Falsches oder Unbedachtes sagen. Und darauf schwenkte er hinüber zur Beschreibung einer Reise, die er unternommen hatte, in Berge, die ihn an die Schweizer Berge erinnerten. Wer vom Reisen redet, der macht den Eindruck, als wolle er andeuten, dass Verbindungen beständen auch über weite Entfernungen hinweg, dass zwei junge Männer sich wieder treffen könnten, nachdem sie getrennte Wege gegangen waren. Der Dichter schien den Philosophen in Bern, die Poesie in Waltershausen die Philosophie in der Schweiz, die Sinnlichkeit die bewährte Vernunft zu suchen.

Im August und September las er in Fichtes *Wissenschaftslehre*, die sich Charlotte von Kalb aus Jena bogenweise schicken ließ. Seinem Bruder schrieb er am 21. August 1794, nur durch Taten und »unter dem unablässigen Bestreben, seine Begriffe zu berichtigen und zu erweitern«, würde ein Mann heranreifen, der sein Gewissen nicht der »stokfinstern Aufklärung« opfere, das heißt, dem die Pflicht nicht nur zum eigenen Vorteil gereiche, und der nicht bereit sei, dem Sog des »Freiheitsschwindels« zu folgen, durch den die Menschen aus der Menschheit gelöst würden. Den Revolutionären, denen Ideale nur Mittel zur Politik waren und die die Idee des Menschen opferten, weil sie nur noch politische Mitläufer, Anhänger oder Gegner kannten, stellte er die philosophischen Köpfe gegenüber, die sich Rechenschaft gaben über die Vorstellungen, denen sie folgten, und nicht stur an Konzepten festhielten, die sich überlebt oder als falsch erwiesen hatten. Er riet seinem Bruder, sich klug zu verhalten, das heißt vorsichtig und umsichtig zu sein, und lieber zu schweigen, als die Wahrheit zu sagen, wenn es nur darum ginge, sie um ihrer selbst willen zu sagen. Lobte er die Taktik der Verstellung in der Not, als politisch aufrührerischer Dichter erkannt, verfolgt und verhaftet zu werden und damit das Schicksal zu erleiden, das Christian Friedrich Daniel Schubart heimgesucht hatte? Mit der Wahrheit, wenn sie gesagt werden solle, so fuhr er fort, müsse ein Zweck verbunden sein. Die Wahrheit war offensichtlich ein gefährliches Gut, mit dem nur dann herausgerückt werden sollte, wenn sie einer dritten, einer guten Sache diente. Das Gewissen, hieß es weiter, dürfe zwar nicht der Klugheit geopfert werden, aber wer sich entschlossen habe, frei zu reden, der müsse klug sein, das heißt, er musste wissen, was und warum er etwas tat, was er damit bewirken wollte.

Für jemand, der schrieb und publizierte, mochte dieser Rat darauf hinauslaufen, dass es sinnvoll sei, die Wahrheit in eine indirekte Mitteilung zu verpacken. Der Ratschlag klang wie ein Bekenntnis, das dahingehend zu lesen war, dass er eine verschlüsselte Botschaft in seine Gedichte, seinen Roman und später in sein Drama stecken würde. Etwa eine geheime Nachricht an die deutschen Republikaner und Anhänger der Freiheit? Oder sprach hier ein Bediensteter, der die Erfahrung gemacht hatte, dass es manchmal besser war, vor dem Dienstherrn zu schweigen und die Wahrheit für sich zu behalten oder sie nur so zu sagen, dass für ihn kein beruflicher Schaden entstehen konnte? Es sei gerecht, damit endete der Brief, dass Robespierre seinen Kopf habe lassen müssen. Das Gedicht »Die Unerkannte«, wahrscheinlich Anfang 1796 entstanden, ist ein Loblied auf die Wahrheit:

Kennst du sie, die seelig, wie die Sterne,
Von des Lebens dunkler Wooge ferne
Wandellos in stiller Schöne lebt,
Die des Herzens löwenkühne Siege,
Des Gedankens fesselfreie Flüge,
Wie der Tag den Adler, überschwebt.

Die uns trift mit ihren Mittagsstrahlen
Uns entflammt mit ihren Idealen,
Wie vom Himmel, uns Gebote schikt
Die die Weisen nach dem Wege fragen,
Stumm und ernst, wie von dem Sturm
verschlagen
Nach dem Orient der Schiffer blikt.

Die das Beste giebt aus schöner Fülle,
Wenn aus ihr die Riesenkraft der Wille
Und der Geist sein stilles Urtheil nimmt,
Die dem Lebensliede seine Weise,
Die das Maas der Ruhe, wie dem Fleiße
Durch den Mittler, unsern Geist, bestimt.

Die, wenn uns des Lebens Leere tödtet,
Magisch uns die welken Schläfen röthet,
Uns mit Hoffnungen das Herz verjüngt,
Die den Dulder, den der Sturm zertrümmert,
Den sein fernes Ithaka bekümmert,
In Alcinous Gefilde bringt.

Kennst du sie, die uns mit Lorbeerkronen,
Mit der Freude beßrer Regionen
Ehe wir zu Grabe gehn, vergilt,
Die der Liebe göttlichstes Verlangen,
Die das Schönste, was wir angefangen,
Mühelos im Augenblik erfüllt.

Die der Kindheit Wiederkehr beschleunigt,
Die den Halbgott, unsern Geist, vereinigt
Mit den Göttern, die er kühn verstößt,
Die des Schiksaals eh'rne Schlüsse mildert,

Und im Kampfe, wenn das Herz verwildert,
Uns besänftigend den Harnisch löst.

Die das Eine, das im Raum der Sterne,
Das du suchst in aller Zeiten Ferne
Unter Stürmen, auf verwegner Fahrt,
Das kein sterblicher Verstand ersonnen,
Keine, keine Tugend noch gewonnen,
Die des Friedens goldne Frucht bewahrt.

Die Wahrheit führte auch ein ganz irdisches Leben und drängte als Begehren ans Tageslicht. An Neuffer schrieb er am 25. August 1794: »Ich war nie glüklich durch Liebe, weis nicht, ob ich es je werde, aber ich war oft unaussprechlich glücklich durch Dich.« Muss diese Offenheit über sein Liebesglück nicht dahingehend gedeutet werden, dass ihm ein befriedigendes Glück mit Frauen versagt war, weil er es bei ihnen nicht finden konnte? Und galt die Regel, die er in seinem Brief an den Bruder aufgestellt hatte, gerade in diesem Zusammenhang, dass es manchmal besser sei, die Wahrheit nicht zu sagen, sich lieber klug und vorsichtig zu verhalten, wenn absehbar war, dass die Wahrheit nur zu Verwirrung führen würde? Wilhelmine Marianne Kirms, die zweiundzwanzigjährige Hilfskraft der Familie von Kalb mit der, wie Hölderlin seiner Schwester geschrieben hatte, interessanten Figur, brachte Mitte Juli 1795 eine Tochter zur Welt, Luise Agnese, die im September 1796 starb. War zwischen den beiden Bediensteten etwas vorgefallen, das zu verschweigen die soziale Klugheit ihm gebot?

Im November 1794 reiste Hölderlin mit seinem Zögling nach Jena, wo Fichte im selben Jahr Professor für Philosophie geworden und damit in die obersten Reihen der Wissenschaften aufgestiegen war. Hölderlin wohnte mit dem Jungen in einem Gartenhaus, er traf sich mit Schiller, stand in dessen Haus auch eines Tages neben Goethe, redete mit ihm und erkannte ihn nicht, vor lauter Aufregung, in der Nähe seines bewunderten Vorbildes zu sein. Ende Dezember ging er mit der Familie nach Weimar, er lernte Herder kennen und kam endlich mit Goethe in ein Gespräch. Jetzt wusste er, wo und wie die Großen lebten, wie eng der Kreis war, den sie um sich zogen.

Hölderlin war, als Wilhelmine Marianne Kirms ihr Kind auf die Welt brachte, seit Monaten nicht mehr bei der Familie von Kalb angestellt, er hatte sie im Januar 1795 verlassen und war von Weimar nach Jena zurückgekehrt. Der Junge, den er erziehen sollte, sei einem Laster verfallen, schrieb er seiner Mutter am 16. Januar 1795 aus Jena. »Ich kann mich unmöglich deutlicher gegen Sie erklären.« Mit seiner Mutter über Onanie zu reden, vor der auch der Reformpädagoge Campe die Kinder warnte wie vor einer Krankheit mit schlimmen Folgen, wäre damals nicht nur Hölderlin schwergefallen.

Charlotte von Kalb drückte ihrem Hofmeister Geld für ein Vierteljahr in die Hand. Damit hatte er Zeit gewonnen und konnte sich Fichte widmen. Aus dem Hofmeister mit Ambitionen wurde ein freier Intellektueller. Es lag, bei seinem Ehrgeiz und der Not, sich einen Namen zu machen, auf der Hand, dass er die Zeit, die ihm blieb, bevor er sich nach einer neuen Stelle umsehen musste, gut nutzen würde.

Von Fichte hat auch Hegel in Bern gehört. Wenn einer wie Fichte in Tübingen wäre, sähe es dort anders aus, schrieb er Schelling, der sich gerne in Auseinandersetzungen stürzte, im Brief von Weihnachten 1794. Er hatte Konrad Engelbert Oelsner, den Verfasser der Briefe aus Frankreich, die in der Zeitschrift *Minerva* erschienen, kennengelernt und wusste über ihn jetzt auch, dass der ehemalige Stiftler Karl Friedrich Reinhard in Paris einen Posten beim Auswärtigen Amt innehatte. Dass nach Robespierres Tod die »ganze Schändlichkeit der Robespierroten enthüllt« sei, begrüßte er. In Hinblick auf die intellektuellen Bereiche, in denen er sich zum sinnvollen Eingreifen zuständig fühlte, schrieb er, dass er gerne mehr dabei helfen würde, den »alten Sauerteig« der Theologie zu beseitigen, er sei auch nicht ganz müßig, »aber meine zu heterogene und oft unterbrochene Beschäftigung läßt mich zu nichts Rechtem kommen«. Er dachte gründlich, die Arbeit an den Gedanken forderte ihre Zeit, und er beschäftigte sich nicht nur mit der Religion, er las viel querbeet und lernte, sicherlich auch durch den Hausherrn, die politischen Ereignissen im Kanton Zürich kennen, wo eine Bittschrift um die Gleichstellung aller Bürger und die Wiederherstellung alter Gemeinderechte, die beim Rat eingereicht worden war, zur Verfolgung der Unruhestifter geführt hatte.

Im Juli 1796 machte er mit drei Hofmeistern, die aus Sachsen angekommen waren, eine Wanderung. Die Bergwelt beeindruckte ihn nicht. Was er dazu sagte, hörte sich nicht an wie ein Echo von Hölderlins schwärmerischer Beschreibung der Berge auf dessen Reise durch das Rhöngebirge ins Fuldaer Land im ersten Brief an Hegel. Von Größe, Statik und Idylle des Gebirges ließ sich Hegel, anders als Hölderlin, nicht beeindrucken. Ein Wasserfall gefiel ihm besser, er bot ihm ein Bild, das sich gleich blieb trotz der Bewegung, die es ständig veränderte.

Schelling antwortete wenig später auf Hegels Brief, er freue sich, dass Hegel sich seiner alten Freunde erinnere. Dass er von Hölderlin nichts gehört habe, schob er auf dessen Launen, auf die, anders gesagt, Stimmungsschwankungen von Menschen, die in Abhängigkeiten verstrickt waren, aus denen sie sich nicht aus eigener Kraft befreien konnten. Die Freundschaft der drei im Stift, wie immer diese Freundschaft ausgesehen haben mochte, wird nicht einfach gewesen sein. Hölderlin muss Hegel manchmal auf die Nerven gegangen sein.

Nicht die Erinnerungen an eine gemeinsam verbrachte Zeit hielt die jungen Männer zusammen, an was hätten sie sich gerne erinnern sollen, wenn sie an das Stift dachten, sondern intellektuelle Interessen, die sich gegen den Geist des Stifts, gegen die dort herrschende theologische Dogmatik richteten. Die drei bildeten eine Opposition, ohne ein fundiertes eigenes Programm zu haben. Was sie in der Welt des Geistes und in der Welt der Berufe und sozialen Zwänge machen wollten, das wussten sie nicht genau zu sagen. Sie hatten ein Gefühl, Vorstellungen, Ideen.

Als sie das Stift verließen, sah es so aus, als nähmen sie eine Aufgabe mit sich, die sie lösen wollten und die sie davor bewahren könnte, vom Alltag der Existenzsicherung verschlungen zu werden, was in ihren Augen nicht geschehen durfte, und es würde vielleicht nicht geschehen, wenn sie einander beistanden, eine Art Bollwerk bildeten, eine Projektgruppe, die sich viel vornahm, um besser überleben zu können. Wer Großes plante, ging vielleicht nicht unter.

Ihre Arbeitsgemeinschaft war vage und stand auf unsicherem Boden. Keiner von ihnen kannte die Welt, in die sie nach der Entlassung aus dem Stift gingen, keiner wusste, was ihn erwartete. Erst dort, in der Fremde der Wirklichkeit, würde sich zeigen, ob sie zusammenhalten und sich gegenseitig stützen würden. Hegel versank in der Arbeit und in der Berner Abgeschiedenheit. Er trieb dem Geist kontinuierlich und konsequent die Illusionen aus, die Phantasien, die Wunschbilder, er ließ sich auf die Welt ein, wie sie war. Das mussten Jahre der Herausforderung für Gemüt und Seele, der Ernüchterung und der anstrengenden Suche gewesen sein, ganz so, als ginge ein Wanderer einen unbekannten Weg ohne Karte. Er prüfte altes und neues Wissen und den Geist, der zu wissen glaubte.

Als Hölderlin sich entschloss, in Jena zu bleiben, wurde aus einem jungen Mann mit einer Anstellung ein junger Mann ohne einen Beruf und mit schlechtem Gewissen. Sofort geriet er in das alte Abhängigkeitsverhältnis zu seiner Mutter. Seine Briefe an sie unterschrieb er nicht mehr mit »Ihr Friz«, sondern mit »Ihr gehorsamer Friz«. Ein kleiner Fortschritt ließ sich darin erkennen, der schwierige Sohn, der nicht umstandslos in die rechte Lebensbahn gleiten wollte, war durch seine erste Stelle als Hofmeister gegenüber dem Familienoberhaupt etwas selbstsicherer geworden, die Wendung »Ihr gehorsamer Friz« stand aufrechter da als »Ihr gehorsamster Friz«, wie er vor seinem Weggang nach Waltershausen zur Familie von Kalb seine Briefe an die Mutter unterschrieben hatte.

Die Beziehungsfalle war jetzt erneut zugeschnappt, er fühlte sich genötigt, vor der Mutter den wagemutigen Schritt in eine ungewisse Freiheit zu rechtfertigen, er beteuerte, ihr finanziell nicht zur Last zu fallen, zählte auf, wo, wann und wie viel Geld er durch Veröffentlichungen verdienen könne, und erklärte, dass er seinen Lebensstil den neuen finanziellen Verhältnissen anpassen werde und sich einzuschränken wisse.

Jena hatte rund 5000 Einwohner, eine kleine Stadt, doch auch in einer kleinen Stadt konnten sich Fremde einsam fühlen. Er musste sich Freunde suchen, eine Gemeinschaft, die ihm einen Rückhalt bot. Vor diesem Problem standen auch andere Intellektuelle ohne Amt, ohne Auftrag oder Institution, sie mussten versuchen, sich mit Gleichgesinnten zu verbünden, damit sie nicht in sozialer und geistiger Isolation untergingen und dann in einem Brotberuf landeten, in dem keiner sie verstand, in sozialen Zusammenhängen, die gegen ihre Natur, gegen ihre Interessen waren. Absolventen des Tübinger Stifts gehörten zu denen, die sich nicht mit den einfachen Leuten

Jena

gemeinmachten, ihr berufliches Ziel war die sichtbare evangelische Kirche, und wenn sie diesen Weg mieden, dann konnten sie von einer unsichtbaren Kirche träumen, die ein Symbol war für einen neuen theologischen, religiösen und philosophischen Kontext, in dem sie sich gut aufgehoben fühlten und der sie als Idee wie eine kleine unsichtbare verschworene Gemeinde zusammenhielt und trug, bis sie etwas anderes, Stabiles gefunden hatten, im besten Falle eine gut dotierte Professur.

In Jena traf Hölderlin auf Dozenten, die nicht viel älter waren als er, darunter Friedrich Immanuel Niethammer, geboren 1766, der, wie Hölderlin, denselben Bildungsweg über Denkendorf, Maulbronn und das Stift genommen hatte, wo er Hölderlin, Hegel und Schelling hatte kennenlernen können. Mit 27 Jahren war Niethammer Dozent für Philosophie in Jena, 1795 gründete er das *Philosophische Journal einer Gesellschaft Teutscher Gelehrten*, das er zwei Jahre später zusammen mit Fichte herausgab, und stieg zur Lehrkraft an der Theologischen Fakultät auf. Der Beitrag, den Hölderlin für das Journal schreiben wollte, ist nie fertig geworden. Niethammer blieb sein Leben lang im Schutz der Ämter und war am Ende in Bayern Oberschulrat und Oberkirchenrat.

Fichte, acht Jahre älter als Hölderlin, war die intellektuelle Attraktion Jenas, ein Magnet im geistigen Leben, laut, selbstbewusst und draufgängerisch, ein Vorbild für die Jugend, die etwas suchte, sonst hätte sie nicht Philosophie studiert, sondern sich mit Botanik, Jura oder Bergbauwesen beschäftigt.

Die vier Monate, mehr waren es nicht, die Hölderlin in Jena blieb und in denen die Mutter sich verstärkt Sorgen um ihren eigensinnigen Sohn machte, vergingen mit Studien und Gesprächen. Abends besuchte er Fichtes Kollegium, und zu Schiller ging er so oft, wie er glauben mochte, dass er dem berühmten und bewunderten Mann nicht lästig fiele. Hölderlin lebte zurückgezogen und kümmerte sich um seine »Selbstbildung«, er wollte etwas aus sich machen, vor allem sich kennenlernen. Um Psychologie und Psychotherapie ging es dabei nicht. Eine Begegnung mit sich selbst, mit den eigenen Kräften und dem großen Ganzen, mit Ich, Geist, Welt, Natur und wie alles zusammenhing, boten auf ihre Weise die neuen Philosophen Kant und Fichte. Sie zu lesen hieß, sich selbst in der logischen Reinheit der Begriffe, im Spiegel eines unpersönlichen Allgemeinen kennenzulernen oder umgekehrt, sich selbst, gereinigt und geläutert durch die reinen Begriffe, in jenem Spiegel zu betrachten und sich der Welt einzufügen.

Die berühmten Geister unterhielten sich über die Köpfe der Menge hinweg, die von anderen Problemen geplagt wurden, und er wollte an diesem Gespräch teilnehmen. Der Ehrgeiz trieb ihn voran. »Gönnen Sie mir den ungestörten Gebrauch meiner Kräfte, der mir seit meiner frühen Jugend jezt beinahe zum ersten male zu Theil wird«, schrieb er seiner Mutter am 16. Januar 1795. Hatte er in seiner frühen Jugend schon über die Kräfte verfügt, die er jetzt gebrauchen wollte? Welche Kräfte, die sich nicht entwickeln mussten, sollten das gewesen sein, wenn nicht das Streben nach Unabhängigkeit von der Mutter, der Drang nach Freiheit? Er setzte seine Mutter unter Druck und machte ihr ein schlechtes Gewissen, damit sie ihn nicht unter Druck setzte und ihm kein schlechtes Gewissen machte. Er war fünfundzwanzig Jahre alt, ein Mann und noch ein Kind.

Hegel erklärte er schon am 26. Januar 1795, was ihm an Fichtes *Wissenschaftslehre* nicht einleuchtete, und schrieb ihm, dass er sich mit dem »Ideal einer Volkserziehung« beschäftige. Hegel, der sich doch »gerade mit einem Teil derselben«, mit der Religion auseinandersetze, möge ihm als Ansprechpartner dienen, dem er seine Gedanken vortragen könne. Von einer gründlichen Kritik Fichtes, mit der er sich ja auch hätte beschäftigen können, fiel kein Wort, als traute er seinen philosophischen Fähigkeiten nicht.

Mit der Erziehung eines Kindes war er gerade gescheitert. Jetzt sollte ein ganzes Volk zum Objekt von pädagogischen Ideen und Bemühungen werden. Er griff hoch hinaus und über Schiller hinweg, der ihm mit den *Briefen über die ästhetische Erziehung des Menschen* auf dem Weg zur Bildung eines Volkes vorangegangen war. Schiller war, genauso wie Fichte, bedeutend und berühmt genug, um einem jungen Anwärter auf Anerkennung im Reich der Geister zu Ansehen zu verhelfen, wenn der Neue es mit dem Vorbild aufnehmen konnte. Auch Schiller dachte in programmatischen Grundsätzen, mit denen er sich und anderen erklären konnte, wieso das, was er machte, nicht nur seinen Neigungen und Interessen, die zu verfolgen ihm Freude bereitete und mit denen er sich den Lebensunterhalt verdiente, entgegenkam, sondern auch denen als sinnvoll einleuchten würde, die sich mit unmittelbar nützlichen Dingen beschäftigten, wie Landwirtschaft, Handwerk, Medizin, Schulunterricht. Die sich herausbildende bürgerliche Gesellschaft der Berufe und des freien Marktes erwartete vom Intellektuellen, dass er erklären konnte, wieso seine Arbeit einen intellektuellen Nutzen auch für andere habe, sodass jeder in der Lage wäre nachzuvollziehen, warum ein Dichter, ein Philosoph für die luftigen Gebilde Geld und Auszeichnungen erhielt. Schiller gründete in diesem Zusammenhang, in dem die Gegenwart in Fragen und Antworten, Probleme und Lösungen zerfiel, die Zeitschrift *Die Horen*, er wollte versuchen, mit Aufsätzen über Kunst und Ästhetik heilsam auf ein Publikum zu wirken, dessen Seele in seinen Augen von Politik und Krieg absorbiert zu werden drohte. Die Zeitschrift erschien jeden Monat. Nach zwei Jahren musste er sie 1797 einstellen, weil sich zu wenig Leser fanden.

Hölderlin scheiterte mit der Ausarbeitung seines Aufsatzes, der über die *Briefe zur ästhetischen Erziehung des Menschen* hinausgehen sollte und in dem er seine Ideen zu einer Volkserziehung hätte darstellen können. Der Anspruch an sich selbst war höher als das, was er zu leisten vermochte, der Ehrgeiz stärker als seine Fähigkeiten. Oder war das Projekt vor allem der Konkurrenz mit seinem Vorbild geschuldet und den Erinnerungen an die Parole von der unsichtbaren Kirche?

Im Brief vom 13. April 1795 erklärte er seinem Stiefbruder, was es mit Kant und Fichte auf sich habe. Aber so wie er die Gedanken der beiden darstellte, schien es, als ließe sich mit ihnen vor allem rechtfertigen, dass er in Jena blieb und seinen Neigungen nachging, worin sie auch bestanden haben mochten, Träumen, Dichten, Leben. Die Philosophie war ihm nicht nur ein Reich abstrakter Gedanken, sondern eine Art Herausforderung, sie entsprach einerseits nicht ganz seinem Naturell, seinen Vorlieben und Fähigkeiten, anders als bei Hegel, der auch die Wirklichkeit nicht als Last empfand, vor der er hätte fliehen müssen, andererseits war sie für Hölderlin ein Weg, sich selbst zu deuten und sein Handeln zu legitimieren. Der kategorische Imperativ Kants sah in der Version, wie er sie dem Bruder darlegte, so aus, als würde diese Erfindung Kants dafür taugen, sich vor den Zumutungen der anderen Menschen zu schützen, und das hieß, er durfte in Jena bleiben, mochte die Mutter sagen, was sie wollte. Es gab eine Pflicht, sich selbst zu wollen, die eigenen Rechte wahrzunehmen, dem eigenen Zweck zu leben. Fichte rechtfertigte in Hölderlins Augen das zweckfreie Streben nach Bildung, eine Tätigkeit, die keinen praktischen Nutzen für die Welt hatte, so wie das Studium der Philosophie, das Hölderlin der Arbeit als Pfarrer vorzog. Auch die Erkenntnis, dass die eigenen intellektuellen Fähigkeiten vielleicht beschränkt waren und deswegen nicht aus jedem, der sich für Philosophie interessierte, ein bedeutender Philosoph wurde, schien dank Fichtes philosophischen Vorstellungen erträglich. Über mehr als ein Ich, das eine eigene Welt gebar, verfügte keiner. Das bedeutete, dass die Wahrheit nicht unabhängig von dem sein konnte, der sie fand, und dass es keine Wahrheit gab, die einer finden und ein anderer nachempfinden konnte, weil der Letztere dann eine Wahrheit akzeptierte, die nicht er selbst gefunden hatte, die nicht genuin von ihm stammte, was ihn ja von dem unterscheiden würde, der sie als Erster gefunden hatte. Nur die Kraft, die zwei Wesen vereinigte, die Liebe, ließ sie eine gemeinsame Wahrheit finden und empfinden. Die philosophische Erhöhung der Liebe, die Hölderlin vorschwebte, war nicht nur aus der Ideenwelt der christlichen Religion geboren, sie verriet auch die Sehnsucht eines jungen Mannes nach einer festen Bindung, die er aus freien Stücken eingehen und die, wenn es an ihm läge, ein Leben lang halten würde, wie bei einer großen Liebe. Im *Fragment von Hyperion*, das in Schillers *Neuer Thalia* 1794 erschien, trifft der Held auf die große Liebe, von der er seinem Freund erzählt: »Ach! mir – in diesem schmerzlichen Gefühl meiner Einsamkeit, mit diesem freudeleeren blutenden Herzen – erschien mir Sie; hold und heilig, wie eine Priesterin der Liebe stand sie da vor mir; wie aus Licht und Duft gewebt, so geistig und zart; über dem Lächeln voll Ruh' und himmlischer Güte thronte mit eines Gottes Majestät ihr großes begeistertes Auge, und, wie Wölkchen ums Morgenlicht, wallten im Frühlingswinde die goldnen Loken um ihre Stirne.

Mein Bellarmin! könnt ich dir's mittheilen, ganz und lebendig, das Unaussprechliche, das damals vorgieng in mir! – Wo waren nun die Laiden meines Lebens, seine Nacht und Armuth? die ganze dürftige Sterblichkeit?

Gewiß, er ist das höchste und seeligste, was die unerschöpfliche Natur in sich faßt, ein solcher Augenblick der Befreiung! Er wiegt Aeonen unsers Pflanzenlebens auf! Todt war mein irdisches Leben, die Zeit war nicht mehr, und entfesselt und auferstanden fühlte mein Geist seine Verwandtschaft und seinen Ursprung.«

In Jena traf Hölderlin den fünf Jahre älteren Isaac von Sinclair wieder, der in Tübingen Jura studiert hatte und jetzt hören wollte, was Fichte zu sagen hatte. Sinclair schwärmte für die Französische Revolution als Idee und fernes Ereignis, in deren Auseinandersetzungen er nicht seinen Kopf verlieren würde, und für Hölderlin. Die beiden jungen Männer wohnten im April und im Mai zusammen in einem einsam gelegenen Gartenhaus, eine Art Gründungsakt einer Freundschaft, die Jahre hielt.

Anfang Mai 1795 starb die Verlobte seines Freundes Neuffer, und es ist nicht auszuschließen, dass Hölderlin ihn trösten wollte und aus diesem Grund aus Jena abreiste. Auch das Geld wurde knapp. Am 22. Mai bat er seine Mutter um Rat, ob er eine Stelle als Hofmeister, die ihm angeboten worden war, annehmen solle. Er habe, bekannte er ihr, in der Fremde die »Heimath achten« gelernt, das hieß, in Jena mag er verstanden haben, dass es für ihn besser war, den eigenen poetischen Kräften zu vertrauen, statt intellektuellen Projekten zu folgen, die ihm letztlich fremd waren, die im Tiefsten nicht seiner Art entsprachen. Diese Erfahrung ließ sich in der Einsicht zusammenfassen, dass das Individuelle, das Eigene in der Fremde zu sich selbst findet. Die Philosophie, die er in Jena so intensiv betrieb, dass er mit dem Gedanken spielte, an die Universität zu gehen und Vorlesungen über Philosophie zu halten, war nicht die Geistesart, die er für sich suchte. Wenige Tage später verließ er Jena und kehrte nach Hause zurück.

Von Nürtingen schrieb er Schiller am 23. Juli 1795, als hätte es einiger Zeit bedurft, sich zu sammeln und zu überlegen, was er ihm sagen sollte, einen Brief. Die Nähe zu ihm, bekannte er dem großen Vorbild, habe ihn beunruhigt. »Ich war immer in Versuchung, Sie zu sehn, und sah Sie immer nur, um zu fühlen, daß ich Ihnen nichts sein konnte.« Diese Anhänglichkeit sei ihm heilig gewesen, er habe sie in Gedanken von allem, »was durch eine scheinbare Verwandschaft sie entwürdigen könnte«, zu trennen versucht. Ein Schüler schien sich von seinem Lehrer zu verabschieden, der ihm kein Lehrer mehr sein konnte, weil der junge Mann jetzt andere Wege ging, er war kein Schüler mehr in dem Sinne, dass er versuchte, dem Lehrer gleich zu werden, er kannte die Gemeinsamkeiten, aber er hatte auch die Unterschiede erkannt, die sie trennten und ihn abhielten, eine scheinbare Verwandtschaft vorzutäuschen. Die Zeit des Nacheiferns war offenbar vorbei. Er täuschte sich, so schnell, wie er es sich wünschte, kam er von Schiller nicht los.

Hegel in Bern, gleichsam in Quarantäne verbannt, um zu sich selbst zu finden, las Kant, dessen Gedanken, so schrieb er Schelling am 16. April 1795, auf eine »Revolution in Deutschland« hinauslaufen würden. Die Franzosen waren zu den Waffen geeilt und hatten die Bastille gestürmt, die Deutschen würden Kant studieren und die theologischen Ansprüche schleifen. Lag darin die ganze Revolution, mit der in Deutschland zu rechnen wäre? Hegel nahm sich vor, auch den viel diskutierten Fichte zu lesen. Philosophie, Religion und Politik, Denken, Glauben, Handeln, Geist, Gott und Gesetz bildeten für ihn eine Einheit. Die Ideen, »wie etwas sein soll«, hätten eine belebende Kraft auf die Menschen, die immer alles hinnehmen würden, wie sie es vorfänden. Zu den aufrüttelnden Ideen zählte er Freiheit, Vaterland, Verfassung, ein deutsches Dreigestirn, das dem französischen Bündnis von Freiheit, Brüderlichkeit, Gleichheit ähnelte. Bei allen Erkenntnissen, die durch das kantische System gewonnen würden, bliebe ein Rest, »eine esoterische Philosophie«, anders gesagt, »die Idee Gottes als des absoluten Ichs«. Er ahnte in Bern offenbar den Weg, den er einschlagen und der ihn über Kant hinausführen würde. Schillers Aufsatz über die ästhetische Erziehung des Menschen, den er in den *Horen* hatte lesen können, lobte er als »ein Meisterstück«.

Wenn er damals schon sah, was er philosophisch zu leisten hatte, dann wundert es nicht, dass er den Eindruck erweckte, er würde in einer Krise stecken. Spöttisch beklagte er sich im Brief an Schelling vom 30. August 1795 über die Behaglichkeit und die Lethargie der Köpfe, über die Bequemlichkeit der Geister, die im Strom der Zeit schwimmen würden, über die »Buchstabenmenschen und Sklaven« und »daß die Leute schlechterdings ihr Nicht-Ich nicht werden aufgeben wollen«. Über die eigenen Arbeiten sagte er nur, dass es nicht der Mühe wert sei, darüber ein Wort zu verlieren. Einerseits fühlte er sich eingeengt, seiner Ansicht nach kamen Veränderungen nur zustande, wenn intellektuelle Ansprüche gestellt und erfüllt wurden. Andererseits war er noch nicht bereit, einen Schritt nach vorne zu machen, sich öffentlich zu zeigen und sich an die »gute Sache« anzuschließen, wie es Schelling von ihm in einem Brief vom Januar 1796 forderte.

In Bern hat sich Hegel, soweit seine Jugendschriften darüber Auskunft geben, was ihn intellektuell interessierte, vor allem mit dem Christentum und mit der Religion beschäftigt. Wie Hölderlin war Hegel ein abtrünniger Theologe, aber ein religiöser Mensch, der sich nicht mit der Not der Zeit abfinden mochte, dass die Religion in die Hände der Theologen geraten war, sie war doch, wie es im ersten Satz seiner *Fragmente über Volksreligion und Christentum* heißt, »eine der wichtigsten Angelegenheiten unseres Lebens«. Von den Griechen hatte er, wie auch Hölderlin, gelernt, was es hieß, in einer Gemeinschaft zu leben, die von einem Geist beseelt war, der aus dem Herzen jedes Einzelnen zu kommen schien. Er wird dieses große Ganze Sittlichkeit nennen und sie über die Moralität des Einzelnen, und das heißt auch über Kants kategorischen Imperativ stellen, der aus der kalten Vernunft resultierte. Eine solche neue Einheit schwebte ihm für die Zukunft vor, eine neue Volksreligion, die Gemeinsamkeit stiftete unter den Menschen und zwischen objektivem Geist und subjektivem Herzen, zwischen Philosophie und Religion. Dass er sich in seinen Jugendschriften mit Fragen der Religion beschäftigte, ist kein Zufall, im Gegenteil, hier liegt der Kern seines späteren Philosophierens, als eines umfassenden Versuchs, eine Art Religion der Vernunft zu etablieren. Er dachte, und damit wandte er sich gegen Kant und die rationalistische, kritische Philosophie, an eine Vernunftreligion, mit der die Säkularisierung der Begriffe, die einst aus der Religion entstanden und in die Philosophie gewandert waren, wie Gott, Logos, Geist, rückgängig gemacht werden konnte. Die Philosophie, das wird sein Arbeitsprogramm, musste aus der Religion, nicht aus der Theologie und ihren Dogmen, neu entwickelt werden. »Gott ist allein im reinen spekulativen Wissen erreichbar und ist nur in ihm und ist nur es selbst, denn er ist der Geist, und dieses spekulative Wissen ist das Wissen der offenbaren Religion«, wird es etwas mehr als ein Jahrzehnt später in der *Phänomenologie des Geistes* heißen.

Einheit ist das Fundament, auf dem das Reich Gottes, auf dem die unsichtbare Kirche zu errichten war, von der Hegel und Hölderlin träumten. Hegel musste, um dahin zu gelangen, alle Differenzen, Unterschiede, Gegensätze und Widersprüche auflösen, indem er sie als Momente eines geschichtlichen Prozesses darstellt, in dessen Verlauf sich die Vernunft, die sich ihrer selbst als Einheit von Denken und Sein, als Logik bewusst wird, selbst darlegt und erkennt. Als er das geschafft hatte, lagen Kant, von dem jetzt alle sprachen, und Fichte, um den sich die Jugend scharte, weit hinter ihm und hatte er die ganze moderne Philosophie seit Descartes über den Haufen geworfen und einen neuen Anfang gesetzt für eine andere Art von Rationalität, für ein Wissen höherer Ordnung. Dass es, um dahin zu gelangen, nicht reichen würde, nur aufzunehmen, was schon vorlag, nur zu wiederholen und weiterzuführen, was gedacht worden war, hat er in den frühen *Fragmenten über Volksreligion und Christentum* schon gewusst: »Wer nur diesen allgemeinen Bau kopiert, von ihm nur für sich sammelt, wer nicht in sich selbst und aus sich selbst ein eigenes Häuschen baut zu seiner Belohnung mit dem Dach- und Fachwerk, wo er ganz einheimisch ist, wo er jeden Stein wo nicht ganz aus dem Rohen gearbeitet, doch ihn zurechtgelegt, ihn in den Händen herumgeführt hat, – der ist ein Buchstabenmensch, der hat nicht sich selbst gelebt und gewebt.«

Nicht auszuschließen aber ist, dass Hegel in Bern nicht nur deswegen melancholisch wurde, weil er nicht wusste, ob seine Kräfte für seine Ambitionen reichen würden, sondern auch, weil er hier eine vollständige, intakte Familie erlebte. Jeden Tag wurde ihm der Verlust seiner Mutter vor Augen geführt. Die Entwicklung seines Geistes, der einen Schwarm von unermüdlichen Auslegern und Bewunderern anziehen wird, stand unter dem Zeichen der Trauer, des Weiterlebens im Vergehen, des Todes im Leben.

Spezialist und Automat

Weltweit gibt es wahrscheinlich ein paar Hundert Hegel-Spezialisten und ein paar Tausend Hegel-Kenner, und solange an Universitäten Hegel-Seminare angeboten werden, ist es ausgeschlossen, dass die Diskussion über Hegels Werk, wie was zu verstehen sei, ein Ende finden wird. Die Universitäten produzieren den wissenschaftlichen Nachwuchs, der sich um Hegel bemühen wird. Das ist bei Hölderlin nicht anders. Hegels Werk ist, wie alle anderen komplizierten Theorien, ob aus der Mathematik, der Physik, der Rechtskunde, der Wirtschaftswissenschaft, Teil einer Experten-Kultur geworden, nur wenige sind intellektuell in der Lage, hier mitzuhalten und die Gedanken zu stemmen. Hegel hat gewusst, dass sein Werk, wie auch dasjenige Kants, Schellings, Fichtes, nur einem kleinen Kreis von Begabten und Interessierten zugänglich ist, die seinen

Gedanken folgen können oder die versuchen, sie zu verstehen. Vielleicht wird er auch in schwachen Augenblicken davon ausgegangen sein, dass es nicht ausgeschlossen sei, von einem der Nachfolger in irgendeinem Problem, aber niemals im Ganzen, widerlegt zu werden. Die Zeit stand ja nicht still, nachdem er sein letztes Wort zu Papier gebracht hatte. Was immer er über die Zukunft gedacht haben mag, seine Vorstellungen wurden von den Ereignissen überrollt, so wie eine heftige Welle Sandburgen am Strand wegschwemmt. Er hatte, trotz der linearen Philosophie der Geschichte, die er sich zurechtgelegt hatte, keine Ahnung, was kommen würde. Die Dimensionen des Schreckens und des technischen Fortschritts im zwanzigsten Jahrhundert übertrafen alle seine möglichen Einbildungen. Hegel-Spezialisten, die ihre Aufgabe nicht darin sehen, Hegel zu widerlegen und sein Werk durch eine andere Philosophie zu ersetzen, überspringen die Zeit, die zwischen ihnen und ihm liegt und als Einwand oder, vorsichtiger gesagt, als Vorbehalt gegen sein Werk gedeutet werden könnte, und begeben sich gleichsam mit leeren Händen zu ihm zurück, sie kontextualisieren ihn, das heißt, sie stellen ihn in das Umfeld philosophischer Probleme, auf die er reagiert, die er zu beantworten und zu lösen versucht hat, und dann landen sie bei Kant. Hegel-Spezialisten sind Kant-Spezialisten, insofern Hegel sich von Kant herausgefordert fühlte und ihn überwinden wollte. Wer die Entstehung und Entwicklung von Hegels Werk so sieht, der nimmt sie ganz und gar von der philosophischen, analytischen, logischen Seite, und es stellen sich dann eine Reihe von Fragen, ob Hegel, so überragend sein Geist auch war, Kant richtig verstanden hat, welche Probleme, die Kant nicht gelöst hat, er lösen wollte und ob er das geschafft hat. Der Hegel-Spezialist steht zwischen Kant und Hegel und verfolgt den Transfer von Gedanken, eine für Laien sehr komplizierte Aufgabe, die letztlich zu einem Urteil darüber führen kann, ob Hegel seinen eigenen

Ansprüchen gerecht geworden ist und es ihm gelungen ist, eine monistische Theorie aufzustellen, das heißt eine alles, Welt, Geist, Wirklichkeit, Gott, Wahrheit, Mensch, Natur, Geschichte, Kunst, Recht, Moral, umfassende Philosophie vorzulegen.

Was Hegel durch die Vernunft, durch das Denken erschaffen wollte, Geborgenheit in einer lückenlosen Totalität, das hatten zum letzten Mal tiefreligiöse Gemüter gespürt, die ihr Leben in Gottes Hand legten und dem Wort der Bibel vertrauten. Die Vernunft, die sich selbst und mithin alles, oder umgekehrt, die alles und mithin sich selbst erklärt, gleicht der Offenbarung Gottes in der Welt, die er selbst erschaffen hat. Es liegt auf der Hand und sei dennoch gesagt, dass Hegels Philosophie als Versuch gelesen werden kann, den Satz des Johannesevangeliums: Am Anfang war das Wort, der Geist, der Logos, eben durch Wort, Geist, Logos zu erklären, als Arbeitsprogramm anzunehmen. In der frühen Schrift über den *Geist des Christentums* heißt es: »Der Anfang des Evangeliums des Johannes enthält eine Reihe thematischer Sätze, die in eigentlicherer Sprache über Gott und Göttliches sich ausdrücken; es ist die einfachste Reflexionssprache zu sagen: Im Anfang *war* der Logos, der Logos *war* bei Gott, und Gott *war* der Logos; in ihm *war* Leben. Aber diese Sätze haben nur den täuschenden Schein von Urteilen, denn die Prädikate sind nicht Begriffe, Allgemeines, wie der Ausdruck einer Reflexion in Urteilen notwendig enthält; sondern die Prädikate sind selbst wieder Seiendes, Lebendiges; auch diese einfache Reflexion ist nicht geschickt, das Geistige mit Geist (prüfen) auszudrücken. Nirgend mehr als in Mitteilung des Göttlichen ist es für den Empfangenden notwendig, mit eigenem tiefen Geiste zu fassen; nirgend ist es weniger möglich zu lernen, passiv in sich aufzunehmen, weil unmittelbar jedes über Göttliches in Form der Reflexion Ausgedrückte widersinnig ist und die passive, geistlose Aufnahme desselben nicht nur den tieferen Geist leer läßt, sondern auch den

Verstand, der es aufnimmt und dem es Widerspruch ist, darum zerrüttet; diese immer objektive Sprache findet daher allein im Geiste des Lesers Sinn und Gewicht, und einen so verschiedenen, als verschieden die Beziehung des Lebens und die Entgegensetzung des Lebendigen und des Toten zum Bewusstsein gekommen.«

Eine strikt antipsychologische Einstellung wird darüber hinwegsehen, dass es eine affektive Nähe zu Problemen geben muss, die sich nur vorderhand als philosophische zeigen, dass ein Herz im Spiel und nicht nur ein Geist am Zug ist, Motive und nicht nur Gründe. Wusste Hegel, was und warum er etwas tat, dachte? Seine Philosophie mochte ihm dazu dienen, jeden Zweifel auszuräumen, dass für ihn Motive letztlich nur Gründe waren, dass er sich selbst am besten kannte. Hatte er nicht nachgedacht über Psychologie, Seele, Gemüt, Verzweiflung, Selbstbewusstsein? Als Philosoph war er eine Art Therapeut seiner selbst, einer, der sich selbst auf die Schliche kam, der über sich Bescheid wusste, die Tücken, Ausreden, Schleichwege, die Lügen und die Heuchelei des Geistes kannte, der noch nicht zu sich, zur Vernunft gekommen war. Er hat sich mit seinem Werk einer Gemeinschaft gezeigt, der er sich zugehörig fühlte, vor Freunden, Gelehrten, Philosophen, Deutschen, vor dem Volk, auch wenn die Mehrzahl ihn nicht lesen und nicht verstehen würde, er hat sich auf diese Weise gleichsam materialisiert, zu dem gemacht, der er war und, das ist das Risiko bei dieser Geschichte, in den Augen der anderen sein würde. Sein öffentliches Denken war öffentliches Handeln, durch das er sich mit einer Gemeinschaft verband, die ihn prompt nicht ignorierte, sondern als kritischen Geist anerkannte, die ihm eine Professur verschaffte, ihn mit Auszeichnungen ehrte.

Geblieben sind die Hegel-Spezialisten, ein Werk und sein Ruhm, die Anerkennung durch Experten, und ein unerschlossenes Herz, das irgendwann, in Kindheit oder früher Jugend, von einem bestimmten Selbstgefühl und Weltgefühl durchdrungen gewesen sein muss, von einem Wunsch und einer Sehnsucht, deren Erfüllung sein Leben sein konnte. Andernfalls gliche Hegel einer Anhäufung von Begabungen, die darauf warteten, sich vor Problemen zur bewähren. Er hätte sich darauf wie ein Automat zubewegt und wie ein Automat auf Fragen mit Antworten reagiert, weil er über genügend intellektuelle Energie und Kraft verfügte. Doch die Fähigkeiten, eine Aufgabe zu lösen, sind nur notwendige Bedingungen, die Aufgabe in Angriff zu nehmen, sie erklären nicht, warum er es gemacht hat. Er hätte ja umkehren und sich etwas anderes vornehmen können. Er hätte ja sagen können: Gut, so sieht die Sache aus, aber ich möchte mich nicht darauf einlassen. Fern der Argumente, die fallen werden und ihn mit der Aufgabe verbinden, muss es etwas gegeben haben, das ihn dort stehen und nachdenken ließ, ein tiefer Reiz, eine ungeahnte Lust, eine emotionale Notwendigkeit, etwas, das ihn bannte, ein Gefühl, dass genau hier seine Aufgabe liege, die mehr als eine Aufgabe im schlichten Sinne war, sondern so etwas wie eine Form, in die er passte, als wäre sie für ihn gemacht, als würde sie ihm entsprechen.

Er hatte, ließe sich sagen, beruflich keine andere Chance, als sich irgendwo intellektuell zu qualifizieren, am besten auf jenem Gebiet, wo er sich auskannte. Das war die Philosophie. Und er musste das auf eine Weise machen, durch die er sich für die universitäre Laufbahn auszeichnete, er musste Artikel, ein Buch schreiben. Da er mit seinem ersten Buch, dessen Niederschrift er sich nur widmen konnte, weil er von seinem Vater Geld geerbt hatte, nicht weit kam, keine Universität ihm ein Angebot machte, griff er in der finanziellen Not nach jedem Strohhalm, der sich ihm bot, er wurde Redakteur, dann Lehrer. Er scheint sich um solche Posten nicht früher beworben zu haben, und er hat sie dann auch, sobald die Universität winkte, wieder aufgegeben. Auch große Geister mussten einen Beruf ergreifen und sich den Gesetzen der bürgerlichen Gesellschaft unterwerfen, dass sich eine Existenz nur fristen ließ, wenn Geld verdient wurde. Nur dem Philosophen schien es vergönnt, seinen Beruf dahingehend auszubauen, dass er einen Überblick über alles bewahren konnte. Er war der Stellvertreter des Allgemeinen, zuständig für die Gemeinschaft, nicht als Gesetzgeber, nicht als Seelsorger, sondern als ihr lebendiger Begriff. Er, vor allem wenn er Hegel hieß, sagte, was die Gemeinschaft, die bürgerliche Gesellschaft in ihrer Verbindung mit dem Staat, zusammenhielt, und er würde, wenn seine Philosophie sich durchsetzte, eine neue Gemeinde der Wissenden schaffen, die keinen Gesetzestafeln folgen, keinen Vorschriften blind nacheifern würde, sondern aus eigenem Vermögen den Geist der Zeit verstanden hätte.

Kapitel 3

Der Nabel und das Ende der Welt

Vereinigung und Vereinzelung

Mitten im Winter, Ende Dezember 1795, kam Hölderlin nach Frankfurt am Main und stellte sich dort der Familie Gontard vor, die ihn als Hofmeister in ihre Dienste nahm. Der junge Mann wird sich sicherlich nicht mit dem Elan auf den Weg in die Stadt am Main gemacht haben, der Berufsanfänger beflügelt, wenn sie glauben, im Sinne ihrer Karriere zu handeln. Er hatte Dozent für Philosophie werden wollen und landete jetzt wieder als Lehrer in der Kinderstube. Die Begeisterung für die neue Arbeitsstelle wird erst aufgeflackert sein, als er die Frau seines Dienstherrn sah. Frankfurt war der Wendepunkt seines Lebens, das hier völlig aus der Bahn geriet.

Susette Gontard, ein Jahr älter als Hölderlin, war Mutter von vier Kindern, einem Sohn und drei Töchtern. Ihr Mann verdiente viel Geld als Bankier. Der Junge, den Hölderlin unterrichten sollte, war acht Jahre alt, in jenem heiklen Alter, in dem die aufkeimende Vernunft im Spiel mit der dominanten Lust und einem ausgeprägten Sinn für Unsinn sehr schlechte Karten hat. Susette Gontard war siebzehn gewesen, als sie den Sohn auf die Welt brachte, ihr Mann, fünf Jahre älter als sie, zweiundzwanzig, ein junges Paar, das sich offensichtlich in den bürgerlichen Verhältnissen gut zurechtfand. Sie hatte eine Vorstellung davon, wer der neue Lehrer ihrer Kinder war, sie hatte das *Fragment von Hyperion,* das in Schillers *Neuer Thalia* erschienen war, gelesen. Das schien für beide Seiten eine gute Voraussetzung zu sein, sie konnte sich auf den fremden Mann, der in ihrem Haus wohnen würde, schon vorab etwas einstellen, und er hätte damit rechnen können, dass er nicht wie ein beliebiger Bediensteter behandelt würde, sondern wie ein Dichter, der eine Stelle antreten musste, für die er sich eignete, für die er aber mit seinen Begabungen und Zielen nicht geschaffen war. Aus Erzählungen jenes Freundes, der ihm die Stelle verschafft hatte, wusste er von der Schönheit und Anmut der jungen Hausherrin. Susette Gontard muss der ersten Begegnung mit dem neuen Hofmeister mit großen Erwartungen entgegengesehen haben, und die Vermutung liegt nahe, dass diese großen Erwartungen wie ein roter Teppich vor ihm ausgerollt waren, als er sich dem Haus näherte, in dem er leben und unterrichten sollte. Das Schicksal stand unsichtbar an die Hauswand gelehnt und sah die beiden aufeinander zugehen und sich in eine Geschichte verwickeln, die tragisch enden sollte. Zum ersten Mal in Hölderlins Leben würden Dichtung und Wirklichkeit sich berühren und in den Armen liegen, und diese Erfahrung, der Held einer Geschichte zu werden, die er in seinem Roman erzählt hatte, in der Realität zu wiederholen, was er im Roman vorweggenommen zu haben schien, und dort draußen, im wahren Leben, jenen Menschen zu finden, den er in seinem Roman erschaffen hatte, hat nicht nur ihn und sie überfordert, sie hätte auch andere Gemüter erschüttert oder irritiert.

Hölderlin und Susette Gontard, ein schwärmerischer und ehrgeiziger Dichter, der etwas haltlos war und nicht recht wusste, wohin es mit ihm gehen würde, und eine früh und heftig in die Mutterschaft und ins beschränkte häusliche Dasein getriebene junge Frau, die noch gar keine Zeit gefunden hatte, ihren Sehnsüchten nachzuhängen und sie zu leben, sehen sich jetzt gleich im Morgenglanz ihres Lebens, sie kommen sich Schritt für Schritt näher, als neigten sich Baumwipfel aus unerfindlichen Gründen einander zu, sie begrüßen sich, der Hausherr ist da, Hölderlin lernt die Kinder kennen, ihm wird seine Kammer gezeigt, und dann beginnen die Tage, in denen sie sich im anderen finden werden wie in einem Spiegel, die großen Erwartungen, die sie hat, sind immer mit von der Partie und wecken seine Sehnsüchte, mehr zu sein als ein Hauslehrer, sich zu zeigen, Seele, Herz, Geist. Und dann, als Dichtung und ein anderes Leben sich ineinander verwirren, die Begeisterung die Grenzen durchlässig macht und die beiden heraushebt aus der Welt, die um sie herum ist und sie immer wieder zurückholt auf den Boden der Konventionen und sozialen Unterschiede, haben sie sich auch schon ineinander verliebt.

Was immer die beiden von unerfüllten Lebenswünschen, Träumen, Bedürfnissen nach Nähe, Liebe, Sexualität angetriebenen Menschen sich bei diesem Abenteuer gedacht haben mögen, die Affäre zwischen der Dienstherrin und dem Hofmeister konnte nicht gut ausgehen, wenn die beiden nicht von selbst ihrem Glück rechtzeitig ein trauriges, aber würdiges Ende bereiteten und voneinander Abschied nahmen. Sie sehen sich jeden Tag, sie suchen die Nähe des anderen, sie bilden eine Art in sich geschlossene Weltkugel, die durch den Alltag rollt und versucht, nirgendwo anzustoßen, nur um keinen Lärm zu machen, nicht aufzufallen und dann irgendwo in einem geheimen stillen Winkel zu landen, wo sie Augenblicke der gemeinsamen Einsamkeit genießen. Sie schütteten sich sicherlich ihre Herzen aus, in einem Furor des gegenseitigen Verstehens, dass sie endlich den ersehnten Menschen gefunden hatten, der sie im vollen Glanz der Anerkennung und Liebe spiegelte und dadurch ins Glück erlöste. Von diesen gemeinsamen Tagen, von diesen Tagen einer ungeahnten Gemeinsamkeit, als die großen Erwartungen und die großen Hoffnungen sich aneinander stillten, dass zwei Menschen einander Erfüllung sind, werden sie ihr restliches Leben zehren.

Sie hätten vernünftig sein sollen, sie hätten sich trennen sollen. Aber das taten sie nicht, auch nicht, als die Geschichte aufflog.

Der Ehemann war eifersüchtig, er fühlte sich hintergangen und blieb nicht gelassen, als er die Neigung seiner Frau zum Lehrer seiner Kinder entdeckte. Er tat, was er sich, seiner

Familie und seinem Ansehen in der Stadt schuldig war, es sollte doch ein Hofmeister nicht kommen und sein erfolgreiches Leben durcheinanderbringen, dessen Glück ja auch, wie hätte es anders sein können, auf dem vielen Geld gebaut war, das er verdiente und von dem noch der Hofmeister lebte, solange er im Haus war. Im September 1798 musste Hölderlin die Familie verlassen. Er wurde vor die Tür gesetzt. Das Schicksal lehnte an der Hauswand und sah den gedemütigten und verzweifelten Dichter, der die verachtungsvollen, erniedrigenden Worte des Hausherrn noch im Ohr hatte, von dannen ziehen und hörte die Hausfrau in ihrem Zimmer schluchzen. Herr Gontard schloss die Haustür und beendete damit, so glaubte er, eine schwärmerische Affäre, die nicht einmal, es handelte sich hier um einen Hofmeister, einen Bediensteten, eine Affäre genannt zu werden verdiente.

Isaac von Sinclair, der Freund aus den einsamen Tagen im Gartenhaus in Jena, der im nahe gelegenen Bad Homburg für den dortigen Landgrafen arbeitete, sah das Leid, sah die Tragödie und holte Hölderlin daraufhin zu sich in die kleine Stadt. Der unglücklich verliebte Dichter, einmal mehr von den bürgerlichen Verhältnissen zutiefst verletzt, bezog eine eigene Wohnung, wo er die Liebe und den Schmerz, wäre es nach seinem Freund gegangen, hätte vergessen sollen, aber nicht vergaß. Im Gegenteil, die Trennung rief die Sehnsucht nach einer Vereinigung wieder wach, das verlorene Glück klebte an den Erinnerungen und wollte nicht aufgeben, und die Phantasie wühlte sich durch alle Hindernisse, die den beiden Liebenden in den Weg gelegt wurden. Hölderlin traf sich weiterhin heimlich mit Susette Gontard, unter beschämenden komplizierten Umständen und unter Wahrung eines ausgeklügelten kindischen Warnsystems, das nur Seelen ertragen, die über der Aussichtslosigkeit ihres Tuns alle Maßstäbe für Würde, Selbstachtung und Selbsterhaltung verloren zu haben scheinen. Nicht dass er zu ihr gekrochen wäre, weil er sich ihrer unwürdig fand, er kam auf allen vieren, weil er nicht entdeckt werden wollte, er schlich sich an wie ein Dieb. Ob es nur Liebe war, die beide aneinanderfesselte, oder nicht auch eine Form von Depression und Hoffnungslosigkeit, wenn zwei einander eine letzte hilfreiche Hand sind, ein unerwartet großes gemeinsames Fühlen?

Im Mai 1800 sah er Susette Gontard zum letzten Mal. Dass die Geschichte zwischen ihnen aussichtslos war, hätte er vom ersten Tag an wissen können. Seine Geliebte, Mutter von vier Kindern, gehörte zum angesehenen Bürgertum der Stadt Frankfurt, und er war nicht mehr als ein kleiner dichtender Hofmeister mit einer weiten Seele, großen Gefühlen und vagen Plänen. Im Juni verließ er Bad Homburg, ein schwacher Liebhaber, der geschlagen das Feld räumte, ein müder Mann mit dreißig Jahren, der eine ungewisse Zukunft vor sich hatte. Er ging nach Stuttgart zu Christian Landauer, der ihn als Privatlehrer bei sich zu Hause aufnahm, um ihn auf diese Weise vor dem Zugriff der Kirche in Schutz zu nehmen.

Im Januar 1797 trat Hegel eine Stelle als Hofmeister bei dem Weinhändler Gogel in Frankfurt am Main an, einem Verwandten der Gontards. Er hat zwei Jungen im Alter von acht und neun Jahren zu unterrichten. Hölderlin hatte ihm das neue Arbeitsverhältnis vermittelt. Die beiden waren zusammen in Frankfurt von Januar 1797 bis September 1798, über anderthalb Jahre, genug Zeit, um Gemeinsamkeiten zu intensivieren, Differenzen auszutragen oder auf Distanz zu gehen, weil die Unterschiede sich nicht überbrücken ließen. Der Weg zu Fuß von Bad Homburg nach Frankfurt dauerte drei bis vier Stunden, da ging fast ein halber Tag drauf, wenn sie sich nur für ein Gespräch gesehen haben. Von September 1798, als Hölderlin das Haus der Gontards verlassen musste, bis Juni 1800, als er nach Stuttgart ging, könnten sie sich immer wieder getroffen haben, auch auf halbem Weg. Hölderlin war ein begeisterter Wanderer, und er konnte über seine Zeit verfügen. Im April 1797 war der erste Band einer neuen Fassung seines Romans unter dem Titel *Hyperion oder Der Eremit in Griechenland* erschienen, Ende Oktober 1799 kam der zweite Band heraus. Im Sommer 1799 saß Hölderlin an den Plänen für ein Zeitschriftenprojekt, das den Namen *Iduna* tragen sollte. Er brauchte dringend Geld, schon deshalb, um in der Nähe seiner Geliebten bleiben zu können. Das Projekt, an das er große Hoffnungen gehängt hatte, scheiterte, er fand keine bedeutenden Mitarbeiter, wie Schiller, Goethe oder Schelling, deren Mitarbeit in den Augen des Verlegers eine hohe Auflage garantiert hätte. Wie sollte aus ihm ein berühmter Dichter werden, wenn er keine Mittel fand, sich der Öffentlichkeit zu zeigen und sich seinen Platz in den aktuellen Diskussionen zu erobern, damit die Mitstreiter und Konkurrenten sahen, dass er da war und dass sie mit ihm rechnen mussten?

In Bad Homburg lebte er vom Honorar für seinen Roman und machte das, was ihm am Herzen lag, er schrieb Gedichte und beschäftigte sich von Juli 1797 an mit einem Trauerspiel über den griechischen Philosophen und Staatsmann Empedokles, der sich in seinem Drama in den Ätna stürzt. Konnte Selbstmord eine Lösung für Probleme sein, die das Leben stellte, das, wie im Falle des Empedokles, in einer schwierigen Lage steckte, weil die Hoffnungen eines Volkes, die Notwendigkeiten der Politik und die Besonderheiten der eigenen Psyche fast unlösbar ineinander verwickelt schienen? Das Drama vom Sinn des selbstgewählten Opfers eines Philosophen und Volksführers, von der Notwendigkeit der Tragödie im Untergang als der einzigen Möglichkeit zur Versöhnung im Werden, liegt in mehreren Fassungen vor und blieb, allen intellektuellen und dichterischen Anstrengungen zum Trotz, Fragment. Hölderlins Ansprüche an eine geschichtsphilosophische Dichtkunst waren, wie die kleine theoretische Schrift »Grund zum Empedokles«

belegt, hochgesteckt, seine Fähigkeiten, in die sich eigene seelische Konflikte und Probleme, die Suche nach Anerkennung und Autonomie sowie der Sog zur Selbstaufgabe und Unterwerfung wie unüberwindbare Hindernisse mischten, hinkten ihnen hinterher. Wie hoch ist der Ton gestimmt in dem in jenen Jahren entstandenen Gedicht »Der Tod fürs Vaterland«, das einer fatalen Autosuggestion gleichkommt:

Du kömmst, o Schlacht! schon woogen die Jünglinge
Hinab von ihren Hügeln, hinab in's Tal,
Wo kek herauf die Würger dringen,
Sicher der Kunst und des Arms, doch sichrer

Kömmt über sie die Seele der Jünglinge,
Denn die Gerechten schlagen, wie Zauberer,
Und ihre Vaterlandsgesänge
Lähmen die Kniee den Ehrelosen.

O nimmt mich, nimmt mich mit in die Reihen auf,
Damit ich einst nicht sterbe gemeinen Tods!
Umsonst zu sterben, lieb' ich nicht, doch
Lieb' ich, zu fallen am Opferhügel

Für's Vaterland, zu bluten des Herzens Blut
Für's Vaterland – und bald ists gescheh'n! Zu euch,
Ihr Theuern! komm' ich, die mich leben
Lehrten und sterben, zu euch hinunter!

Wie oft im Lichte dürstet' ich euch zu seh'n,
Ihr Helden und ihr Dichter aus alter Zeit!
Nun grüßt ihr freundlich den geringen
Fremdling und brüderlich ists hier unten;

Und Siegesboten kommen herab: Die Schlacht
Ist unser! Lebe droben, o Vaterland,
Und zähle nicht die Toten! Dir ist,
Liebes! nicht Einer zu viel gefallen.

Dabei richteten sich seine privaten Wünsche, die sich nicht an der Zeit und deren Erfordernissen wund rieben, auf andere, idyllische Gefilde, wie er sie in dem Gedicht »Abendphantasie« mit melancholischer Naivität ausbreitet, die mit der eigenen Tragik als einem erfolglosen Dichter zu kokettieren scheint:

Vor seiner Hütte ruhig im Schatten sizt
Der Pflüger, dem Genügsamen raucht sein Heerd.
Gastfreundlich tönt dem Wanderer im
Friedlichen Dorfe die Abendgloke.

Wohl kehren izt die Schiffer zum Hafen auch,
In fernen Städten, fröhlich verrauscht des Markts
Geschäfft'ger Lärm; in stiller Laube
Glänzt das gesellige Mahl den Freunden.

Wohin denn ich? Es leben die Sterblichen
Von Lohn und Arbeit; wechselnd in Müh' und Ruh'
Ist alles freudig; warum schläft denn
Nimmer nur mir in der Brust der Stachel?

Am Abendhimmel blühet ein Frühling auf;
Unzählig blühn die Rosen und ruhig scheint
Die goldne Welt; o dorthin nimmt mich,
Purpurne Wolken! und möge droben

In Licht und Luft zerrinnen mir Lieb' und Laid! –
Doch, wie verscheucht von thöriger Bitte, flieht

Der Zauber; dunkel wirds und einsam
Unter dem Himmel, wie immer, bin ich –

Komm du nun, sanfter Schlummer! zu viel begehrt
Das Herz; doch endlich, Jugend! verglühst du ja,
Du ruhelose, träumerische!
Friedlich und heiter ist dann das Alter.

Hölderlin kam mit sich nicht ins Lot, in ein lebensdienliches Gleichgewicht. Vollendung der vorgenommenen Lebensbahn, Einklang und Ruhe in sich, Erfüllung des eigenen Gesetzes in den ihm zukommenden Grenzen war für ihn nicht vorgesehen. Er würde, bei allen poetischen Leuchtfeuern und gelungenen Ausnahmen, bei allen vollendeten Gedichten, in Fragmenten enden, bevor er im Turm verschwand.

Hegel, den keine Stimmungen davontrieben, der eine zentrifugale Kraft besaß, einen festen Bestand aus Erkenntnisvermögen und Gedächtnisleistung, Erforschen und Erinnern, suchte nach einer umfassenden Einheit, die die disparaten Dinge der Welt, sei es Geist und Natur, Freiheit und Notwendigkeit, Glaube und Vernunft, zusammenhielt und das Leben nicht in Einzelheiten, Zufall und Ereignis zerfallen ließ, die nicht mehr vermittelbar und integrierbar waren, wie ein Schicksalsschlag, ein tragischer Tod. Die Idee, der Geist konnten, wie einst die Religion, einen Sinn stiften, der durch Trümmer, Trostlosigkeit und Trauer hindurchging. In den ersten Entwürfen einer *Einleitung zur Verfassungsschrift* aus dem Jahr 1799/1800 heißt es: »Der Stand des Menschen, den die Zeit in eine innere Welt vertrieben hat, kann entweder, wenn er sich in dieser erhalten will, nur ein immerwährender Tod oder, wenn die Natur ihn zum Leben treibt, nur ein Bestreben sein, das Negative der bestehenden Welt aufzuheben, um sich in ihr zu finden und genießen, um leben zu können.«

Anonym veröffentlichte er 1798 eine Übersetzung der Briefe eines Schweizers über die ehemaligen politischen Rechte des Waadtlandes gegenüber der Stadt Bern, die er mit Anmerkungen versah, ein Dokument politischen Aufbegehrens. Er schrieb eine Flugschrift, warum das württembergische Volk seine Magistrate selbst wählen sollte, ein Dokument des Verständnisses für politische Möglichkeiten und Realitäten, das er in der Schublade verschwinden ließ, weil Freunde ihm sagten, die Zeit sei für eine Publikation nicht günstig. Und er setzte seine religionsgeschichtlichen Studien über das Christentum und das Judentum fort, seine historische und philosophische Suche nach einer Idee, die eine Gemeinschaft stiften, nach einem Geist, der auf alle niederfahren und sie zusammenführen könnte.

Die beiden abtrünnigen Theologen mit einem starken religiösen Herzen waren 27 Jahre alt, als sie sich in Frankfurt wiedersahen. Nichts hatte sich in ihren bürgerlichen Verhältnissen geändert, sie waren Bedienstete in Privathaushalten, sie hatten nicht geheiratet und keine Kinder in die Welt gesetzt, sie hatten keinen ihren Wünschen und ihren Interessen angemessenen Beruf gefunden und wohnten nicht einmal in einer eigenen Wohnung. Sie lebten in der Hoffnung, dass sie ihren Weg finden würden. Viele Möglichkeiten boten sich ihnen nicht. Als wollten sie noch einmal die Karten mischen, hielten sie sich in einer Art beruflichem Zwischenstadium auf. Aber die Zeit rannte ihnen davon.

Sie waren an das Haus, in dem sie als Hofmeister arbeiteten, gebunden und wussten, dass sie sich nur mit den eigenen Kräften aus dieser prekären Lage ziehen konnten, die sie ertrugen, weil es ihnen gelang, zwei Leben zu führen. Öffentlich waren sie Bedienstete, aber im Geheimen waren sie Intellektuelle, sie mussten einerseits den Vorschriften und Regeln des Hausherrn folgen und arbeiteten andererseits im Stillen daran, diesen

Vorschriften und Regeln zu entkommen. Wenn ihnen ein neues Leben gelingen sollte, dann mussten sie etwas wagen, das ihnen die Aufmerksamkeit der gelehrten Welt sicherte, sie mussten etwas Bedeutendes schreiben. Aufmerksamkeit allein aber würde nicht ausreichen, sie brauchten die Anerkennung der gelehrten, der gebildeten Welt, nur dann würde ihnen dort ein Platz eingeräumt werden. Auch um diese Schwierigkeiten wird es in den Gesprächen der beiden Freunde gegangen sein, wenn sie sich in Frankfurt und Umgebung trafen. Was wird aus dir, was wird aus uns?

Die Zeit war im Umbruch, noch herrschte kein Frieden unter den Kriegsparteien, den Franzosen und der Koalition der Gegenrevolutionäre. Wie das zukünftige soziale und politische Leben aussehen würde, das ließ sich nicht eindeutig vorhersagen, aber so viel schien festzustehen, dass die Entwicklung der bürgerlichen Gesellschaft, die in England mit riesigen Schritten vorankam, sich nicht aufhalten ließ. Revolutionär war die Idee einer Vernunft, die universell war und den Glauben an Wahrheiten, die sich nicht überprüfen ließen, aus der Welt vertrieb. Die Rationalität in ihrem Gefolge diente dem Rechenwerk der Geschäfte, in die jede Gemeinsamkeit zerfiel. Wenn es aber einen ersten, umfassenden Grund gäbe, der vor allen Trennungen und Widersprüchen lag, der dem großen Werden gemäß war und die Natur, die Entwicklung und das innere Gesetz eines jeden Dings umfasste, dann würde sich die moderne Erfahrung einer Trennung von Ich und Welt, Subjekt und Objekt, Sein und Sollen, Wirklichkeit und Idee vielleicht auflösen lassen, dann wäre letztlich doch alles in allem beschlossen und würde sich nur auseinander entfalten müssen. Diese auf Vereinigung drängende Philosophie des Lebens und einer neuen Gemeinschaft der Dinge und Menschen entsprach dem Gefühl der beiden jungen Männer für die Zeit, in der sie lebten, sie entstand aus einer Art teilnehmenden Beobachtung zweier

Intellektueller, die dadurch mit einer turbulenten Geschichte verbunden blieben, in die sie verstrickt waren und die sich für sie, einen angehenden Philosophen und einen aufstrebenden Dichter, nicht in einer Abfolge von politischen Ereignissen erschöpfte. Die Geschichte hatte in ihren frommen und kritischen Augen eine größere Tiefe, als die Tagesgeschäfte zeigten, und einen Ursprung, aus dem Welt und Geist entstanden waren.

Für die beiden jungen Männer spielte die Liebe eine große Rolle, unabhängig davon, ob sie das Glück hatten, dass sie sich erfüllte. Der Trieb war da, die Sehnsucht nach einem anderen, der Wunsch nach Nähe und Vereinigung. Dass aus der Liebe das Leben entstand, werden sie gewusst und gespürt haben, weil die Liebeserfahrung ja belebte, auch das Liebesverlangen. Die beiden wohnten zu Hause bei Ehepaaren, die Kinder hatten. Abends zogen sich die Eheleute in ihr Schlafzimmer zurück, und der Hofmeister ging in seine Kammer. Erfüllung und Wunsch lagen Nacht für Nacht unter einem Dach. Der Mangel an Sein trieb die Phantasie und die Gedanken der jungen Männer voran. Auch der Geist, das Denken suchte etwas, das es, wie vage auch immer, kennen musste, sonst würde es nicht darunter leiden, dass es etwas vermisste und nach Erfüllung und Erlösung drängte. Irgendwo und irgendwann, am Anfang von allem, musste es eine Einheit gegeben haben, eine erste Wahrheit, die nicht ganz verschwunden war, die in allen Dingen und Gedanken steckte und die auch die letzte Wahrheit sein würde. Nach seiner Rückkehr aus der Schweiz hatte Hegel eine Freundin seiner Schwester kennengelernt. Sie hieß Nanette Endel. Kaum dass er in Frankfurt angekommen war, schickte er ihr Briefe, die nicht die Fortsetzung eines Liebesromans sind, sondern nur das kokette Bedürfnis eines jungen Mannes befriedigen, auf die Länge eines Briefes sich in die Gedanken einer jungen Frau zu schmuggeln, die ihm gefallen zu haben scheint und mit der ein Gespräch über eine weite Strecke hin zu führen ihm ein kleiner, Wärme spendender Trost in der neuen Fremde war. Er vermisse »den Ton Ihrer Stimme, den sanften Blick Ihrer Augen und alles übrige Leben, das geschriebenen Worten fehlt« schrieb er ihr am 9. Februar 1797, womit er mit der Deutlichkeit, die ihre Grenzen kennt, zum Ausdruck brachte, dass ihm bei den Gesprächen, die sie in Stuttgart geführt hatten, der Sinn der Worte, die er hörte, durch den sinnlichen Eindruck aufblühte, den seine Gesprächspartnerin auf ihn machte. Schon die kleine unerfüllte Sehnsucht beschwört den kurzen Augenblick, der entsteht, wenn die Erinnerung in Hoffnung umschlägt und die Abwesende dadurch präsent wird. Hölderlin hatte in Frankfurt seine große Liebe in Susette Gontard gefunden. Ähnliche Erfahrungen steigern das Verständnis füreinander. Die Souveränität des Geistes war angreifbar. Kaum tauchte eine attraktive Frau auf, konnten die ernsten Gedanken in Unordnung geraten und vom Verlangen nach Vereinigung, wo das Leben sich selbst in den Armen lag und umschloss, zur Seite gedrängt werden. Mit den beiden Hofmeistern geschahen wundersame Dinge, die vom Geist nicht gezügelt werden konnten und die ihren Willen zur Vernunft und zu Ideen in die Enge trieben. Vergaßen sie, wo sie lebten?

In den *Europäischen Annalen* von Ernst Ludwig Posselt, die bei Cotta in Tübingen herausgegeben wurden, konnten sie nachlesen, was in der Welt vorfiel. Hier erfuhren sie, in welchen politischen und sozialen Zusammenhängen sie lebten. Die Annalen erschienen jeden Monat, sie waren keine Lektüre für Träumer oder solche, die sich in ihren Phantasien vergruben. Mit zunehmendem Wissen, was in Frankreich, Holland, England und weiter hinaus in die Runde vor sich ging, schwand die Möglichkeit, sich zurückzuziehen. In dem Dilemma, der Wirklichkeit standzuhalten, ohne sich ihr blind hinzugeben, den Gedanken ihr Recht einzuräumen, ohne sich in Illusionen zu flüchten, machten die beiden das, was auch Schiller, Herder, Goethe, Kant und Fichte taten, sie suchten nach einer Grundlagentheorie, nach Ideen, von denen die Realität umfasst und erschlossen wurde, sowie nach Idealen, die sie dabei leiten konnten. In einer Grundlagentheorie war Platz für Detailkenntnisse und ihre Deutung. Die Welt, groß und kompliziert, war ein Chaos, das gebändigt wurde und sich nicht bändigen ließ, ein Schlund der Kriege, ein Aktionsfeld der Wirtschaft, ein Gegeneinander von Sitten, Rechten, Mächten und Traditionen.

Die beiden jungen Männer gehörten nicht zu den Hunderttausenden, die unmittelbar an diesem Treiben teilnahmen, als Kaufleute, Juristen, Bankiers, Handwerker oder Offiziere. Wie die Frauen, die zu Hause ihrer Arbeit nachgingen, verließen sie selten ihre vier Wände. Sie kannten bürgerliche Haushalte von innen, ihre unmittelbare Welt reichte nicht über die Grenzen von engen Familienbereichen. Sie wohnten in einem Haus, in dem sie sich nicht frei bewegen durften, nicht alle Zimmer standen ihnen offen, es gab private Räume. Das Zimmer, das ihnen zugewiesen wurde, gehörte ihnen nicht, sie durften dem Hausherrn den Zutritt nicht verweigern, wenn er darauf bestand. Sie saßen am Schreibtisch, machten am Wochenende und abends hin und wieder Besuche, und wenn sie Glück hatten, kannten sie schon jemanden dort, wo sie leben mussten, einen Verwandten, einen Bekannten aus dem Stift, einen Freund, und wenn sie freie Zeit hatten, unternahmen sie einen Ausflug in die Umgebung. »Leben Sie wohl!«, schrieb Hegel seiner Nanette Endel am 2. Juli 1797, er gehe jetzt in den Main baden.

Im strengen Sinne einer bürgerlichen Gesellschaft, deren Grundlagen Waren, Geld und Macht waren, gehörten die beiden Hofmeister nicht zur Welt der Männer, sondern zu den Kreisen der ökonomisch und politisch Untätigen und Unproduktiven, der Frauen, Kinder und Bediensteten. Wenn sie mit den Männern und mit der Geschichte ihrer Zeit gleichziehen wollten, mussten sie Ideen entwickeln, die auch außerhalb des Zimmers, in dem sie saßen und schrieben, überleben konnten, einflussreiche Gedanken, die ein Publikum fanden und andere überzeugten, weil sie die Produktivität, die Macht, die Möglichkeiten der Beherrschung von Geist und Natur, das Verständnis der Welt und des Menschen steigerten. Ideen mussten nützlich sein, auch wenn ihr Nutzen nur darin bestand, im Gespräch bedeutender und einflussreicher Männer eine Rolle zu spielen. In der kleinen Schrift *Über das Wesen der philosophischen Kritik überhaupt und ihr Verhältnis zum gegenwärtigen Zustand der Philosophie insbesondere*, die 1802 im *Kritischen Journal der Philosophie* erschien, schreibt Hegel, unter Mitwirkung von Schelling, in nahezu klassischem Hochmut: »Die Philosophie ist ihrer Natur nach etwas Esoterisches, für sich weder für den Pöbel gemacht noch einer Zubereitung für den Pöbel fähig; sie ist nur dadurch Philosophie, daß sie dem Verstande und damit noch mehr dem gesunden Menschenverstand, worunter man die lokale und temporäre Beschränktheit eines Geschlechts der Menschen versteht, gerade entgegengesetzt ist; im Verhältnis zu diesem ist an und für sich die Welt der Philosophie eine verkehrte Welt.«

Intuition und Wissenschaft

Es gibt keine bedeutenden Dichter, Musiker und Maler, die Philosophen wären, noch gibt es einen bedeutenden Philosophen, der ein Maler, Dichter oder Musiker wäre. Immer fordert eine Sache einen Menschen ganz, als sei eine Sache, wenn sie nicht nur gut, sondern herausragend betrieben wird, nur unter dem Einsatz aller Kräfte zu stemmen, als schlössen die Vermögen und Fähigkeiten eines Dichters, Musikers oder Malers die Fähigkeiten und Vermögen, über die ein Philosoph verfügt, aus. Entweder es geht das eine, oder es geht das andere, aber beides zusammen geht nicht.

Zwischen der Kunst und der Philosophie, als praktizierten Tätigkeiten, liegt eine Kluft, die theoretisch immer wieder von Philosophen versucht wird zu überbrücken, als wollten sie sich gerne die Möglichkeit einräumen, in der Dichtung, der Musik, der Malerei, eine Rolle zu spielen. Der Grund, wieso die Philosophen sich früh für die Kunst zu interessieren begannen, lag darin, dass die Kunst Wahrheiten auf eine Weise zu finden und auszudrücken schien, die den Philosophen nicht gegeben war, was sie als eine Einschränkung ihres Einflussbereiches angesehen haben müssen. Sie wurden neugierig, was dort auf den anderen Feldern geschah und wie es dazu kommen konnte, dass die Vernunft, das diskursive Denken, dabei keine so große Rolle spielte wie bei ihren eigenen Unternehmungen, die sich ausschließlich auf die Vernunft stützten, auch wenn manche, wie Spinoza, zu dem Zugeständnis bereit waren oder freimütig einräumten, dass noch eine andere Erkenntnismöglichkeit bereitläge, die als intuitive Vernunft, Wissenschaft oder Erkenntnis, bezeichnet wurde.

Goethe hat seine Untersuchungen über die Metamorphose der Pflanzen auf diese intuitive Vernunft gegründet, die davon ausgeht, dass es möglich sei, das Wesen der Dinge, wie es sich in den Erscheinungen ausdrücke, zu entdecken, das heißt zu sehen, zu schauen. In Hinblick auf den intuitiv zu erfassenden Zusammenhang von Wesen und Erscheinung ist es kein Zufall, dass Spinoza in seiner Ethik annahm, dass es einen Gott gibt, wie immer er sich zeigt und wie immer er erkannt werden kann, das Übersinnliche, das gleichsam der Hintergrund ist für das geheimnisvolle Wesen der Dinge. Ohne die religiöse

Vermutung, dass Gott und das Übersinnliche existierten, würde niemand auf den Gedanken gekommen sein, in den Dingen nach einem Wesen zu suchen, sie wären nur das, was sie zu sein scheinen.

Als Kant sich darum bemühte, eine Wissenschaft der rationalen Erkenntnis zu schreiben, schien er indirekt den Gedanken zu beflügeln, dass es möglich sei, auch eine Wissenschaft der intuitiven Erkenntnis zu begründen, als würde es nicht ausreichen, dass es so etwas wie Intuition, Eingebung, Erleuchtung und Schau gibt. Für eine Durchsetzung der Möglichkeit intuitiven Wissens, die von den philosophischen Fachkollegen akzeptiert würde, wäre die analytisch einwandfreie Darlegung einer intuitiven Wissenschaft grundlegend. Auf diese Weise hätte auch das Übersinnliche kartografiert werden können, sodass neben den diskursiven Philosophen dann auch intuitive Philosophen stünden, Experten für die eine Art von Wissen neben solchen für die andere Art. Experten können nur dort entstehen, wo sie sich gegenüber anderen Spezialisten als Wächter eines abgegrenzten, eindeutig definierten Wissensbereichs ausgeben können, was ihnen gelingt, wenn sie verständlich zu machen vermögen, dass Zugangsberechtigungen diesen Bereich schützen, der diejenigen, die weniger wissen als sie, davon ausschließt. Gelänge dies in Hinblick auf eine Wissenschaft der intuitiven Erkenntnis, würden anerkannte Experten für intuitive Erkenntnisse wie Wächter für eine ideelle Zone bereitstehen, die nicht jedem zugänglich ist, so wie nicht jeder die diskursiven Erkenntnisse der Philosophen sich zu eigen machen kann, obwohl die Philosophen so tun müssen, als wären diese Erkenntnisse grundsätzlich jedem zugänglich, weil sie auf Vernunft aufgebaut sind. Für diejenigen, denen sie verschlossen sind, könnten schon die diskursiven zu einer Art intuitiver Erkenntnis gehören, da sie nicht in der Lage sind, die Logik jener Erkenntnisse zu überprüfen, und deswegen darauf angewiesen sind zu glauben, dass sie von anderen, die über einen schärferen philosophischen Verstand verfügen, überprüft werden können.

Damit dies auch bei intuitiven Erkenntnissen möglich wäre, bräuchte es eine intuitive Wissenschaft, eine intuitive Philosophie, die letztendlich eine Wissenschaft vom Übersinnlichen und vom verborgenen und sich zeigenden Gott ist, eine neue Art von Theologie, von Religion, die wie die Religion und die Theologie früherer Zeiten davon ausgeht, dass es Berufene gibt, die etwas sehen, das andere nicht sehen, so wie in aufgeklärten Zeiten manche Intellektuelle etwas verstanden, das andere nicht in ihren Kopf kriegten, obwohl der Zugang zu diesem Wissen vom Verstand und von der Vernunft geebnet wurde. Der große Vorteil des intuitiven Wissens für Philosophen besteht darin, dass sie dadurch an die Seite der Dichter, Musiker und Maler rücken würden, denen ohne intuitives Wissen nicht gelingt, etwas Bedeutendes zu schaffen.

Das Problem, das Philosophen, die der Vernunft vertrauen, mit der intuitiven Erkenntnis haben könnten, plagt die philosophischen Laien, die sich mit der Philosophie wenig beschäftigen oder sie sogar ignorieren, nicht, sie gehen einfach davon aus, dass sie etwas intuitiv wissen, sie sagen dann, ihr Gefühl würde ihnen sagen, dass sie dies oder das tun oder lassen sollten, und wenn dies oder das zu tun ist, dann scheinen sie einfach zu sehen, was sie tun sollen, es liegt gleichsam in den Dingen, die sie vor sich haben. Die Intuition und das Intuitive spielen im Alltag eine wichtige Rolle, so wie das Übersinnliche, das als Ahnung, Heilkraft, Schicksal, Eingebung, Gefühl, siebter Sinn oder geheimes Wirken der Natur auftritt.

Dichter, Maler und Musiker wissen, dass sie sich auf ihre Intuition verlassen müssen und dass die Intuition unterstützt wird durch die Erfahrungen, die sie als Dichter, Maler und Musiker bei der Ausübung ihrer Profession gesammelt haben.

Wie überall sonst, so gilt auch dort, wo das Wesen der Dinge sofort gesehen und erfasst wird, dass praktische Übungen in dieser Fähigkeit der Erkenntnis, was es damit auf sich habe, nicht im Wege stehen, sondern sie befördern.

Meine Tochter fragte mich, ob ich mehr den Dichtern oder mehr den Philosophen vertrauen würde, und ich sagte ihr, dass ich zuerst den Dichtern und den Philosophen vertraut hätte, dann den Dichtern mehr als den Philosophen und darauf den Philosophen mehr als den Dichtern, aber dass ich mich mehr bei den Dichtern zu Hause fühlen würde als bei den meisten Philosophen, die mir zu abstrakt und verbissen seien, im Grunde zu verkrampft. Sören Kierkegaard sei der größte Einspruch gegen die systematische Vermessenheit Hegels gewesen, die vielleicht nur genialer und konsequenter sei als die systematische Vermessenheit der anderen Philosophen. Kierkegaard sei ein philosophischer Schriftsteller gewesen, ein gottesfürchtiger Dichter, der philosophierte wie einer, der wusste, dass er letztendlich allein war, und sich deshalb mit der ganzen Kraft seiner Einbildungskraft bemühte, diese Einsicht den anderen zu vermitteln, und ein gottesfürchtiger Philosoph, der schrieb wie einer, der wusste, dass er nur ein Mal lebte und deshalb mit der ganzen Kraft seines Denkens sich darum kümmerte herauszufinden, was das bedeutet.

Meine Tochter schaute mich darauf skeptisch an, als verstünde sie nicht, wieso ich mich mit Hegel und Hölderlin und nicht mit Kierkegaard beschäftige, und ich dachte, ich muss jetzt nicht alles erklären, und schwieg. Kierkegaard war ein Däne, es wäre nicht möglich gewesen, dass in Deutschland einer wie er existiert hätte, aber einer wie Hölderlin und einer wie Hegel, das war möglich und konsequent, so international die Forschung über die beiden heute auch geworden ist, die aus dem Dichter und dem Philosophen zwei Schatzkammern des Geistes gemacht hat. Die beiden waren auch Reaktionen auf die deutsche nationale Leere und religiöse Fülle, Antworten auf die prekäre geschichtliche Lage eines zersprengten, nicht einmal in einem einzigen Glauben geeinten Volkes ohne Nation, ein alles umfassendes philosophisches System der Vernunft und ein grandioses poetisches Sehen und Scheitern.

Das Eigene, das Fremde und das eigene Maß

Als Hölderlin von Jena wieder in die Heimat zurückging, ahnte, ja wusste er, wofür seine Kräfte da waren und wofür sie reichten, und ob er das, was er suchte, in der Philosophie finden würde. Er würde noch eine Weile brauchen, bis er seinen Lebenslauf verstand, die Bahn, die ihm vorgezeichnet war. In der ersten Fassung des Gedichts »Der Wanderer«, um 1797 entstanden, heißt es:

Darum kehr' ich zurück an den Rhein,
in die glückliche Heimath,
Und es wehen, wie einst, zärtliche Lüfte mich an.
Und das strebende Herz besänftigen mir
die vertrauten
Friedlichen Bäume, die einst mich in den Armen
gewiegt,
Und das heilige Grün, der Zeuge des ewigen, schönen
Lebens der Welt, es erfrischt, wandelt zum Jüngling
mich um.
Alt bin ich geworden indeß, mich blaichte der Eispol,
Und im Feuer des Süds fielen die Loken mir aus.
Doch, wie Aurora den Titon, umfängst du in
lächelnder Blüthe
Warm und fröhlich, wie einst, Vaterlandserde,
den Sohn.

Aber bei aller Hoffnung auf Genesung in der Heimat, ihn trieben Existenzsorgen, auch die Angst, sich selbst überlassen und ohne Gemeinschaft zu sein, unter den Lebenden verloren zu gehen, ruhelos, weder souverän noch autark. Er suchte Halt und klammerte sich an Schiller, bettelte um dessen Aufmerksamkeit und Achtung und wand sich um den Bewunderten wie eine Schlingpflanze um einen Baum. Hegel und Schelling nannte er seine Freunde, aber es waren damals, als er 1795 aus Jena zurückkehrte, nur Freunde aus Jugendzeiten. Keinen der großen Geister würde er für sich gewinnen, mit keinem trat er in einen regelmäßigen Briefaustausch, nicht mit Herder, nicht mit Goethe, nicht mit Friedrich Schlegel oder mit Novalis, den er in Jena bei Fichte kennengelernt hatte. Es ist von ihm kein Brief an Kant überliefert, nur wenige an Schelling und Hegel, kein Brief an Jacobi. Die Dichter, denen er schrieb, sind junge Dichter aus der zweiten Reihe, Freunde und Bekannte, denen er poetische Ratschläge gab, als sei er für sie, was Schiller für ihn war, dessen lebenspraktische Hinweise er mit ergebenem Dank entgegennahm.

In den Jahren, die er darauf in Frankfurt und Bad Homburg verbrachte, verlor er weiter an Boden, wie es den Erfolglosen ergeht, die ohne heilsame Resonanz auskommen müssen, jene Form der Anerkennung, die ein Selbst festigt und formt. Die Not der Einsamkeit trieb ihn in den Eigensinn, so wie ein Ohr Geräusche hört, das lange Zeit, wie gebannt, in große Stille lauscht. Religion, Poesie und Philosophie, das heißt Frömmigkeit, Gefühl und Gedanke, Seele, Natur und Geist, schienen einen Ausweg aus einer Isolation zu weisen, in die er nicht nur aus eigenem Unvermögen geraten war. Das zersplitterte Land, in dem er lebte und dem er sich verbunden fühlte, bot für Intellektuelle, für junge Dichter und halbe Philosophen, für berufslose Schwärmer und waghalsig Suchende nicht genügend gesellschaftlichen Rückhalt, kaum Plätze, wo sie mit ihren Phantasien unterkommen konnten. Die Philosophie stellte sich für ihn als ein Durchgangsstadium heraus, eine Art Exerzitium, sich die frühe Neigung zur Poesie theoretisch bewusst zu machen, um der Dichtung einen geistigen Ort zu geben, an dem sie mehr wäre als nur eine Neigung und ein Trieb, von dem aus gesehen sie sich rechtfertigen ließ, weil sie einen tieferen Zusammenhang der Dinge, tiefer als die oberflächliche Welt der Berufsmenschen vermuten ließ, ergründete und ein Weg sich finden ließe, eine neue Religion für eine lebendige Gemeinschaft zu schaffen. Das höchste Ideal seiner theoretischen Phantasien war nicht die Vernunft, nicht die Wissenschaft, sondern die Liebe, Ursprung der Welt und ihr Ziel. Die Unschuld der Kindheit, die früh vom Tod angegriffen worden war, hatte sich in Erfahrungen der Fremde und in abstrakten Erkenntnissen verloren, Ideale und Ideen waren hochgeschossen, die ohne Wurzeln waren. Gefühle und Gedanken aber ließen sich nicht trennen. In dem Gedicht »An die Parzen« bittet das lyrische Ich etwas melodramatisch um Zeit fürs Gelingen:

Nur Einen Sommer gönnt, ihr Gewaltigen!
Und einen Herbst zu reifem Gesange mir,
Daß williger mein Herz, vom süßen
Spiele gesättiget, dann mir sterbe.

Die Seele, der im Leben ihr göttlich Recht
Nicht ward, sie ruht auch drunten im Orkus nicht;
Doch ist mir einst das Heil'ge, das am
Herzen mir liegt, das Gedicht, gelungen,

Willkommen dann, o Stille der Schattenwelt!
Zufrieden bin ich, wenn auch mein Saitenspiel
Mich nicht hinab geleitet; Einmal
Lebt ich, wie Götter, und mehr bedarfs nicht.

Der Fluchtpunkt seiner vergeblichen Versuche, ein selbstständiges Leben zu führen, blieb die schwäbische Heimat. Im Sommer 1800 zog er von Bad Homburg nach Stuttgart. Eine Liebesgeschichte lag hinter ihm, in der die Angst vor Entdeckung, das Versteckspiel vor dem Ehemann und den guten Sitten eine beschämende Rolle gespielt hatten. Die Geliebte verließ ihre Familie, ihre Kinder nicht, er zog sie nicht in ein neues gemeinsames Leben. Die beiden kosteten die Erfahrungen einer unmöglichen Liebe aus und schwirrten in ihrer Not um Ideale, die sie einander wurden, kaum dass sie in ihrem Schwärmen aus der beengenden Wirklichkeit hatten fliehen können. Die Liebe eines großen Mannes, der er gerne geworden wäre, sah anders aus.

In Jena war Hölderlin als Intellektueller, als Dozent, in Frankfurt und Bad Homburg als Mann gescheitert. In Jena verfing er sich in einer unglücklichen Beziehung zu seinem großen Vorbild Friedrich Schiller, in Frankfurt und Bad Homburg in einer unglücklichen Beziehung zu seiner großen Liebe Susette Gontard. Er kannte sein Maß nicht, wie ein Kind, dem die eigenen Kräfte noch fremd sind. In der Berufswelt aber eroberte sich ein junger Mann nur dann einen Platz, wenn er über seine Möglichkeiten und Fähigkeiten Bescheid wusste und wenn er die Beschränkungen akzeptierte, die ihm die Realität, wer er war und wo er war, akzeptierte. Wem das nicht gelang und wer keinen Freund an seiner Seite hatte, der ihn vor dem Scheitern bewahrte, der ging unter. Rechnete Hölderlin mit der Hilfe seiner Mutter, mit dem väterlichen Erbe, das ihm zustand? Die ganze zweite Hälfte seines Lebens, über dreißig Jahre, werden sich ein Tischler und dessen Familie um ihn kümmern, aus Erbarmen mit dem verrückten und verschrobenen Dichter, der sich im Leben nicht zurechtfand. Was wäre aus ihm geworden, wenn das Herz dieser Handwerksleute nicht so groß gewesen wäre?

Ich schaue meinen Nachbarn an, der über siebzig Jahre alt ist, als erwartete ich von ihm eine Antwort, und denke, dass die Tiere, für die er jahrzehntelang da war, bis er sie abschaffte, weil er zu alt war, ihn gelehrt haben, Nachsicht mit den Lebenden zu haben, dass nicht immer alles so gelingt, wie ein Mensch sich es vorstellt, weil der Wille nicht der Weg ist, sondern die Wege sich zeigen und jeder den Weg nimmt, den er gehen muss. Er ist sein Leben lang für die Tiere früh aufgestanden, um sie zu füttern, und er hat durch sie früh und kontinuierlich den Tod im Haus gehabt, und vielleicht, denke ich, kommt letztendlich aus dieser Erfahrung sein Motto, dass alles nicht so einfach sei, das nach seiner Ergänzung ruft: … wie es aussieht, was dann darauf hinausliefe, dass der Eindruck täusche, den das Leben bei oberflächlicher Betrachtung hinterlasse, und dass darunter eine Tragik lauere. Das wäre seine Variante vom Vergehen im Werden, die ihm auf seinem Hof zufiel, im Laufe der vielen Jahre, die er hier gelebt hat.

Die sichtbare und die verborgene Seite des Lebens

Hegel und Hölderlin führten ein öffentliches und privates Leben, und nachdem sie gestorben und die privaten Erinnerungen an sie verblasst waren, blieb nur das Werk von ihnen zurück, das den Weg in die Öffentlichkeit geschafft hatte. Die meisten ihrer Zeitgenossen hinterließen keine Bücher, die an den Platz des Verstorbenen rückten. Mit diesem Wechsel wiederholt sich, was im Leben aller Zeitgenossen in anderer Weise geschieht, dass die Form, zu der sie im Laufe ihrer Jahre geronnen sind und anhand derer sich erkennen lässt, wie sie sich selbst und anderen erscheinen, sich vor die unbekannte Geschichte stellt, die jeder in sich trägt wie eine geheime Last. Das eigene Leben hat für einen selbst und in den Augen der anderen eine sichtbare und eine verborgene Seite. Wie die eine die andere prägt, ist schwierig herauszufinden, außer es wird von der sichtbaren auf die verborgene geschlossen, in dem, was sich zeigt, nach dem gesucht, was unsichtbar bleibt, in der Entwicklung dessen, was zutage tritt, ein Hinweis darauf gesehen, welche Kraft, welches Gesetz im Dunkeln wirkt.

Die Nachfahren blättern in den Büchern in der Hoffnung, dass ihnen hier gelingen mag, was ihnen bei sich selbst und bei den anderen nicht gelingt, die ihnen letztlich verschlossen bleiben, eine geglückte Nähe und weiterreichende Einsicht. Lektüren sind Ersatzhandlungen, die vielleicht notwendig sind, um die Illusion aufrechtzuerhalten, dass wir nicht nur unter Fremden leben, sondern unter Menschen, die uns bekannt vorkommen, wenn sie uns auch fremd bleiben, und dass es möglich sei, einen Zugang zu sich und zu ihnen zu finden.

Wer auf die Sprache allein angewiesen ist, um sich auszudrücken, wem es verwehrt ist, sich durch Musik und Kunst oder auf eine andere Art und Weise näherzukommen, der hängt fest im Raster der Wörter, das von der Tradition und der Art von Gespräch, an dem er teilnehmen möchte, vorgegeben ist. Ein Dichter um 1800 hatte eine Vorstellung davon, was Dichtung ist, so wie ein Philosoph um 1800 eine Vorstellung davon besaß, was Philosophie ist. Ein Philosoph beschäftigt sich philosophisch mit Problemen, weil er glaubt, dass die Philosophie geeignet sei, diese Probleme zu lösen. Er weiß es nicht vorher, und wenn er den Weg einmal eingeschlagen hat, aus Neigung und Talent, dann wird er ihn nicht wieder verlassen und versuchen, diese Probleme anders zu lösen. Das Gleiche gilt für einen Dichter. Und es gilt insbesondere für eine Zeit, in der die Konkurrenz zwischen Philosophie und Poesie stark ausgeprägt war, wie um 1800.

Sobald ein Problem philosophisch gelöst werden soll, wird es zu einem philosophischen Problem, das im Sinne der Philosophie nur gelöst werden kann, wenn es logisch, mithilfe der Vernunft analysiert wird, eine Voraussetzung, die selber wieder eine Bedingung dafür ist, dass Philosophie betrieben werden kann. Diese Zusammenhänge sind tautologisch, wie alle Systeme, die sich selbst generieren. Das Ergebnis einer philosophischen Analyse und Darstellung ist Philosophie. Das Ergebnis einer poetischen Analyse und Darstellung ist Poesie. Philosophen und Dichter, die sich nicht damit begnügen, als Experten für Philosophie oder Dichtung zu gelten, was bedeuten würde, dass ihre Arbeiten nur im unmittelbaren professionellen Zusammenhang mit ihrer Entstehung verstanden werden können, müssen versuchen, sich mit der Behauptung in der Öffentlichkeit durchzusetzen, sie würden für alle Menschen denken und sprechen. Mit diesem Vorsatz avancieren sie von Experten eines bestimmten Wissenszweiges zu Experten für alles, was den Menschen angeht, woraus folgt, dass sie durch ihre Arbeiten mitbestimmen, was der Mensch ist. Wenn sie glauben, was sie behaupten, dann können sie sich und anderen sagen, dass sie mit einer großen, bedeutenden Aufgabe beschäftigt sind.

Wenn diejenigen, die anderen Neigungen oder Berufen nachgehen, glauben, was die Dichter und Philosophen sagen, dann werden sie den Dichter und den Philosophen besonders verehren und fördern, der ihnen das Gefühl und die Überzeugung vermittelt, diese Aufgabe am besten gelöst zu haben, das heißt, dass sie sich in einem bestimmten Bild des Menschen gerne wiedererkennen, es passt zu ihnen, wie sie sich selbst sehen. Würde dieses Bild ihrer Art und Weise der Selbsterkenntnis und Selbstdeutung völlig widersprechen, dann würden sie es nicht akzeptieren. Die erfolgreiche Philosophie und Poesie um 1800 war in diesem Sinne ein Porträt ihrer Zeit, die sich gerne darin in die Augen sah. Hegel mit seinem Anspruch, Philosophie sei Wissenschaft und Vernunft sei der Motor der

Geschichte, machte in den Jahrzehnten des universitären Aufbaus in Deutschland Karriere, doch Hölderlin, dessen Wahnsinn ein Beleg schien, dass große Dichter zu Höherem auserkoren seien, blieb in einem Land, das sich durch eine gemeinsame Kulturanstrengung zu einer Nation zu vereinen suchte, erst einmal ein Geheimtipp.

Rätsel der Beziehungen und die Sprache der Poesie

Die Briefe, die Hölderlin aus Frankfurt und Bad Homburg schrieb, wurden immer länger, Programmatik und Ratschläge wechselten sich ab mit Bekenntnissen und Beteuerungen, zwei Formen, mit denen sich der Briefschreiber seiner selbst vergewisserte, als würde er sich jetzt verzweifelt darum bemühen, das Gefühl von Leere und Verlassenheit mit etwas zu füllen, das ihn wieder mit der Welt verband. Solange er nicht fest in sich ruhte, war die Neigung zur Poesie für diesen Brückenbau nicht stark genug. »O meine Mutter!« schrieb er am 11. Dezember 1798, »es ist etwas zwischen Ihnen und mir, das unsre Seelen trennt; ich weiß ihm keinen Namen; achtet eines von uns das andere zu wenig, oder was ist es sonst? Das sag' ich Ihnen tief aus meinem Herzen; wenn Sie schon in Worten mir nicht alles sagen können, was Sie sind, es lebt doch in mir, und bei jedem Anlaß fühl' ich wunderbar, wie sie mich insgeheim beherrschen, und wie mit unauslöschlich treuer Achtung mein Gemüt sich um das Ihrige bekümmert.« Er tat so, als würden die richtigen Worte helfen. Aber ein Problem ließ sich nicht dadurch lösen, dass es einen Namen erhielt, der nur dann zu einer Lösung weiterführen würde, wenn er zusammenfasste, was es mit dem Problem auf sich hatte, dessen Teil der Sohn selbst war, nicht nur in dem Sinne, dass seine Mutter ihn beherrschte.

Der für ihn wesentliche Teil des Dilemmas bestand darin, dass er sich von ihr beherrschen ließ.

Hölderlin wird das Problem, das er mit seiner Mutter und mit sich selbst hatte, nicht lösen. »Auch Sie, liebste Mutter!«, schrieb er ihr am 18. Juni 1799, »haben mir diesen Hang zur Trauer nicht gegeben, von dem ich mich freilich nicht ganz rein sprechen kann. Ich sehe ziemlich klar über mein ganzes Leben, fast bis in die früheste Jugend zurück, und weiß auch wohl, seit welcher Zeit mein Gemüt sich dahin neigte. Sie werdens kaum mir glauben, aber ich erinnere mich noch zu gut. Da mir mein zweiter Vater starb, dessen Liebe mir so unvergeßlich ist, da ich mich mit einem unbegreiflichen Schmerz als Waise fühlte und Ihre tägliche Trauer und Tränen sah, da stimmte sich meine Seele zum erstmal zu diesem Ernste, der mich nie ganz verlies, und freilich mit den Jahren nur wachsen konnte. Ich habe aber auch in der Tiefe meines Wesens eine Heiterkeit, einen Glauben, der noch oft in voller wahrer Freude hervorgeht ... Ich träume mich gerne etwas jünger, als ich bin, bin auch wohl bei allem Ernste und alle Bedachtsamkeit oft noch ein rechter Knabe, zu gutmütig manchmal gegen die Menschen ...« Erkenntnis über sich selbst reicht nicht aus, um sich ändern zu können. Sie mag eine notwendige Bedingung sein, aber sie ist keine hinreichende. Wer den Fluchtplan kennt, ist nicht unbedingt in der Lage, in der Not zu fliehen.

»Denken Sie«, schrieb er seiner Mutter Anfang März 1799, »daß ich keinen Vater habe, der mir mit Muth im Leben vorangeht.« Die Empfindsamkeit, unter der er litt, die Irritation, die sich mit Stolz, und die Selbstanklage, die sich mit Ehrgeiz paarte, resultierten aus einer tragischen, unglücklichen Verbindung von väterlichem Mangel und mütterlicher Überfülle, Abwesenheit und Omnipräsenz. Was er seinen Schönheitssinn nannte, war das Asyl eines in die geistigen Welten Flüchtenden, der in den sozialen Verhältnissen sich wie ein Unbehauster fühlte, die Übertragung einer Sehnsucht in die Vorstellung einer erlösten Zukunft. Die väterliche Leere einerseits und der mütterliche Druck andererseits, Haltlosigkeit und übermäßige Forderungen, Verlust und Bindung, Gefühl und Vernunft, Trauer und Gesetz ließen sich für ihn nur in einer übergreifenden Idee vom Zusammenhang aller Dinge versöhnen. Poesie war das Vermögen, geheime, verborgene und tragende Verbindungen zu sehen.

Der persönliche Umgang mit ihm konnte nicht einfach gewesen sein. Schiller hat die Schwierigkeiten, in die sein Landsmann sich und andere verwickelte, gesehen und, als er ihm nicht mehr weiterhelfen konnte, die Verbindung zu ihm abgebrochen. Auch Goethe wird gespürt haben, dass in diesem jungen Menschen vieles im Argen lag, mit dem er sich nicht belasten wollte. Schelling zog sich rasch zurück. Susette Gontard war in Sorge um ihn wie um ein Kind, dem geholfen werden musste. Der Bruder wird die wohlmeinenden Ratschläge und Belehrungen, die der Ältere, der studieren durfte, ihm erteilte, irgendwann nicht mehr ertragen haben. Die Schwester übte sich in Geduld. Und die Mutter bemühte sich, ihren Sohn, der ihr und der sich selbst zu entgleiten drohte, der sich in Illusionen und Ideen verstieg und die Chancen der Ausbildung, die er erhalten hatte, zu verspielen schien, in stabile Verhältnisse zu bringen. Ihre Sorge war ihre Pflicht.

Es war nicht so, dass der Sohn nur das Opfer in dieser Beziehung gewesen wäre. Er wusste seine Interessen zu wahren, er hatte ein Gespür dafür, wie er sich sein Recht bei der Mutter verschaffte. Er zog sie zu sich, wie ein Kind, das die Arme ausbreitet, wenn es seine Mutter sieht, und dann lud er ihr die Sorge und Verantwortung für ihn auf. Das Geld, das ihm immerzu fehlte und das sie ihm schicken sollte, übernahm die Rolle einer symbolischen Botschaft, es war ein Zeichen für Liebe und Abhängigkeit. Die Mutter wird die Klagen des Sohnes mit

Fassung und Schuldbewusstsein zu tragen versucht haben. »Genießen Sie nun ganz der Freude«, schrieb er ihr Anfang Januar 1798, nachdem er erfahren hatte, dass seine Schwester ihn zum Paten ihres Sohnes erkoren hatte, »die Ihrem Herzen der unschuldige Enkel und das häusliche Glück einer schäzbaren Tochter geben muß, und lassen Ihre Ruhe durch keinen Gedanken an den Sohn stören, der eben in der Fremde lebt, und leben muß, bis seine eigene Natur und äußere Umstände ihm erlauben, auch irgendwo mit Herz und Sinnen einheimisch zu werden.« Eindringlich und geschickt verstand er der Mutter zu zeigen, wie schlecht es ihrem Sohn in der Fremde im Vergleich mit anderen erging und wie wenig sie sich um ihn kümmerte, weil sie sich anderen Freuden hingab. Der kalkulierte Einsatz von direkten und indirekten Mitteilungen, das Spiel mit doppelbödigen Andeutungen prägte sein Verhältnis zur Welt. Er hat gewusst, wie es zu diesen Sätzen kam, ihm war ja klar, was er sich dabei dachte, aber er wird nicht gewusst haben, von wo sie auftauchten, was ihr seelischer Grund war und wo dieser Grund lag. Die Sprache war für ihn eine ideale Form der versteckten Mitteilung. Sie gab sich rein und unschuldig, als wäre sie die kleine Schwester der reinen und unschuldigen Natur, in deren redseliger Stille, fern der komplizierten menschlichen Verhältnisse, er sich aufgehoben fühlte. Er hatte ja das Gefühl, dass die Natur zu ihm spreche, dass sie ihm ihre Geheimnisse zeige und er auf diese Weise ihr Vertrauter geworden sei, einer, der zu ihr in einer ganz engen Bindung stand. Verständnisvoll bedauerte er die mangelhafte Kommunikation mit der Mutter. Er werde, versicherte er ihr, mehr schreiben, und er werde versuchen, ihr nichts zu schreiben, worüber sie sich bekümmern werde. Diesen Vorsatz teilte er ihr mit, nachdem er ihr erzählt hatte, was ihr Sorgen bereiten musste.

Hölderlins Egozentrik, ein lang anhaltender Reflex auf die durch Verlust, Trauer und Schuldgefühle gestörte Kommunikation mit seiner unmittelbaren sozialen Umwelt, seiner Familie, mag auch zu den unterschwelligen Antriebskräften gehört haben, die ihn zur Hermetik und Introvertiertheit seiner Dichtung führten. Kaum eines von seinen Gedichten nach 1800, seine späten Hymnen, die Oden und Elegien, die Nachtgesänge, versteht sich noch von selbst, als könne er, ein in sich gefestigter Sprecher, nicht mehr reden wie alle und zu allen, sondern als führe er ein Gespräch, in dem er sich selbst erschaffen musste, einen poetischen Monolog. Alles, was er jetzt sagte, wurde im höchsten Maße komplex und deutungsbedürftig, es schwirrte über einem weitläufigen theoretischen Resonanzboden, der von ahnungsvollen geschichtsphilosophischen Auslegungen der Gegenwart bis zu feenhaft auftauchenden naturmythischen Ideen reichte. Hölderlin war kein Schriftsteller, der eine einfache Erzählung zu schreiben in der Lage war, auch sein einziger Roman über einen Eremiten in Griechenland, sein *Hyperion*, erfüllte sich nicht in der schlichten Wiedergabe einer lehrreichen Geschichte. Sehr vieles von dem, was er schrieb, war entweder, wie seine frühen Hymnen, regelhaft getürmt oder, wie sein späteres Werk, kompliziert, in sich verschachtelt. Nicht einmal ein Aufsatz gelang ihm unter dem Aspekt, dass die Abhandlung ihren Zweck, die Mitteilung von klaren Gedanken, erfüllte.

Die Philosophie, die Suche nach einem festen Grund durch Definieren und Ableiten, dieses Hängen und Gleiten am Geländer der Logik, kam ihm bei seinen Versuchen, eine eigene Sprache zu finden, entgegen. In der philosophischen Reflexion konnte er üben, wie weit er mit Wörtern zu sich selbst, einer eigenen stabilen Welt, finden konnte. Es ging dabei nicht um einen persönlichen Stil, sondern um die Lösung eines Problems, nicht um ein theoretisches oder philosophisches, das heißt darum, was Ich und Welt, Subjekt und Objekt sei, sondern um ein kommunikatives, ein mitmenschliches. Wie konnte es für ihn, der tief in sich steckte wie auf dem Grund eines Brunnens, in der Totenstille des Selbst, wohin die Sprache nicht reichte, die alle miteinander im Leben verband, möglich sein, anderen etwas von sich mitzuteilen, das von ihnen nicht nur wie irgendeine Geschichte verstanden werden konnte, sondern wie ein Naturgesetz akzeptiert werden musste? Wie vermochte er zu sagen, wer er war und wie es war, er selbst zu sein, und zwar mithilfe der Kräfte, die er aus sich selbst schöpfte, im Kontext eines Feldes, in das er sich stellte?

Für diese Aufgabe brauchte er die Poesie. Da er nicht psychologisch dachte, sondern philosophisch, wie es die von ihm bewunderten Großen taten, Kant, Schiller, Fichte, wie es Schelling früh gelang und Hegel revolutionär gelingen würde, waren seine Gedichte keine direkten Selbstauskünfte, keine unmittelbaren existentiellen Bekenntnisse, sondern indirekte Selbstbehauptungen, weiträumig angelegte, auf die eigene Souveränität, auf das subjektive Recht pochende Deutungen der Welt, wie er sie sich zurechtlegte und durch seine Konstitution zu empfinden gezwungen war. Die großen Gedichte, zu denen er sich in Bad Homburg hinarbeitete, waren von jenem poetischen Gewicht, das er in die Waage der Anerkennung, ins Licht der Gegenwart zu werfen hoffte. Alles andere, was in dieser schwierigen Zeit der heimlichen Liebe noch entstand, auch sein unvollendetes Drama über den Selbstmord des Empedokles, waren gleichsam nur Vorstufen, die noch von dem Zwang und der Not zeugen, eine Sprache und Formen zu verwenden, die nicht völlig ihm gehörten und mit denen er dennoch versuchte, sein Eigenes retteten. Deswegen haderte er ja mit der Philosophie, er brauchte sie, um zum Problem der Trennung von Ich und Welt, Denken und Sein, Mitteilung und Autonomie, um zum Verlust der Einheit vorzustoßen, aber sie wurde ihm fremd, sobald es darum ging, eine Sprache für sich selbst, für sein eigenes Vermögen zu finden. Das abstrakte, theoretische, an ein vorgegebenes Idiom gebundene philosophische Denken bot ihm nicht die geistige, auf seine Bedürfnisse zugeschnittene Heimat, die er suchte und brauchte. Und dann, als er auf dem Weg zu seinem Dichteramt war, merkte er, dass er aus den Wahrnehmungsrastern seiner Zeit zu fallen drohte, der er im Innern, als ein Produkt ihres theologischen Ausbildungsprogramms, ihrer philosophischen und ästhetischen Diskussionen und ihrer bedeutenden Schriften, verbunden war. So wie er jetzt dichten würde, als wäre er zum Sänger der Deutschen, zum Künder in hoher Poesie, zum Seher berufen, dichteten die anderen nicht, vor allem Schiller nicht.

Das esoterische Erbe der Philosophie

Und Hegel?

Im Januar 1799 war sein Vater gestorben. Das Erbe, das er seinen Kindern hinterließ, nutzte Hegel, um eine Universitätskarriere zu beginnen. Zwei Jahre später, im Januar 1801, traf er in Jena ein, wo er an der Universität Philosophie lehren würde. Kurz vorher, am 2. November 1800, hatte er aus Frankfurt an Schelling geschrieben: »In meiner wissenschaftlichen Bildung, die von untergeordnetern Bedürfnissen der Menschen anfing, mußte ich zur Wissenschaft vorgetrieben werden, und das Ideal des Jünglingsalters mußte sich zur Reflexionsform, in ein System zugleich verwandeln; ich frage mich jetzt, während ich noch damit beschäftigt bin, welche Rückkehr zum Eingreifen in das Leben der Menschen zu finden ist. Von allen Menschen, die ich um mich sehe, sehe ich nur in Dir denjenigen, den ich auch in Rücksicht auf die Aeußerung und die Wirkung auf die Welt als meinen Freund finden möchte; denn ich sehe, daß Du rein, d. h. mit ganzem Gemüte und ohne Eitelkeit, den Menschen gefaßt hast.« Über Hölderlin sagte er kein Wort, ihn zählte er offenbar nicht zu den Freunden, die mit ganzem Gemüt und ohne Eitelkeit den Menschen erfasst hatten und die auf dieser Grundlage in der Welt wirkten. Was war zwischen den beiden vorgefallen?

Wenn ich das wüsste, sage ich meiner Tochter, der ich erzählt hatte, dass Hölderlin und Hegel eine Weile zusammen in Frankfurt wohnten und ich darüber nachdenken würde, was die beiden dort zusammen gemacht hatten. Ich nehme an, dass die beiden sich öfter getroffen und miteinander geredet haben, warum sonst hätte Hölderlin sich darum bemüht, Hegel zu sich nach Frankfurt zu holen. Er wollte ihm einen Gefallen tun, aber er wollte auch sich selbst einen Gefallen tun. Hölderlin wird gedacht haben, dass es gut für ihn wäre, wenn Hegel jetzt bei ihm in Frankfurt sei. Es wäre für ihn vielleicht auch gut gewesen, wenn sie zusammen in Jena gewesen wären. Aber in Jena hatte er Schiller und Fichte. Da brauchte er Hegel nicht unbedingt. In Frankfurt hatte er niemanden, mit dem er philosophische Gespräche führen konnte, Frankfurt war eine Stadt der Kaufleute. Darüber hat er sich beklagt. In dieser intellektuellen Not kam ihm Hegel gerade recht. Wenn Hegel sich in Bern wohlgefühlt hätte, dann hätte sich Hölderlin anders helfen müssen. Aber Hegel wollte weg aus Bern, und da lag es für Hölderlin auf der Hand, ihn nach Frankfurt zu holen. Und jetzt ist er dort, ganz in der Nähe von Hölderlin, die Stadt ist nicht groß, und wenn sie sehr groß gewesen wäre, Hölderlin war ja gut zu Fuß, sie könnten sich jeden Tag gesehen haben, die beiden waren nicht verpflichtet, jeden Abend im Haus ihrer Zöglinge zu verbringen. Sie erteilten ihren Unterricht, und dann hatten sie frei. Hegel schrieb seiner Nanette Endel am 13. November 1797, er »gehe hier fleißiger in die Komödie als in Stuttgart«, und am 25. Mai 1797, er sei »den Bällen sehr zugetan«. In die Komödie ist Hölderlin ebenfalls gegangen, und das machte er noch, als er in Bad Homburg wohnte. Da saßen die beiden und lachten.

Wenn das so wäre, müsste ich mir ja keine weiteren Gedanken machen, sagt meine Tochter, die sich noch nicht in die Probleme der Tradition hat ziehen lassen. Ich denke, dass Hölderlin seinen Freund aus dem Stift nicht zu sich nach Frankfurt geholt hat, weil er nicht allein ins Theater gehen wollte. Hölderlin schrieb Hegel ja am 24. Oktober 1796, dass er ihn brauche und dass er glaube, Hegel würde auch ihn brauchen.

Es gibt ein Gedicht, das Hegel für Hölderlin geschrieben hat, noch in Bern, im August 1796. Es trägt den Titel »Eleusis«. Das Gedicht beginnt mit einem Dank und einem Lob. Der Dank gilt den geschäftigen Menschen, die Hegel die Freiheit und die Muße geben nachzudenken. Damit meinte er sicherlich nicht nur Herrn Steiger, der ihn angestellt hatte und in dessen Haus er wohnte, sondern alle, die sich darum kümmerten, dass das bürgerliche Leben gut über die Bühne lief, Handwerker, Bauern, Kaufleute, Ärzte und Juristen. Hegel war ein Realist.

Das Lob gilt der Nacht, die hereingebrochen ist und in deren Stille die Erinnerungen auftauchten und die Phantasie beflügelten, wie es wäre, wenn er und Hölderlin sich wiedersehen und sie feststellen würden, dass die Treue, die sie einst einte, reifer und fester geworden sei. Da das Glück, das die Phantasie ihm vorspielte, noch weit entfernt war, entrang sich seiner Brust, genauer gesagt der Brust des lyrischen Ichs, ein Seufzer. Der körperliche Reflex holte ihn aus der Vergangenheit in die Gegenwart zurück und löste das Gespinst der Erinnerungen auf. Der Blick befreite sich aus der fernen Wirklichkeit und den Wünschen, die sich an sie hefteten, und wanderte hoch zum Mond, der, wie zum Trost, in Hegel ein Gefühl für die Unendlichkeit weckte, in der das Ich zergehen und zu nichts und zu allem werden würde. Dieses Gefühl hielt sich nur einen Augenblick, dann kamen die Gedanken zurück und das Grausen vor der Unendlichkeit, die sie nicht fassen können. Aus dieser geistigen Not half ihm erneut die Phantasie, die die Sinne anzusprechen verstand. Sie trieb ihm Gestalten zu, die ihn mit dem Unendlichen versöhnten.

Die mechanische Begleitung dieser Gemütsbewegungen sieht ganz danach aus, als würde sich ein alter Mann dabei beobachten, wie er sich, Stufe für Stufe, eine Treppe hoch müht. Er bleibt auf jeder Stufe stehen, horcht in sich hinein, prüft seine Kräfte, und dann macht er einen weiteren Schritt. Diese Szene fasst in einem Bild die Verfahrensweise des philosophischen Geistes zusammen. Sie weist voraus auf die bedrückende Kontinuität, mit der Hegel in seiner *Phänomenologie des Geistes* die Stufen des Bewusstseins erklimmt, wie er von der sinnlichen Gewissheit zum Selbstbewusstsein und von dort weiter zur Vernunft und zum absoluten Wissen hinaufsteigt, ein alter Mann, der seine Tritte kontrolliert, sich am Geländer festhält, das Gleichgewicht sucht und den Blick nach vorne richtet.

Mit einem Mal taucht Eleusis vor dem jungen Hofmeister im nächtlichen Bern auf, der Ort geheimer heiliger Mysterien im alten Griechenland. Die Götter sind aus den heiligen Hallen entflohen. Kein Forscher wird herausfinden, was dort geschah, und keiner, der an diesem Ort gewesen ist und die berühmten Weihen erhielt, hat jemals ein verräterisches Wort darüber verloren. In jenen Hallen, wo die Seele außerhalb von Zeit und Raum weilte, hat kein Gedanke von Sterblichen sie erreicht. Die Worte, die zur Verfügung standen, waren zu karg, zu armselig, um das Heilige zu fassen, das allein, so Hegel, in den Taten und Seelen der Eingeweihten weiterleben würde. Ceres, die Göttin von Eleusis, bewahre den hohen Sinn von allem, den Glauben, der nicht untergeht, auch wenn alles andere wankt.

Hätte Hegel die Botschaft des Gedichts nicht in normalen Sätzen seinem Freund aus den Tagen in Tübingen überbringen können? Das ging offenbar nicht so einfach, er wies ja selbst in dem Gedicht auf die Armut der Wörter hin, die zu mager und zu klein seien für das Heilige.

Gedichte zu schreiben war nicht Hegels Stärke. Dass er es dennoch versuchte, war sicherlich weniger ein Spiel, mit dem er den poetischen Neigungen seines Freundes entgegenkommen wollte. Er selbst muss daran geglaubt haben, dass es Dinge in ihm gab, Bilder, Vorstellungen, Ahnungen und Stimmungen, die sich der normalen Sprache entzogen und Zuflucht woanders suchten, in der Poesie, in deren Gefilden sich der Sinn freier bewegen zu können schien.

Hätte er, was ihn umtrieb, nicht zeichnen oder malen können? Abgesehen von Hegels künstlerischen Fähigkeiten, so weit wollte er offenbar nicht gehen, dass er die Wörter, deren Kraftlosigkeit und Enge er beklagte, ganz hinter sich ließ. Das war bei Hölderlin nicht anders, der über die Buchstabenmenschen schimpfte, aber selbst sein halbes Leben mit Buchstaben verbrachte. Auch Hegel hat sich früh in seine *Fragmenten über Volksreligion und Christentum* über die »Buchgelehrsamkeit« und die »vollgeschriebenen Zeiten« beklagt, aber dann selbst sein ganzes Leben hinter Büchern verbracht und Tausende von Seiten mit Buchstaben gefüllt.

Beide hatten den Vorsatz gefasst, dass sie mit den Wörtern besser umgehen müssten als die anderen. Es ging ihnen sicherlich nicht um die Wörter als solche, ob Wörter grundsätzlich sinnvoll seien, sondern um einen bestimmten Gebrauch der Wörter. Sie misstrauten einer bestimmten wissenschaftlichen, nachlässigen Verwendung der Wörter, die davon ausging, dass die Wörter in der Lage seien, in müden Sätzen festzuhalten, was wirklich war und dafür irgendwie schon passen würden, so wie Hemden und Hosen, die an die jüngeren Geschwister weitergereicht werden, irgendwie schon passen werden. Da sie beide gerne philosophische Bücher lasen, war die Sprache mancher Philosophen, von den großen Dichtern abgesehen, offenbar nicht so schlimm wie die übliche Sprache der Wissenschaftler und der normalen Menschen. Hegel wusste noch nicht, wie eine neue philosophische Sprache aussehen konnte, mit der sich sagen ließe, was er in einem Gedicht zu sagen versuchte. In der *Phänomenologie des Geistes* wird er den spekulativen Satz einführen, mit dem »die Natur des Urteils oder Satzes überhaupt, die den Unterschied des Subjekts und Prädikats in sich schließt … zerstört wird«.

Hegels Gedicht ist kein Gedicht im strengen Sinne, es hat nur dessen Form, aber in ihm verhüllt sich nichts. Hegel breitete seine Botschaft, die vom Verhüllen handelt, aus wie einen Ballen Stoff, der sich einfach ausrollen lässt. Dass er kein Dichter war, wird er gewusst haben. Das Gedicht als solches, auch wenn es nicht gelungen ist, könnte eine indirekte Mitteilung an den Freund gewesen sein. Hegel hätte ihm auf diese verdeckte Weise zu verstehen gegeben, dass er nicht weiß, wie eine Philosophie aussieht, die es mit der Poesie aufnehmen kann, wenn es darum geht, die Stimmung der Existenz, von allem und nichts, das Wesen der Dinge, ihr Geheimnis wiederzugeben. Er wollte herausfinden, wie die Religion, auch als Gefühl für die Unendlichkeit, mit der Philosophie verbunden werden konnte, ohne dass die Unendlichkeit im Denken dabei verloren ging, was normalerweise passierte, weil die Sprache und das Anliegen der traditionellen Philosophie nicht dafür geeignet zu sein schienen, es zu bewahren. Einige Jahre später, in der Einleitung zum *Kritischen Journal der Philosophie*, wird er den Schuldigen für diese Ödnis und Starre beim Namen nennen: »Gegen die Cartesische Philosophie nämlich, welche den allgemein um sich greifenden Dualismus in der Kultur der neueren Geschichte unserer nordwestlichen Welt … in philosophischer Form ausgesprochen hat, mußte, wie gegen die allgemeine Kultur, die sie ausdrückt, jede Seite der lebendigen Natur, so auch die Philosophie, Rettungsmittel suchen …«

Die Hoffnung, eine für ihre Wünsche und Bedürfnisse geeignete neue Philosophie, Sprache und Poesie zu finden, verband die beiden Freunde, die mit der Losung von der unsichtbaren Kirche, von einer neuen Volksreligion, in Tübingen auseinandergegangen waren. Darüber werden sie in Frankfurt gesprochen haben, das heißt, sie werden versucht haben, darüber zu sprechen. Sie werden am Main entlanggelaufen sein, sie saßen in der Komödie und lachten. Der eine war verliebt, der andere ging tanzen. Was der eine vom anderen lernte, lag vielleicht weniger in dem, was der eine oder der andere sagte, sondern darin, wie sie es sagten. Letztlich waren es nicht die Gedanken, die sie trennen würden, sondern die Stimmungen, in denen sie lebten, die Art und Weise, wie sie ins Leben gestellt waren, der existentielle Neigungswinkel.

Flucht in die Heimat des eigenen Ich

Am 16. November 1799 schrieb Hölderlin seiner Mutter, Buonaparte sei »eine Art von Dictator geworden«. Napoleon war aus Ägypten nach Frankreich zurückgekehrt und hatte am 9. November in Paris die Macht übernommen. Das war, nach der neuen Zeitrechnung und den neuen Monatsnamen der französischen Revolutionäre, der berühmte 18. Brumaire. Napoleon wurde Erster Konsul und zog wieder in den Krieg. Kämpfen hatte er gelernt, dafür hatte er sich ausbilden lassen. Die Revolution war zu Ende, und noch die radikalsten Revolutionäre, die von ihrem Glauben auch in der Zeit der Schreckensherrschaft nicht abgefallen waren, mussten sich sehr stur stellen, wenn sie jetzt nicht einsehen wollten, dass die Geschichte, als hätte sie sich nur einen Ausflug in die Freiheit erlaubt, in die alten Bahnen der Herrscher und der Mächtigen eingeschwenkt war.

Von den Schultern Hegels und Hölderlins glitt mit der Rückkehr Napoleons die Last der freiheitsliebenden Jugend. Der letzte Druck der historischen Umstände, der zum politischen Handeln aufforderte, zur revolutionären Tat rief, hatte sich verflüchtigt. Die beiden Intellektuellen rückten ein in die Reihe der Zeitgenossen, die alt genug waren, um den Jungen Platz machen, den Zwanzigjährigen. Sie hatten selbst einmal 1789 die Macht der historischen Zeit erfahren, sie wussten, was es hieß, Zeuge eines epochalen Umbruchs zu sein. Jetzt, da ein Herrscher auch in Frankreich wieder die Zügel der Politik in die Hände genommen hatte, sah es so aus, als könnten sie sich in Ruhe mit ihrem Werk beschäftigen, in das diese Erfahrungen vom Wechselbad der Geschichte einfließen würden. Die Revolution hatte sie früh reifen lassen, als hätte sich die Lebenszeit unter dem Einfluss der sich überstürzenden Ereignisse beschleunigt. In den Turbulenzen gingen sie sich selbst nicht durch heroische oder unbedachte Taten verloren, durch die sie rasch zu einer kleinen oder großen Zeitfigur geformt worden wären. Sie hatten sich als zuschauende Zeitgenossen bewahrt und waren von den Ereignissen mitgerissen und angespornt worden, schneller zu ihrem eigenen Ziel zu langen.

Napoleon handelte pausenlos, seitdem er in die Geschehnisse verwickelt worden war, er war das Resultat seiner Aktionen, der Prototyp eines Täters, wie alle gewalttätigen Herrscher. Als in Europa Ruhe herrschte und er sich langweilte und nicht wusste, wo er sich weiteren Lorbeer erringen konnte, war er nach Ägypten ausgerückt. Ein Tross von Wissenschaftlern folgte ihm, mit einem Mal standen für sie Schiffe bereit, sie mussten keine Anträge stellen und sich um Gelder sorgen für eine Expedition in ein fremdes Land, sie wurden aufgefordert, ihre Sachen zu packen und mitzukommen. Sie machten, was sie gelernt hatten. Sie waren Wissenschaftler, die dachten, neue Entdeckungen würden ihrem Ansehen zugutekommen. Auch

Napoleon wandte an, was er in der Militärakademie und auf den Schlachtfeldern gelernt hatte, und das Wissen, das er sich erworben hatte, bewies, dass es nützlich war. Kant hatte die angestammten Herrschaftsgebiete des Geistes neu geordnet, und nur wenige verstanden, um was es dabei ging. Napoleon zog Hunderttausende in Mitleidenschaft, und jeder fragte sich, was er vorhatte.

Es gibt Berge, Flüsse und Wiesen. Einer sagt, das sind Berge, das sind Flüsse, und das sind Wiesen, er zeigt darauf, und die Sache, die Bedeutung eines Wortes, scheint klar zu sein. Wenn er aber dazu sagt: Das ist Natur, wird die Sache, was damit gemeint ist, schwierig. Auf Natur lässt sich nicht zeigen. Meint er die Wiese oder die Gräser, die Blumen, die Schmetterlinge, die Würmer, die Ameisen? Meint er die Berge oder den Himmel, die Wolken, den Regenbogen, die Regentropfen, die Vögel? Meint er den Fluss oder die Fische, das Ufer, den Schlick, die Frösche, die Fliegen?

Da sind die Österreicher, da die Preußen, da die Russen, sagte Napoleon und wies mit ausgestrecktem Arm in die Runde. Jedem in seinem Umfeld war klar, dass die Sache, der Kampf, der anstand, schwierig würde. Sie hatten sofort begriffen, wo der Feind war, und sie konnten aufgrund ihrer Erfahrungen die Lage einschätzen, in der sie sich befanden. Napoleon sieht die Soldaten, und er sieht die Schachzüge, die er machen wird, er hat einen Plan im Kopf. Wie gut der Plan ist, wird sich zeigen, wenn er umgesetzt wird. Führt er zum Sieg, war er gut und besser als der Plan seiner Feinde, führt er zur Niederlage, war er schlecht und nicht so gut wie der Plan von denen dort drüben.

Das ist die Schönheit, rief Hölderlin aus, nachdem er sich Susette Gontard genauer angeschaut hatte. Er wird es nicht sofort ausgerufen haben, als er sie sah. Sie soll schön gewesen sein. Er wird sich gedacht haben, eine schöne Frau. Auf dem Weg zur Schönheit muss etwas dazukommen, Seele, Liebe, Verlangen, Erotik, Verständnis, Ideale, Phantasien, Kunst, Ideen, die Einsamkeit eines jungen Mannes, und dann wird aus einer schönen Frau die Schönheit, die einen Platz erhält im unsichtbaren Reich der Ideen und Gedanken.

In seiner Autobiographie *Dichtung und Wahrheit* schrieb Goethe, er habe das ihm »inwohnende dichterische Talent ganz als Natur zu betrachten« sich angewöhnt. Auch Hegel und Hölderlin wurden von ihrer Natur getrieben, Empfindungen, Begabungen, Vorlieben, sie waren früh auf extreme Weise individualisiert, und diese natürlichen Anlagen suchten dann nach Möglichkeiten, sich in etwas Allgemeines zu entfalten, einen Ausgleich herzustellen zwischen den vorhandenen individualisierenden und den gesuchten verallgemeinernden Kräften, um auf diese Weise in ein Gleichgewicht zukommen. Es muss einen zur Metamorphose tauglichen natürlichen Kernbestand, eine Art zerebraler Disposition für die Entwicklung ihrer geistigen Arbeit gegeben haben, die nicht nur eine Reaktion auf historische Umstände und auf intellektuelle, poetische, philosophische Diskussionslagen gewesen sein kann.

Frankfurt und Bad Homburg markierten die entscheidende Wende in Hölderlins Leben. Was danach kam, führte nur aus, was hier angelegt wurde. Seine Geschichte hätte vielleicht einen anderen Lauf nehmen können, aber jetzt, erneut als Hofmeister gescheitert und als junger Mann vom Ehemann seiner Geliebten aus dem Haus geworfen, ein Intellektueller, der ins Licht drängte und vor dem Scherbenhaufen eines gescheiterten Zeitschriftenprojekts saß, war es zu spät. Er verabschiedete sich von seinen bürgerlichen Hoffnungen und Träumen, er würde kein von seinesgleichen anerkannter großer Geist werden. Ihm fehlte es nicht an Theorien, an weitreichenden Gedanken, an Ehrgeiz, an poetischer Kraft und Originalität, ihm fehlten letztendlich der Mut, die Sicherheit und das Geld zu einem eigenen Lebensentwurf, der ihm, auch unter den strengen Augen der

Mutter, hätte gelingen können, wenn ihm, wie Hegel, das väterliche Erbe ausgezahlt und die Freiheit zur Selbstverwirklichung geschenkt worden wäre. Er dachte, fühlte und schrieb sich von nun an mit der Konsequenz und Radikalität derer, die ihr Scheitern als Schicksalsgabe annehmen und zu ehren lernen, in eine Art Parallelwelt hinein, in einen gelehrten autonomen, auf Verwirklichung drängenden Wahn vom Dichter in einer schwierigen Zeit, eine poetische Philosophie über den religionsgeschichtlichen Ort der Gegenwart, die selbstbewusst trotz aller Selbstzweifel, im verkündenden Ton anmaßend und hochfahrend in ihren Auslegungen und Ahnungen war und die ihn letztlich unangreifbar machen sollte, ein prächtiger Schild, der die Hiebe der Gegner abwehrte.

Seine Kindheit, seine Heimat, seine Vorstellungen konnte ihm keiner nehmen, sie gehörten zu ihm. Er musste zurück, in sich hinein, bis ihn keiner mehr finden würde und er ganz bei sich war, ein Kind der Natur, ein mutiger Dichter, der akzeptierte, dass er nicht anders konnte, als so zu sein, wie er war, der sich nicht um fremde Ziele scherte und sich dem Selbstbetrug der Konkurrenz nicht mehr unterwarf, der nichts von der bürgerlichen Welt fordern würde, nichts, kein Amt, keine Ehren dort zu erreichen sich bemühte und nicht daran leiden würde, dass ihm nicht gelang, was er sich als Zeugnis, als Beweis, dazuzugehören, vornahm. Der Schritt war nicht einfach, aber notwendig und deshalb befreiend. Er ließ die Hände sinken und kehrte um. Der Jugendtraum von sichtbarer Größe und sichtbarem Ruhm war ausgeträumt. Er räumte das Feld. Er würde, im Stillen, unsichtbar, Herr in seiner eigenen Welt werden. »So geht das Gröste und Kleinste«, schrieb er seinem Bruder am 4. Juni 1799, »das Beste und Schlimmste der Menschen aus Einer Wurzel hervor, und im Ganzen und Großen ist alles gut und jeder erfüllt auf seine Art, der eine schöner, der andre wilder seine Menschenbestimmung, nemlich die, das Leben der

Natur zu vervielfältigen, zu beschleunigen, zu sondern, zu mischen, zu trennen, zu binden.«

Die Liebe zu Susette Gontard mag die entscheidende Katastrophe gewesen sein, eine Tragödie im besten Mannesalter. Die beiden Liebenden waren groß in ihrem Leiden und hilflos im Handeln, großartig mit ihren Worten und kleinmütig in ihren Taten. Sie werden ihre Gründe gehabt haben, Zwänge und Ängste. Doch diese unglückselige und beschämende Niederlage passte nicht zu einem Dichter, der hoch hinauswollte.

In Frankfurt hatte er als Bediensteter darunter gelitten, zu wenig Aufmerksamkeit und Achtung zu erhalten von den Mitgliedern der besseren Gesellschaft, über die er sich erhob, sobald er sich bewusst machte, dass er der Bewohner eines unsichtbaren Reiches war. Um wie viel stärker musste er, von hier aus gesehen, an der eigenen Unfähigkeit leiden, dass er die Frau nicht zu sich ziehen konnte, die ihm das Ideal der Schönheit zu verkörpern schien.

Aus dem gehorsamsten Sohn der Briefe an die Mutter wurde ein dankbarer, treuer, ergebener Sohn. Mit diesen Worten unterschrieb er jetzt. Er hat eingesehen, dass es etwas gab, das mächtiger war als die Mutter, von entschiedenerem Einfluss auf ihn, das Schicksal, die Hand der Götter, die Natur, etwas, in das er unentwirrbar verwoben war, das ihn leitete und dem er folgen musste.

Das Erbe der Theologie

Hegel war ganz woanders. Worüber die beiden Freunde sich in Frankfurt auch unterhalten haben mochten, ihre Ansichten gingen am Ende ihres Aufenthaltes in unterschiedliche Richtungen. Auch für ihn war Frankfurt ein Wendepunkt, er ist dort zum Philosophen geworden, er hatte vor Augen, was er tun musste, worin seine Aufgabe lag. Anders als Hölderlin, der auf diese Weise das ihm Eigene, seinen künstlerischen Eigensinn verteidigte, kehrte er nicht zurück in die Heimat, in die Kindheit, zur Natur. Der Geist als Analyse und Kritik, Neugier und Freiheit, trieb ihn nach vorne. Den abtrünnigen und zu Tänzen aufgelegten Theologen interessierte das Leben, das Leben als Geheimnis, und das religiöse, politische, wirtschaftliche und kulturelle Leben in seinen historischen Erscheinungsformen. Das *Systemfragment von 1800* enthielt in Anfängen und vagen Grundzügen schon den ganzen Hegel, wie er denken und worauf sein Denken hinauslaufen würde, eine religiöse Philosophie des Lebens, die hier noch als philosophisch begründete Religion auftrat. Um 1800 begann die Schlittenfahrt seines Geistes: »… ich müßte mich ausdrücken, das Leben sei die Verbindung der Verbindung und der Nichtverbindung, d. h. jeder Ausdruck ist Produkt der Reflexion, und sonach kann von jedem als einem Gesetzten aufgezeigt werden, daß damit, daß etwas gesetzt wird, zugleich ein Anderes nicht gesetzt, ausgeschlossen ist … Im lebendigen Ganzen ist der Tod, die Entgegensetzung, der Verstand zugleich gesetzt, nämlich als Mannigfaltiges, das lebendig ist und als Lebendiges sich als ein Ganzes setzen kann, wodurch es zugleich ein Teil ist, d. h. für welches es Totes gibt und welches es für Anderes tot ist. Dieses Teilsein des Lebendigen hebt sich in der Religion auf, das beschränkte Leben erhebt sich zum Unendlichen; und nur dadurch, daß das Endliche selbst Leben ist, trägt es die Möglichkeit in sich, zum unendlichen Leben sich zu erheben. Die Philosophie muß eben darum mit der Religion aufhören …«

Das war das grandiose Versprechen seiner kommenden Philosophie, dass der Tod, das Nichts, ins Leben, ins Sein, versenkt würde, und umgekehrt das Leben in den Tod, das Sein ins Nichts, weil alles ein Prozess, ein Werden und ein Ganzes war und nichts alleine war, wie nur eine starrsinnige Endlichkeit behaupten konnte, die in den Reflexionsformen des Verstandes stecken blieb und noch nicht begriffen hatte, was die Vernunft, die Unendlichkeit des Geistes war.

Hegel ging in zwei Richtungen, die letztendlich zusammenfallen würden, als wäre er links und rechts um eine Sache herumgelaufen, er dehnte sich in die Welt aus, und er zog sich in den Geist zurück, aber so, als wären das nicht zwei getrennte Bereiche, das heißt, er studierte die Geschichte der Wirklichkeit als Erscheinungsform des Geistes, und er erkundete die Verfassung des Geistes in seinen logischen und historischen Erscheinungsformen, oder, einfacher gesagt, er dachte darüber nach, was passierte, wenn er darüber nachdachte, dass er dachte, wo dann die Welt bliebe und was sie sei, wo dann er selbst bliebe und was er sei, und wie beides zusammenhinge.

Als Hegel und Hölderlin sich in Frankfurt trennten, zwei Freunde, die eine gemeinsame Vergangenheit noch einmal zusammengebracht hatte, wussten sie, dass sie nicht mehr zueinanderfinden würden. Jeder strebte seiner Erfüllung zu. Sie waren die Letzten, die aus der Schule der Theologie kamen und sich dem hohen Anspruch der Theologie, eine Erklärung von allem zu liefern, auf ihre Weise stellten. Das blieb die Provokation, an die sie sich gebunden fühlten, als Philosoph der eine, als Dichter der andere. Nachdem sie sich von der traditionellen Theologie verabschiedet hatten, suchten beide weiterhin nach einem ersten Grund und nach einer angemessenen Sprache für die ersten und letzten Dinge. Der weltumspannende Himmel der Theologie war zusammengefallen, sie mussten jetzt einen neuen, einen poetischen und einen philosophischen Himmel ausspannen, der alles umfasste. Sie machten keine Skizzen, keine Zeichnungen und keine Entwürfe, sie begnügten sich nicht mit Eindrücken, sie wollten einen Totaleindruck erfassen, Erde und Himmel, Geist und Welt, Natur und

Geschichte. Ein letztes Mal war ein Dichter auf der Höhe der Philosophie seiner Zeit, ein letztes Mal ein Philosoph auf der Höhe der Bibel.

Die neue, die kritische Philosophie war die neue Sprache, die die ehemaligen Theologen lernen mussten, wenn sie an ihrem Anspruch, alles und eins zu denken, die All-Einheit zu fassen, festhalten wollten. Der eine merkte, dass er dort nicht heimisch werden konnte, er kehrte sich von der Philosophie ab und mutete der Dichtung, an der sein Leben hing, allen letzten Sinn zu. Der andere blieb bei der Philosophie, sie würde sein Leben bestimmen, und er trieb sie, als wäre sie ein organisches Wesen, mit Geburt und Tod, bis zu ihrem absoluten Ende.

Was die anderen in ihrem Eifer taten

Kleist war aus der Armee ausgetreten, er lebte in Frankfurt an der Oder und wollte sich bilden, er studierte querbeet, wohin die Interessen ihn trieben, Physik, Philosophie und Mathematik. Das sah nach einer Art Grundlagenstudium aus, als würde er nach den Gesetzen der Welt und des Geistes suchen, unabhängig davon, was die Theologie darüber zu sagen hatte. Die Naturwissenschaften, wie Goethe es vorgemacht hatte, bargen Geheimnisse, die durch Anschauung, durch Experiment und Forschung, durch Analogie und Intuition aufgedeckt werden konnten. Und wenn auch die Natur im Ganzen ein Wunder blieb, so fanden sich doch Erklärungen für manche wundersame Erscheinungen. Für den Forscher in Weimar lag darin der Reiz, weiterzumachen mit den eigenen Studien. Doch was Kleist suchte, fand er an der Universität nicht, aus ihm würde kein Physiker, kein Mathematiker und kein Philosoph werden. Er wird das Studium abbrechen und mit all seinen unerfüllten

Bedürfnissen nach Berlin gehen. Im Brief vom 5. Februar 1801 an seine Schwester Ulrike schrieb er: »Ach, du weißt nicht, wie es in meinem Innersten aussieht. Aber es interessiert Dich doch? – O gewiß! Und gern möchte ich Dir alles mitteilen, wenn es möglich wäre. Aber es ist nicht möglich, und wenn es auch kein weiters Hindernis gäbe, als dieses, daß es uns an einem Mittel zur Mitteilung fehlt. Selbst das einzige, das wir besitzen, die Sprache taugt nicht echt dazu, sie kann die Seele nicht malen, und was sie uns gibt sind nur zerrissene Bruchstücke.« Goethe, dem der junge Kleist suspekt war, wird im vierten Teil von *Dichtung und Wahrheit*, der erst nach seinem Tod 1832 erschien, lapidar erklären, »daß Niemand den andern versteht, daß keiner bei denselben Worten dasselbe was der andere denkt, daß ein Gespräch eine Lektüre bei verschiedenen Personen verschiedene Gedankenfolgen aufregt«, das habe er »schon allzu deutlich eingesehen«.

Schelling ging 1796 als Hofmeister von zwei Baronen nach Leipzig und besuchte dort mit seinen erwachsenen Zöglingen die Universität, wo er Mathematik und Medizin studierte. Diese Studienwahl lag nahe, wie hätte er sonst über die Natur und die Seele nachdenken können, wenn er den menschlichen Organismus nicht kannte, in dem beide auf eine geheimnisvolle Art exemplarisch vereint waren. Im Jahr 1791 waren seine *Ideen zu einer Philosophie der Natur* erschienen, 1798 wurde *Von der Weltseele, eine Hypothese der höheren Physik zur Erklärung des allgemeinen Organismus* veröffentlicht. Wie alle Philosophen ging auch er davon aus, dass der Geist, mit dem er täglich zu schaffen hatte, ihm bekannter, vertrauter war als die Natur, mit der nähere Bekanntschaft zu schließen die Kenntnis des eigenen Körpers ein möglicher, aber sehr dunkler Weg war, auf dem er ohne fremde Hilfe, ohne wissenschaftliche Anleitung, ohne Anschub durch den Geist nicht recht vorankam. Im Jahr 1798 ging er nach Dresden und lebte dort den Sommer über mit den Schlegels zusammen, und noch im selben Jahr wurde er zum außerordentlichen Professor in Jena ernannt. Er traf sich mit Goethe, Schiller, Fichte und mit dem Physiker und Philosophen Johann Wilhelm Ritter, einem gelehrten Autodidakten, der keine Scheu vor geistigen Wagnissen und Eigenbröteleien hatte und sich mit wundersamen Erscheinungen der Natur beschäftigte. Schelling, der das Bedürfnis und die Fähigkeit hatte, jeden Gedankenzug in ein Buch auslaufen zu lassen, veröffentlichte 1799 einen *Ersten Entwurf eines Systems der Naturphilosophie* und im Jahr darauf, als Hegel sich mit einem Systemfragment begnügt, nicht nur einen ersten Entwurf, sondern ein vollständiges *System des transzendentalen Idealismus.* Er ist jetzt auch mit Caroline Schlegel zusammen.

Fichte war 1796 Vater geworden und hätte im eigenen Haus beobachten können, wie ein winziges Ich aus seinem Dämmerzustand zu sich selbst fand und dass es ihm auf diesem Weg eines Tages ergehen würde wie dem jungen Jean Paul, der sich noch daran erinnern konnte, und allen anderen Menschen, die sich vielleicht nicht mehr daran erinnern können: »An einem Vormittag stand ich als ein sehr junges Kind unter der Haustüre und sah links nach der Holzlege, als auf einmal das innere Gesicht ›ich bin ein Ich‹ wie ein Blitzstrahl vom Himmel vor mich fuhr und seitdem leuchtend stehen blieb: da hatte mein Ich zum ersten Male sich selber gesehen und auf ewig.« Fern aller Philosophie, wie sie Erwachsene betreiben, war dieses Erlebnis die erste, ursprüngliche Einsicht eines Menschenkindes, die reflektierte Urteilung, aus der die ganzen Probleme mit Sein und Urteil, Subjekt und Objekt, Ich und Welt entstehen sollten, mit denen sich dann die Philosophen auseinandersetzen würden. Dem Kind gelang aus eigenen Kräften, was sein berühmter Vater Johann Gottlieb Fichte sich und anderen zu Irritationen und Fragen neigenden Geistern immer wieder zu erklären bemühte, auch wenn er manchmal offenherzig daran zweifelte, ob ihm das mit seinen Schriften jemals gelingen würde. Karl Leonhard Reinhold beglückwünschte er dazu, die *Wissenschaftslehre* verstanden zu haben. Im Brief vom 21. März 1797 schrieb er: »Daß Sie wirklich eingedrungen, beweist mir teils die Erzählung, wie es zugegangen«, und dann fügte er in Klammern eine Bemerkung hinzu, die hellhörig macht: »durch bloßes Studieren der toten Buchstaben wird wohl niemand diese Lehre fassen; sie muss durch ein inneres Bedürfnis aus ihm selbst herumgetrieben werden«. Dass ein Leser ahnen müsse, was er sich mit fremder Hilfe klarzumachen versuche, das galt nicht nur für die *Wissenschaftslehre*, sondern auch für die Schriften Kants. Am 4. Juli 1797 erklärte er Reinhold: »*Kant* nicht verstanden zu haben, ist in meinem Munde wahrlich kein Vorwurf; denn ich halte – und ich will dies so laut sagen, als es begehrt wird – seine Schriften für *absolut unverständlich* für den, der nicht schon weiß, *was darin stehen kann*. Kants Verdienst als *Denker* tut dies keinen Abbruch; als *Lehrer* behält er dann freilich nicht das geringste.«

Verstand nur der Kopf die Philosophen, der schon ein philosophischer Kopf war? Und galt dieses Axiom dann auch für alle anderen Bereiche des Wissens und des menschlichen Ausdrucks, sodass nur der ein Bild zu sehen verstand, der schon sah und dachte wie ein Künstler?

Im November 1798 erschien von Fichte ein Aufsatz im *Philosophischen Journal*, der von dem »Grund unsers Glaubens an eine göttliche Weltregierung« handelte. Der Aufsatz brachte ihm großen Ärger ein, er wurde des Atheismus verdächtigt und verlor seine Stelle an der Universität. Wo sollte er jetzt hingehen? Er ging nach Berlin.

Jean Paul, sehr fleißig und beliebt, arbeitete sich mit der großzügigen Hilfe von Bier durch das Dickicht seiner Phantasien und Ideen, das so weitläufig wucherte wie der tropische Regenwald, er saß am *Hesperus*, aus dem ein sehr umfangreicher, das hieß ein verzwickter, verschachtelter, verspielter, in Gedankengewimmel, Ideenflüsse und Geschichtenknäuel sich verlaufender und dennoch oder gerade deswegen erfolgreicher Roman wurde, am *Leben des Quintus Fixlein, aus 15 Zettelkästen gezogen*, am *Siebenkäs* und am *Titan*, dessen geistreicher Proviant und materieller Umfang ebenfalls seinen Erfolg zu beflügeln schienen. Jean Paul muss sich direkt an der Quelle der Inspiration aufgehalten haben, sodass kein Einfall, keine Assoziation, die daraus emporschossen, verloren ging und der ganze Goldregen sich sofort aufs Papier und in die Ereignisse, Erlebnisse und Handlungen ergießen konnte. Bei all der Arbeit in den Hopfengärten der Einbildungskraft kam er auch noch herum, reiste von Hof nach Leipzig, weiter nach Dresden und nach Weimar, wo er sich eine Weile niederließ und alle Geister traf, die Rang und Namen auf ihre Brust geheftet hatten. Im September 1800 ging auch er nach Berlin. Er traf dort, wenn nicht alle, so doch wieder viele, denen Rang und Namen wie Boten in eigener Sache vorauseilten, Rahel Varnhagen, Schleiermacher, Friedrich Gentz und Ludwig Tieck. Jean Paul hatte ein sehr weites und sehr kluges Herz. Am 3. Dezember 1798 schrieb er an Friedrich Heinrich Jacobi: »Jeder Mensch wird zu irgendeiner Philosophie wie zu irgend einer Dichtungsart geboren.« Wie ein Mensch war, was er mitbrachte an Seele, Gemüt und Geist, sein Grundempfinden ließ ihn denken und dichten, wie es ihm entsprach, und führte ihn in die Arme von Dichtern und Denkern, zu denen er sich hingezogen fühlte. Im Dunkel der Natur, diesem ungelösten Rätsel des Geistes, verliefen Verwandtschaftsbeziehungen, ein geheimes Netz aus Wegen, die Menschen zusammenführten oder trennten.

Goethe hatte für diese unterirdischen Verzweigungen ein Gespür und hielt sich deswegen vor allem in seinem Element auf, in seinem Reich, eine Art Familienvater, der das Haus nicht mehr verließ, unantastbar und scheinbar unerschütterlich an der Stirnseite des Tisches thronend, bewundert und geachtet von allen, denen diese an Gebirge erinnernde Selbstverständlichkeit nicht gegeben war. Die Freundschaft mit Schiller stand auf festen Füßen, und sein Werk wuchs, das heißt, es enthüllte sich, wie Tücher langsam von einem Denkmal gleiten. Im Jahr 1796 waren *Wilhelm Meisters Lehrjahre* und *Hermann und Dorothea* erschienen.

Im April 1800 traf Wilhelm von Humboldt, die Inkarnation jener geistreichen Glückseligkeit, nach der sich die zerrissenen schönen Seelen umsonst verzehrten, nach einer langen Reise durch Spanien, dem in jenem ersten Jahrzehnt noch ein Krieg mit Napoleons Armeen bevorstand, in Paris ein. Sein Bruder Alexander hatte Europa vor einigen Monaten verlassen und war in Südamerika unterwegs, er ging den Weg der unmittelbaren Erfahrungen, die anders aussahen als die Erfahrung, die in der Welt der Philosophie als Begriff auftauchte. Kein philosophisches Werk reichte an den Reichtum und die Geheimnisse der Welt und des Lebens heran, die sich der Anschauung und der Ahnung darboten. Philosophen, die nicht reisen wollten, weil die Vielfalt und Kraft der Eindrücke, ihr Gewicht und ihre Dynamik, das logische Fortschreiten des Denkens erschwerten, mussten versuchen, sich dem Reichtum und den Geheimnissen der Welt und des Lebens auf andere Weise zu nähern.

Kant in Königsberg wurde müde, seine Kräfte ließen nach, er war 76 Jahre alt. Vor drei Jahren hat er seine letzte Vorlesung gehalten. Er hatte getan, was er tun konnte, über größere intellektuelle Energien verfügte er nicht. Er wird nicht davon ausgegangen sein, dass er mit der Aufgabe, die er sich gestellt hatte, gescheitert war oder dass sein Lebenswerk nur von kurzer Dauer sein würde, im Gegenteil, er hatte sich ja gerade deshalb so abgemüht, weil er etwas Grundlegendes sagen wollte, über das die Zeit nicht einfach hinweggehen konnte. Die Zeit überließ es den Philosophen vom Fach, Kant über das Grab hinaus am Leben zu erhalten.

Friedrich Schleiermacher war Prediger an der Charité in Berlin geworden. Seine Reden über die Religion, erschienen 1799, machten aus der unsichtbaren Kirche, die für Tübinger Stiftler ein Geheimprojekt zur Verbesserung der Gesellschaft war, eine Frage der religiösen Gefühle für das Unendliche, über die sich auch mit Gebildeten, die sich angewöhnt hatten, der Religion skeptisch gegenüberzustehen, sprechen ließ.

Novalis traf Schelling in Leipzig, Goethe in Weimar und Schiller in Jena. Seine sehr junge Frau war gestorben, und sein kurzes Leben stand seitdem unter dem Schatten ihres Todes. Friedrich Schlegels Zeitschrift *Athenäum* erschien im April 1798 zum ersten Mal. Darin befand sich von Novalis, dem späteren Bergbauingenieur, eine Sammlung von philosophischen Aphorismen mit dem Titel *Blütenstaub*, darunter ein Aphorismus, der wie ein Geschwister von Fichtes und Jean Pauls Ansichten über Nähe und Verstehen, über das Eigene und das Fremde aussah: »Wie kann ein Mensch Sinn für etwas haben, wenn er nicht den Keim davon in sich hat? Was ich verstehen soll, muß sich in mir organisch entwickeln; und was ich zu lernen scheine, ist nur Nahrung, Inzitament des Organismus.« Hegel wird dieses Problem lösen, indem er behauptet, dass nicht nur etwas durch Nähe, sondern alles deshalb verstanden wird, weil es nichts gibt und geben kann, was nicht gedacht, das heißt als dies und das gesetzt worden ist. Der Geist ist ein Ungeheuer, das sich selbst und mit sich selbst alles, was ist, und sei es Gott, gebiert.

Friedrich Schlegel lebte in Berlin, zuerst zusammen mit Friedrich Schleiermacher, dann mit der frisch geschiedenen Henriette Hertz. Sein Roman *Lucinde* über Liebe und Ehe, Leidenschaft und Sinnlichkeit, würde im nächsten Jahr erscheinen und die bürgerlichen Gemüter erhitzen. Er hatte große Pläne.

Am 2. Dezember 1798 schrieb er aus Berlin an Novalis: »Ich denke eine neue Religion zu stiften oder vielmehr sie verkündigen zu helfen: denn kommen und siegen wird sie auch ohne mich. Meine Religion ist nicht von der Art, daß sie die Philosophie und Poesie verschlucken wollte. Vielmehr lasse ich die Selbständigkeit und Freundschaft, den Egoism und die Harmonie dieser beiden Urkünste und Wissenschaften bestehn, obwohl ich glaube, es ist an der Zeit, daß sie manche ihrer Eigenschaften wechseln. Aber ganz ohne Eingebung betrachtet, finde ich, daß Gegenstände übrigbleiben, die weder Philosophie noch Poesie behandeln kann. Ein solcher Gegenstand scheint mir Gott, von dem ich eine durchaus neue Ansicht habe.«

In welche Schule waren Schlegel und Novalis gegangen, dass sie so freimütig und unbekümmert zu schreiben verstanden? Sie waren nicht durch das evangelische Ausbildungssystem Württembergs gelaufen, sie sollten keine Theologen werden, und sie wurden nicht in dogmatischer Theologie geschult. Die beiden waren nur zwei Jahre jünger als Hegel und Hölderlin. An den Zeitumständen konnte es nicht gelegen haben, dass sie anders dachten und anders schrieben, unsystematisch, assoziativ und intuitiv, ohne die Last der großen Wahrheiten, außer der einen, dass ihre Versuche über die Welt gleichsam an der Zeit seien. Sie dachten und schrieben ja aus der Überzeugung heraus, dass sie einen angemessenen Weg einschlugen. Hölderlin, den unglücklichen Seher mit dem hohen tragischen Ton, werden sie erst schätzen lernen, als er schon im Turm lebte, und den systematischen, sesshaften Hegel, der mit dem romantischen Nomadentum und der Unzuverlässigkeit der Ironie wenig anfangen konnte, werden sie früh beiseiteschieben.

In Weimar schimpfte Herder wie ein giftiger Alter über die Philosophen aus der Schule Kants, die auf der neuen Heerstraße der Vernunft marschierten und nicht bemerkten, dass der Mensch und die Welt nicht allein mit analytischen und logischen Ableitungen zu fassen waren. »Die kritische Philosophie charakterisiert sich ganz durch Arroganz, Blendwerk und Insulten«, schrieb er an den Dichter Johann Wilhelm Ludwig Gleim im April 1799. Er holte zum Gegenschlag aus, er saß an *Briefen zur Beförderung der Humanität*, ein Ziel, das in seinen Augen erstrebenswerter war als die Wiederholung logischer Gewissheiten, und an einer *Metakritik* gegen Kant, seinen Lehrer aus seiner Studienzeit in Königsberg, der so tat, als habe er den Menschen sich selbst endgültig nähergebracht. Aber nichts anderes war nach Herder geschehen, als dass Kant aus dem Menschen ein Wesen gemacht hatte, das sich in dem Bild, das der Philosoph mit dem Lineal und dem Winkelmesser des Verstandes entworfen hatte, nicht erkennen konnte, so blass und vernünftig schaute es aus.

Schiller hatte seinen monumentalen *Wallenstein* beendet, und gleich darauf folgte die *Maria Stuart*. Er plant eine doppelte Haushaltsführung, er möchte im Winter in Weimar wohnen. An den Herzog Karl August schrieb er am 1. September 1799, »die wenigen Wochen meines Aufenthaltes zu Weimar und in der größeren Nähe Eurer Durchlaucht im letzten Winter und Frühjahr haben einen so belebenden Einfluß auf meine Geistesstimmung geäußert, daß ich die Leere und den Mangel jedes Kunstgenusses und jeder Mitteilung, die hier in Jena mein Los sind, doppelt lebhaft empfinde. Solange ich mich mit Philosophie beschäftigte, fand ich mich hier vollkommen an meinem Platz; nunmehr aber, da meine Neigung und meine verbesserte Gesundheit mich mit neuem Eifer zur Poesie zurückgeführt haben, finde ich mich hier wie in eine Wüste versetzt. Ein Platz, wo nur die Gelehrsamkeit, und vorzüglich die metaphysische, im Schwange gehen, ist den Dichtern nicht günstig; diese haben von jeher nur unter dem Einfluß der Künste und eines geistreichen Umgangs gedeihen können.«

Die Philosophie war eine trockene Ration in der Wüste, wo das graue Brot nur schmeckte, weil nichts anderes den Hunger anstacheln und befriedigen konnte, und mochte sie auch von sich behaupten, dass sie zu grundlegenden Erkenntnissen und Wahrheiten führe, die Aussicht, dass daraus ein lebensgewichtiger und belebender Gewinn zu ziehen sei, war offenbar nicht groß genug, um einen Menschen, der sie nicht zu seinem Beruf erkoren hatte, dauernd an sie zu binden. Entweder die erhofften Erkenntnisse und Wahrheiten ließen auf sich warten, oder sie wurden durch andere Erkenntnisse und Wahrheiten wieder abgelöst, was auch ein Hinweis darauf war, dass dieser Reigen in seine nächsten Runden gehen würde, oder die Erkenntnisse und Wahrheiten, die gewonnen worden waren, machten ein weiteres Verbleiben bei der Philosophie überflüssig, wenigstens für jemanden, der noch anderes zu tun hatte. Philosophen würden die Sache anders sehen müssen, sonst blieben sie ihr Leben lang nur Schüler, Philologen, die sich zu wiederholen bemühten, was einmal aus der Tiefe des Geistes herausbefördert worden war.

Schopenhauer wird in der Philosophie einiges anders machen. Im Jahr 1797 war er für zwei Jahre in Frankreich gewesen, jetzt ist er mit seinen Eltern wieder unterwegs, auf einer Bildungsreise, die ihn nach Holland, England, erneut nach Frankreich, in die Schweiz und ins Reich der Habsburger bringt. Da er erst zwölf Jahre alt war, konnte er sich Zeit lassen. Er sollte nach dem Willen des Vaters, der den Gymnasien und den alten Griechen nicht über den Weg traute, die Welt kennenlernen. Am Ende der Reise würde er das Heimweh und die Sinnlosigkeit kennengelernt haben, die allen Mühen und Bestrebungen zugrunde lagen, eine für seine spätere Philosophie entscheidende Erfahrung.

Kapitel 4

Die eigene und die ganze Welt

In die Heimat und in die eigene Sprache

Hölderlin kehrte zurück in die Heimat, die er im Dezember 1793, auf dem Weg in die Selbstständigkeit, verlassen hatte. Sechseinhalb Jahre waren seitdem vergangen. Die Rückkehr nach Hause markierte dieses Mal einen Wendepunkt, eine Niederlage. Er war, von Lauffen, Stuttgart, Tübingen aus gesehen, in die Fremde gegangen, aber nicht sehr weit gekommen, nach Walthershausen, Jena und Frankfurt am Main, der Radius der Reisen eines jungen Mannes, der sich auf die eigenen Füße zu stellen hoffte, war bescheiden.

Als er mit den Frauen und Kindern der Familie Gontard am 10. Juli 1796 Frankfurt verlassen musste, weil die Franzosen die Stadt belagerten, fuhr die kleine Gesellschaft, eine Handvoll unter Tausenden, die vor den Franzosen und dem Krieg flohen, nach Kassel. Ihr Ziel war das weit entfernte Hamburg, wo Susette Gontards Bruder wohnte. Doch dann entschloss sich die Gruppe, in Kassel zu bleiben, wo sie in Sicherheit waren. Am 25. Juli stieß der Dichter Wilhelm Heinse zu ihnen, ein Freund des Hauses Gontard, der Italien ausgiebig bereist hatte und dessen Roman *Adringhello* unter den Zeitgenossen berühmt war und den auch Hölderlin kannte. Mit ihm fuhren sie Anfang August weiter nach Bad Driburg. Dann wurden die Franzosen zurückgeschlagen, die Koffer wurden wieder gepackt, und die Reisetruppe konnte nach Hause gehen. Ende September traf sie wieder in Frankfurt ein.

Das Griechenland, das Hölderlin mit eigenen Augen sah, vor dem er staunend stand wie vor erwachten Toten und mit dem er denselben Raum, dieselbe Luft und dasselbe Licht teilte, befand sich in Kassel im Museum, Statuen statt der Stiche, die er einst in Büchern hatte finden können. Die Gestalten der Phantasie, die sich bisher aus den Buchseiten gelöst hatten und von der Vorstellungskraft am Leben gehalten werden mussten, wurden in Kassel zum ersten Mal Wirklichkeit. Die Spanne der Zeit, die zwischen ihm und den bewunderten alten Griechen lag, zurrte bei dieser Begegnung zusammen zu einer künstlichen, sinnlichen Gegenwart und dehnte sich dann wieder aus mit der Erkenntnis, dass die Wirklichkeit von entscheidender Kraft war, mehr als jeder Traum, solange er nicht zu einem Wahn geworden ist.

An einen Gott musste nicht nur geglaubt und gedacht werden, er musste erscheinen, sichtbar werden, wenn er das Leben formen sollte. Die Unschuld und Naivität der Kindertage rührte daher, dass die Sinne sich selbst, das heißt den Eindrücken überlassen waren. Kein Gedanke schob sich davor, der gelehrt hätte, den Sinnen zu misstrauen. Eine neue, gereifte Unschuld, eine wiedergewonnene Naivität lag darin, hellsichtig und hellhörig zu sein für den Sinn, der sich in der Welt, wie sie sich zeigte, verbarg, in den Dingen der Sinne. Diese Erfahrung, diese Erkenntnis mögen dazu beigetragen haben, Hölderlin zu einer neuen, eigenständigen Art des Dichtens zu führen. Der Weg dahin war nicht einfach. Die Gedichte, die er in und nach Frankfurt und Bad Homburg schrieb, hatten die Zwänge von hehren Ideen hinter sich gelassen, die nicht aus der eigenen inneren Anschauung gewonnen wurden, und gelangten in eine sichtbare Welt zurück, die voller geheimer, unterschwelliger, aber gefühlter, erlebter Beziehungen und Bedeutungen war, die sich letztendlich, als der Radius der Schau sich erweiterte, nur ihm, dem Seher, zeigen würden. Das Gedicht »Heidelberg« entstand zwischen 1798 und 1800 und markiert auffällig die Suche nach einer neuen Bildersprache, in der sich die Erde, Stadt, Land, Fluss, in ein Zeichensystem verwandelt, dessen Buchstaben eine Seele auszulegen vermag, wenn sie richtig gesehen und gelesen werden:

Lange lieb ich dich schon, möchte dich, mir zur Lust,
Mutter nennen, und dir schenken ein kunstlos Lied,
Du, der Vaterlandsstädte
Ländlichschönste, so viel ich sah.

Wie der Vogel des Walds über die Gipfel fliegt,
Schwingt sich über den Strom, wo er vorbei dir glänzt,
Leicht und kräftig die Brücke,
Die von Wagen und Menschen tönt.

Wie von Göttern gesandt, fesselt' ein Zauber einst
Auf die Brüke mich an, da ich vorüber gieng,
Und herein in die Berge
Mir die reizende Ferne schien,

Und der Jüngling, der Strom, fort in die Ebne zog,
Traurigfroh, wie das Herz, wenn es, sich selbst
zu schön,
Liebend unterzugehen,
In die Fluthen der Zeit sich wirft.

Quellen hattest du ihm, hattest dem Flüchtigen
Kühle Schatten geschenkt, und die Gestade sahn
All ihm nach, und es bebte
Aus den Wellen ihr lieblich Bild.

Aber schwer in das Thal hieng die gigantische
Schiksaalskundige Burg nieder bis auf den Grund,
Von den Wettern zerrissen;
Doch die ewige Sonne goß

Ihr verjüngendes Licht über das alternde
Riesenbild, und umher grünte lebendiger

Epheu; freundliche Wälder
Rauschten über die Burg herab.

Sträuche blühten herab, bis wo im heitern Thal,
An den Hügel gelehnt, oder dem Ufer hold,
Deine fröhlichen Gassen
Unter duftenden Gärten ruhn.

Das erste Mal wird er dieses Ziel einer neuen poetischen Sprache erreicht haben mit dem ersten Vers eines Gedichtes, das keinen Titel trägt, ein langes, in Ton, Rhythmus, Anmutung und Bildgehalt völlig neues Gedicht, das um 1799 entstand: »Wie wenn der Landmann am Feiertage das Feld …« Mit diesem unvollendeten Gedicht schrieb er sich in einen besonderen, seinen persönlichen poetischen Ort ein, der mit ihm, Vers für Vers, entstand und wohin nur er, auf dem schweren Wege, ein Einzelner, ein Solitär zu werden, gehörte. Hier gelang ihm eine philosophische Lebensgeographie, in der Selbsterkundung, Gegenwartsdeutung und Heimatkunde sich verbanden, und ein poetischer Denkstil, der nur ihm gehörte, ohne Klagen, Übertreibungen, Beschwörungen und Illusionen, der ganz sein Eigen war, als habe er seinen Schritt, seine Gangart endlich gefunden und könne jetzt loslaufen, sich die Erde, seine Welt erlaufen, seine Bahn gehen:

Wie wenn der Landmann am Feiertage das Feld
zu betrachten hinausgeht, des Abends, wenn
Aus heißer Luft die fühlenden Blize fielen
den ganzen Tag, und fern noch hallet der Donner,
und wieder in sein Ufer der Strom sinkt,
aber frischer grüßt die Wiese und
der Kornhalm richtet
sich auf, vom erquickenden Reegen des Himmels

und glänzend stehn in stiller Sonne die Bäume
des Hains,
So stehen jezt unter günstiger Witterung
die Dichter.

Diesen Ton hatte es bislang in der deutschen Dichtung nicht gegeben.

Der neue deutsche Volksgeist

Im Jahr 1913 tauchte bei einer Auktion eine Handschrift auf, zwei Seiten lang. Ein Hegel-Forscher schlug 1917 dafür einen Titel vor, der für die weitere Diskussion, von wem der Text stamme, nicht unverfänglich war: *Das älteste Systemprogramm des deutschen Idealismus.* Es kamen für Forscher, die sich mit Hegel, Hölderlin und Schelling beschäftigten, zuerst und vor allem Hegel, Hölderlin und Schelling als Autoren infrage. Die Autorschaft wanderte vom einen zum anderen. Große Teile der Forschung einigten sich schließlich darauf, dass Hegel den Text geschrieben habe, es sei seine Handschrift. Damit saß der erste der drei aus dem Tübinger Stift im Boot. Die Hoffnung, aus der Annahmen und Vermutungen werden sollten, hielt sich, dass die anderen zwei auch noch hineinpassen würden. Da Hegel, wenn er an eigenen Manuskripten arbeitete, immer einen breiten Rand stehen ließ und die zwei vorliegenden handschriftlichen Seiten keinen Rand hatten, könnte es sich bei dem Systemprogramm, sagten Forscher, die nicht davon überzeugt waren, dass Hegel der einzige Verfasser sein sollte, um eine Niederschrift von einem der beiden anderen oder von irgendwie gemeinsamen Gedanken handeln. Mit diesen Annahmen waren die drei ehemaligen Studenten, die mit der Losung Reich

Gottes in die Welt gezogen waren, letztlich wieder vereint. Sie sahen im besten Falle aus wie eine kleine informelle Forschergruppe, die sich auf ein Thesenpapier geeinigt hatte.

Unklar war noch, wer von den dreien was in die Runde geworfen, wie viel jeder zu dem Programm beigetragen hatte. Ein Vergleich der Ideen, welche die drei jungen Männer, jeder für sich, bis zur Abfassung des *Ältesten Systemprogramms* schriftlich niedergelegt hatten, sollte bei der Aufteilung der Gedanken und Ideen, wer was beigesteuert haben könnte, weiterhelfen. Ein sicheres Ergebnis aber wurde nach dem ausgiebigen Vergleich der Schriften nicht erzielt, nur Vermutungen über die Autorschaft, ob einer und wer oder ob alle drei die Feder führten, blieben im Spiel. Datiert wurde die Handschrift auf den Jahreswechsel 1796/97. Da war Hegel gerade in Frankfurt angekommen.

Wenn Hegel schrieb, ließ er sich von seinen Gefühlen nicht hinreißen, auch nicht in seinen Briefen. Er war immer bei der Sache, mitunter vorsichtig, aber durchgehend bestimmt. Ein lockerer Schreiber, dem die Worte sich von alleine zu Sätzen fügten, ist er nicht gewesen und wurde es auch nach Hunderten von vollgeschriebenen Seiten nicht. Die Gedanken, mit denen er sich beschäftigte, schienen Eleganz und Einfachheit des Ausdrucks als eine notwendige Bedingung einer ihnen angemessenen Darstellung auszuschließen. Aber ihm gelangen in seinen komplizierten Ausführungen immer wieder grandiose Bilder und pointierte, scharf formulierte Urteile, und er besaß ein großes polemisches Talent, das er gerne gebrauchte. Er wusste einfach, was er konnte, und er ließ sich von anderen nichts vormachen.

Keine seiner stilistischen Eigenarten findet sich im *Systemprogramm*, das einen sehr vollmundigen Eindruck macht, als sei sein Verfasser sich seiner Sache sehr sicher und als sei er von einem jugendlichen, draufgängerischen Geist erfüllt gewesen, der keine Hindernisse vor sich sah, die er nicht überwinden könnte. Das *Programm* beginnt mit den Worten: »– *eine Ethik*. Da die ganze Metaphysik künftig in die *Moral* fällt – wovon Kant mit seinen beiden praktischen Postulaten nur ein *Beispiel* gegeben, nichts *erschöpft* hat –, so wird diese Ethik nichts anderes als ein vollständiges System aller Ideen oder, was dasselbe ist, aller praktischen Postulate sein. Die erste Idee ist natürlich die Vorstellung *von mir selbst* als einem absolut freien Wesen. Mit dem freien, selbstbewußten Wesen tritt zugleich eine ganze *Welt* – aus dem Nichts hervor – die einzig wahre und gedenkbare *Schöpfung aus Nichts*. – Hier werde ich auf die Felder der Physik herabsteigen; die Frage ist diese: Wie muß eine Welt für ein moralisches Wesen beschaffen sein? Ich möchte unserer langsamen, an Experimenten mühsam schreitenden Physik einmal wieder Flügel geben.«

Dem traditionsbewussten Hegel wird die von dem Autor des *Systemprogramms* etwas leichtfertig hingeworfene Idee, dass der Staat grundsätzlich abgeschafft werden müsse, weil er ein mechanisches Gebilde sei, sicher nicht gefallen haben. Er war der einzige der drei Freunde, der sich früh und ernsthaft mit Verfassungsfragen auseinandersetzte. Nichts lag ihm ferner, als schlecht über den Staat zu reden oder ihn überwinden zu wollen. Und die Vorstellung, dass die Poesie das letzte Ziel des Geistes sei, dass die Dichtkunst über den Wissenschaften stehe, passte besser zu Hölderlin und zum intellektuell experimentierfreudigen Schelling als zu Hegel, der sich, seinen Fähigkeiten und Begabungen gemäß, der Vernunft anvertraut hatte, auch wenn er gerne tanzte, Karten spielte sowie in die Komödie und in die Oper ging.

Und warum tauchte in einem Programm, das für manche Forscher als eine Art Gemeinschaftsarbeit galt, als ein Produkt des gemeinsamen Philosophierens, ein Ich auf, das erklärte, was es alles tun werde und worüber es alles nachdenken möchte, und nicht ein Wir? Dieses Ich in seinem Autorenstolz, das auf den zwei anonymen Seiten ein Buch, das erst noch geschrieben werden müsse, anzukündigen scheint, schlägt alle Hoffnungen in den Wind, es könnte sich bei dem *Systemprogramm* um eine echte Gemeinschaftsarbeit handeln, bei der einer aufschreibt, was alle sich ausgedacht haben.

Wer immer die Seiten verfasst hatte, er war guter Dinge und selbstbewusst, auf der Höhe von bestimmten intellektuellen Tendenzen, und er wusste sich mit seinen Ideen nicht allein, so abseitig erschienen sie ihm nicht. Hier sprach einer nicht zu einem Verleger, der ein Buchprojekt unter Vertrag nehmen und einen Vorschuss gewähren soll, sondern zu Freunden, denen er ein in seinen Augen bahnbrechendes Werk, dessen Ideen ihnen nicht ganz unbekannt gewesen sein dürften, ankündigte. So ein säbelrasselnder Matador des Geistes war Hegel, der eher bescheiden auftrat, nicht, und Hölderlin, der sich in den uferlosen Sätzen seiner theoretischen Aufsätze windet, als würde er nie Land erreichen, konnte der Verfasser auch nicht sein.

Wenn es Hegels Handschrift ist, bedeutet das vielleicht nur, dass er einen Text abgeschrieben hat, der ihm wichtig vorkam. Der Text lag ihm vor, er sollte ihn zurückgeben, er hat ihn nicht exzerpiert, sondern Wort für Wort erhalten wollen, weil er über ihn zu urteilen noch keine Zeit gefunden hatte. Er schrieb ihn ab, um darüber in Ruhe nachdenken zu können, oder weil er sich dem Autor verpflichtet fühlte. Er wollte ihm eine gründliche Antwort geben. Vielleicht hat er den Text auch abgeschrieben, um ihn einem Dritten zu zeigen. Das Original ging zurück, und dann ging es verloren, und nur die Kopie hat sich erhalten.

Von den drei ehemaligen Tübinger Stiftlern bleibt als potenzieller Verfasser nur Schelling übrig, der, wie die Briefe an Hegel zeigen, selbstbewusst, locker und schnell genug war, um seinem Freund die Ankündigung eines größeren Projektes vorzulegen, mit der Bitte, Stellung zu nehmen oder sie weiterzureichen. Es kann sein, dass Schelling durch Gespräche mit Hölderlin oder durch die Lektüre des *Hyperion* zu bestimmten Gedanken und Ideen angeregt worden ist, so wie er auch aus Schillers *Briefen über die ästhetische Erziehung des Menschen* einen Nutzen gezogen haben mag. Ein solcher Austausch ohne Nachweis, von wem was stammt, ist üblich, alle nehmen von anderen etwas auf, und nie muss einer ganz alleine von vorne beginnen.

Der selbstbewusst anfeuernde Ton des Textes, die Ankündigung dessen, was gemacht werden soll, der Einbezug von anderen in diese Aufgaben, die direkte Ansprache von Freunden entsprechen einem Programm, das auch im Eifer einer Diskussion entstanden sein kann, wie und wo immer sie geführt worden sein mag. Es trafen sich einige junge Männer, sie kannten sich, sie mochten sich, sie kamen miteinander ins Gespräch, sie mussten sich nicht vor den anderen mit ihren Ansichten zurückhalten, sie sagten, was ihnen durch den Kopf ging, und dabei zeigten sich Ähnlichkeiten und Gemeinsamkeiten, was wie Wasser auf eine Mühle wirkte, die jetzt in Schwung geriet, und es sah dann so aus, als wären sie sich einig, als würden sie ein gemeinsames Ziel verfolgen. Es lag auf der Hand, nicht gleich auseinanderzugehen, sondern das, was sie einte, festzuhalten, als eine Art gemeinsamer Nenner, um die Diskussion fortführen zu können. Einer schrieb auf, wie er, wie sie die Sache sahen, jetzt, solange alle noch mitreden konnten. Die Gedanken bekamen ein haltbares Format für weitere Gespräche. Der Text machte auf alle den Eindruck einer Bündnisvereinbarung, einer Art Satzung, die hochgestimmten Männern das Gefühl vermittelte, zu großen Taten geboren zu sein. Die jungen Herzen hüpften. Aber wäre in diesem Falle nicht ein vereintes »wir« besser gewesen?

In einem Brief an seinen Bruder Carl vom 4. Juni 1799 schrieb Hölderlin über »unseren Lieblingsgedanken«: »Du hast nichts Kleines vor, lieber Bruder!, wenn du die Organisation einer ästhetischen Kirche darstellen willst, und Du darfst Dich nicht wundern, so viel ich einsehe, wenn Dir während der Ausführung Schwierigkeiten aufstoßen, die dir fast unübersteiglich scheinen. Die Bestandteile des Ideals überhaupt und ihre Verhältnisse philosophisch darstellen, würde schon schwer genug sein, und die philosophische Darstellung des *Ideals aller menschlichen Gesellschaft*, der ästhetischen Kirche, dürfte vielleicht in der ganzen Ausführung nach schwerer sein. Mache Dich nur mutig daran; am Höchsten übt sich die Kraft am besten, und Du hast in jedem Falle den Gewinn davon, daß es Dir leichter werden wird, alle andre gesellschaftlichen Verhältnisse in dem, was sie sind und sein können, gründlich einzusehen.«

Der unvollständige Systemversuch mit dunkler Verfasserschaft ist das erste deutsche sozialutopische Programm, in dem Intellektuelle darüber nachdachten, wie sie die Differenzen, die zwischen ihnen und dem Volk bestanden, beheben und mit dem Volk in einer geistigen Einheit leben könnten. Diese Einheit sollte eine zukünftige Religion stiften. Im *Systemprogramm* heißt es dazu: »Zu gleicher Zeit hören wir so oft, der große Haufen müsse eine *sinnliche Religion* haben. Nicht nur der große Haufen, auch der Philosoph bedarf ihrer. Monotheismus der Vernunft und des Herzens, Polytheismus der Einbildungskraft und der Kunst, dies ist's, was wir bedürfen.

Zuerst werde ich hier von einer Idee sprechen, die, soviel ich weiß, noch in keines Menschen Sinn gekommen ist – wir müssen eine neue Mythologie haben, diese Mythologie aber muß im Dienste der Ideen stehen, sie muß eine Mythologie der *Vernunft* werden.

Ehe wir die Ideen ästhetisch, d. h. mythologisch machen, haben sie für das *Volk* kein Interesse; und umgekehrt, ehe die Mythologie vernünftig ist, muß sich der Philosoph ihrer schämen. So müssen endlich Aufgeklärte und Unaufgeklärte sich die Hand reichen, die Mythologie muß philosophisch werden und das Volk vernünftig, und die Philosophie muß mythologisch werden, um die Philosophen sinnlich zu machen. Dann herrscht ewige Einheit unter uns.«

Das Projekt aus dem Geist einer romantischen Revolution fand aus dem Schatten der Theologie nicht heraus. Die kommende deutsche Kirche war auch eine Antwort auf die Entwicklungen im revolutionären Frankreich. Sie begründete und umfasste eine Volksgemeinschaft, die im festen Glauben an ihre Rechtmäßigkeit lebte, die keine Außenseiter kannte, nur Glaubensgenossen, keine Kritik, nur die Selbstlegitimation durch Geschichten vom eigenen Werden und Sein, den schönen Schein der Ideologie. Die alte Kirche würde abgeschafft, ihre Priester würden verbannt. In der neuen Kirche sind alle gleich und frei, weil keiner mehr oder anders ist als das Volk. Eine sozialistische Theokratie hat die alte hierarchische Theologie abgelöst. Die Vernunft, die herrschen wird, ist das Gesetz eines Systems, das sich selbst nicht mehr infrage stellen kann. Auf einem Blatt Papier um 1800 flackerte eine totalitäre Aussicht auf.

Damit es dahin kommt, müssen das Volk und die Philosophen, die Mythologie und die Philosophie eine Einheit werden. Die Mythologie muss vernünftig werden, sonst rühren sich die Philosophen, die Wächter der neuen Ideen, nicht vom Fleck, und die Vernunft muss ästhetisch werden, sonst versteht das Volk nicht, um was es im neuen Reich geht. Die Klugen müssen lernen, das einfache Leben zu lieben, und die einfachen Leute müssen verstehen, was die Klugen umtreibt. Die beiden Seiten müssen sich einigen auf eine goldene Mitte, sie müssen zusammenkommen in Eintracht, Zuhörer werden einer Geschichte, die sie befriedigt, sie müssen Teilhaber werden eines Geistes, der allen zugänglich ist und von allen gemocht wird. Das geht nur, wenn alle sich darin einig sind, dass jeder das Volk ist und das Volk mehr ist als die Summe aller, dass es einen Volksgeist gibt, den kein Einzelner erfasst, sondern nur ahnen kann. Im Volksgeist vereint, sind alle frei. Dahin wird es kommen, wenn die entscheidende Stunde schlägt, wenn der Lauf der Geschichte anhält für die Ankunft eines höheren Geistes, der vom Himmel gesandt wird und die neue Religion stiften wird unter den Deutschen. Auch der neue deutsche Volksgeist braucht, wie alle Religionen, einen Verkünder, einen, der von einer Mission getragen wird.

Gelehrte als Volkserzieher und Menschenbildner

Wer in höherem Auftrag unterwegs war, Gott diente oder dem Guten, suchte sich Kombattanten, um Gott oder das Gute unter die Menschen zu bringen, und sei es gegen den Willen der weltlichen Herrscher, die sich weder von den Dienern Gottes noch von den Dienern des Guten etwas von ihrer Macht wegnehmen lassen wollten und deswegen sowohl auf die einen als auch auf die anderen ein Auge warfen. Es lag im Gesetz sozialer Ballungen, dass ab einer kritischen Stufe der Vermehrung aus einer Handvoll Kombattanten rasch Vereine mit Statuten wurden.

Die Illuminaten bildeten eine Art Untergrundorganisation mit straffer Hierarchie und festem Ausbildungsprogramm. Sie wollten frei von despotischer Gewalt sein, die sich anmaßte, Einfluss auf ihr Leben und auf ihr Gewissen zu nehmen. Ihnen schwebte eine Gesellschaft vor, deren Mitglieder sich zu kontrollieren gelernt hatten und die der Vernunft und den Anweisungen des Ordens folgten, dessen führende Kader über ein Wissen verfügten, das nicht jedem Mitglied aus eigener Kraft zugänglich war, aber ihm durch Unterweisung nähergebracht werden konnte. Der Orden verfügte über ein System gegenseitiger Beobachtung, durch das er sich die Macht über die

Mitglieder zu sichern versprach. Er konzentrierte seine Arbeit darauf, Institutionen des Staates und Bildungseinrichtungen, Akademien, Buchdruckereien und Buchläden, zu unterwandern, in der Hoffnung, Entscheidungen in seinem Sinne durchsetzen zu können und auf diese Weise mehr Einfluss in der Gesellschaft zu erlangen. Er betrieb im Geheimen hegemoniale Kulturpolitik.

Der Orden wurde 1776 im katholischen Bayern gegründet. Die neue Organisation, die den Glauben an den Menschen trotz aller menschlichen Mangelerscheinungen nicht aufgegeben hatte, im Gegenteil, die dieses Wesen nach ihren Statuten formen und bilden wollte, richtete sich auch gegen die jesuitischen Freimaurer, die erfolgreich für ihren Gottesstaat kämpften. Freiherr Adolph von Knigge brachte den Orden nach Norddeutschland. Lange hielt sich die geheime Gesellschaft in Bayern nicht. Im Jahr 1785 wurde der Orden verboten, und die Mitglieder der bayerischen Sektion wurden aus ihrem Heimatland vertrieben. Der Staat fühlte sich bedroht und schob die Untertanen ab, die ihre Untertanenpflichten vergaßen.

Illuminaten waren in Mainz der Arzt Samuel Thomas von Soemmerring und sein Freund Georg Forster, Friedrich Nicolai in Berlin, der Tübinger Professor für Philosophie und Theologie Johann Friedrich Flatt, Schillers Lehrer an der Hohen Carlsschule Jakob Friedrich Abel, wahrscheinlich Immanuel Diez, der als Repetent im Tübinger Stift arbeitete. Professor Karl Leonhard Reinhold war Präfekt des Illuminaten-Ordens in Jena, ein Freund der Illuminaten soll auch Gotthold Friedrich Stäudlin gewesen sein, in dessen Almanach Hölderlin Gedichte veröffentlichte. Goethe gehörte für eine Weile zum Orden, auch Wieland und Herder. Isaac von Sinclair engagierte sich in Jena bei den Schwarzen Brüdern, einem Freimaurer-Bund, der von Illuminaten unterwandert wurde. Auch Johann Gottfried Ebel, der Hölderlin nach Frankfurt zur Familie Gontard vermittelte, schien mit drinzuhängen. In Goethes Roman über Wilhelm Meister taucht eine ominöse Turmgesellschaft auf, und in Hölderlins *Hyperion* treibt sich ein Geheimbund herum.

Friedrich Gottlieb Klopstocks Buch über eine »deutsche Gelehrtenrepublik« aus dem Jahr 1774 wird den Illuminaten gefallen haben als eine Art Modell dessen, was sie erreichen wollten. Gerade Intellektuelle, die Bücher schrieben, erhielten von Klopstock Zuspruch, ihre Arbeit nicht aufzugeben, um deren unmittelbare soziale Anerkennung sie häufig kämpfen mussten und die sie oft nicht ausreichend ernährte. »Handeln und Schreiben«, hieß es in der *Gelehrtenrepublik*, »ist weniger unterschieden, als man gewöhnlich glaubt. Wer handelt und wer schreibt, bringt Wirkungen hervor. Diese sind auf beiden Seiten sehr mannigfaltig. Die das Herz angehen, sind die vorzüglichsten. Sie haben eine nähere Beziehung auf die Glückseligkeit, als alle andere. Ob der Schreiber oder der Handelnde in größerem Umfange wirke? Der eine vielleicht bisweilen solange er lebt, und dann durch die Wirkungen der Wirkungen, solange sie dauern können. Der andere wirkt auch nach seinem Tode, und *immer von neuem ganz*. Und wenn dieses von neuem ganz auch nur ein Jahrhundert fortwährt, so währt es lange. Hierzu kommt noch die gewöhnlich größere Zahl derer, auf welche die Schrift Einfluß hat. Und dann die Einflüsse der Leser auf die, welche sie nicht kennen.«

Solche Aussichten müssen Hölderlin im Glauben und in der Hoffnung bestärkt haben, dass er als Dichter einen sinnvollen Beruf ausübe. Wenn er mit seinen Werken wirken wollte, dachte er dann daran, auf die Gesellschaft zu wirken? Wie sah diese Gesellschaft in seiner Vorstellung aus? Es gab die Heimat, ein Vaterland und die Deutschen, Freunde und die von ihm so genannten Gesellschaftsmenschen, die er in Frankfurt kennenlernte und die er nicht mochte. Er liebte den ganzen Menschen. Wenn er von Gesellschaft sprach, dann meinte er die bessere

Gesellschaft, einen Kreis von Leuten, zu dem er nicht gehörte, Kaufleute, Reiche. Die Wirkung seiner Schriften zielte letztlich darauf, eine Gemeinschaft von Gleichgesinnten zu bilden. Der Dichter erschuf sich nicht nur einen Leser, sondern auch einen Menschen, wie er ihm gefiel und der ein wenig so sein musste, wie er selber war.

Hölderlin wusste, dass er aus Neigung schrieb, dass seine Natur ihn dazu drängte, und nicht etwa nur deshalb, weil er eine Wirkung ausüben wollte auf andere. Wie löste er das Problem, den persönlichen Drang in einem größeren Ziel verschwinden zu lassen, sodass es aussah, als folge auch er nur einem höheren Gesetz? Er machte die Natur größer, zu etwas Umfassendem, sie stand ihm nicht nur gegenüber wie ein Baum, ein Berg, ein Wasserfall, sondern sie war eine Einheit und Macht, deren Teil er selbst war, er senkte seine persönlichen Neigungen in die Natur wie in einen Fluss, der alles trug, die Menschen und auch die Geschichte, und dann konnte er sich sagen, dass er sich der großen Natur unterwarf, dass er ihren Gesetzen nachgab und nicht nur seinen persönlichen Neigungen nachging, wenn er schrieb, und dass das, was er aufs Papier brachte, mit der Natur verbunden war und aus ihr kam und dass es notwendig und wichtig war, zu sagen und niederzuschreiben, was er sah und darüber dachte. Er erfüllte die Natur, so wie alles der Natur folgte und ein Teil von einem Ganzen war, eins in allem. Dieses Konzept machte einen stabilen Eindruck, aber es war nur eine illusorische Rettung aus der Einsamkeit, aus dem subjektiven Abseits.

Auch Dichter, wie Philosophen, glaubten, dass sie vom, zum und für den Menschen redeten. Sie konnten daran glauben, solange sie den Eindruck hatten, ein anderer werde sie verstehen. Aber reichte das aus, um die Annahme und die Zuversicht zu rechtfertigen, dass es möglich sei, eine Rede an die Menschen richten zu können? Redete Kant über die menschliche

Vernunft, das heißt über die Vernunft aller? Oder redete er darüber, wie er seine Vernunft verstanden hatte, von der er nur annahm, dass sie die für alle verbindliche Vernunft sei? Alle Intellektuellen damals redeten vom Menschen. Musste es ihn dann nicht geben? Es gab ein Wesen mit diesem Namen, es tauchte in den Schriften auf wie eine Art gemeinsamer Nenner aller Zivilisierten, der so weit reichte, bis an einer Grenze Wilde oder Barbaren sich zeigten, bei denen es nicht mehr so einfach schien, davon auszugehen, dass auch sie zu der Klasse der Menschen gehörten, über die sich die Zivilisierten, Dichter und Philosophen, ohne große Probleme verständigen konnten.

Und Hegel, dachte er über die gesellschaftliche Wirkung seiner Texte nach? Dass die Philosophie von einer durchschlagenden Kraft sein konnte, wusste er seit Kants drei Kritiken, die eine Revolution im Denken ausgelöst hatten und ihre Wirkung irgendwie auch im Leben haben würden.

Fichtes Vorlesungen über die Bestimmung des Gelehrten sind 1794 als Buch erschienen, sie waren ein früher Vorläufer der späteren Diskussionen über die Rolle des Intellektuellen in der Gesellschaft. Schon bei Fichte ging es nicht um die Rolle des Intellektuellen im Staat. Gesellschaft und Staat waren zwei Dinge. Der Staat konnte untergehen, wenn die Gesellschaft ihr Ziel erreicht hatte, dass alle Bürger zu wahren Menschen geworden waren. Der Gelehrte, meinte Fichte, solle den erzieherischen Prozess, der den Einzelnen zu Vernunft und Sittlichkeit hinführe, begleiten und fördern. Von Wissenschaft und Forschung, von Mathematik, Physik, Chemie, Bergbau und Jura war in diesem Zusammenhang keine Rede. Es ging nur um eine Idee, um Ideale, um das, was noch nicht sichtbar war, den zukünftigen, erlösten Menschen, für den sich die Nachfolger der Theologen zuständig fühlten. Die Gelehrten bildeten eine soziale Gruppe, deren Mitglieder sich über sich selbst verständigten. Sie entwickelten aus eigener Kraft einen Selbstentwurf, der sich erhalten würde, wenn er von anderen gefördert und unterstützt wurde. Sie mussten über sich und ihre Bestimmung reden. Je größer und vermessener ihre Ziele wurden, umso größer und vermessener wurden ihre Hoffnungen und ihr Glaube, dass sie mit ihren Schriften jene Wirkungen entfalten würden, mit denen sich diese Ziele erreichen ließen. Sobald sich ein junger Mann darüber Gedanken machte, schien er zu dem Kreis der Gelehrten zu gehören. Auch ein Dichter konnte ein Gelehrter im Sinne Fichtes sein.

Die Möglichkeit einer direkten oder indirekten Rede unter Gleichen war die notwendige Bedingung dafür, einen sozialen Ort zu schaffen, an dem sich dieser neue Beruf des gelehrten Erziehers entwickeln konnte. Der publizistische Markt blühte. Es schien eine gute Zeit zu sein für Dichter und Gelehrte, für Volkserzieher und Menschenbildner, die im eigenen Auftrag handelten. Doch aus dem Volk wurde auf dem Markt ein Publikum, aus dem Menschen ein potenzieller Käufer, der sein Geld vor allem für Dinge ausgeben wollte, deren Nutzen er einsah, die seinen Neigungen und Interessen entgegenkamen. Die selbst ernannten Gelehrten, die Volkserzieher, mussten jetzt dazulernen und einsehen, dass die Geschichte ihren Lauf genommen hatte, ohne vorher bei ihnen um Rat zu fragen. Schillers *Horen*, Schlegels *Athenäum* und Goethes *Propyläen* gingen nach kurzer Zeit ein. Hölderlins Zeitschriftenprojekt *Iduna* scheiterte schon in der Planungsphase.

Der Völkerbildner Napoleon

Kleist gehörte nicht zu den Volkserziehern, er hatte ein greifbares, handliches Objekt für seine pädagogischen Ambitionen gefunden, seine Verlobte Wilhelmine von Zenge. In den Briefen, die er ihr schrieb, legte er ihr kleine philosophische Aufgaben vor, sie sollte sich weiterbilden und auf diese Weise ihre Chancen erhöhen, mit ihm, der sich für viele Dinge des Geistes interessierte, mitzuhalten. Er selbst wusste nicht recht, was aus ihm werden, welchen Beruf er ergreifen sollte. Seiner Schwester Ulrike bekannte er im Brief vom 5. Februar 1801, dass er unfähig sei, ein Amt zu übernehmen, er habe sich daran gewöhnt, seinen eigenen Zwecken nachzugehen, und sei nicht mehr in der Lage, den Zwecken anderer Leute zu folgen. Der ehemalige junge Soldat, der seinen Dienst quittiert hatte, wollte nicht noch einmal in fremde Dienste treten. Sein Leiden an den sozialen Zwängen und Vorgaben war von grundlegender Natur. Es sei, bekannte er seiner Schwester, eine traurige Wahrheit, aber er habe einsehen müssen, dass er nicht unter die Menschen passe, er fühle sich in Gesellschaft nicht wohl, er könne dort nicht zeigen, wer und wie er wirklich sei. Wie konnte es mit ihm unter diesen Bedingungen weitergehen? Er wusste es nicht, und die Schwester wusste es auch nicht.

Dass er ein Dichter werden musste, dass er ein Dichter war, das war ihm noch nicht klar. Hölderlin litt als Dichter an einer Welt, die sich weigerte, ihm die Anerkennung zu geben, die er sich wünschte. Dichter zu sein war für ihn eine Art höherer Beruf, dessen Lohn darin bestand, von einer Gemeinschaft anerkannt zu werden. Als er merkte, dass ihm das nicht gelingen würde, zog er sich in die Heimat zurück. Kleist wurde öffentlich zum Dichter, nachdem ihm klar geworden war, dass er, so wie er war, in der Welt keinen Platz finden würde und dass er nur als Dichter noch eine Weile würde überstehen können. Dichter zu sein war für ihn ein Asyl, das er verteidigte, solange seine Kräfte reichten. Als er sich dazu nicht mehr in der Lage fühlte, erschoss er sich.

Wissen sei schön und gut, klagte der junge Kleist, aber darin lag für ihn nicht das höchste aller Güter. Ein Mensch muss handeln, fand er. Es sei ein trauriges Los, sein Leben als Gelehrter zu verbringen. Sechs Wochen später, am 22. März 1801, ging ein Brief an die Verlobte Wilhelmine von Zenge, der das Ende großer Illusionen verkündete. Wahrheit und Bildung seien immer sein höchstes Ziel gewesen und daran hätte sich auch nichts geändert, wenn er nicht Kant gelesen hätte. Jetzt aber habe er einsehen müssen, dass die ganze Mühe um die Wahrheit sich offenbar nicht lohnte. Wenn die Menschen ausstarben, würde auf der Welt keine Wahrheit zurückbleiben, die zu finden sie sich ihr Leben lang angestrengt hatten. »Wenn alle Menschen statt der Augen grüne Gläser hätten, so würden sie urteilen müssen, die Gegenstände, welche sie dadurch erblicken, *sind* grün – und sie würden nie entscheiden können, ob ihr Auge ihnen die Dinge zeigt, wie sie sind, oder ob es nicht etwas zu ihnen hinzutut, was nicht ihnen, sondern dem Auge gehört. So ist es mit dem Verstande. Wir können nicht entscheiden, ob das, was wir Wahrheit nennen, wahrhaft Wahrheit ist, oder ob es uns nur so scheint. Ist das letzte, so *ist* die Wahrheit, die wir hier sammeln, nach dem Tode nicht mehr – und alles Bestreben, ein Eigentum sich zu erwerben, das uns auch in das Grab folgt, ist vergeblich –.«

Der junge Mann, der nicht wusste, wie er sein Geld verdienen sollte, war am Boden zerstört. Seit der Erkenntnis von der Flüchtigkeit und Hinfälligkeit des angehäuften geistigen Besitzes, der nach dem Tod nicht auf der Erde zurückbleiben würde wie ein voller Rucksack, den ein Wanderer auf einer Bank liegen gelassen hat, las er kein Buch mehr und lief ziellos im Zimmer hin und her. Er fand keine Ruhe, keinen Sinn, er steckte in einer Krise.

Wissen mit Handeln zu verbinden, Wahrheiten praktisch zu prüfen, Ergebnisse einer Forschung weiterzureichen, das mochte ein Weg für andere sein, aber offenbar kein Ausweg für einen zukünftigen Dichter. Die Wahrheiten, die Kleist vorschwebten, als wären sie Sterne am Himmel, die ja auch den Eindruck machten, als würden sie niemals erlöschen, entwickelten sich in seinen Augen nicht, wenn Bauern, Mediziner, Bergbauingenieure, Juristen und Handwerker ihre Arbeit machten. Die Wahrheiten, um die es ihm ging, waren Produkte von Philosophen, die am Schreibtisch saßen und über alles nachdachten und einen Schatz von Erkenntnissen anhäuften, der jedem Wandel trotzen würde.

Kleist begab sich mit seiner Schwester auf eine lange Reise, sie fuhren nach Paris, wo sie im Juli 1801 eintrafen, gerade rechtzeitig, um sich anzuschauen, wie dort der Sturm auf die Bastille gefeiert wurde. Aber was er dann sah, eine Anhäufung von banalen Vergnügungen für das Volk, empörte ihn. Die Erinnerung an die Revolution war zu einem Jahrmarktsfest verkommen.

Er war nicht der Einzige, der enttäuscht war über den Gang der Revolution, über das, was von ihr geblieben war. In Frankreich planten Royalisten und Jakobiner Attentate auf Napoleon. Am 24. Dezember 1801 befand sich der neue Herrscher auf dem Weg zur Oper, als eine Höllenmaschine in der Rue Saint-Niçaise explodierte, 22 Menschen tötete und 56 verletzte. Der Erste Konsul wurde nicht getroffen.

Der Staat schlug zurück. Jakobiner, denen zur Last gelegt wurde, Komplotte gegen Napoleon geplant zu haben, wurden hingerichtet, zahlreiche Republikaner nach den Seychellen deportiert und Royalisten ins Gefängnis geworfen. Banditen, Bettler und Vagabunden, die Aufruhr schürten und die Bevölkerung auf dem Land bedrohten, wurden verfolgt und in einem neu eingerichteten Schnellverfahren verurteilt.

Im Sommer 1801 hatte sich Napoleon mit dem Papst ausgesöhnt, um die Priester und Bischöfe auf seine Seite zu ziehen. Als im Frühling 1802 aus der Republik wieder eine Monarchie geworden war, schien der Kreislauf von Widerstand und

Aufstand von vorne zu beginnen. Im Jahr darauf trugen die Münzen das Bildnis Bonapartes, als wäre nun die Lücke in der Reihe der Imperatoren wieder geschlossen. Als im März 1804 der *Code civil* verabschiedet wurde, sah es so aus, als würde sich die Revolution ein letztes Mal in Erinnerung rufen.

Bis 1800 hatten vierhunderttausend Menschen in den Kämpfen, die die europäischen Nationen und Herrscher miteinander austrugen, ihr Leben gelassen. Die Franzosen waren die Ersten, die sich sagen konnten, dass sie für das Vaterland starben, in dem sie geboren worden waren. Die Kämpfe gingen weiter, nach einer kleinen Ruhepause, die Napoleon brauchte, um Frankreich nach seinen Vorstellungen zu ordnen.

Ein aufrührerisch, demokratisch gesinnter Deutscher hatte es langsam schwer, an dem Glauben festzuhalten, die französische Revolutionsarmee sei nur eine Befreiungsarmee, ganz so als würden sich Nachbarn gegenseitig zu Hilfe eilen, und die Vorstellung aufrechtzuerhalten, mit dem Aufstieg von Napoleon hätte sich nichts geändert, auch der neue Führer der Franzosen würde die Freiheit bringen, die die Bevölkerung des eigenen Landes zu erobern nicht in der Lage war. Er musste sich in seinem Dilemma an die Idee klammern, dass über alle kulturellen Unterschiede hinweg Deutsche und Franzosen vor allem Menschen seien, die zu einer großen Gemeinschaft zusammenfinden würden, wenn sie endlich begännen, in denselben politischen Kategorien von Freiheit, Brüderlichkeit und Gerechtigkeit zu denken. Die philosophische und künstlerische Begeisterung für das antike Griechenland und seine edlen Bewohner hatte offenbar die Köpfe vernebelt und den christlichen Glaubenssatz, dass vor Gott alle Menschen gleich seien, ins Politische gewandt, dass alle Menschen letztlich Bürger eines einzigen Staates seien. Unter diesen bildungsbürgerlichen Annahmen lag es vielleicht nahe, dass ein Deutscher sich die Idee zurechtlegte und an ihr festhielt, Napoleon sei eine Art

Messias, der Freiheit und Frieden bringen würde. Politische Idealisten und politische Realisten, die in einem weiten welthistorischen Rahmen dachten, schienen in der Not, dass sie unter deutschen Fürsten lebten, die diktatorisch regierten, einen französischen Anführer gut gebrauchen zu können, der so aussah, als wäre er der Kern und der Repräsentant, die treibende und gestaltende Kraft einer befreiten Völkerschar, die in einem zukünftigen französischen Bund europäischer Republiken zusammengefasst werden konnte.

Die Deutschen, die sich hinreißen ließen, Napoleons Wagemut und Draufgängertum zu schätzen, auch wenn ihr eigenes Land in einen Krieg mit ihm verwickelt war, bewunderten ihn als einen großen Mann, einen siegreichen Feldherrn, der an der Front des bürgerlichen Fortschritts mit sicherer Hand Geschichte machte, wozu sie selbst, als Frau, Dichter, Philosoph, Untertan, nicht in der Lage waren. Napoleon war kein Volkserzieher, aber im besten Fall in den Augen seiner deutschen Anhänger ein Völkerbildner, und das hieß, letztlich gehörte er zu den Intellektuellen, war er Teil einer neuen Elite, die es nach oben geschafft hatte durch Genie, Talent, Fähigkeiten und Wissen und die sich nicht mit der Erledigung vorgegebener Aufgaben begnügen wollte. Diese Elite der Aufsteiger fühlte sich zu Höherem berufen, zum Aufbruch in eine neue Zeit.

Spätestens seit Napoleons Untergang 1813 rückte die Geschichte wieder in ihr Gleis zurück und übernahmen fleißige und weitsichtige Beamte die Federführung beim Ausbau der staatlichen Macht. Die übermäßige Bewegung, die Napoleon in den sich verzögernden, schleppenden Lauf der Dinge gebracht hatte, wurde ersetzt durch die kontrollierten Schritte der Funktionäre, denen es um den Erhalt des Systems ging. Die Geschichte selbst schien sich vom Pathos der großen Entwürfe zu verabschieden und sich mit der nüchternen Sicherung der Bestände, dem Stabreim des politischen Alltags, zu bescheiden.

Der Schein trog. 1818 wurde Karl Marx geboren. Da waren die beiden Schwaben Hegel und Hölderlin 48 Jahre alt. Karl Marx hätte ihr Sohn sein können, und er ist es in einem gewissen, ideellen Sinne auch gewesen, ganz so, als hätte er ihre Erbschaft, Logik und Poesie als Wahrheiten der Wirklichkeit zu sehen, angetreten. Seine Skizze von der Zukunft der Menschheit übertraf die Ahnungen, zu denen Hölderlin und Hegel fähig gewesen waren. Der Kommunismus war, nach dem hoffnungsvollen Entwurf von Marx, das letzte Stadium, die Erfüllung der Geschichte. Die Menschen würden wie brave und einsichtige Götter auf Erden leben und die Vernunft als Maß aller Dinge wäre zu sich selbst gekommen und Wirklichkeit geworden. Dann endlich läge über allen Wipfeln eine Ruhe wie nur über einem gelungenen Tag, der kein Gestern kannte und kein Morgen.

Der Geist des Christentums

Wie gelingt es und warum ist es notwendig, sich ein Bild von der Welt zu machen? Neugier, Interesse oder Herrschaftsanspruch mögen Hegel in die Arme und zum Studium der Welt getrieben haben, Langeweile, Wissensdurst und das Bedürfnis, als Zeitgenosse ernst genommen zu werden. Er wird ein Gefühl dafür entwickelt haben, dass es sinnvoll, notwendig oder gar erhaben war, wenn er im Besitz des richtigen Argumentes war, wenn er verstand, worüber andere redeten, und wenn er sich in Diskussionen einmischen konnte und nicht nur stumm dabeisaß. Das Wissen war attraktiv, es hatte eine verführerische Kraft, und es versprach, Geheimnisse aufzudecken, den Dingen auf den Grund zu gehen. Wer etwas verstand, der wurde ein Teil von dem, was er verstanden hatte, er verwandelte sich die Welt an. Sich Wissen anzueignen, das war Hegels Aufgabe als Schüler und Student und sein Beruf als Dozent und Professor, und je mehr und je gründlicher er über eine Sache Bescheid wusste, umso größer waren seine Chancen, in diesem oder jenem Fach Erfolg zu haben. Wer in einem bestimmten Wissensgebiet etwas wusste, der konkurrierte mit anderen, die sich auch in diesem Bereich festsetzten.

Hegel hatte Wissen in bestimmten Formen kennengelernt, überliefertes Wissen, das aus historischen Quellen schöpfte, nicht zu hinterfragendes Wissen, wie es von der dogmatischen Theologie vertreten wurde, moralisches Wissen, das an der Akzeptanz von Werten hing, argumentatives, logisches Wissen, wie es in der Philosophie und Mathematik vorkam, und Wissen, das sich auf Erfahrungen berief, wie in der Physik. Wenn er in den Gemeinschaften des Wissens – Schule, Universität und intellektuelle Öffentlichkeit – Erfolg haben wollte, musste sein Wissen für andere akzeptabel, verständlich und überprüfbar sein. Wer sich nicht in einem vorgegebenen Rahmen der Kommunikation – Buch, Artikel, Vortrag oder Gespräch – angemessen mitteilen wollte, der blieb für sich, der lief außerhalb der Konkurrenz. Hegel nahm den Wettbewerb auf. In der *Phänomenologie des Geistes* wird er diesen kommunikativen Druck zur Selbstentäußerung beschreiben: »Wir sehen hiermit wieder die *Sprache* als das Dasein des Geistes. Sie ist das *für andere* seiende Selbstbewußtsein, welches unmittelbar *als solches vorhanden* und als *dieses* allgemeines ist. Sie ist das sich von sich selbst abtrennende Selbst, das als reines Ich = Ich sich gegenständlich wird, in dieser Gegenständlichkeit sich ebenso als *dieses* Selbst erhält, wie es unmittelbar mit den anderen zusammenfließt und *ihr* Selbstbewußtsein ist; es vernimmt ebenso sich, als es von den anderen vernommen wird, und das Vernehmen ist eben das *zum Selbst gewordene Dasein.*«

In Frankfurt schrieb er über den Geist des Christentums, über Philosophie, Recht, Geschichte, Verfassung und Naturphilosophie. Keiner der Texte wurde veröffentlicht, sie dienten ihm nur dazu, Gedanken zu klären. Es war wie in der Schule: Wer etwas sagte, ohne sich seiner Sache sicher zu sein, der riskierte, sich zu blamieren. Hegel wollte gewinnen.

Da er kein Träumer und kein Phantast war, sondern eine Art Erdgeist, gründete er die Zukunft eines geeinten Deutschlands auf staatliche Macht und bürgerliche Freiheiten. Ein Kaiser an der Spitze sollte die Einheit der Nation repräsentieren. Ein Volk, ein Land, ein Kaiser brauchten auch eine Religion, eine Idee vom Leben. Die Religion der Juden, die sich in Gesetzen und Vorschriften erfüllen würde, war Hegel suspekt und zuwider. Die Religion der Liebe, wie Jesus sie gepredigt und gelebt habe, stand dem ehemaligen Stiftler viel näher.

Mit der Idee der Liebe löste er Kants Gegensatz von Neigung und Pflicht, über den sich schon Schiller geärgert hatte. Wer in der Liebe lebte, fand Hegel, der lebte in Gott, und wer in Gott lebte, der war mit sich eins, der handelte nicht wider seine Neigung und musste sich nicht zur Pflicht zwingen. Der Theologe auf Abwegen kam von Gott nicht los. Eine entscheidende Quelle seiner philosophischen Gedanken, die später einen streng wissenschaftlichen und systematischen Eindruck machten, als folge er einem architektonischen Plan, dem geraden Weg des logischen Denkens, lag in der Idee der christlichen Liebe, in der Gedanke und Tat, Wahrheit und Wirklichkeit als Leben in Gott zusammenfielen. Die Liebe, und das hieß letztlich Gott, war die Einheit, aus der jedes Teil entstand und in die jedes Teil zurückkehrte. In den Evangelien fand Hegel die Struktur seines philosophischen Denkens wie eine Skizze vorgezeichnet. Jesus war Mensch und Gott zugleich, ein Paradox, das aus einer Beziehung zwischen Entgegengesetztem, der Identität von Identität und Differenz entstand. Die Reflexion selber schaffte die Unterschiede, Gott und Mensch, Pflicht und Moral, Gefühl und Vernunft, die sich in einer Einheit zusammenfassen ließen, wenn das Denken erfahren hatte, dass diese Einheit durch ein Denken, das sich selbst reflektierte, gewonnen wurde. Auch legte die Geschichte des Glaubens, von der antiken und der jüdischen Religion über die Botschaft Jesu bis zur Theologie der Kirche, die Ansicht nahe, dass die Dinge der Welt, die historischen Erscheinungen des Geistes sich nach einem ihnen eigenen Sinn entfalteten, wie bei der Metamorphose der Pflanzen, und deshalb nur auf die ihnen eigene Weise befördert werden sollten. Politisch gesehen folgte aus dieser Anschauung, dass Frankreichs Weg nicht Deutschlands Weg sein konnte, so wie Frankreichs Geschichte nicht Deutschlands Geschichte war.

Das Verstehen war ein Prozess, der nur gelang, wenn er sich auf das, was verstanden werden sollte, völlig einließ, so wie er eine Rechenaufgabe nur lösen konnte, wenn er nach dem Sinn suchte, der in den Zahlen und den geforderten Operationen lag, oder einen Text, der in einer fremden Sprache abgefasst war, nur übersetzen konnte, wenn er den Sinn der Wörter in ihrem grammatikalischen Zusammenhang entdeckte. Eine Aufgabe ließ sich nicht richtig, nicht angemessen lösen, wenn ein fremder, falscher Sinn in sie hineingetragen wurde, Annahmen, Vermutungen, Gefühle, die sich aus der Sache selber nicht ergaben. Der Ort, an dem Hegel stand, wenn er dachte, lag in der Mitte zwischen ihm und dem Gegenstand, als würden sich Distanz und Ergriffenheit aufeinander zubewegen. Er beobachtete sich dabei, wie er sich etwas zu eigen machte, ein geistiger Prozess, in dem eine Sache Schritt für Schritt erst entstand, obwohl es ja vorderhand so aussah, als wäre sie schon da gewesen. Etwas geriet nur ins Dasein, sofern es im Geist war, und der Geist erfuhr sich nur selbst, sofern er ins Dasein geriet. Dem Geist die Totalität dieses Zusammenhangs zum Bewusstsein zu bringen wird Hegels Aufgabe sein. In seiner Schrift *Der Geist des Christentums* aus dem Herbst 1798 oder dem Sommer 1799 ist von der Philosophie noch nicht die Rede, obwohl sie sich hier schon ankündigt: »Glaube an Göttliches ist nur dadurch möglich, daß im Glaubenden selbst Göttliches ist, welches in dem, woran es glaubt, sich selbst, seine eigene Natur wiederfindet, wenn es auch nicht das Bewusstsein hat, daß dies Gefundene seine eigene Natur wäre. Denn in jedem Menschen selbst ist das Licht und das Leben, er ist das Eigentum des Lichts; und er wird von einem Lichte nicht erleuchtet wie ein dunkler Körper, der nur fremden Glanz trägt, sondern sein eigener Feuerstoff gerät in Brand und ist eine eigene Flamme. Der Mittelzustand zwischen der Finsternis, dem Fernsein von dem Göttlichen, dem Gefangenliegen unter der Wirklichkeit, – und einem eigenen ganz göttlichen Leben, einer Zuversicht auf sich selbst, ist der Glaube an das Göttliche; er ist das Ahnen, das Erkennen des Göttlichen und das Verlangen der Vereinigung mit ihm, die Begierde gleichen Lebens; aber er ist noch nicht die Stärke des Göttlichen, das alle Fäden seines Bewußtseins durchdrungen, alle seine Beziehungen zu der Welt berichtigt hat, in seinem ganzen Wesen weht.«

Diese für die Entwicklung seiner Philosophie entscheidende psychische und intellektuelle Disposition brachte er mit nach Frankfurt, wo er drei Jahre bleiben würde und wo er Hölderlin traf, der schon im November 1798 seinem Freund Neuffer schrieb, als hätten die Gespräche mit Hegel nur eine Erfahrung bestätigt, die er schon in Jena gemacht hatte: »Ach! die Welt hat meinen Geist von früher Jugend an in sich zurükgescheucht, und daran leid' ich noch immer. Es giebt zwar einen Hospital, wohin sich jeder auf meine Art verunglükte Poët mit Ehren flüchten kann – die Philosophie. Aber ich kann von meiner ersten Liebe, von den Hofnungen meiner Jugend nicht lassen, und ich will lieber verdienstlos untergehen, als mich trennen von der süßen Heimath der Musen, aus der mich blos der Zufall verschlagen hat … Weil ich zerstörbarer bin, als mancher andre, so muß ich um so mehr den Dingen, die auf mich zerstörend wirken, einen Vorteil abzugewinnen suchen, ich muß sie nicht an sich, ich muß sie nur insofern nehmen, als sie meinem wahrsten Leben dienlich sind. Ich muß sie wo ich sie finde, schon zum voraus als unentbehrlichen Stoff nehmen, ohne den mein Innigstes sich niemals völlig darstellen wird.« Im Januar 1799 betonte er noch einmal in einem Brief an seine Mutter: »Aber ich weiß jetzt so viel, daß ich tiefen Unfrieden und Mißmuth unter anderem auch dadurch in mich gebracht habe, daß ich Beschäftigungen, die meiner Natur weniger angemessen zu sein scheinen, z. B. die Philosophie, mit überwiegender Aufmerksamkeit und Anstrengung betrieb und das aus gutem Willen, weil ich vor dem Nahmen eines leeren Poeten mich fürchtete.« Deutlicher konnte er nicht sagen, dass der Umweg über Jena eine Sackgasse für ihn gewesen war, den er nur angetreten hatte, um mit den philosophischen Köpfen mitziehen zu können, um von ihnen anerkannt zu werden, eine Hoffnung, die sich zu seiner Zeit nicht erfüllen sollte. Als Hölderlin seiner Mutter dieses Bekenntnis schickt, ist Hegel schon seit zwei Jahren in Frankfurt.

Ein verantwortungsloses Abenteuer

Vor allem wegen eines kleinen philosophischen Textes über Urteil und Sein, den Hölderlin geschrieben hat, gehen Philosophen und Philologen davon aus, dass Hegel von seinem Tübinger Freund, der in Jena Fichte gehört hatte, in seiner philosophischen Entwicklung maßgeblich beeinflusst worden sei. Doch keiner kann nachweisen, dass Hegel diesen Text gelesen hat, keiner weiß, wie er ihn aufnahm, wenn er ihn gelesen haben sollte, keiner kann sagen, was Hegel und Hölderlin miteinander besprochen haben, und keiner kann sagen, was Hegel dabei dachte. Ein Einfluss des einen auf den anderen wird auf der Grundlage der überlieferten Texte nachzuweisen versucht, durch die Entwicklungen der Gedanken und die Ähnlichkeiten von Ideen, aber diese Rekonstruktion, auch wenn sie sich um philologische Genauigkeit bemüht, bleibt letztendlich eine Spekulation, die von der Annahme ausgeht, dass die beiden sich etwas zu sagen hatten, was über den Alltag hinausging, dass sie weiterhin ihrer Losung von der unsichtbaren Kirche treu blieben und unter deren Dach die Diskussionen fortführten, die sie im Stift begonnen hatten. Ein Gespräch werden sie ganz sicher geführt haben, sie wären, wenn es dazu nicht gekommen wäre, keine Freunde gewesen. Es ging nicht über Religion, nicht über das Christentum, nicht über die philosophische Idee der Vereinigung als das letzte Ziel alles Seins, nicht über die All-Einheit oder sonst ein intellektuelles Problem. Es ging um etwas Existenzielles.

Zwei ehemalige Stiftler, junge Männer, über deren Freundschaft nicht einmal mit Sicherheit behauptet werden kann, ob sie eng oder flüchtig war, von denen sich nur sagen lässt, dass der eine ein bedeutender Philosoph und der andere ein eigenwilliger Dichter wurde, saßen eines Tages auf einer Bank am Ufer des Mains, fern der schwäbischen Heimat, in der sie ihre Studienjahre zusammen verbracht hatten. Würden sie die Zeit, die sie jetzt füreinander hatten, damit verbringen, stumm und melancholisch den Schiffen hinterherzusehen? Würden sie angeln oder schwimmen gehen?

Den beiden Hofmeistern stand eine blendende Zukunft in der Geschichte der Philosophie und in der Geschichte der Philologie bevor. Dieser Erfolg hatte Folgen. Die Gedanken, die sie austauschten, konnten in den Ohren der Forscher, die sich mit den beiden beschäftigten, nicht banal, leicht, schief und unausgegoren gewesen sein. Die zwei jungen Männer, die jetzt aufstehen und weitergehen, bewegten sich, aus dem fernen Blickwinkel der philosophischen und philologischen Forschung gesehen, auf einem hohen intellektuellen Niveau. Der zukünftige Philosoph schien dem Dichter etwas hinterherzuhinken, als müsste er erst gründlich bedenken, was jener ihm sagte. Das Gespräch wird sich um Fichte gedreht haben, um das Ich und das Nicht-Ich, um eine Einsicht in einen ersten und letzten Grund, um Religion, Poesie und Philosophie.

Der eine von den beiden war überdreht und verspannt, er konnte nicht mit der nötigen Aufmerksamkeit bei einer Sache verweilen, in diesem Fall bei einem Spaziergang in der warmen Sonne eines Sonntagnachmittags und den schönen Aussichten hierhin und dorthin und den Ideen, die mitgeteilt werden wollten. Er drängte Schritt für Schritt nach vorne, im Grunde aber aus sich heraus, er musste dem anderen etwas erzählen, das ihm keine Ruhe ließ, keine philosophische Einsicht, sondern ein Geheimnis.

Die beiden Männer waren keine dreißig Jahre alt. Wenn sie Freunde waren, werden sie sich nicht nur über Philosophie, Kunst und Religion unterhalten haben, über Kant und Fichte. Darüber konnten sich auch zwei unterhalten, die sich nicht gut kannten. Ein Freund war doch einer, dem Herzensangelegenheiten mitgeteilt, der ins Vertrauen gezogen werden konnte. So verklemmt werden die beiden abtrünnigen Theologen nicht gewesen sein, dass sie nicht ein Wort über die Liebe redeten, nicht über die Liebe als theoretisches Konstrukt, die Einheit des Entgegengesetzten, sondern über die Liebe als Erfahrung mit dem anderen Geschlecht.

Die beiden Dienstboten, die am Main spazieren gingen, hatten frei. Sie hatten Großes mit sich vor, sie wollten schreiben, an den intellektuellen und poetischen Debatten der Zeit teilnehmen, sie wollten zeigen, zu was sie intellektuell und künstlerisch in der Lage waren. Wenn sie sich trafen, werden sie nicht nur darüber gesprochen haben, wie ihr Leben als Hofmeister verlief. Dann versuchten sie zu reden wie große, eigenständige und nicht wie kleine, dienstbare Geister. Sie reckten den Kopf nach oben und ließen den Alltag unter sich. Diese Flucht in die höheren Gefilde, in denen sie zu Hause waren, gelang nicht, wenn der eine immer einen Schritt vorauslief und den Eindruck machte, als sei er nicht ganz bei der Sache.

Und dann blieb er stehen, als hätte er einen Entschluss gefasst, und begann zu erzählen, er machte seinem Herzen Luft. Wenn er klug war, ging er jetzt behutsam vor und schaute, wie das, was er sagte, auf den anderen wirkte. Er verließ jetzt das angestammte, vertraute Terrain des unschuldigen Geistes. Er musste sich vorsichtig bewegen, um den anderen nicht mit seinen Eröffnungen zu verschrecken, um ihn nicht zu überwältigen und ihn nicht zu überfordern. Auch Freundschaften hatten ihre Bewährungsproben zu bestehen.

Er sei verliebt, sagte er.

Wer sollte etwas dagegen haben?

In eine junge Frau, sagte er.

Wer sollte sich darüber nicht freuen?

Der erste Schritt in Ungewisse war gemacht, aber das Entscheidende, das nicht so einfach zu erklären war und nicht so einfach zu verstehen sein würde, war noch nicht gesagt. Wenn er jetzt den Weg des Bekenntnisses und der Offenherzigkeit nicht weiterverfolgen wollte, dann musste er seinen Freund belügen, sollte der ihn fragen, wer sie sei und wo sie sich kennengelernt hatten. Konnte er seinem Freund die Wahrheit sagen? Traute er sich das zu? Er musste nur einen Satz sagen, der aber das Glück der Liebe sofort in ein schiefes Licht rücken würde, dass seine heimliche Geliebte die Ehefrau seines Dienstherrn war.

Sie wussten beide, dass die Geschichte dieser Liebe kein gutes Ende nehmen konnte. Wie konnte er sich selbst, wie die junge Mutter in eine solch aussichtslose Lage bringen, so unvernünftig, so selbstsüchtig sein? Und schon wurde von ihm, was geschehen war und geschehen würde, der Liebe in die Schuhe geschoben. Die Liebe sei übermächtig, göttlich, der Anfang und das Ende der Welt, das Absolute, sie sei bedingungslos, ein Schicksal, eine Fügung, eine Notwendigkeit. Die Liebe wurde unter diesen Beschwörungen immer größer und der Mensch immer kleiner, sodass die Frage sich aufdrängte: Was hätte er tun sollen?

Der Dichter redete sich in sein Liebesschicksal hinein, und je mehr er sich hineinsteigerte, umso fremder wurde er dem Philosophen, der zuhörte und im Versuch, den anderen zu verstehen, zurückblieb und dem Dichter nachschaute, wie er von dieser göttlichen Macht, die sich in sehr sinnliche Formen kleidete, vom Erdboden weggerissen wurde. Gerade eben noch hatte er dicht neben ihm gestanden.

Die beiden Tübinger Freunde haben sich nach den gemeinsamen Jahren in Frankfurt nicht mehr gesehen. Auch Briefe, die sie sich geschrieben haben könnten, sind nicht überliefert. Wenn sie jemals gute Freunde gewesen waren, dann müssen sie in Frankfurt eingesehen haben, dass sich ihre Wege trennen würden, dass sie weniger Ideen, Lebensmaximen, Visionen, Selbstentwürfe miteinander gemein hatten und teilten, als sie dachten. Frankfurt, von dem Hölderlin in dem Gedicht »Das nächste Beste« sagte, es sei der Nabel der Erde, wurde für die beiden zur Weggabelung.

Das Reich Gottes, dem sie seit den Jahren in Tübingen anhingen, war offenbar nicht stark, nicht durchdacht genug, um sie zusammenzuhalten. Es war eine Art Parole gewesen, die eine Gemeinsamkeit suggerierte. Jetzt, da aus den Stiftlern junge Männer geworden waren, die mit sich, ihren Wünschen,

Idealen und Interessen in der bürgerlichen Welt zurechtzukommen versuchten, mussten sie einsehen, dass diese Idee nicht mächtig genug zu sein schien, um ihre Freundschaft zu erhalten. Der Philosoph verstand den Dichter nicht mehr. Er fühlte sich verletzt und betrogen. Er mochte dem anderen nicht folgen, nicht in dem, was er tat, nicht in dem, was er dachte. Er wollte mit ihm nichts mehr zu tun haben. Sie waren geschiedene Leute. Gedanken über Philosophie, Religion und Kunst hätten zwei, die Freunde gewesen sein sollen, nicht so weit auseinandertreiben können, dass sie nach ihrem gemeinsamen Aufenthalt in Frankfurt kein Wort mehr aneinander richteten. Von solch einschneidender trennender Kraft konnte nur eine Tat sein, die für den Dichter welterfassend und unumgänglich, für den Philosophen unverständlich und verwerflich war.

Hölderlins geheime Geliebte war mehrfache Mutter und ein Jahr älter als er. Diese aussichtslose Liebe gehörte zu der realen Seite einer Vereinigungsphilosophie, die in der Liebe die erste und letzte Macht sah, aus der die Welt der Gegensätze entstand und in der die Welt der Gegensätze Erlösung finden würde. Aber dieser Schlüssel zur Einheit der Welt konnte etwas sein, das, wie bei diesem Ehebruch, auch ein Unglück, eine Störung der bürgerlichen Ordnung war, die um eines kurzen egoistischen Glücks willen begangen wurde. Wenn ein Leben gelingen und sich entfalten sollte, dann war es besser, der Vernunft, dem Denken zu vertrauen, statt sich den Gefühlen zu überlassen, die so taten, als begänne die Welt mit ihnen von vorne, als gäbe es keine Tatsachen und Pflichten, keinen sittlichen Zusammenhang. In einem Briefentwurf an Isaac von Sinclair vom Oktober 1810 schrieb Hegel »von dem unglückseligen Frankfurt«. Da wird ihm die Erinnerung an Hölderlin, an dessen verantwortungsloses Abenteuer die Feder geführt haben. Er wird gewusst haben, dass die geheime Geliebte 1802 mit 33 Jahren gestorben war.

Er selbst wird in Jena mit seiner Zimmervermieterin, einer alleinstehenden Frau, die sieben Jahre jünger war, einen unehelichen Sohn zeugen.

Wenn ich diese Geschichte meinem Nachbarn erzählte, er würde nicht sagen: Alles nicht so einfach, sondern mit dem Kopf schütteln und sagen: So kann es gehen, was bedeutet, dass die Dinge aus dem Gleis geraten, wenn einer nicht aufpasst. Auf dem Hof meines Nachbarn herrscht Ordnung, nicht als Prinzip, sondern als Notwendigkeit, weil die Tiere gut versorgt, die Arbeit gemacht, das Haus instand gehalten, die Dinge repariert und an ihrem Ort sein müssen. Die Natur, an der mein Nachbar sein Leben lang als Bauer hing, duldet keinen Schlendrian, kein Chaos, wozu er auch uneheliche Kinder rechnet, und zwar nicht, weil ein uneheliches Kind gegen eine sittliche Ordnung verstoßen würde, sondern weil das Kind ausbaden muss, was zwei Erwachsene, die sich nicht beherrschen konnten, anrichteten. Was die sich denken, würde er sagen, und tatsächlich ließe sich fragen, was Hegel sich dabei gedacht hat. Vermutlich nichts.

Theoretische Schizophrenie

Am 2. November 1800, bevor er nach Jena aufbrach, hatte Hegel in einem Brief an Schelling geschrieben: »In meiner wissenschaftlichen Bildung, die von untergeordneten Bedürfnissen der Menschen anfing, mußte ich zur Wissenschaft vorgetrieben werden, und das Ideal des Jünglingsalters mußte sich zur Reflexionsform, in ein System zugleich verwandeln; ich frage mich jetzt, während ich noch damit beschäftigt bin, welche Rückkehr zum Eingreifen in das Leben der Menschen zu finden ist.« Hegels Entwicklung verlief ohne Brüche, sein intellektueller Weg führte vom Ideal zu einer Theorie, die dem Ideal nicht widersprach, im Gegenteil, das Ideal fand sich in ihr gut aufgehoben, es verwandelte sich in ein System. Die Einsicht in die berechtigte Forderung des Lebens nach Objektivität werden Hegel und Hölderlin nicht geteilt haben. Der Dichter beharrte darauf, die Welt in seinem Sinne zu deuten. Das System, zu dem sich Hegel hindurchgearbeitet hatte, schloss den poetischen Eigensinn als Gabe, die Welt auszulegen und in das Leben der Menschen einzugreifen, nicht aus, aber verwies ihn auf einen Platz, der in der historischen Selbstentfaltung der Vernunft ein Durchgangsstadium war.

Ein philosophisches System schaffte entweder nur die Voraussetzungen, um in das Leben der Menschen einzugreifen, so wie Englisch sprechen zu können die Voraussetzung dafür ist, sich mit allen, die Englisch sprechen, unterhalten zu können, oder es umfasste auch ein Wissen, das im Leben der Menschen eine wichtige Rolle spielte, wie die Medizin, mit der ihnen unmittelbar geholfen werden konnte. Hegels Philosophie wäre in dem einen Fall nur eine Art Fremdsprache, die Sprache der Vernunft, des Geistes, des Denkens, wie er sie verstanden hatte und wie er sie anderen beizubringen hoffte. Im anderen Fall wäre seine Philosophie ein Wissen nicht nur über die Vernunft, den Geist, das Denken, sondern auch über die Welt, in der die Menschen lebten.

Da in das System, das er sich erarbeiten wird, die Ideale seiner Jugend eingingen und Ideale im Allgemeinen sich nicht darauf beschränken, eine Art Privatsprache zu sein, sondern der Welt sichtbar gegenübergestellt werden, weil mit ihnen die Möglichkeit einer besseren Welt gezeigt werden soll, liegt es nahe, von der zweiten Alternative auszugehen, das heißt, Hegel glaubte mit dreißig Jahren die Welt, oder Teile von ihr, mit einem wissenschaftlichen System so gut verstehen zu können, dass er sich zutraute, auf dieser Grundlage in das Leben der

Menschen einzugreifen. Sein System der Vernunft, des Geistes, des Denkens sollte nicht neben der Wirklichkeit stehen, wie ein Fahrradfahrer neben seinem Fahrrad, als wäre seine Philosophie nur eine Ansicht, eine Vorstellung, eine mögliche Theorie von der Wirklichkeit, sondern es würde die Wirklichkeit in sich aufgenommen haben. Der Fahrradfahrer hatte sich aufs Fahrrad gesetzt und fuhr.

Hölderlin war an einem Wendepunkt seines Lebens angekommen, er hatte die eine Hälfte des Lebens hinter sich. Der Frühling, der Sommer seines Lebens lagen hinter ihm, vor ihm lag der Winter. Die große Liebe seines Lebens war ihm unter den Händen zerronnen, und mit ihr erlosch die Hoffnung. Was blieb ihm? Er hatte einen Auftrag zu erledigen. Ein Fremder würde er auf Erden sein, aber einer, der den Deutschen etwas zu verkünden hatte. Er zählte sich zu der Gruppe derer, die auserwählt waren, Bedeutendes zu tun. Die Dichter waren keine Götter, aber sie bereiteten deren Auftritt vor, sie kündeten vom Kommen eines Gottes. Wer zu ihnen gehörte, der musste als Preis dafür zahlen, dass ihm das Glück der Liebe, des häuslichen Zusammenseins, der bürgerlichen Ruhe und Geduld verwehrt war. Keiner sollte sich vor ihn hinstellen und ihm, der wusste und erfahren hatte, wozu er ausersehen war, sagen, dass er sich nur seinen Phantasien hingeben würde. Jede Geschichte erfüllte sich, sie ging ihren Gang, und der Dichter, der zu den »Zungen des Volks« gehörte, sagte nur, was sich in diesem Lauf der Ereignisse vollzog. Er hatte dafür ein Gespür, sobald er sich dem Volk, dem Eigensinn des Vaterlandes nahe und verwandt fühlte.

Es gibt eine Form von theoretischer Schizophrenie, in die sich ein Geist mit Absicht und Interesse hineinredet, ein festes System von Vorstellungen, das zum eigenen Nutzen und Vorteil errichtet, bewahrt und gegen Einwände von außen verteidigt wird, eine kompliziert und kunstreich aufgebaute Welt, zu der andere keinen unmittelbaren Zugang haben und die mit anderen nicht geteilt werden muss, wie das bei wissenschaftlichen Theorien oder Aussagen der Fall ist, die beanspruchen, wahr, das heißt auch für andere gültig zu sein.

Diese erdachte, erfundene Welt ist, solange sie sich im Aufbau befindet, nicht auf die Zustimmung durch Dritte angewiesen, und wenn sie fertig ist, wenn sie lückenlos und fest verfugt ist wie ein Glaubenssatz, dann versucht sie, ihre Zeitgenossen zu überrumpeln. Konstrukte theoretischer Schizophrenie holen ihr Material aus der Wirklichkeit, sie sind nicht reine Erfindungen der Phantasie. Das Material, das sie verwenden, hält die Beziehung zur Welt aufrecht, so wie ein Einzelgänger, der sich auf den Gipfel eines Berges zurückzieht, nur die Täler, aber nicht die Welt verlassen hat.

Die theoretische Schizophrenie dient der Selbstlegitimierung, mit der die fehlende Anerkennung durch andere ersetzt werden soll. Was einem von außen nicht widerfährt – Lob, Zuspruch, Integration –, muss aus eigener Kraft von innen heraus geleistet werden, durch Konsequenz, Radikalität und Abwehr. Je vermessener die Ansprüche sind, die gegen die Mitmenschen, die sich miteinander verständigen können, geltend gemacht werden, umso unangreifbarer scheint das Konstrukt zu sein. Ein Dichter, der von sich behauptet, eine Art Seher zu sein, ist aus dem Kreis der Kritik, der Einwände entrückt, anders als ein Dichter, der sich von der Wirklichkeit nicht lösen mag, wie sie sich in Alltag, Politik, Gesellschaft, Wissenschaft darstellt, in all dem, was zutage liegt und worüber sich gemeinsam zu verständigen möglich ist.

Der Turm, in dem Hölderlin tatsächlich die Hälfte seines Lebens verbringen würde, hatte seinen Vorläufer in dem poetologischen Modell vom geheimen Reich der Kunst, in dem die Dichter das Wort führen. Sie handeln wie Eingeweihte, die Zugang haben zu Erscheinungen, die für die anderen Sterblichen nicht sichtbar, nicht verständlich sind.

Hölderlins Anspruch auf poetische Souveränität kann Hegel nicht gefallen haben, so wie umgekehrt Hölderlin den Anspruch Hegels auf philosophische Allmacht nicht akzeptieren mochte. Die beiden nahmen das, was sie dachten, sehr ernst. Auch darüber mag die frühe Freundschaft, die sich noch nicht hatte bewähren müssen, zerbrochen sein. Der eine wollte ein Dichter sein, der andere ein Philosoph, beide waren stur, wie es Leute sind, die überzeugt davon sind, recht zu haben, die glauben, dass sie die Wahrheit kennen, dass die Wahrheit auf ihrer Seite ist, der letzte Grund, den sie anführen, um zu erklären, zu rechtfertigen, warum sie machen, was sie tun. Wie immer die Wahrheit aussah, wo immer sie steckte, die beiden gingen davon aus, dass sie da war, dass sich die Wahrheit mit ihren Mitteln, mit ihren Begabungen finden ließ.

Worüber die beiden sich in Frankfurt auch unterhalten haben werden, wenn sie sich als Repräsentanten ihres Metiers gegenübertraten, sie mussten bald eingesehen haben, dass sich ihre Wege trennen würden, sollte nicht einer von ihnen nachgeben und über den Ernst, mit dem sie ins Feld der Poesie und ins Feld der Philosophie zogen, zu lachen beginnen.

Wenn sie allein gewesen wären, ein Philosoph und ein Dichter und sonst keiner auf der Welt um sie herum, dann hätte sich die Chance, sich selbst und den anderen einmal anders zu sehen, rascher zu ihnen gesellt als unter den Bedingungen der beruflichen Konkurrenz mit anderen Dichtern und Philosophen. Hölderlin wollte ein Dichter unter Dichtern werden, Hegel ein Philosoph unter Philosophen, und beide gingen recht schnell von der Annahme aus, dass sie nicht einer unter vielen sein würden, sondern dass in ihnen auf jeden Fall ein bedeutender Dichter und ein bedeutender Philosoph stecken würde. Sie hatten, das dachten, glaubten, fühlten sie, etwas für die Zeitgenossen Wichtiges zu sagen, eine entscheidende Wahrheit.

Die Voraussetzungen für diese Selbsteinschätzung waren günstig. Sowohl auf dem Feld der Poesie als auch auf dem Feld der Philosophie war einerseits noch Platz genug für neue Ideen, andererseits war das Potenzial für Aufregung auf beiden Gebieten groß genug, um sich einen Namen machen zu können, wenn einem etwas Kluges und Gutes einfiel. Die Posten waren noch nicht alle besetzt und vergeben und der Boden, auf dem das Neue entstehen sollte, noch nicht endlos umgegraben. Auch die historischen Umstände, ein Land, ein Volk, das sich als Einheit noch nicht gefunden hatte, erzeugten einen Wirbel, den Intellektuelle für ihre weit gespannten Ideen und Projekte nutzen konnten. Alles sprach dafür, sich nicht zu bescheiden, sondern aufs Ganze zu gehen, einen großen Einsatz zu wagen.

Hegel brauchte, um am Glauben an sich selbst, an seine Mission und an die Wahrheit, die er finden und mitteilen wollte, festhalten zu können, ein System des Wissens, der Erkenntnisse, und Hölderlin brauchte zum gleichen Zweck ein System der Einbildungen und Empfindungen. Jeder der beiden musste versuchen, sich selbst zu stabilisieren, in einer bestimmten, wiedererkennbaren Form zu halten, durch Gedanken und Bilder, Argumente und Ahnungen, wissenschaftliche und höhere Erkenntnisse.

Das Ergebnis waren eine grandiose Philosophie und eine grandiose Dichtung, zwei solitäre Werkkolosse, von denen die Zeitgenossen und die Nachgeborenen nicht mit Sicherheit sagen konnten, was sich mit ihnen anfangen ließ. Bewunderung wechselte ab mit Ignoranz, dann kam der Tross der professionellen Ausleger und lagerte sich drum herum. Die Philologen und Philosophen standen vor Produkten einer Art Geheimwissenschaft, einer esoterischen Lehre, was ihren eigenen wissenschaftlichen Ansprüchen auf kommunikative Durchlässigkeit widersprach. Die Aufgabe, die sie sich stellten, besteht darin, die fremde Sprache in eine verständliche zu übersetzen, um herauszufinden, was die beiden sagen wollten, die Werkkolosse in Einzelheiten auseinanderzunehmen und dann wieder zusammenzusetzen, in der Hoffnung, die das ganze Bemühen trägt und antreibt, dass diese Gebilde aus Wörtern und geheimem, verborgenem, vertracktem Sinn sich nun endlich bewegen werden, weil Leben, Verstehen in sie gekommen und somit eine Form von Gemeinsamkeit zwischen ihnen und den vor ihnen stehenden Unverständigen entstanden sei.

Für den verständigen Leser der *Phänomenologie des Geistes* und dessen durchdringendes Verstehen dieses Werkes, das dem Leser ja um Meilen voraus ist, aber von ihm, wenn er sich anstrengt, eingeholt werden kann, mag gelten, was Hegel dort vom erst unwissenden, dann wissenden Menschen und dem absoluten Wesen gesagt hat: »Dieser einzelne Mensch also, als welcher das absolute Wesen offenbar ist, vollbringt an ihm als Einzelnem die Bewegung des *sinnlichen Seins*. Er ist der *unmittelbare* gegenwärtige Gott; dadurch geht sein *Sein* in *Gewesensein* über. Das Bewusstsein, für welches er diese sinnliche Gegenwart hat, hört auf, ihn zu sehen, zu hören; es *hat* ihn gesehen und gehört; und erst dadurch, daß es ihn nur gesehen, gehört *hat*, wird es selbst geistiges Bewusstsein, oder wie er vorher als *sinnliches Dasein* für es aufstand, ist es jetzt *im Geiste* aufgestanden.«

Dank dieser Versprechen des absoluten Verstehens, ein Echo aus einer fernen ungeheuerlich sinnreichen Welt, in der ein großer Schlüssel für alle und alles liegt, erlahmt die Mühe nicht, mit der die Wanderung um die unter tausend bekannten Wörtern verschwiegen liegenden Kolosse herum immer wieder aufgenommen wird.

Das Eigene in der Fremde bewähren und bewahren

Im Sommer 1800 verließ Hölderlin Bad Homburg und ging nach Stuttgart, wo er bei seinem Freund Christian Landauer wohnte. In den Briefen an seine Mutter und seine Schwester machte er den Eindruck eines Menschen, der froh war, heil nach Hause gekommen zu sein, und der sich glücklich schätzen würde, wenn er im Kreis der Familie sein weiteres Leben verbringen dürfte. Er redete wie ein Pfarrer, der seine Gemeinde ermahnte, fromm und bescheiden zu sein. Glauben, Liebe und Hoffnung, das Dreigestirn der Christen, »soll nie aus meinem Herzen weichen«, beteuerte er seiner Schwester im Oktober 1800. Er sei durch die Prüfungen des Lebens fester und stärker geworden und die Hoffnung lebe in ihm wieder auf, unter den Menschen »das Meinige zu thun«. Er bedankte sich für die Ruhetage im Schoß der Familie, sie seien »der Lohn unseres Lebens«.

Am 6. Januar 1801, kurz bevor er seine Heimat wieder verließ, ließ er seine Familie wissen, dass »das Ächte, das Unschuldige, das gründliche Herz, das ich in jedem von euch, wie eine Stimme des Himmels, von Jugend auf, noch eh' ich wußte, was es war, erfahren habe, und nun erkenne und als den Grund alles Guten und Wahren und Gottähnlichen ehre, – diß, diß ists, was mir unvergesslich bliebe von euch«. Das klang wie ein Abschied für immer.

Im Januar 1801 traf Hölderlin in Hauptwil in der Schweiz ein, wo er im Haus der Familie Gonzenbach die Stelle eines Hofmeisters antrat. Täglich konnte er die Alpen sehen, ein Anblick, der ihn aufrüttelte. An Christian Landauer schrieb er im Februar 1801: »Theurer Freund! ich habe mich lange mit Täuschungen getragen, die anderen und mir zur Last, und vor dem Herrn des Lebens und vor meinem Schutzgeist eine Schande gewesen sind. Ich meinte immer, um im Frieden mit der Welt zu leben, um die Menschen zu lieben und die heilige Natur mit wahren Augen anzusehen, müsse ich mich beugen, und, um anderen etwas zu seyn, die eigene Freiheit verlieren. Ich fühl es endlich, nur in ganzer Kraft ist ganze Liebe; es hat mich überrascht, in Augenblicken, wo ich völlig rein und frei mich wieder umsah.« Das hörte sich so an, als hätte die Natur der schwäbischen Heimat, die weniger pompös und mächtig und weniger selbstbewusst dreinschaute als die Schweizer Alpen, seinen Sinn für den Wert des Eigenen verkümmern lassen, als hätte sie ihm beigebracht, sich zu ducken, statt sich aufzubäumen, nachzugeben, statt sich zu widersetzen. Die Alpen wirkten auf ihn wie Lehrmeister, sie richteten ihn wieder auf, nachdem er die traurige Erfahrung gemacht hatte, dass er in der Welt der Menschen nicht glücklich werden, dass er dort keine Wurzeln fassen würde. Im Brief an Landauer vom März 1801 klagte er über »diß Einsamseyn, zu dem ich durch meine Natur bestimmt« sei. Mit guten Worten war ihm nicht zu helfen gewesen. Jetzt aber, vor den Alpen, schien er zur Besinnung zu kommen, er fasste Mut zum Eigenen, zum Widerstand. Was blieb ihm anderes übrig? Er war ein Wanderer, der seinen Weg im Leben alleine zurücklegen würde, das war sein Schicksal, das entsprach seiner Natur, und da war es besser, erhobenen Hauptes zu gehen, als sich klein zu machen.

Hegel traf im Januar 1801 in Jena ein, um dort an der Universität zu lehren. Nur wenige Jahre zuvor war er in der Schweiz als Hofmeister angestellt gewesen, hatte seine freie Zeit aber nicht damit verbracht, die Alpen zu bewundern, sondern viel zu lesen, ohne dass ihn die Aussicht auf einen Platz an einer Universität zur Lektüre angetrieben hätte, und Hölderlin, als Hofmeister gescheitert, war damals wiederum in Jena gewesen, um sich seinen Studien widmen zu können, er hatte den imposanten Fichte gehört und gehofft, als Privatdozent dort unterzukommen und einer der Großen zu werden. Die Lebensläufe der beiden gefielen sich in eigenartigen Koinzidenzen.

Hegels Aufnahme in den Kreis der Dozenten stellte sich als schwieriger heraus, als er es sich vorgestellt hatte. Er musste sich in Windeseile habilitieren, Thesen verteidigen und eine Habilitationsschrift vorlegen, Aufgaben, die er mit Erfolg erledigte.

Er wohnte mit Schelling zusammen, der 1803 an die Universität in Würzburg gehen wird. Die beiden gaben ein *Kritisches Journal der Philosophie* heraus, dessen erstes Heft 1802 erschien. Die Texte, die dort abgedruckt wurden, schrieben sie selbst. Aus Hegel wurde in Jena ein Verfasser philosophischer Schriften. Er begann sich einen Namen unter den Philosophen zu machen. Der nächste Schritt, der für seine weitere Laufbahn entscheidend sein würde, bestand darin, ein großes philosophisches Werk vorzulegen, mit dem er zeigen konnte, wer er war, wo er stand und um was es ihm ging.

Im Juni 1802 erschien im *Kritischen Journal der Philosophie* seine 150 Seiten lange Abhandlung über Glauben und Wissen, der vollständige Titel lautete *Glauben und Wissen oder die Reflexionsphilosophie der Subjektivität in der Vollständigkeit ihrer Formen als Kantische, Jacobische und Fichtesche Philosophie*. Der Schluss enthielt nicht nur ein grandioses Bild, sondern das Arbeitsprogramm der *Phänomenologie des Geistes*, die 1807 erscheinen würde: »Der reine Begriff aber oder die Unendlichkeit als der Abgrund des Nichts, worin alles Sein versinkt, muß den unendlichen Schmerz, der vorher nur in der Bildung geschichtlich und als Gefühl war, worauf die Religion der neuen Zeit beruht – das Gefühl: Gott ist tot (…) –, rein als Moment, aber auch nicht als mehr denn als Moment der höchsten Idee bezeichnen und so dem, was etwa auch entweder moralische Vorschrift einer Aufopferung des empirischen Wesens oder der Begriff formeller Abstraktion war, eine philosophische Existenz geben« – und jetzt kommt der großartige Ausblick: »und also der Philosophie die Idee der absoluten Freiheit und damit das absolute Leiden oder den spekulativen Karfreitag, der sonst historisch war, und ihn selbst in der ganzen Wahrheit und Härte seiner Gottlosigkeit wiederherstellen, aus welcher Härte allein (…) die höchste Totalität in ihrem ganzen Ernst und aus ihrem tiefsten Grunde, zugleich allumfassend und in die heiterste Freiheit ihrer Gestalt auferstehen kann und muß.«

Einfach gesagt, wenn der Glaube das Wissen nicht daran hindert, über sich selbst nachzudenken, wenn das Wissen sich vom Glauben nicht davon abhalten lässt, dann wird das Wissen erkennen, dass das, was der Glaube als seinen Besitz, als sein Gebiet reklamiert, in ihm aufgehoben ist, so wie die Luft den Vogel trägt, der den Eindruck macht, als hielte er sich aus eigener Kraft dort oben.

Schon im April 1801 verließ Hölderlin die Familie Gonzenbach und kehrte in die Heimat zurück. Sein Dienstherr brauchte ihn nicht mehr und bat um Verständnis für seine Entscheidung. Die Not, eine Stelle zu finden, die ihm ein Auskommen sicherte und ihn davor bewahrte, als Vikar zu einem Pfarrer gehen zu müssen, verfolgte Hölderlin weiter. Er wandte sich deswegen noch einmal an Schiller. Im Brief vom 2. Juni 1801 bat er ihn um Rat, er wolle an der Universität in Jena Vorlesungen über griechische Literatur anbieten. Ein ähnlich dringlicher Brief, datiert vom 23. Juni, ging an Immanuel Niethammer, der sich mit Schiller darüber beratschlagen möge, wie ihm zu einer Stelle an der Universität in Jena zu verhelfen sei. Er ließ Schelling grüßen. Weder von Schiller noch von Niethammer ist eine Antwort überliefert, ebenso wenig ein Brief an Schelling oder an Hegel in Jena, die beide den Sprung an die Universität geschafft hatten und die er in seine Pläne hätte einweihen können. Wenn sie seine Freunde gewesen wären, dann hätte er sich mit ihnen beratschlagt.

Die Philosophen wollten unter sich bleiben. Doppelbegabungen wurden von ihnen nicht akzeptiert. Entweder einer war Philosoph oder er war Dichter. Schiller, der nicht schnell klein beigeben wollte, erfand den philosophischen Kopf. Aber das half ihm letztlich auch nichts, er blieb Dichter und gehörte nur für kurze Zeit zu den Historikern, die ein Auge zudrückten, weil Schiller gut erzählen konnte. Hölderlin, Friedrich Schlegel und Novalis philosophierten, sie schrieben Aphorismen und kleine Abhandlungen, aber ein System, mit dem sie hätten beweisen können, dass sie die Philosophie als Wissenschaft ernst nahmen, dass sie ihr gewachsen wären, hatten sie nicht vorzuweisen. Die Philosophen vom Fach schüttelten den Kopf, bis Hegel-Spezialisten im Zuge ihrer Kontextualisierungsleistungen und Konstellationsforschungen auch und gerade Hölderlin in die philosophische Diskussion der damaligen Zeit zogen.

Das System von Integration und Ausschluss funktionierte bei den Wissenschaftlern wie bei den Theologen. Keiner schaffte es mit religiösen Herzensergießungen an die Universität. Jeder, der von einem Fach, in eine Gruppe von Experten aufgenommen zu werden wünschte, musste sich für einen Wissensbereich entschieden und in einem Lehrgebäude niedergelassen haben. In den Aphorismen aus Hegels *Wastebook* hieß es: »Das *Vollkommene* ist freilich überall nur *Eines*, aber besonders in der Kunst das Große: die Bildsäule nicht farbig machen zu wollen; das Lyrische des Chors nicht mit dem Dramatischen der Personen zu vereinigen; – so auch das *Philosophieren* nicht mit dem *Poetisieren*, – überhaupt zur notwendigen Trennung sich zu entschließen und sie streng zu erhalten.«

Hölderlins letzter Versuch, als Dozent nach Jena zu gehen, zerschlug sich. Er blieb vom Kreis der Intellektuellen ausgeschlossen, ihm blieb die Anerkennung der Großen versagt.

Anfang Dezember 1801, in der schlechtesten Reisezeit, bei Kälte und sicherlich unter verhangenem Himmel, brach er zu einer Reise nach Bordeaux auf, die er vor allem zu Fuß unternahm. Zwischen Nürtingen und Bordeaux lagen 1500 Kilometer.

Der Hinweg führte ihn über Straßburg und Lyon, der Rückweg über Paris. Dafür brauchte er jedes Mal rund 350 Stunden, wenn er keine langen Pausen einlegte und nicht irgendwo aufgehalten wurde. In der Stadt ganz in der Nähe des Atlantiks hatte er eine Stelle als Hofmeister angenommen, bei dem Hamburger Konsul Daniel Christoph Meyer. Die Stelle war ihm von Friedrich Jakob Ströhlin vermittelt worden, der seit 1786 an der Hohen Carlsschule in Stuttgart lehrte und selbst einmal in Bordeaux als Hofmeister gearbeitet hatte.

Kurz vor seiner Abreise schrieb Hölderlin in einem Brief vom 4. Dezember 1801 an den Dichterfreund Casimir Ulrich Böhlendorff: »Ich habe lange nicht geweint. Aber es hat mich bittre Tränen gekostet, da ich mich entschloß, mein Vaterland noch jetzt zu verlassen, vieleicht auf immer. Denn was hab' ich lieberes auf der Welt? Aber sie können mich nicht brauchen. Deutsch will und muss ich übrigens bleiben, und wenn mich die Herzens- und die Nahrungsnoth nach Otaheiti treibt.« Das klang so, als würde er aus seiner Heimat vertrieben, weil keiner dort etwas mit ihm anfangen konnte. Auf den Gedanken, dass er selbst nichts unmittelbar Brauchbares herstellte, kam er nicht. Als Pfarrer wäre er in seiner Heimat willkommen gewesen, er hatte Theologie studiert, alle Prüfungen bestanden, eine Pfarrstelle würde er ausfüllen können. Nur als Dichter wollte ihn kaum einer haben, und das schmerzte ihn, das war ja sein Traum, an den er sein ganzes Leben wie an einen Strick hängte, dass er zu den großen Dichtern des deutschen Vaterlandes gehören würde, dass aus ihm einer würde wie Schiller.

Die Reise war eine Herausforderung, ein Wagnis, sie widersprach seinem ständigen Bedürfnis nach Ruhe und Sammlung. Gab es für ihn eine Alternative? Nahm er die Stelle als Hofmeister an in der Hoffnung, auf der langen Reise durch ein fremdes Land zu sich selbst zu finden, so wie ihm die Alpen für Momente die Augen über sein Recht auf Widerstand geöffnet hatten?

»Ich werde den Kopf ziemlich beisammen halten müssen, in Frankreich, in Paris; auf den Anblick des Meeres, auf die Sonne der Provence freue ich mich auch.« Das hörte sich so an, als ahnte er, als fürchte er, dass er unter den vielen neuen fremden Eindrücken den Verstand verlieren könnte, dass die psychische Struktur und Ordnung, die er gewohnt war, die er sich erarbeitet hatte, ins Wanken geraten, ja zerstört werden könnte. Deutsch war, was er im Innersten zu sein glaubte. Er war in Deutschland aufgewachsen, er hatte hier sein Leben verbracht, Deutsch war seine Muttersprache, und er wollte ein Dichter des deutschen Vaterlandes sein. Die Reise macht den Eindruck, als sei sie ein Plan gewesen, eine kalkulierte Versuchung, eine inszenierte Bewährung, als sollte sich im Widerstand gegen das Fremde stärker herausbilden, was er im Tiefsten war und was vielleicht klarer zur Sprache kommen würde, sobald es sich gegen das Fremde verteidigen und behaupten musste. Die Bücher halfen ihm auf diesem Weg zu sich selbst nicht weiter. Nicht durch Wissen, nur durch Erfahrung konnte er sich entwickeln, durch eine radikale Provokation der Sinne, einen Aufruhr, einen Tumult der Eindrücke.

In dem Brief an Böhlendorff schien es vor allem um dessen poetische Fortschritte zu gehen und darum, wie das Nationale durch die Erfahrung mit dem Fremden zu sich kommen konnte, was die deutschen von den griechischen Dichtern unterschied und was die einen noch zu lernen hatten und die anderen schon gelernt hatten, um ganz zu sich zu finden. Erst nach diesen poetologischen Exkursen erwähnte Hölderlin seine bevorstehende Reise, die ihn in die Fremde treiben würde. Die Reise, so ließe sich umgekehrt sagen, folgte einer Poetik, einer poetologischen Hoffnung. Ihn trieb die Not, Geld zu verdienen, aber dieses Mal trieb ihn auch das Bedürfnis nach einer exzeptionellen, einen deutschen Dichter stärkenden Erfahrung unter der Sonne des Südens, im Land und in der Hauptstadt der Revolution.

Aus dieser Perspektive gesehen lassen sich die Hinweise auf Frankreich in dem unvollendeten Gedicht »Das nächste Beste« als eine Art Reisevorbereitung verstehen. Der Gedanke, nach Frankreich zu fahren, wo die Geschichte sich wie eine Bergkette aufgeworfen und ein Volk eine Revolution gewagt und seinen Selbstbehauptungswillen bewiesen hatte, musste für ihn wie ein Heilmittel nahegelegen haben. Er würde im Licht dort und in der Vegetation, in Sitte und Brauch, in Architektur und Landschaft erfahren können, warum er und sein Vaterland einen anderen Weg einschlagen mussten.

Die Heimat der Poesie, die Heimatlosigkeit der Philosophie

Am 28. Januar erreichte Hölderlin Bordeaux. Aus Lyon hatte er seiner Mutter am 9. Januar 1802 geschrieben, dass er einen erfahrungsreichen Weg hinter sich gebracht habe, dass es für jemanden wie ihn, der einsamen Beschäftigungen nachgehe, schwierig sei, sich in der Welt zurechtzufinden, aber Gott, ein ehrliches Herz und Bescheidenheit würden ihm helfen. Jetzt müsse er aufpassen, dass er im Trubel des lebhaften Lyon nicht verloren gehe. In Straßburg sei ihm, als einem Fremden, geraten worden, nicht über Paris zu gehen, weshalb er den Weg über Lyon genommen habe.

Am Tag der Ankunft in Bordeaux schrieb er seiner Mutter sofort einen Brief, in dem er ihr von den Gefahren und den Anstrengungen der Reise berichtete: »Diese letzten Tage bin ich schon in einem schönen Frühling gewandert, aber kurz zuvor, auf den gefürchteten überschneiten Höhen der Auvergne, in Sturm und Wildniß, in eiskalter Nacht und die geladene Pistole neben mir im rauhen Bett – da hab' ich auch ein Gebet gebetet, das bis jetzt das beste war in meinem Leben und das ich nie vergessen werde./Ich bin erhalten – danken Sie mit mir!/Ihr Lieben! ich grüßt' Euch wie ein Neugeborner, da ich aus den Lebensgefahren heraus war«. Warum erzählte er ihr diese Geschichte? Sollte sich seine Mutter um ihn Sorgen machen, sollte sie sich aufregen? Zwei Absätze später rückte er mit der Sprache heraus: »Ich bin nun durch und durch gehärtet und geweiht, wie Ihr es wollt. Ich denke, ich will so bleiben, in der Hauptsache. Nichts fürchten und sich viel gefallen lassen.«

Der junge Mann war 32 Jahre alt und steckte psychisch in großen Schwierigkeiten. Die Erfahrung war für ihn nicht neu. Die Familie machte ihm zu schaffen, sie lastete auf seinem Gemüt wie ein Grabstein, so wie umgekehrt er seiner Mutter und seiner Schwester ständig Sorgen bereitete. Sie versuchten ihm zu helfen, sie sahen ja, dass er alleine in der Welt nicht zurechtkam, auch wenn sie nicht verstanden, wieso es ihm so schwerfiel, sich einen Beruf, der Geld einbrachte, zu sichern, warum er alle seine Chancen, die er dank seiner Ausbildung hatte, aufgab für den Wunsch, ein Dichter zu sein. Er wusste selbst, dass die Welt für ihn ein großes Hindernis war, auch wenn er mit deren Zustand haderte, als sei er ihr gewachsen.

Er versuchte seiner Familie gegenüber nicht undankbar zu sein und nahm sich vor, sein Bestes zu geben, auch wenn ihm diese Aufgabe gegen seine Natur zu gehen schien. Er brauchte die Anerkennung durch die Familie, sie war der Ort, an den er sich flüchtete, wenn er draußen wieder gescheitert war. Die Familie, die Mutter ließen ihn nicht los, er entkam ihnen nicht. Er wusste, dass er auf eigenen Füßen stehen musste, wenn er ein Mann sein wollte. In dieser Not lebte er seit seiner Jugend.

Und dann, eines Tages, ging er aufs Ganze, als wollte er sich und den anderen etwas beweisen, als sei es ein letzter Versuch, sich aus seiner Abhängigkeit zu befreien. Er ging auf eine weite Reise in ein fremdes Land, er durchstand Gefahren, er schlief mit einer geladenen Pistole neben sich. War er jetzt nicht zum Mann gereift, zu einem, der nichts fürchtete und der sich viel gefallen lassen konnte, weil er ein breites Kreuz hatte? Es sah, meinte er selbst, ganz danach aus.

Mitte Mai noch im selben Jahre reiste er wieder in die Heimat zurück. Sein Weg führte ihn über Paris, wo er sich Zeit nahm, die antiken Kunstwerke anzuschauen. Gegen Ende Juni erreichte er Stuttgart. Er soll wie ein Bettler ausgesehen und einen verwirrten Eindruck gemacht haben. Was war geschehen? Hatte er das Leben in der Fremde nicht ausgehalten? Wurde er von dem Gefühl überwältigt, dass er nur in der Heimat ein Dichter sein konnte, dass er sich verlieren würde, wenn er nicht rasch umkehrte und zurückging? Die Philosophie und die Wissenschaften waren heimatlos wie die Vernunft und die Logik, sie schienen universell zu sein, überall zu Hause. Die Poesie dagegen konnte ihre Wurzeln nicht kappen, sie verdorrte, wenn sie nicht auf heimatlichem Boden gedeihen konnte. Dichter waren an ihr Volk, an ihr Vaterland gebunden, so wie sie an ihre Sprache gebunden waren, an den Klang der Töne. Hatte ihn diese Empfindung, diese Erkenntnis aus dem fernen Bordeaux vertrieben, zurück nach Nürtingen, in den Kreis der Seinen, wohin er zu gehören schien?

Am 22. Juni 1802 war seine heimliche Geliebte Susette Gontard an Röteln gestorben. Sinclair hatte Hölderlin von ihrem Tod in einem Brief unterrichtet. Er lud ihn auch gleich ein, zu ihm nach Bad Homburg zu kommen, er sagte, er wolle sich um ihn kümmern. Wie hatte er glauben können, dass es gut sei für die Seele seines Freundes, dorthin zu kommen, wo alles, jedes Haus, jeder Blick in die Ferne die Erinnerung an die unglückliche Liebe wecken musste? Hölderlin ging nicht zu ihm. Er wird den Ertrag seiner Reise, das tiefe Gefühl, dass die Poesie eine Heimat hatte, auszuschöpfen versucht haben. Das Denken war nicht frei, wie die Philosophen behaupteten, es war gebunden in die

Erlebnisse und Erfahrungen, die einer im Raum der Geschichte und der Heimat machte und die ihn zu dem werden ließen, der er war. Davon, von diesem allgemeinen Gesetz des Werdens und vom Werden der besonderen Gesetze, erzählte die Poesie.

Erst Ende September verließ er sein Refugium und folgte Sinclairs Einladung, zu einem Kongress nach Regensburg zu fahren, auf dem über die Grenzen deutscher Länder verhandelt wurde und Sinclair die Interessen seines Landgrafen vertreten sollte.

Aus Nürtingen schickte er im November 1802 einen Brief an den Dichterfreund Casimir Ulrich Böhlendorff, in dem er die poetischen Resultate seiner Reise nach Frankreich zusammenfasste. Er habe »die traurige einsame Erde gesehn … Männer und Frauen, die in der Angst des patriotischen Zweifels und des Hungers erwachsen sein«, und er habe in diesen südlichen Menschen die Griechen besser zu verstehen gelernt, die griechische Natur, Weisheit und den griechischen Körper. Zurückgekehrt ergreife ihn die heimatliche Natur umso heftiger, er studiere das Licht, wie es hier wirke und ein Schicksal vorgebe. Dieses »philosophische Licht« bereite ihm Freude. Seine Erfolglosigkeit als Dichter und die Erfolglosigkeit der anderen Dichter, die dachten und dichteten wie er, erklärte er damit, dass »wir, seit den Griechen, wieder anfangen, vaterländisch und natürlich, eigentlich originell zu singen«.

Die Art der Dichtung, wie sie ihm jetzt vorschwebte als vaterländischer, origineller, eigenständiger Gesang, war eine Folge der Erfahrung, der Erkenntnis von Bordeaux, sie war kein natürliches Gewächs, das unter freiem Himmel entstand, wie bei den alten Griechen, sondern eine Poesie, die durch die poetologische Selbstreflexion hindurchgegangen war. Auf der neuen Dichtung lag ein philosophisches Licht, nicht das Licht der Logik und der Vernunft, des Abstrakten, sondern das der Heimat und ihrer Bewohner, des Konkreten.

Anfang Juni 1802 besuchte er Schelling in dessen Elternhaus in Murrhardt, wo sich Schelling und Caroline Schlegel vermählen ließen. Die Trauung übernahm Schellings Vater. Hölderlin ging zu Fuß, die Reise dauerte, wenn er von Stuttgart loslief, neun Stunden, wenn er aus Nürtingen gekommen ist, zwölf Stunden. Über den unverhofften Besuch schrieb Schelling in einem Brief vom 11. Juli 1803 an Hegel: »Er vernachlässigt sein Äußeres bis zum Ekelhaften und hat, da seine Reden weniger auf Verrückung hindeuten, ganz die (entsprechenden) äußeren Manieren angenommen ... Hier zu Lande ist keine Hoffnung, ihn herzustellen. Ich dachte, Dich zu fragen, ob Du Dich seiner annehmen wolltest, wenn er nach Jena käme, wozu er Lust hatte. Er bedarf ruhiger Umgebung und wäre durch eine suivierte Behandlung wahrscheinlich zurecht zu bringen. Wer sich seiner annehmen wollte, müsste durchaus seinen Hofmeister machen und ihn von Grund aus wieder aufbauen.« Hölderlin war nicht verrückt, er sah nur so aus. Er schrieb Gedichte, er kümmerte sich darum, dass die Trauerspiele des Sophokles in seiner Übersetzung veröffentlicht wurden. Er war auf einem Kongress in Regensburg gewesen. Er musste im Großen und Ganzen bei Sinnen gewesen sein.

Hegel antwortete Schelling am 16. August 1803: »Ich danke Dir für die mancherlei Erinnerungen an Schwaben, die Du mir gegeben hast; unerwartet waren mir die mancherlei Kunstmerkwürdigkeiten, die du in Stuttgart aufgefunden hast; doch ist es wohl immer wenig, um gegen das sonstige platte und interesselose Wesen, das dort zu Hause ist, ein Gegengewicht zu erhalten. Noch unerwarteter die Erscheinung Hölderlins in Schwaben, und zwar in welcher Gestalt! Du hast freilich recht, daß er dort nicht wird genesen können; aber sonst ist er überhaupt über die Periode hinaus, in welcher Jena eine positive Wirkung auf einen Menschen haben kann, und es ist jetzt die Frage, ob für seinen Zustand die Ruhe hinreichend ist, um aus sich selbst genesen zu können. Ich hoffe, daß er noch immer ein gewisses Zutrauen in mich setzt, das er sonst zu mir hatte, und vielleicht ist dieses fähig, etwas bei ihm zu vermögen, wenn er hierher kommt.«

Hölderlin ging nicht nach Jena. Keiner wollte ihn dort haben, auch Hegel nicht, der in Frankfurt den Eindruck gewonnen haben musste, dass Hölderlin über die »Periode«, über das Stadium hinausgewachsen sei, in welchem Jena, das heißt die Philosophie, die Vernunft, noch auf ihn wirken könnte. Hölderlin war, nach Hegels Ansicht, schon in Frankfurt nicht zur Vernunft, zur Einsicht in die Wirklichkeit, zur Akzeptanz der Realität zu bringen gewesen. Nur durch Zutrauen, als ginge es um ein Tier, das aus freien Stücken seinem Herrn folgen sollte, schien eine Besserung möglich zu sein. Hegel wartete ab. Ein Brief von ihm an Hölderlin, in dem er ihn aufforderte, zu ihm nach Jena zu kommen, ist nicht überliefert. Die Zeit mit ihm in Frankfurt lag nicht lange zurück, die Erinnerungen daran waren noch lebendig. Hegel hielt sich zurück, er ging einer Begegnung mit Hölderlin aus dem Weg. Schelling wusste entweder nicht, was zwischen den beiden vorgefallen war, hatte es vergessen oder nahm es nicht ernst. Sonst wäre er nicht auf die Idee gekommen, dass Hegel ein Auge auf Hölderlin werfen sollte.

Hölderlin blieb bei Schelling nur anderthalb Tage, dann machte er sich wieder auf den Rückweg. Laufen war er gewohnt, er war ein guter Wanderer, da fielen zehn Stunden hin und zehn Stunden zurück für eine recht kurze Zeit des Beisammenseins nicht ins Gewicht. Was wollte er bei Schelling in Murrhardt? Sollte Schelling ihm helfen? Wollte er ihn von Ideen überzeugen, suchte er den Austausch mit ihm über das Verhältnis von Poesie und Philosophie, über die Rolle, die ihm als Dichter, und die Rolle, die Schelling als Philosoph zustand, über die Aufgaben, die er und Schelling der Poesie und der Philosophie zuwiesen?

Seine Hoffnung, dass er ein vaterländisches Dichteramt erfolgreich ausfüllen könne, war gescheitert. Es hörte ihm ja kaum einer zu, ganz so, als wäre es tiefe Nacht, alle schliefen und ruhten sich von ihrem Tagwerk aus, nur er war wach und redete laut vor sich hin. Da lag es doch für ihn nahe, sich mit Schelling auszutauschen, der als Philosoph erfolgreich war und die Kunst, den ästhetischen Sinn zu ehren verstand, was er in seinem *System des transzendentalen Idealismus*, das 1800 erschienen war, bewiesen hatte.

Hölderlins Mutter war mit dem Verhalten ihres Sohnes nicht zufrieden, sie beklagte sich bei Sinclair, ihr Sohn würde die Familie meiden, sich zurückziehen und abkapseln und in einem traurigen Gemütszustand versinken. Sie musste befürchten, dass sie den Zugang zu ihm, die Kontrolle über ihn verlor. Aus ihm war ein Mann geworden, das ließ er sie durch sein abweisendes Verhalten wissen, sie hatten ihn so haben wollen, und jetzt war er einer, der sich nicht fürchtete und viel ertragen konnte, auch seine Mutter mit ihren gut gemeinten Forderungen. Nach der Reise durch Frankreich veränderten sich die Verhältnisse zu Hause, er war ein anderer und zeigte es. Die Familie hatte ihn in die Fremde ziehen lassen, sie hatte ihn dazu ermuntert, und jetzt, nach seiner Rückkehr, gestärkt von der Reise, ergriff er die Gelegenheit beim Schopf, der Familie zu entkommen. Sie konnten ihm keine Vorwürfe machen, sie hatten sich die neue Lage selber zuzuschreiben, und er musste sich kein schlechtes Gewissen machen, ja er musste sich einkapseln, wenn er bleiben wollte, wer er geworden war, einer, der gewagt hatte zu fliehen. Es gab für ihn keinen anderen Ausweg. Das Leben und die Aussichten, die sich ihm boten, zogen sich zusammen wie eine Schlinge. Im Brief vom 4. Dezember 1801 an Böhlendorff hatte er seine Lebenserfahrung beschrieben: »Denn das ist das tragische bei uns, daß wir ganz stille in irgend einem Behälter eingepackt vom Reiche der Lebendigen hinweggehen ...«

Mitte Juni 1804 kam Sinclair nach Stuttgart und traf sich dort mit Freunden, dann holte er Hölderlin aus Nürtingen ab und fuhr mit ihm nach Bad Homburg, wo der Dichter als Hofbibliothekar angestellt werden sollte, ein Amt, das er im Grunde nicht ausüben musste, das vor allem der Legitimation seines Aufenthaltes diente und das Gehalt rechtfertigte, das er erhielt. Er wurde bei einem französischen Uhrmacher untergebracht.

Vier Jahre waren seit seinem letzten Aufenthalt in Bad Homburg vergangen. Ob es auch jetzt noch richtig war, dorthin zurückzugehen, wo die Erinnerungen an seine große Liebe in jedem Winkel saßen? Er hatte die Verantwortung über sich und sein Überleben in der bürgerlichen Welt an seinen Freund abgegeben, den Einzigen, der sich um ihn kümmerte. Am 14. Juli 1804 schrieb Schelling aus Würzburg einen Brief an Hegel, an dessen Ende er erwähnte, dass Sinclair mit Hölderlin auf der Fahrt von Stuttgart nach Bad Homburg bei ihm vorbeigekommen sei. Hölderlin sei in einem »besseren Zustand« gewesen als im Jahr zuvor, »doch noch immer in merklicher Zerrüttung«, seine Übersetzung des Sophokles zeige, in welch »verkommnen geistigen Zustand« er sich befinde. Das klang ganz so, als habe er ihn aufgegeben, als wollte auch er mit ihm nichts mehr zu tun haben.

Was von weither kommt, kommt nicht vollständig an

Meine Tochter fragte mich, ob ich immer noch Hegel und Hölderlin lese, wie weit ich sei, ob ich nicht zum Ende kommen wolle, und ich sage, es sei kein Ende abzusehen, die Sache könne sich hinziehen, jeder Satz, jedes Wort, ob von dem einen oder von dem anderen, berge einen Haufen von Andeutungen und Bedeutungen, die nicht so einfach auszugraben seien. Sehr viele fleißige und kluge Leser hätten vieles, was glänzt, zutage gebracht. Wer das alles lesen wolle, bekomme trübe Augen und ein schweres Gemüt und er müsse vielleicht einzusehen lernen, dass manche Dinge, die einer geschrieben hat, zu komplex und zu kompliziert seien, als dass sie verstanden werden könnten, obwohl sie den Eindruck machten, als wären sie niedergeschrieben und aufbewahrt worden, um mit anderen Menschen ausgetauscht zu werden.

Das sei ein Widerspruch. Die einen sagen, dass der Widerspruch unumgänglich sei, dass sie nicht einfacher sagen könnten, was sie sagen wollten, und die anderen, die Mehrheit, die verstehen möchte, um was es geht, muss sich damit zufriedengeben, dass sie mit etwas konfrontiert ist, dem sie nicht gewachsen zu sein scheint. Sie versuchen dann, der Sache gemeinsam auf die Schliche zu kommen, und auf diese Weise entstehen Forschungszweige, deren Mitarbeiter sich hauptsächlich um die Entzifferung und Deutung entweder dieser oder jener schwer verständlichen Botschaft bemühen. Keiner kann sich um alles kümmern, manche Probleme fordern die ganze Aufmerksamkeit.

Hegel hat Hölderlin nicht verstanden, und Hölderlin hat Hegel nicht verstanden, und wenn der eine sich in die Gedichtfragmente und der andere sich in die Systembauten hineingearbeitet hätte, dann wäre dennoch nicht mit Sicherheit davon auszugehen, dass sie herausgefunden hätten, was der andere sagen wollte. Warum auch hätten sie das alleine schaffen sollen? Sie waren zwar besser als andere im Entdecken und Erfinden von neuen Gedanken und Bildern, aber das bedeutete nicht, dass sie besser als andere im Nachvollziehen von Gedanken und Bildern waren, die nicht von ihnen stammten.

Ich sagte meiner Tochter, dass es so aussehe, als würde es immer schwieriger, einen Gedanken zu verstehen, je weiter weg er von uns sei, obwohl wir oft genug die Erfahrung machen, dass wir Gedanken, die direkt neben uns entstanden sind, nicht verstehen, einfach weil sie zu kompliziert sind. Aber dann sagen wir uns, das liege nur daran, dass wir ihnen logisch und intellektuell nicht folgen könnten, und nicht daran, dass wir und die komplizierten Gedanken und Ideen aus unterschiedlichen Welten kommen und wir uns nicht vorstellen können, wie es dort ist, wo sie entstanden sind.

Mit der zeitlichen Entfernung wachse die Sorge, einem Gedanken, der von so weither kommt, einer Idee, die eine lange Strecke hinter sich bringen muss, bis sie uns erreicht, gerecht werden zu können, ganz so, wie wir jemanden, der weit weg von uns steht und vor sich hinspricht, schlechter verstehen als einen, der direkt neben uns steht. Wir sprechen beide dieselbe Sprache, daran liegt es nicht, aber auf dem Weg, den die Wörter zurücklegen müssen, geht etwas verloren, das, was mit ihnen gesagt werden soll, und das, was mit ihnen gemeint ist, es kommt bei uns nicht an, nicht so vollständig, wie es notwendig wäre, damit wir keine Schwierigkeiten mit dem Verstehen haben und wir schneller oder sofort einsehen, um was es geht.

Wir schauen nicht einfach über die Entfernung von über zweihundert Jahren hinweg, als läge dazwischen nichts und als sei dort hinten nicht viel zu sehen. Wir nehmen zwar einerseits mit, was auf dem Weg dorthin liegt, aber wir sehen andererseits weniger von dem, was dort hinten vor sich ging, weil keiner die vergangene Gegenwart, so wie sie einer damals erfuhr, wiederauferstehen lassen kann.

Ich sagte meiner Tochter, dass ich die beiden bald verlassen würde. Dann könne jeder selbst entscheiden, ob und wie er weitermachen wolle, es gebe dafür kein Maß. Wenn alle immer gleich lang Klavier üben würden, würden dennoch nicht alle gleich gut Klavier spielen. So gehe es mit jeder Sache, und das müssten auch die einsehen, die die Noten niederschrieben. Wenn es keine Aufnahmen gäbe, dank derer wir uns anhören können, was auf den Notenblättern steht, dann würde selten erklingen, was aufgeschrieben wurde, damit es gespielt würde. Es würde still um uns herum, und wir müssten uns sehr wahrscheinlich mit schlechten und mittelmäßigen Darbietungen begnügen und uns damit abfinden, dass unsere Ohren und unsere Herzen nie die ganze Wahrheit, so wie sie in den Noten liegt, erreichen wird. Das Komponieren und das Nachdenken über Einfälle und Ideen wären letztlich für die Katz gewesen, geschrieben für die Stille, die kommt, wenn keiner mehr da ist, der zu spielen versteht oder sich zu spielen bemüht. Und noch beim perfekten Nachspielen, wenn es einmal dazu kommt, kann sich der Einwand regen, ob der Komponist das Stück so gemeint hat, wie es jetzt erklingt.

Ein Dichter gerät in einen Turm

Ein letztes Mal trumpfte er auf, der letzte Vers seines Gedichts »Andenken«, ein Stein aus dem Fundament, auf dem er jetzt zu stehen versuchte, lautet:

> Was bleibet aber, stiften die Dichter.

Zwei Jahre lebte Hölderlin in Bad Homburg. Er hat dem Landgrafen ein langes Gedicht überreicht. Was trieb er sonst den ganzen Tag? Hat er sich in der Bibliothek nützlich gemacht, fand er Freunde? Ging er die bekannten Wege, verharrte er vor den bekannten Aussichten, forcierte er die Rückkehr der Erinnerungen? Ihm wird keiner zur Seite gestanden haben, der ihm psychisch helfen konnte. Er saß in seinem Behälter und kam nicht mehr raus. Er dachte nach, schrieb, las und spielte Klavier. Der Sog nach Innen wird von Tag zu Tag stärker gewesen sein. Wie hättte er sich mit seiner Umgebung verbinden können, ohne sich selbst, wie und was er war, aufzugeben? Die Welt, in der er für sich lebte, brachte er auf Papier: Sätze, Verse, Fragmente, Entwürfe, revidierte Fassungen, Stichwörter, Namen. Sie bilden Rätsel, ein Dickicht von Bedeutungen, Verweisen, Bildern und Tönen, das den Sinn verbirgt. Er konnte offenbar nicht mit einfachen Worten sagen, was er sagen wollte, ihm war nicht sehr klar, um was genau seine Gedanken kreisten, was sie zu fassen versuchten. Die Wörter reichten nicht an das heran, was ihm vorschwebte. Er schob sie hin und her, er wechselte sie aus, er ließ ihren Klang sprechen, und er übergab einen Teil der Bedeutung, die sie mit sich trugen, dem Zeilenfall. Wie ließen sich Ahnungen, die nur vor seinem inneren Auge auftauchten, in die Gegenwart eines Gesprächs mit anderen ziehen? Glücklich konnte er mit dieser Suche, mit diesen Versuchen nicht geworden sein, zu wenig gelang ihm. Er hatte sich, anders gesagt, zu viel vorgenommen, der Anspruch war zu hoch und vielleicht gar nicht einlösbar. Aber das wollte er sich nicht eingestehen, das würde bedeuten, den Beruf des Dichters geringer einzuschätzen und einzusehen, dass er am eigenen Unvermögen gescheitert war. Dann hätte er sich seine Existenz als Dichter einfacher machen und sich mit den kleinen Gedichten begnügen müssen, die zu schreiben ihm Schiller und Goethe früh geraten hatten. Er wollte ja aber mehr erreichen, höher hinaus. Er hat alles auf die Karte der hohen Poesie gesetzt, sein ganzes Leben, und dieser Einsatz sollte falsch gewesen sein, ein Traum, eine Illusion, ein Wahn? Er sollte sich verrechnet, verrannt haben?

Als Maler oder Musiker wäre er um die Not herumgekommen, in der er steckte, weil er als Dichter auf die Sprache angewiesen war, in die er als Kind hineinwuchs, sie war schon da, bevor er auf die Welt kam, und als Maler und Musiker wäre er um die Logik und die Grammatik herumgekommen, um die nicht zu hintergehenden Vorgaben des Denkens, das auf die Wörter angewiesen ist, so wie ein Mensch auf die Luft zum Atmen. Es gab für das Denken keinen Weg zum Anfang zurück, zum Ursprung. Er musste, um sich etwas den Zwängen der Sprache entziehen zu können, in Andeutungen, in Brüchen sagen, was er sagen wollte, in Metaphern, Vergleichen und Analogien, die Brücken ins Ungewisse und Offene schlugen und einen Sinn suggerierten, der deutlicher nicht zu fassen war, so wie das religiöse Gefühl sich dem Zugriff diskursiver Eindeutigkeit entzog.

Wie um sich selbst, seine sprachliche und historische Not als Dichter, seine Bedeutung als Seher zu retten, vergrub er sich in die Deutung der griechischen Tragödien, in denen mehr zur Sprache kam, als den antiken Dichtern bewusst gewesen war, weil durch sie ein Geist sprach, der erst im Nachhinein sich zeigte und der erst den Nachgeborenen verriet, wie und warum er sich der Dichter bemächtigt hatte. Er hoffte offenbar, dass eine Zeit kommen würde, aus deren Perspektive zu verstehen sein würde, was er gemacht hatte, was er wollte, wie ihm als Dichter durch den Geist geschah.

Im Januar 1805 wurde bei den Behörden in Württemberg eine Anzeige gegen Isaac von Sinclair und andere Männer eingereicht, einen revolutionären Umsturz geplant zu haben. Sinclair wurde nach Württemberg ausgeliefert, ins Gefängnis gesteckt und vor Gericht gestellt. Auch Hölderlin wurde in diesem Zusammenhang als Mitwisser erwähnt. Der Landgraf von Hessen-Homburg ließ den verhaltensauffälligen Dichter, der für sich keinen Ort des Glücks in der Welt fand und offenbar nicht den Eindruck auf ihn machte, in der Politik eine entscheidende, aufsässige Rolle spielen zu können, nicht ausweisen. Hölderlins Wahnsinn, so lautete die Rechtfertigung der Weigerung, sei in Raserei übergegangen, er rufe ständig, er wolle kein Jakobiner sein. Ein Verrückter gehörte nicht vor ein Gericht, sondern in die Hände eines Arztes. Die für den verwirrten und rasenden ehemaligen Theologiestudenten zuständigen kirchlichen Behörden wurden vom württembergischen Staatsministerium um eine Stellungnahme gebeten. Dort hieß es, Hölderlin sei wegen seiner überspannten Phantasie für die Kirche nicht zu gebrauchen gewesen, es bestehe aber die Hoffnung, dass sein Geist, der durch angestrengtes Studieren durcheinandergeraten sei, genesen werde, so dass er seinen Mitbürgern noch nützlich werden könne.

Sinclair wurde nach fünf Monaten wieder entlassen, die Anklage hatte sich als ein Rachefeldzug eines seiner entfernten Bekannten herausgestellt, eines Hochstaplers, dessen Machenschaften Sinclair auf die Schliche gekommen war.

Am 29. Oktober 1805 schrieb Hölderlins Mutter ihrem Sohn, sie sei traurig, dass sie so wenig von ihm höre. »Wie sehr würde es mich freüen und erheitern, wan Du mir nur auch wieder einmahl schreiben woltest, daß Du die L. Deinige noch liebst, u. an uns denckest. Vieleicht habe ich Dir ohne mein Wissen, u. Willen Veranlassung gegeben, daß Du empfindlich gegen mich bist, u. so bitter entgelten läsest, seye nur so gut, u. melde es mir, ich will es zu verbesern suchen.« Die Beziehung zu ihrem Sohn würde sich nicht bessern, sie wurde eher noch schlechter.

Die Mutter ging offensichtlich davon aus, dass ihr Sohn psychisch ernstlich krank war und krank bleiben würde. Im Januar 1806 behauptete sie gegenüber dem Konsistorium, das väterliche Vermögen ihres Sohnes sei aufgebraucht, was nicht stimmte, und bat um finanzielle Unterstützung für ihren kranken Sohn. Der König wird diese Hilfe im Oktober desselben Jahres bewilligen.

Am 11. September 1806 wurde Hölderlin gegen seinen Willen aus Bad Homburg nach Tübingen in die Universitätsklinik gebracht, eine Anstalt, in der die Kranken nicht nur verwahrt, sondern auch behandelt wurden. Sinclair konnte, er wollte sich nicht mehr um seinen Freund kümmern. Er schrieb Hölderlins Mutter, sie solle ihren Sohn, der wahnsinnig geworden sei, abholen lassen. Die Mutter folgte der Aufforderung sofort. Sie nahm ihren Sohn nicht zu sich nach Hause, sondern übergab ihn dem Arzt und Leiter der Universitätsklinik Tübingen, Johann Heinrich Ferdinand Autenrieth, der glaubte, sein Bestes an dem Kranken zu tun. Das Beste, hochdosierte Medikamente, war grauenvoll genug.

Im Mai 1807 gab er den Patienten in die Obhut des Tischlers Ernst Zimmer, der den Dichter, der ihm kein Unbekannter war, er hatte den *Hyperion* gelesen, bei sich zu Hause in einem Turm am Neckar unterbrachte. Die Familie Zimmer kümmerte sich um den Kranken bis zu seinem Tod am 7. Juni 1843. Genau die Hälfte seines Lebens, als hätte er es in dem Gedicht mit demselben Titel vorausgesehen, verbrachte Hölderlin im Turm in Tübingen.

Mit gelben Birnen hänget
Und voll mit wilden Rosen
Das Land in den See,
Ihr holden Schwäne,
Und trunken von Küssen
Tunkt ihr das Haupt
Ins heilignüchterne Wasser.

Weh mir, wo nehm' ich, wenn
Es Winter ist, die Blumen, und wo
Den Sonnenschein,
Und Schatten der Erde?
Die Mauern stehn
Sprachlos und kalt, im Winde
Klirren die Fahnen.

Ein Philosoph legt den Grundstein seines Systems

Im April 1807 erschien Hegels *Phänomenologie des Geistes.* Das Buch war in historisch unruhigen Zeiten entstanden. Am 13. Oktober 1806 waren die Franzosen in Jena aufgetaucht und plünderten die Stadt, Napoleon ritt durch die Straßen. Um zwei Uhr nachts schlugen die Flammen in Jena hoch. Hegel musste sein Haus verlassen, die letzten Bogen seines Manuskriptes in der Tasche. Freunde nahmen ihn auf. Am nächsten Tag kam es zur Schlacht bei Jena.

Im Durcheinander des Krieges hatte Hegel Teile des Manuskriptes auf die Post gegeben, sie waren unterwegs zum Drucker nach Bamberg, die Sache eilte, er hatte einen Vertrag und einen Ablieferungstermin, und dann gab es noch Ärger wegen dem Honorarvorschuss und Probleme mit der Konstruktion des Werkes, das unter großer Zeitnot entstand. Im November fuhr er selbst nach Bamberg und blieb dort bis zum Januar 1807.

Er hatte in den letzten Jahren einige Artikel geschrieben, und er hatte Vorlesungen gehalten. Das Geld, das er von seinem Vater geerbt hatte, war aufgebraucht, er musste sich darum kümmern, dass er die Kasse jeden Monat aus eigener Kraft füllte. Goethe verschaffte ihm ein kleines Honorar für seine Lehrtätigkeit, aber reich wurde er damit nicht. Er musste ein großes, wichtiges Buch schreiben, mit dem er sich für eine Professur bewerben konnte, die gut bezahlt würde, er musste Aufsehen erregen, von den Kollegen seines Fachs anerkannt werden.

Er war 37 Jahre alt, als die *Phänomenologie des Geistes* erschien, und Vater eines unehelichen Sohnes. Für eine bürgerliche Karriere war er etwas spät dran, er musste sich beeilen, sein Leben in Bahnen zu lenken, die den geordneten Verhältnissen der Erfolgreichen entsprachen. Er würde ja erst standesgemäß heiraten können, wenn er über ein Amt und ein geregeltes, für eine Familie ausreichendes Auskommen verfügte.

Hegel war mit dem Buch, das er beim Drucker in Bamburg ablieferte, nicht ganz zufrieden. Am 1. Mai 1807 schrieb er an Schelling: »Ich bin neugierig, was Du zur Idee dieses 1sten Teils, der eigentlich die Einleitung ist – denn über das Einleiten hinaus, in mediam rem, bin ich noch nicht gekommen, sagst. – Das Hineinarbeiten in das Detail hat, wie ich fühle, dem Überblick des Ganzen geschadet; dieses aber selbst ist, seiner Natur nach, ein so verschränktes Herüber- und Hinübergehen, daß es selbst, wenn es besser herausgehoben wäre, mich noch viele Zeit kosten würde, bis es klarer und fertiger dastünde. – Daß auch einzelne Partien noch mannigfaltiger Unterarbeitung, um sie unterzukriegen, bedürften, brauche ich nicht zu sagen, Du wirst es selbst nur zu sehr finden. – Die größere Unform der letztern Partien (betreffend) halte Deine Nachsicht auch dem zugute, daß ich die Redaktion überhaupt in der Mitternacht vor der Schlacht bei Jena geendigt habe.«

Ein Motor seines Philosophierens war die Kritik und die Polemik. Er prüfte, was andere gesagt hatten, und verwarf, was in seinem Sinne nicht richtig gedacht war. Die Kritik hielt ihn gleichsam am Boden, in einer Gemeinschaft, in der er Zustimmung oder Widerspruch erfuhr. Wenn die Kritik, die er vorbrachte, saß, wenn sie klug und richtig war, dann gewann er vor den anderen seines Fachs Kontur, Eigenständigkeit, Format, Ansehen und Anerkennung. Er zeichnete sich aus vor dem Hintergrund der Kollegen, die eine Art Bezugsgruppe bildeten, ein Feld, auf dem er sich bewähren musste und auf dem er wahrgenommen wurde.

Wenn die Philosophie Wissenschaft war, und das sollte sie nicht nur in seinen Augen sein, dann brachte diese Form der Analyse und Darstellung auch den Vorteil mit sich, dass jeder Leser, jeder Hörer im Grunde nachvollziehen konnte, was er sagte, und die Pflicht, das, was er sagen wollte, so zu sagen, dass andere ihm folgen konnten, wenn sie nachdachten. Die Teilnehmer an diesem philosophischen Gedankenaustausch waren wie Fäden, die in ein für die Vernunft offen zutage liegendes Muster eingewebt wurden. Die Verständlichkeit war eine Voraussetzung, damit dies gelang, eine andere bestand darin, dass öffentlich gemacht wurde, was in der stillen Kammer überlegt worden war.

Die *Phänomenologie des Geistes*, die im Laufe der letzten zweihundert Jahre sehr viele Ausleger und Interpreten gefunden hat, die sich darum bemühten, den Text zu durchdringen, zu verstehen, zu erläutern und zu deuten, wurde im Jahr 1807 gedruckt, als sei es damals selbstverständlich gewesen, schwierige Bücher zu veröffentlichen. Das Manuskript wurde vor dem Druck sicherlich nicht gelesen und geprüft, es wurde nicht redigiert und nicht an den Autor zurückgeschickt mit der Bitte, dass er Unklarheiten beseitige, andere, bessere Formulierungen suche und gefälliger, verständlicher schreibe, es wurde behandelt, als sei es ein Kunstwerk, ein Produkt der Dichtkunst, ein Roman, mit dessen Eigenarten sich die Leser abzufinden hatten, ja dessen Eigenwilligkeiten des Stils, der Darstellung, der Sprache zu den Reizen des Buches zählten.

Hegel war der Einzige, der das Manuskript vollständig kannte und die Ideen und Gedanken überblickte, als es im April 1807 erschien. Kaum war das Buch da, mussten sich viele, ob sie das Buch lesen oder ignorieren wollten, angesprochen fühlen, die einen mehr, die anderen weniger, je nachdem, in welchem Verhältnis sie zu seinem Verfasser, je nachdem, in welchem Verhältnis sie zur Philosophie standen. Die ersten, wenigen Leser in Deutschland waren Intellektuelle, die schwierige Lektüren gewohnt waren, die Zeit genug hatten, sich durch Hunderte von Seiten mit komplizierten Gedanken zu mühen, und die vielleicht von ihrer Neugier und ihrem Interesse durch alle Schwierigkeiten des Verständnisses hindurch bis zum Schluss vorangetrieben wurden.

Warum machten sie das, was erwarteten sie von dem Buch? Sie waren offenbar in Diskussionen verwickelt gewesen, die sie nach der *Phänomenologie des Geistes* greifen ließen, sie versprachen sich etwas von dem Buch, die Klärung von Fragen und Problemen, eine neue Sicht auf bekannte Dinge, eine Korrektur gewohnter Wege. Der Titel war die halbe Miete, er zeigte an, was verhandelt wurde. Im April 1807 musste in Deutschland ein Bedürfnis bestanden haben, etwas über den Geist zu erfahren, kein flächendeckendes Bedürfnis, doch eines, das nicht erst geweckt werden musste, es war irgendwo in Deutschland verstreut vorhanden wie das religiöse Gefühl, das einem Pfarrer den Gedanken als sinnvoll erscheinen ließ, am Sonntag die Glocken zum Gottesdienst zu läuten. Eine Phänomenologie des Geistes, ein Buch über die Erscheinungsweise des Geistes, lag in gewissem Sinne in der Luft, hauchdünn noch, aber spürbar für die wenigen, die gewohnt waren, in diesen flirrenden geistigen Verhältnissen einen Teil ihres Leben zuzubringen.

Für den Geist konnten sich im Grunde alle interessieren, alle besaßen einen, die einen mehr, die anderen weniger. Und obwohl alle anging, was er zu sagen hatte, konnte es Hegel nur auf seine, auf komplizierte Weise sagen, sodass nur wenige auf Anhieb oder mit einiger Mühe verstanden, um was es ihm ging. Das war im Hinblick auf den Körper auch nicht anders, über den Mediziner, die davon etwas verstanden, redeten, ohne dass andere in der Lage waren, ihnen unmittelbar zu folgen, und die den Körper auf der Grundlage ihres Wissens behandelten, was anderen, die nicht über dieses Wissen verfügten, nicht möglich war. Hegel gehörte zu den Experten, die über Dinge redeten, die jeden betrafen, wobei nicht alle auf dem Niveau, auf dem Experten sich darüber unterhielten, mitreden konnten. Der Geist, die Vernunft, die Logik gaben sich universell, aber dieser logische Universalismus konnte so kompliziert sein, dass er nur für wenige zugänglich war. Das Denken war frei und gab sich brüderlich, aber mit der realisierten Gleichheit war es noch nicht weit her.

In den 26 Jahren, seit Kants *Kritik der reinen Vernunft* 1781 erschienen war, hatte sich die Philosophie in Deutschland in eine extreme theoretische Höhe geschraubt. Der Anspruch, dass Philosophie eine Wissenschaft sei oder sich diesem Ziel stellen müsse, trieb die Philosophen systematisch voran. Mit Hegel gelangte dieser Zweig des Wissens zu seiner vollen letzten Blüte. Der junge Schopenhauer, der seine frühe Jugend mit Reisen verbracht hatte und zusehen musste, wie er sich im Leben eine Heimat schuf, würde ihn absägen und aus der Philosophie eine transportable Weltanschauung machen, mit der sich das unstete, wankelmütige Leben, seiner Ansicht nach, besser ertragen ließ.

Die *Phänomenologie des Geistes* läutete ein Ende und einen Anfang ein, das Ende der Diskussionen um den richtigen Anfang und den Anfang der Arbeit am bewussten Leben in der Gegenwart. Wenn geklärt war, wie und warum sich das Bewusstsein entwickelte und was es mit dem wissenschaftlichen Erkennen auf sich hatte, dann konnte damit begonnen werden, die Probleme und Fragen zu lösen, die das Leben in seiner historischen Erscheinungsform und in der Gegenwart stellte. Folgerichtig hat Hegel, nachdem er sich in seiner *Wissenschaft der Logik*, dem Kernbestand seines Systems, vergewissert hatte, dass an ihm, der den Geist als Schöpfer der Welt dachte, keiner vorbeikam, Vorlesungen über Geschichte, Kunst, Religion, Geschichte der Philosophie und Rechtsphilosophie gehalten.

Mit der *Phänomenologie des Geistes* legte Hegel den Grundstein für das Gebäude des Wissens, in dem er selbst, als Individuum, als existentielles Gefühl und letzte Ratlosigkeit, verschwinden würde. Das Buch erschien im selben Jahr, in dem der gütige Tischlermeister Ernst Zimmer aus Tübingen Hölderlin eine Stube in seinem Turm anwies. Hölderlin wird heilfroh gewesen sein, dass er die Universitätsklinik verlassen konnte. Wer ihn später auf die Monate, die er dort verbracht hatte, ansprach, musste mit einem Wutanfall rechnen. Hegel verließ mit der *Phänomenologie des Geistes* keine Irrenanstalt, aber eine Diskussionsrunde, in der es seiner Ansicht nach drunter und drüber ging und Prämissen, Prinzipien und Vorstellungen sich der Erkenntnis der Wahrheit in den Weg stellten. Er wusste, was er tat, dass mit ihm eine neue Welt des Geistes begann. In der Vorrede der *Phänomenologie des Geistes* sagte er hochgestimmt, polemisch und sehr selbstbewusst in Hinblick auf seine Ahnung, seiner Zeit voraus zu sein und auf spätere Generationen hoffen zu müssen: »Wenn jetzt die allgemeine Einsicht überhaupt gebildeter, ihre Neugierde wachsamer und ihr Urteil schneller bestimmt ist, so dass die Füße derer, die dich hinaustragen werden, schon vor der Tür stehen, so ist hiervon oft die langsamere Wirkung zu unterscheiden, welche die Aufmerksamkeit, die durch imponierende Versicherungen erzwungen wurde, sowie den wegwerfenden Tadel berichtigt und einem Teile eine Mitwelt erst in einiger Zeit gibt, während ein anderer nach dieser keine Nachwelt mehr hat.«

Autobiographie eines Geistes

Die *Phänomenologie des Geistes* ist in einem strikten Sinne eine Art Biographie. Sie erzählt die Geschichte ihres Helden von Geburt an, ja, sie geht sogar den ganzen Stammbaum der Vorfahren zurück und verlässt ihn, als er alles erreicht zu haben scheint, was ihm zu erreichen möglich ist. Hegel war kein begnadeter Erzähler, aber ein sehr selbstbewusster Bauherr von grandiosen Ideengebäuden. Der eigenwillige Bildungsroman, den er vorlegte, ist sehr schwierig nachzuvollziehen, obwohl er von etwas handelt, das im Grunde jeder Mensch hat, vom Geist, und insofern von jedem verstanden werden könnte, so wie jeder, der zwei Beine hat, einem anderen folgen kann, der ihm auf einem Weg voranschreitet. Vielleicht ist es so, dass ein Leser, der das Buch nicht versteht, nicht genug Geist besitzt, was nur heißen kann, dass er entweder von der Natur schlecht mit intellektuellen Fähigkeiten ausgestattet wurde oder dass er seine intellektuellen Fähigkeiten nicht ausreichend entwickelt hat, aus Faulheit oder weil er sich damit zufriedengab, nur seine Hausaufgaben zu machen und nicht mehr und höher hinauswollte, oder weil er in sozialen Verhältnissen aufwuchs, die ihm diesen Gedanken, intellektuell mehr aus sich zu machen, nicht nahelegten. Er muss sich jetzt damit abfinden, dass er Hegel und denen, die Hegel verstehen, hinterherhinkt, so wie er auch nicht zu sportlichen Höchstleistungen in der Lage ist, die andere vollbringen. Zu solchen Niederlagen, dass einer intellektuell nicht mithalten kann bei etwas, das auch ihn betrifft, kommt es überall immer wieder. All diese vielen Fälle des Scheiterns zusammengenommen lassen das ganze Projekt der Aufklärung, eine gute Idee, die mit Kant einen entscheidenden großen Sprung nach vorne gemacht hatte, den Bach hinunter gehen. Die Experten wissen immer mehr als die Laien, und kein Experte auf dem einen Gebiet, wie Physik und Umwelttechnik, kann mit dem Experten auf einem anderen, Finanzwirtschaft und internationale Politik, mitziehen.

Die Analyse und Deutung des Menschen schien dessen Fähigkeiten zu verstehen, was über ihn gesagt wurde, aus den Augen verloren zu haben. Die Philosophie des Geistes machte streng genommen den Eindruck, nur eine Form des Selbstgespräches, der Selbstanalyse zu sein. Hegels erstes Buch war vor allem und notwendigerweise eine Phänomenologie seines Geistes, wie er ihn wahrnahm und sich erklärte. Vor ihm und nach ihm war keiner auf die Idee gekommen, ein solches Buch zu schreiben, so wenig wie vor und nach Hölderlin jemand auf die Idee kam, solche Gedichte zu schreiben. Die anderen konnten das eben nicht. Aber es war vielleicht auch so, dass gar kein allgemeiner Anlass vorlag und kein allgemeiner Grund bestand, so etwas zu machen, nur ein sehr spezieller Anlass und ein sehr spezieller Grund, die sich aus dem Kontext eines Expertenwissens und einer Expertenkultur um 1800 ergaben.

Wenn die *Phänomenologie des Geistes* eine intellektuelle Autobiographie Hegels ist, in dem radikalen Sinne, dass Hegel nur über den Geist schreiben konnte, den er selbst hatte, dann ist sie nur unter der Bedingung eine wenigstens vorbildhafte intellektuelle Biographie, dass ein anderer in der Lage ist, eine solche Analyse des Geistes abzuliefern und mit der von Hegel zu vergleichen, um herauszufinden, ob und wo sie übereinstimmen. Doch daraus ließe sich nur der Schluss ziehen, das zwei Autobiographien übereinstimmen können, aber es wäre damit noch nicht bewiesen, dass Hegels Buch eine Abhandlung über den Geist von jedermann ist. Wer Hegel nicht versteht, zeigt damit erst einmal nur, dass er diese Studie nicht hätte schreiben können, dass sein Geist anders funktioniert.

Hegel hätte diesen Einwand nicht gelten lassen, ebenso wenig wie Kant, der auch darauf bestand, dass das, was er über den Verstand und die Vernunft sagte, für alle gilt und nicht nur für ihn, obwohl er wusste, dass er auf all seine Bestimmungen und Analysen nur gekommen war, weil er über sich selbst nachgedacht hatte, darüber, was geschah, wenn er seinen Gedanken nachhing, und darüber, was geschah, wenn er über das Denken nachgrübelte. Aber hat er sich überlegen können, wie es war und was geschah, als er darüber sinnierte, wie und was er über das Denken dachte? Das wird er nicht gemacht haben.

Hegel ging einfach davon aus, dass er, wenn er über den Geist redete, über etwas sprach, das alle anging, auch wenn die Mehrheit nicht verstand, was er sagen wollte. Konnte ein

Mensch, der seinen Alltag und viele Probleme bewältigte, die sich ihm stellten, sich so fremd sein, dass er nicht wusste, wer er im Sinne Hegels war? Oder war es nicht so, dass Hegel nicht einsah, dass er nicht wissen konnte, wie andere dachten, und dass er nur wusste, wie und was einige Experten, wie Kant, Schelling und Fichte, dachten, wenn sie sich über den Geist Gedanken machten und wenn sie in der Lage waren, das festzuhalten und aufzuschreiben, was ihnen dabei durch den Kopf ging? Die Analyse des Geistes geht ja nur voran und lässt sich nur dann von anderen nachvollziehen, wenn ein Gedächtnis da ist, das sich die Sätze merkt, deren Abfolge die logische Notwendigkeit des Gesagten und damit seine Wahrheit garantieren soll. Hegel erging es wie seinen Kollegen vom Fach, er wäre nicht Hegel geworden ohne den Stapel Papiere, auf denen er festhalten konnte, was er dachte. Wenn er hätte auswendig aufsagen können, was aufzuschreiben, weil Papier fehlte, nicht möglich gewesen wäre, dann hätten seine Hörer ebenfalls auswendig lernen müssen, was er sagte, um herausfinden, ob sie ihm folgen und zustimmen konnten, und dann hätten sie sofort eingesehen, dass die Philosophie des Geistes ein gutes Gedächtnis voraussetzte und dass sich Hegel deswegen bemühen sollte, das, was er sagen wollte, gut und eingängig zu sagen, damit sie es sich besser merken könnten, so wie das Homer, einer Legende nach, mit seinen Geschichten vom Trojanischen Krieg und von Odysseus gemacht haben soll.

In den Augen Hölderlins musste irgendwann das ganze philosophische Projekt der Aufklärung und kritischen Philosophie eine große Anmaßung gewesen sein, weil es die Behauptung aufstellte, über ihn besser Bescheid zu wissen, als es ihm selbst vielleicht gelingen würde. Wenn Kant und vor allem Hegel vorgaben, den Geist durchdacht zu haben, dann bedeutete das in ihren Augen, dass sie ihn als eine Person, die sich selbst ein Geheimnis war, das sich nur schwierig zur Sprache bringen konnte, durchschaut hatten. Wer sollte sich Hegels Analyse entziehen? Der Anspruch der Vernunft, wie er sie entwickelte, war absolut. *Die Phänomenologie des Geistes* traf jeden, wie eine Naturgewalt. Hegels Buch war eine Beschreibung der absoluten Macht des Geistes, wie er ihn sah und wie ihn vorher noch keiner gesehen hatte, obwohl jeder glaubte, mit einem Geist ausgestattet zu sein, und obwohl jeder das Gefühl hatte, mit seinem Geist ganz gut zurechtzukommen. Sie hatten, ginge es nach Hegel, keine Ahnung, waren unwissende Tore, die einsam, ohne Grund und Boden, ohne Wissen, woher sie kamen und wohin sie gingen, vor sich hin werkelten. Die *Phänomenologie des Geistes* endet mit einem Szenario letzter Rettung durch den Geist: »*Das Ziel*, das absolute Wissen, oder der sich als Geist wissende Geist hat zu seinem Wege die Erinnerung der Geister, wie sie an ihnen selbst sind und die Organisation ihres Reichs vollbringen. Ihre Aufbewahrung nach der Seite ihres freien, in der Form der Zufälligkeit erscheinenden Daseins ist die Geschichte, nach der Seite ihrer begriffenen Organisation aber *die Wissenschaft des erscheinenden Wissens*; beide zusammen, die begriffene Geschichte, bilden die Erinnerung und die Schädelstätte des absoluten Geistes, die Wirklichkeit, Wahrheit und Gewissheit seines Throns, ohne den er das leblose Einsamere ...« Das Buch verkaufte sich sehr mäßig, ein paar Hundert Exemplare.

Hegel war 37 Jahre alt, und obwohl er viel gelesen hatte, wäre das ein recht junges Alter für eine Autobiographie des eigenen geistigen Zustandes gewesen, wenn es nur darum gegangen wäre mitzuteilen, welche Gedanken er sich im Laufe seines Lebens über sich und die Welt gemacht hatte. Aber er wollte ja mehr, er wollte darstellen, wie es dazu kommen konnte, dass er, ein Bewohner dieser Erde zu Beginn eines neuen Jahrhunderts, so dachte, wie er dachte, und sich in der Lage fühlte, über das Denken und die historische und logische Entwicklung des

Geistes, die auch Moral, Religion und Kunst einschloss, ein Buch zu schreiben, mit dem Vorsatz, dass jeder, der sich anstrengte, es verstehen müsste, weil es im Grunde von jedermann handelte und weil er es so geschrieben hatte, wie der sich selbst reflektierende Geist auf der Höhe, die ihm zu erreichen vergönnt war, ihm gesagt hatte, dass er es schreiben müsse, als eine wissenschaftliche Abhandlung, die Argumente logisch darlegt und zusammenführt und dabei der Vernunft folgt, und das Letztere nicht etwa deswegen macht, weil die Vernunft ein guter Spazierstock ist, sondern weil in der Vernunft die Wirklichkeit steckt, im Denken das Sein, was er, Hegel, in einem königlichen Akt der spekulativen Selbstschöpfung und der souveränen historischen Einbildungskraft herausgefunden hatte.

Dass er keinen umfangreichen Roman, kein sehr langes Gedicht schrieb, kann nur heißen, dass ein Roman oder ein Gedicht nicht die richtige Form für die lückenlose Selbsterkenntnis des Geistes, genauer gesagt, nicht die richtige Form für die möglichst lückenlose Selbsterkenntnis von Hegels Geist war. Hegel war kein Dichter, aber auch er konnte offenbar damals gar nicht anders vorgehen, keine andere Form wählen. Es liegt auf der Hand, dass Hegel der Ansicht war, dass die Form, die er gefunden hatte, alle anderen Formen überragen würde, wenn es darum ging darzustellen, dass der Geist sich wie in einem Spiegel sah, und dass in allen anderen Formen, Roman, Gedicht und Philosophie, die nicht den Anspruch hatten, Wissenschaft zu sein, oder diesen Anspruch aus Unfähigkeit nicht erfüllte, immer nur ein Teil des Geistes zu sehen war, nie der ganze, wie bei ihm.

Hegel passte auf, er wollte sich vor seinen Kollegen keine Blöße geben, und er hat deswegen nicht nur eine Phänomenologie eines gegenwärtigen Geistes, der sich selbst beobachtet und analysiert, sondern auch eine Phänomenologie der

Geschichte des Geistes vorgelegt, die eine implizite Antwort ist auf Probleme seiner Zeit, die zwischen Reform und Revolution, Menschheitspathos und Realitätssinn schwankte, zwischen den Illusionen der Jugend und einer Politik der Vernünftigen, zwischen den Traditionen von Religion, Kultur, Sitte und Volk und ihrer ignoranten Ablehnung. Im Großen und Ganzen ist die Abhandlung eine Metamorphose nicht nur einer Erscheinung, einer Pflanze, wie Goethe es ihm vorgemacht hatte, sondern des ganzen ihm, der ein fleißiger Leser und polemischer Kritiker war, zur Verfügung stehenden Geistes.

Besser und umfassender konnte ein Anfänger, der zum ersten Mal mit einem eigenen Buch in die Arena trat, seinen Platz nicht besetzen und behaupten. Er schlug durch diese Verbindung von Phylogenese und Ontogenese des Geistes, von Geschichte und Gestalt der geistigen Erscheinungen und der Verwirklichung der sich selbst offenbarenden Vernunft alle Kollegen mit ihren konkurrierenden Deutungen aus dem Feld. Er hatte mit diesem Buch im Grunde alles für ihn Entscheidende und Wichtige, direkt und indirekt, gesagt und ins Spiel geworfen. Hier und da würde er nachbessern und ergänzen müssen, und vor allem das Fundament, die grandiose *Wissenschaft der Logik*, war noch zu schreiben, aber die Sache insgesamt, die Grundidee, stand.

Napoleon hatte die Koalition der monarchistischen Herrscher bezwungen, Hegel die philosophische Konkurrenz. Napoleons Reich war nicht von Dauer, und auch Hegels Reich hielt sich nicht lange. Dass beide unbedingt ein Reich errichten mussten, war den historischen Umständen geschuldet. Wer kein Reich hatte, der konnte sich nicht schützen und wurde sofort von Feinden und solchen, die alles anders machen wollten, überrannt. Ein Reich zu gründen war die erste Tat der Selbstbehauptung. Noch der glänzendste Sieg, die klügste Kritik versandete im historischen Geschehen, wenn nicht etwas Stabiles und Größeres daraus entstand. Napoleon, die Weltseele, wie Hegel schrieb, verließ Jena zu Pferde, Hegel, der frisch geborene Weltgeist aus Jena, den keiner in ihm vermutete, saß in der Postkutsche nach Bamberg.

Er wird für ein Jahr die Redaktion der *Bamberger Zeitung* übernehmen, dann ging er für sieben Jahre als Lehrer und Rektor an ein Gymnasium nach Nürnberg. Im Jahr 1812 veröffentlichte er die *Wissenschaft der Logik*, der Gipfel seines gesamten Werkes, in der er darstellte, wie die Logik, die logischen Kategorien und mit ihnen die Wirklichkeit der Vernunft und die Vernunft der Wirklichkeit sich aus sich selbst heraus entwickeln, sodass kein Zweifel mehr daran zu bestehen schien, dass vernünftig war, was wirklich war, und wirklich war, was vernünftig war. Endlich, im Jahr 1816, erhielt er einen Ruf als Professor für Philosophie an die Universität in Heidelberg. Er fasste sein System, zu großen Teilen verständlicher ausgeführt als in den vorhergehenden Büchern, in der lehrbuchhaften *Enzyklopädie der philosophischen Wissenschaften* zusammen, die 1817 erschien. Im Jahr 1818 folgte er einem Ruf nach Berlin, als Nachfolger von Fichte.

Höher konnte er auf der Stufenleiter der akademischen Karriere nicht mehr gelangen. Er war ganz oben angekommen. Aber was hatte er erreicht? Er hatte eine Familie, er hat sie ernähren können, er hat Bücher geschrieben, Ämter ausgefüllt. So sah es von außen aus. Aus der Innenperspektive seiner Werke gesehen hatte er den Lauf der Welt, Mensch und Gott verstanden. Er hatte Ordnung geschaffen, alle Dinge an ihren Platz gewiesen. Gab es für ihn noch etwas zu tun? Er starb in Berlin am 14. November 1831.

Die Briefe, die Hölderlin im Turm an seine Mutter schrieb, zeigen den pathologischen Kern ihrer Beziehung. Er schickte nur wenige Briefe und nannte sich den gehorsamen oder den gehorsamsten Sohn, so wie er seine Mutter vor allem als verehrungswürdigste oder als verehrungswürdige oder als teuerste Mutter ansprach. Einen einzigen der überlieferten Briefe aus dem Turm begann er mit »Liebste Mutter!«, nur um gleich seine Ergebenheit und seine Anhänglichkeit an sie zu beteuern. Die Briefe sind voller Floskeln, wie unter Zwang geschrieben, gegen den eigenen Willen, als hätte er sie sich, von Zeit zu Zeit zum Schreiben aufgefordert, abpressen müssen. Es gab nicht viel zu sagen zwischen den beiden, die einander nicht loslassen konnten.

Er saß im Turm, er hatte sich in Sicherheit gebracht, seine Mutter kam für die Kosten auf, die ihr Sohn dem Tischlermeister machte, sie zahlte die Tagessätze, die sie auch der Klinik in Tübingen hätte zahlen müssen, und die anderen Ausgaben, Ernst Zimmer schickte ihr die Rechnungen. Hölderlin musste sich keine Sorgen mehr machen, dass er im bürgerlichen Leben nicht zu gebrauchen, dass er mit seinen Lebensplänen gescheitert war. Er war krank, hilfsbedürftig, andere kümmerten sich um ihn, er konnte sein Leben nicht selbst in die Hand nehmen, das würde seine Mutter einsehen, dafür musste sie Verständnis haben. Er dankte ihr für ihre Güte, mehr hatte er nicht zu tun. Es fiel kein persönliches Wort, keine Erinnerung kam hoch. Er schrieb meistens wie ein Automat, schimpfte nicht, geriet nicht in Zorn, erging sich nicht in Anklagen und jammerte nicht.

Nahezu alle Briefe waren Pflichtstücke, kalt und blechern, wie ausgestanzt, um die Wunden nicht aufbrechen zu lassen, um die Gefühle im Zaum zu halten. »Ihr Beispiel voll Tugend«, schrieb er in einem der kurzen, nicht datierten Briefe zwischen

1812 und 1828, »soll immer in der Entfernung mir unvergeßlich bleiben, und mich ermuntern zur Befolgung Ihrer Vorschriften, und Nachahmung eines so tugendhaften Beispiels.« Sechs Stunden Fußweg lagen zwischen Nürtingen und Tübingen. Die unvergessliche Mutter würde nicht einfach bei ihm vorbeischauen. Diese Aussicht musste ihn erleichtert haben.

Manchmal aber riss eine Lücke auf: »Mich auszudrücken«, schrieb er, »ist mir so wenig gegönt gewesen im Leben, da ich mich in der Jugend gerne mit Büchern beschäfftiget und nachher von Ihnen entfernte.« Sie hätten früher miteinander reden müssen, dann hätte er ihr vielleicht erklären können, was in ihm vorging und wer er glaubte zu sein. Dafür hatten sie keine Zeit gefunden, als sei ein Gespräch zwischen ihnen nicht vorgesehen gewesen. Schuld daran war nicht er, dass er keine Worte fand, die sie zueinandergeführt hätten. Jetzt war es für beide zu spät.

Ein anderer Brief lautete: »Ich muß Sie bitten, daß Sie das, was ich Ihnen sagen mußte, auf sich nehmen, und sich darüber befragen. Ich habe Ihnen einiges in der von Ihnen befohlenen Erklärbarkeit sagen müssen, das Sie mir zustellen wollten. Ich muß Ihnen sagen, daß es nicht möglich ist, die Empfindung über sich zu nehmen, die das, was Sie verstehen, erfordert.« Das klang wie herausgezogen aus einem Selbstgespräch mit und über die Mutter. Er hatte mit ihr gesprochen, still und für sich und auf eine Weise, wie sie es von ihm verlangen durfte, als sei er ihr eine Erklärung schuldig für das, was aus ihm wurde, und für das, was er gemacht hatte. Aber er hatte nicht die Kraft, ihr laut zu sagen, was er sagen wollte. Er schwieg und kapselte sich ab, blieb für sich. Ein wahrhaftiges Gespräch, in dem zur Sprache käme, was sie aneinanderband und was als Hindernis zwischen ihnen stand, würde sie nur schmerzen.

Die Gedichte, die er im Turm schrieb, wirken wie Zeichen einer Erlösung. Auf ihnen lastet nicht mehr der poetologische und philosophische Druck, vor dem Goethe und Schiller ihn bewahren wollten, als sie ihm rieten, sich als Dichter mit kleinen Sujets zu beschäftigen. Seine Turmgedichte handeln von einfachen Dingen des Lebens, von einem Spaziergang, vom Guten, vom Ruhm und vor allem von der Natur, den Jahreszeiten, als wiege er sich ein in die Wiederkehr des Gleichen, fern von Göttern, Griechen und Geschichte. Er hatte das schwierige Amt eines seherischen Dichters niedergelegt, und dieser Abstieg vom Gipfel einer geschichtsphilosophischen Zeit, die Einkehr in die Täler des einfachen Lebens und Werdens bekam seinen Gedichten gut. Sie waren keine verschlüsselten Abhandlungen mehr. Zum ersten Mal schien er als Dichter aufzuatmen, er konnte den unmittelbaren Eindrücken und Empfindungen in kleiner Form folgen, ohne sich in weitgesteckten Bedeutungen zu verlieren. Er stand als Dichter nicht mehr in Konkurrenz mit der Philosophie, er kämpfte nicht mehr um die Anerkennung der Großen, er musste keinen Ruhm erringen. Er war, mehr als zuvor, bei sich. »Frühling« heißt eines dieser letzten Gedichte:

Wenn aus der Tiefe kommt der Frühling in das Leben,
Es wundert sich der Mensch, und neue Worte streben
Aus Geistigkeit, die Freude kehret wieder
Und festlich machen sich Gesang und Lieder.

Das Leben findet sich aus Harmonie der Zeiten,
Daß immerdar den Sinn Natur und Geist geleiten,
Und die Vollkommenheit ist Eines in dem Geiste,
So findet vieles sich, und aus Natur das Meiste.

Gustav Schwab wird zusammen mit Ludwig Uhland im Jahr 1826 die erste Sammlung von Gedichten Hölderlins herausgeben. Sein Sohn, Christoph Theodor Schwab, besuchte Hölderlin kurz vor dessen Tod mehrere Male. Als er am 14. Januar 1841 bei dem Dichter im Turm war, fragte er ihn, »ob er mit Hegel umgegangen sei, auch dieß bejahte er und setzte einige unverständliche Worte hinzu, worunter ›das Absolute‹ vorkam«. Die Idee des Absoluten, wie sie Hegel verstand, als die Vernunft, die sich selbst durchdrungen, erkannt und die Welt und den Menschen gleichsam verschlungen hatte, musste Hölderlin, der für sich einen Weg in die Welt und zu den Menschen suchte und dabei auf seinem dichterischen Eigensinn bestand, früh verstört und empört haben.

Aber lagen diese Auseinandersetzungen zwischen Poesie und Philosophie jetzt nicht weit zurück? Waren sie nicht zurückgesunken in das Reich der Erinnerungen, aufgesogen von der Geschichte, vom Leben?

Im modernen Reich Gottes

Hegels Leben und Hölderlins Leben verliefen wie in einem Wechselspiel von Tag und Nacht. Frankfurt war der Horizont, an dem die Lebensläufe der beiden sich kurz berührten, worauf dann jeder wieder in seiner Bahn weitereilte. Der eine stieß in der ersten Hälfte seines Lebens an seine Grenzen, weiter hinaus kam er nicht, er zog sich zurück, reduzierte seine Bestände und seine Ansprüche. Der andere, nachdem er sich lange vorbereitet und abgewartet hatte, zog in die zweite Hälfte wie ein Eroberer ein, der die Grenzen für sich neu abstecken würde. Es sah so aus, als hätten Poesie und Philosophie miteinander in einem Kampf gelegen, der beiden nicht gut bekommen war, sie reagierten in einer unverhältnismäßigen Weise, der Dichter rettete sich ins Schweigen, und der Philosoph überrannte die Welt. Nicht noch einmal würde es zu diesen exzentrischen Versuchen kommen, sich gegenseitig den Rang abzulaufen, um das erste und das letzte Wort im Reich Gottes zu haben.

In der *Phänomenologie des Geistes* schrieb Hegel: »Das *wahre* Sein des Menschen ist vielmehr *seine* Tat; in ihr ist die Individualität *wirklich* …« Das gilt vor allem auch für Philosophen und Dichter. Sie müssen schreiben und veröffentlichen, zeigen, was und wie sie gedacht haben, was ihnen eingefallen ist und warum. Das, was zutage tritt, zählt, nicht das, was im Verborgenen bleibt, das Werk zählt, nicht die unerfüllte Absicht, die stumme Meinung, das untätige Ahnen, die verborgenen Motive. Umgekehrt lässt sich sagen, dass nach dieser Version des Lebens nur das beachtet werden sollte, was sich verwirklicht. Alles andere versinkt und ist wie nicht existent. Das Leben zerfällt in ein wahres, wirkliches und in ein verborgenes, unwahres. Der Geist, der zu wissen scheint, was er tut, drängt die Seele zurück, die von sich überfordert ist.

Die Philosophie und die Poesie hatten sich vom Land der Erinnerungen, der Empfindungen und Eindrücke, der unverarbeiteten Erfahrungen gelöst und sich auf das Meer der eigenen, autonomen Projekte hinausgewagt, dorthin, wo der Geist, frei von der Last des eigenen Lebens und den Bedürfnissen der Seele, sein Reich haben sollte. Das Persönliche im engen, intensiven Sinne spielte keine Rolle mehr, es ging um Größeres, Allgemeines, um die Wahrheit, die der Philosoph mit der Vernunft und der Dichter mit seinem Eigensinn zu finden hofften. Sie sahen bei ihrer Suche nach dem Reich des Geistes darüber hinweg, dass sie selbst, das heißt wer und was sie waren, wie sie existierten und sich durch das Leben brachten, woanders waren. Es gab sie zwei Mal, als Existierende und als Denkende, und weil die eigene Existenz wie Ballast am Denken hing, trieben sie das Denken in immer größere Höhen hinauf, bis die eigene Existenz nicht mehr zu sehen und zu spüren war.

In der *Phänomenologie des Geistes* räumte Hegel alles beiseite, was sich dem Geist auf dem Weg in sein neues Reich entgegenstellte. Wenn am Ende dort eine Art ideale Gemeinschaft entstanden war, in der die Vernunft das Wort führte, dann sah das Reich Gottes aus wie eine Errungenschaft für die modernen bürgerlichen Zeiten und ihre Institutionen, in denen der Austausch von Argumenten eine entscheidende Rolle spielen sollte. Die verlorene Einheit mit dem Volk, die die beiden Tübinger Studenten beklagt und auf die sie mit der Parole vom Reich Gottes reagiert hatten, ließ sich nicht durch die Erfindung einer neuen Mythologie, einer neuen Religion für das Volk wiederherstellen. Diesem Wunsch widersprachen die Erfahrungen, die die beiden mit der Französischen Revolution und den Kriegen gemacht hatten.

Veränderungen brauchten Zeit, sie wuchsen aus der Gegenwart und ihrer Geschichte heraus. Wer sie mit Gewalt herbeiführen wollte, der verging sich an der Wirklichkeit und ihrem Werden. Hölderlins Poesie versuchte dieses Werden zu begleiten und sichtbar zu machen, und Hegels *Phänomenologie des Geistes* versuchte die Notwendigkeit des Werdens als die Entfaltung des Geistes zur Vernunft aufzuzeigen, zu Verhältnissen, die mit sich im Einklang waren und in denen der Einzelne mit dem Allgemeinen gleichsam auf höchster Ebene zusammenkam. Der Dichter hoffte, seine Ideale zu bewahren, indem er sich an die Geographie, an den Boden seiner Heimat klammerte, der Philosoph versenkte sie in die realen Verhältnisse, indem er Vernunft, Wahrheit und Wirklichkeit ineinander aufgehen ließ. Das Werk der beiden ist kompliziert, aber das Leben war viel komplizierter.

Es wäre alles anders gekommen, wenn die beiden Pfarrer geworden wären, wie das ihre Eltern für sie vorgesehen hatten. Aber die Jugend war rebellisch, sie wollte ihre eigenen Wege gehen und wusste früh, was sie sich schuldig war. Sie hätten im besten Fall eine Gemeinde gehabt, die sie hätten betreuen müssen, sie hätten die Sorgen der Gemeindemitglieder gekannt und hätten jederzeit Zuspruch zum guten Leben geben können.

Aber wen trieb es, über Gottes Wort und Wirken zu predigen, wenn er nicht an den Gott der Theologen glaubte? Bei der Wahl eines Berufs gingen sie aufs Ganze. Sie hatten Glück, sie kamen aus guten Verhältnissen. Aber die Risiken zu scheitern waren groß. Sie probierten es. Andere scheiterten früher bei dem Versuch, das Leben auf den Kopf, auf den Geist zu stellen.

Die Aussicht, sich selbst ein zweites Mal zur Welt zu bringen, war verführerisch. Wer sich darauf einließ, wollte sich ganz zeigen und keine Kompromisse eingehen, wenn es darum ging, seinen Einfällen und Einsichten zu folgen. Jeder, der zu reden beginnt, hofft auf einen, der ihm zuhört. Monologe sind die ersten Anzeichen einer kritischen psychischen Lage. Manche intellektuellen Geburten sind kompliziert, es dauert lange, und in anderen Fällen passt das, was zum Vorschein kommt, nicht ganz in die Welt, wie sie ist, es überfordert und irritiert die anderen, es ist nicht dafür gemacht, in ein Gespräch mit ihnen eingebunden zu werden. Die Dichter können es dann mit der Angst zu tun bekommen. Wer einsam wird, der merkt, dass die kommunikativen Reflexe und Sicherheiten schwinden. Die Philosophen, die von ihren Ideen aus den normalen Lebenszusammenhängen gedrängt werden, hängen sich an das Gemeinschaftsseil der Vernunft und ziehen daran, wenn sie glauben, allein gelassen zu werden.

Was bleibt, ist das, was Dichter und Philosophen geschrieben haben und von anderen als sinnvoll anerkannt worden ist, das heißt, dass sie sich selbst darin zu erkennen glauben, sich selbst, nicht den anderen, der nur eine Art Brücke, Mittel, Anstoß ist und dem zu folgen nur gelingt, solange sie sich dabei selbst nicht aus den Augen verlieren. Wenn sich dann das, was wir kennen, und das, was wir nicht kennen, so weit entgegengekommen sind, dass wir uns dort erkennen, wo wir uns erst suchen müssen, dann haben wir etwas, das zu uns gehört, verstanden, obwohl wir alleine nie darauf gekommen wären. Diese Augenblicke sind geistige Geburten aus zweiter Hand, Wiederholungen einer Zeit, als alles neu zu sein schien.

Hegel und Hölderlin waren sich sicher, dass mit ihnen etwas Neues in die Welt käme. Sie mussten dabei nur das machen, was sie besonders gut konnten und worauf sie die religiöse und die theologische Bildung vorbereitet hatte: Zeichen lesen, Sinn suchen und Bedeutungen schöpfen. Die Spur, die sie hinterlassen haben, ist ihr Werk, in dem sie sich bemühten, alle tiefen Spuren von sich selbst, als rätselhafte Person und geheimnisvolle Existenz, zu verwischen, sodass nicht ausgeschlossen ist, dass ein Neugieriger, der ihrem Werk folgt, um sie zu finden, auf eine Fährte gerät, die in den Bildern, Fragmenten und Panoramen Hölderlins und im selbstbezüglichen System Hegels verloren geht, zwei Varianten eines Labyrinths, das die angemessene moderne Form für ihren Jugendtraum war: das Reich Gottes.

Schluss

Meine Tochter fragt, ob es das jetzt war, und ich sage, ja, und sie sagt, gut, ich gehe jetzt, habe noch was zu tun. Und dann fällt die Tür ins Schloss.

Anmerkungen

Seite 30 Phänomenologie des Geistes (Werke, Band 3, zitiert weiterhin als PhdG), 14

Seite 44 Der junge Hegel in Stuttgart. Aufsätze und Tagebuchaufzeichnungen 1785–1788. Herausgegeben von Friedrich Nicolin, Stuttgart 1970, Seite 34

Seite 45 PhdG 338, 339

Seite 48 ebd. 340

Seite 58f. ebd. 297, 299, 299f.

Seite 71 ebd. 181

Seite 87 ebd. 292f.

Seite 132 ebd. 336f.

Seite 142 ebd. 80

Seite 148 ebd. 32

Seite 158 ebd. 403f.

Seite 166 ebd. 62f.

Seite 169 Rigbys Bericht in Gustav Landauer: Die Französische Revolution in Briefen. Ausgewählt und übersetzt von Gustav Landauer, Hamburg 1961, Seite 95ff.

Seite 180 PhdG 66

Seite 183 Johann Gottfried Herder: Werke in zwei Bänden. Herausgegeben von Karl-Gustav Gerold. Band 1. Journal meiner Reise im Jahr 1769, München 1953, Seite 595

Seite 187 Jean Paul: Werke in zwölf Bänden. Herausgegeben von Norbert Miller und Walter Höllerer. Band 9, München 1975, Seite 593

Seite 188 ebd. 594

Seite 189 Karl Philipp Moritz: Dichtungen und Schriften zur Erfahrungsseelenkunde. Herausgegeben von Heide Hollmer und Albert Meier, Frankfurt am Main 2006, Seite 821

Seite 192 PhdG 36

Seite 217 Friedrich Schlegel: Kritische Schriften. Herausgegeben von Wolfdietrich Rasch, München 1956, Seite 48

Seite 218 Nach Jules Michelet: Geschichte der Französischen Revolution. Herausgegeben, kommentiert und mit einem Register versehen von Jochen Köhler. Übersetzt von Richard Kühn, Frankfurt 1988, Band 1., 225ff.

Seite 222 PhdG 498

Seite 245 Zitiert nach »Von Stuttgart nach Berlin. Die Lebensstationen

Hegels«. Bearbeitet von Friedhelm Nicolin. Marbacher Magazin 56/1991. Deutsche Schillergesellschaft Marbach am Neckar 2001, Seite 18

Seite 260 PhdG 280f.

Seite 274 ebd. 346

Seite 280 Jean Paul: Werke, Band 9, Seite 537

Seite 295 Hölderlin, Band 1 (Hyperion), 492f.

Seite 298 Hegel, Band 1 (Fragment ...), 9

Seite 299 PhdG 554, und Hegel, Band 1 (Fragment ...), 28

Seite 302 Hegel, Band 1 (Geist des Christentums), 373

Seite 317 Hegel, Band 1 (Verfassungsschrift), 457

Seite 323 Hegel, Band 2 (Wesen der philosophischen Kritik), 182

Seite 345 Hegel, Band 1 (Fragment), 27

Seite 346 PhdG 59 und Hegel, Band 2 (Wesen der philosophischen Kritik), 184

Seite 350 Goethe: Aus meinem Leben. Dichtung und Wahrheit. Herausgegeben von Klaus-Detlef Müller, Frankfurt am Main 2007, Seite 732

Seite 353 Hegel, Band 1 (Systemfragment), 442f.

Seite 356 Goethe, Dichtung und Wahrheit, 731

Seite 357 Jean Paul: Selberlebensbeschreibung, Werke, Band 3, Seite 723

Seite 361 Novalis: Werke, Briefe und Dokumente. Erster Band. Herausgegeben von Ewald Wasmuth, Heidelberg 1953, Seite 311

Seite 362 Zitiert in Novalis: Werke, Briefe und Dokumente. Vierter Band, Seite 415

Seite 373 Hegel, Band 1 (Systemprogramm), 234

Seite 376 ebd. 235f.

Seite 380 Friedrich Gottlieb Klopstock: Ausgewählte Werke. Herausgegeben von Karl August Schleiden, München 1962, Seite 890

Seite 390 PhdG 478f.

Seite 393 Hegel, Band 1 (Geist des Christentums), 382

Seite 406 PhdG 555f.

Seite 409 Hegel, Band 2 (Glauben und Wissen), 432f.

Seite 411 Hegel, Band 2 (Wastebook), 599

Seite 434 PhdG 67

Seite 438 ebd. 591

Seite 443 Hölderlin, Briefe 737, 938, 953

Seite 445 zitiert nach Hölderlin, Werke, Band 3, 667

Seite 446 PhdG 242

Bibliographie

Die Werke von Hegel und Hölderlin wurden nach den folgenden, leicht zugänglichen Ausgaben zitiert:

Georg Wilhelm Friedrich Hegel: Werke in zwanzig Bänden. Herausgegeben von Eva Moldenhauer und Karl Markus Michel. Frankfurt am Main 1982

Briefe von und an Hegel. Drei Bände. Herausgegeben von Johannes Hoffmeister. Hamburg 1952

Friedrich Hölderlin: Sämtliche Werke und Briefe. Drei Bände. Herausgegeben von Michael Knapp. München 1992

Zu Hegel und Hölderlin gibt es eine sehr umfangreiche Literatur. Ausführlich zu Leben und Werk Hölderlins sind die Bände:

Ulrich Gaier, Valerie Lawitschka, Stefan Metzger, Wolfgang Rapp, Violetta Waibl: Hölderlin Texturen. Herausgegeben von der Hölderlin-Gesellschaft Tübingen in Zusammenarbeit mit der Deutschen Schillergesellschaft Marbach. Erschienen ab 1995 sind:

Band 1. 1: »Alle meine Hoffnungen«. Lauffen, Nürtingen, Denkendorf, Maulbronn 1770–1788

Band 2: Das »Jenaische Projekt«. Das Wintersemester 1794/95 mit Vorbereitung und Nachlese

Band 3: »Gestalten der Welt«. Frankfurt 1796–1798

Band 4: »Wo sind jetzt Dichter?«. Homburg, Stuttgart 1798–1800

Einen guten Überblick über die Forschung verschafft auch:

Johannes Kreuzer (Hrsg.): Hölderlin Handbuch. Leben-Werk-Wirkung. Stuttgart 2011

Zu den kleinen und großen Hilfen und Klassikern der Hölderlin-Literatur gehören:

Hölderlin. Chronik seines Lebens. Herausgegeben von Adolf Beck, Frankfurt am Main 2003

Pierre Bertaux: Hölderlin und die Französische Revolution. Frankfurt am Main 1980

Pierre Bertraux: Hölderlin. Eine Biographie. Frankfurt am Main 1981

Ulrich Gaier: Hölderlin. Eine Einführung. Tübingen und Basel 1993

Werner Kirchner: Der Hochverratsprozess gegen Sinclair. Ein Beitrag zum Leben Hölderlins. Frankfurt am Main 1969

Gregor Wittkopf, Hrsg.: Hölderlin. Der Pflegesohn. Texte und Dokumente 1806 – 1843 mit den neu entdeckten Nürtinger Pflegschaftsakten. Stuttgart 1993

Vom Begründer der Konstellationsforschung liegen zu Hölderlin und Hegel umfangreiche und detaillierte Untersuchungen vor:

Dieter Henrich: Hegel im Kontext. Frankfurt am Main 1981

Dieter Henrich: Konstellationen. Probleme und Debatten am Ursprung der idealistischen Philosophie (1789–1795) Stuttgart 1992

Dieter Henrich: Der Grund im Bewußtsein. Untersuchungen zu Hölderlins Denken (1794–1795). Stuttgart 1992

Dieter Henrich: Grundlegung aus dem Ich. Untersuchungen zur Vorgeschichte des Idealismus. Tübingen-Jena 1790–1794. Frankfurt am Main 2004

Wichtig und umfassend in Hinblick auf die Eigenarten und möglichen Gemeinsamkeiten von Hegel und Hölderlin ist:

Christoph Jamme: »Ein ungelehrtes Buch«. Die philosophische Gemeinschaft zwischen Hölderlin und Hegel in Frankfurt 1797–1800. Bonn 1983

Für die Erklärung von intellektuellen und historischen Problemen um und mit Hölderlin sind sehr hilfreich:

Homburg vor der Höhe in der deutschen Geistesgeschichte. Studien zum Freundeskreis um Hegel und Hölderlin. Herausgegeben von Christoph Jamme und Otto Pöggeler. Stuttgart 1981

»Frankfurt aber ist der Nabel dieser Erde«. Das Schicksal einer Generation der Goethezeit. Herausgegeben von Christoph Jamme und Otto Pöggeler. Stuttgart 1983

Mainz-»Centralort des Reiches«. Politik, Literatur und Philosophie im Umbruch der Revolutionszeit. Herausgegeben von Christoph Jamme und Otto Pöggeler. Stuttgart 1986

»O Fürstin der Heimat! Glükliches Stutgard«. Politik, Kultur und Gesellschaft im deutschen Südwesten um 1800. Herausgegeben von Christoph Jamme und Otto Pöggeler. Stuttgart 1988.

Idealismus und Aufklärung. Kontinuität und Kritik der Aufklärung in der Philosophie und Poesie um 1800. Herausgegeben von Christoph Jamme und Gerhard Kurz. Stuttgart 1988

Peter Szondi: Hölderlin-Studien. Frankfurt am Main 1974

Peter Szondi: Poetik und Geschichtsphilosophie. Frankfurt am Main 1974

Eine gute Einführung in Hegel bieten:

Roberto Finelli: Mythos und Kritik der Formen. Die Jugend Hegels (1770 – 1803). Frankfurt am Main 2000.

Hans Friedrich Fulda: Georg Wilhelm Friedrich Hegel. Beck Verlag, München 2003
Materialien zu Hegels »Phänomenologie des Geistes«. Herausgegeben von Hans Friedrich Fulda und Dieter Henrich. Frankfurt am Main 1973
Thomas Sören Hoffmann: Hegel. Eine Propädeutik. Wiesbaden 2004
Rolf-Peter Horstmann: Die Grenzen der Vernunft. Frankfurt am Main 1998
Walter Jaeschke: Hegel Handbuch. Leben-Werk-Schule. Stuttgart 2010
Otto Pöggeler: Hegels Idee einer Phänomenologie des Geistes. Freiburg 1973
Karl Rosenkranz: Georg Wilhelm Friedrich Hegels Leben. Darmstadt 1977
Franz Rosenzweig: Hegel und der Staat. Frankfurt am Main 2010
Ludwig Siep: Der Weg der »Phänomenologie des Geistes«. Frankfurt am Main 2000
Charles Taylor: Hegel. Übersetzt von Gerhard Fehn. Frankfurt am Main 1978
Hegels Phänomenologie des Geistes. Ein kooperativer Kommentar zu einem Schlüsselwerk der Moderne. Herausgegeben von Klaus Vieweg und Wolfgang Welsch. Frankfurt am Main 2008

Großartig zur Entwicklung der Philosophie von Kant zu Hegel:
Eckart Förster: Die 25 Jahre der Philosophie. Eine systematische Rekonstruktion. Frankfurt am Main 2012

Weitere Werke:
Giorgio Agamben: Die Sprache und der Tod. Ein Seminar über den Ort der Negativität. Aus dem Italienischen von Andreas Hiepko. Frankfurt 2007
Horst Althaus: Hegel und die heroischen Jahre der Philosophie. München 1992
Leo Balet/E. Gerhard: Die Verbürgerlichung der deutschen Kunst, Literatur und Musik im 18. Jahrhundert. Herausgegeben und eingeleitet von Gert Mattenklott. Frankfurt, Berlin, Wien 1972
Hartmut Böhme, Gernot Böhme: Das Andere der Vernunft. Zur Entwicklung von Rationalitätsstrukturen am Beispiel Kants. Frankfurt am Main 1983
Walter H. Bruford: Die gesellschaftlichen Grundlagen der Goethezeit. Aus dem Englischen übersetzt von Fritz Wölken. Frankfurt, Berlin, Wien 1975
Henri Brunschwig: Gesellschaft und Romantik in Preußen im 18. Jahrhundert. Aus dem Französischen übersetzt von Marie-Luise Schultheiß. Frankfurt, Berlin, Wien 1974

Ernst Cassirer: Idee und Gestalt. Darmstadt 1971
Janine Chasseguet-Smirgel: Das Ich-Ideal. Psychoanalytischer Essay über die »Krankheit der Identität«. Übersetzt von Jeannette Friedberg. Frankfurt am Main 1987
David Cooper: Die Sprache der Verrücktheit. Erkundungen ins Hinterland der Revolution. Aus dem Englischen von Nils Lindquist. Berlin 1978
David Cooper: Der Tod der Familie. Deutsch von Edwin Ortmann. Reinbek 1971
Deutschland unter Napoleon in Augenzeugenberichten. Herausgegeben und eingeleitet von Eckart Kleemann. München 1976
Sigrid Damm: Vögel, die verkünden Land. Das Leben des Jakob Michael Reinhold Lenz. Frankfurt am Main 1992
Zwi Batscha: »Despotismus von jeder Art reizt zur Widersetzlichkeit Die Französische Revolution in der deutschen Popularphilosophie. Frankfurt am Main 1989
John Dewey: Die Suche nach Gewißheit. Aus dem Amerikanischen von Martin Suhr. Frankfurt am Main 1998
Richard van Dülmen: Die Gesellschaft der Aufklärer. Zur bürgerlichen Emanzipation und aufklärerischen Kultur in Deutschland. Frankfurt am Main 1986
Johann Gottlieb Fichte: Briefe. Herausgegeben von Manfred Buhr. Leipzig 1986
Die Französische Revolution. Ein Lesebuch mit zeitgenössischen Berichten und Dokumenten. Ausgewählt, übersetzt und kommentiert von Chris E. Paschold und Albert Gier. Stuttgart 1989
Die Französische Revolution in Augenzeugenberichten. Herausgegeben von Georges Pernoud und Sabine Flaissier. Mit einem Vorwort von Andre Maurois. Deutsch von Hagen Thürnau. München 1976
Françoise Furet/Denis Richet: Die Französische Revolution. Aus dem Französischen übersetzt von Ulrich Friedrich Müller. München 1981
Johann Wolfgang Goethe: Dichtung und Wahrheit. Herausgegeben von Klaus-Detlef Müller. Frankfurt am Main 2007.
Johann Wolfgang Goethe: Aus meinem Leben. Dichtung und Wahrheit. Herausgegeben von Klaus-Detlef Müller. Frankfurt am Main 2007
Arsenij Gulyga: Immanuel Kant. Eine Biographie. Aus dem Russischen und mit einem Nachwort von Sigurd Bielfeldt. Frankfurt am Main 1981
Arsenij Gulyga: Hegel. Aus dem Russischen übersetzt von Waldemar Seidel. Leipzig 1980
Arsenij Gulyga: Johann Gottfried Herder. Leipzig 1978
Michael Hagner: Homo cerebralis. Der Wandel vom Seelenorgan zum Gehirn. Frankfurt 2008

Schriften J. G. Hamann. Ausgewählt und herausgegeben von Karl Widmaier. Leipzig 1921
Hanser Literaturgeschichte. Band 3. Deutsche Aufklärung bis zur Französischen Revolution. Herausgegeben von Rolf Grimminger. München 1980
Richard Haug: Reich Gottes im Schwabenland. Linien im württembergischen Pietismus. Metzingen 1981
Marbacher Magazin 56/1991. Von Stuttgart nach Berlin. Die Lebensstationen Hegels. Bearbeitet von Friedhelm Nicolin
Der junge Hegel in Stuttgart. Aufsätze und Tagebuchaufzeichnungen 1785–1788. Herausgegeben von Friedhelm Nicolin. Marbacher Schriften, Stuttgart 1970
Johann Gottfried Herder: Italienische Reise. Briefe und Tagebuchaufzeichnungen 1788–1789. Herausgegeben, kommentiert und mit einem Nachwort von Albert Meier und Heide Hollmer. München 1988
Herders Briefe. Ausgewählt, eingeleitet und erläutert von Wilhelm Dobbek. Weimar 1959
Johann Gottfried Herder: Werke in zwei Bänden. Herausgegeben von Karl-Gustav Gerold. Band 1. Journal meiner Reise im Jahr 1769. München 1953
Wilhelm Heinse: Tagebuch einer Reise nach Italien. Mit einem biographischen Essay. Herausgegeben von Christoph Schwandt. Frankfurt am Main 2002
Wilhelm Heinse: Ardinghello und die glückseligen Inseln. Stuttgart 1975
Jens Heise: Johann Gottfried Herder zur Einführung. Hamburg 1998
Johannes Hofmeister: Hölderlin und die Philosophie. Leipzig 1942
Wilhelm von Humboldt: Briefe. Auswahl von Wilhelm Rößle. Mit einer Einleitung von Heinz Gollwitzer. München 1952
Friedrich Heinrich Jacobi: Über die Lehre des Spinoza in Briefen an den Herrn Moses Mendelssohn. Auf der Grundlage der Ausgabe von Klaus Hammacher und Irmgard Maria Piske bearbeitet von Marion Lauschke. Hamburg 2004
Gerhard Kaiser: Pietismus und Patriotismus im literarischen Deutschland. Ein Beitrag zum Problem der Säkularisation. Wiesbaden 1961
Immanuel Kant: Werkausgabe. Herausgegeben von Wilhelm Weischedel. Frankfurt 1974
Georg Kerner. Jakobiner und Armenarzt. Reisebrief, Berichte, Lebenszeugnisse. Herausgegeben von Hedwig Voegt. Berlin 1978
Justinus Kerner: Bilderbuch aus meiner Knabenzeit. Herausgegeben und erläutert von Günter Häntzschel. Insel Verlag. Frankfurt am Main 1978
Sören Kierkegaard: Philosophische Brosamen und Unwissenschaftliche Nachschrift. Unter Mitwirkung von Niels Thulstrup und der Kopenhage-

ner Kierkegaard-Gesellschaft herausgegeben von Hermann Diem und Walter Rest. München 1976
Heinrich von Kleist: Werke und Briefe in vier Bänden. Herausgegeben von Siegfried Streller. Frankfurt 1986
Friedrich Gottlieb Klopstock: Gedanken über die Natur der Poesie. Dichtungstheoretische Schriften. Herausgegeben von Winfried Menninghaus. Frankfurt 1989
Nikolai Michailowitsch Karamzin: Briefe eines russischen Reisenden. Übersetzt von Johann Richter. Mit einem Nachwort von Walter Markov. Berlin 1959
Klopstock, Ausgewählte Werke. Herausgegeben von Karl August Schleiden. München 1962
Reinhart Koselleck: Begriffsgeschichten. Studien zur Semantik und Pragmatik der politischen und sozialen Sprache. Frankfurt 2006.
Wolfgang Lange: Der kalkulierte Wahnsinn. Innenansichten ästhetischer Moderne, Frankfurt 1992
Georges Lefebvre: Napoleon. Autorisierte Übersetzung aus dem Französischen, bearbeitet von Peter Schöttler. Stuttgart 1989
Lessings Werke. Herausgegeben von Kurt Wölfel. Frankfurt 1967
Theodore Lidz, Stephen Fleck: Die Familienumwelt der Schizophrenen. Aus dem Amerikanischen von Käte Hügel, Wolfgang Rhiel, Ulrike Stopfel. Stuttgart 1979
Georg Lukas: Der junge Hegel und die Probleme der kapitalistischen Gesellschaft. Weimar 1986
Salomon Mammons: Lebensgeschichte von ihm selbst erzählt. Berlin 1988
Golo Mann: Friedrich von Gentz. Gegenspieler Napoleons, Vordenker Europas. Frankfurt am Main 1995
Jules Michelet: Geschichte der Französischen Revolution. Aus dem Französischen von Jochen Köhler. Frankfurt am Main 1988
Robert Minder: Glaube, Skepsis und Rationalismus. Dargestellt aufgrund der autobiographischen Schriften Karl Philipp Moritz'. Frankfurt am Main 1974
Sergio Moravia: Beobachtende Vernunft. Philosophie und Anthropologie in der Aufklärung. Aus dem Italienischen von Elisabeth Piras. Fischer Verlag, Frankfurt am Main 1989
Gerhard Nebel: Hamann. Stuttgart 1973
Friedrich Nicolai: Unter Bayern und Schwaben. Meine Reise im deutschen Süden 1781. Stuttgart, Wien 1989
Gerhardt Nissen: Kulturgeschichte seelischer Störungen bei Kindern und Jugendlichen. Stuttgart 2005
Novalis: Werke, Briefe und Dokumente. Vier Bände, herausgegeben von Ewald Wasmuth. Heidelberg 1953

Willi Oelmüller: Die unbefriedigte Aufklärung. Beiträge zu einer Theorie der Moderne von Lessing, Kant und Hegel. Frankfurt am Main 1969
Konrad Engelbert Oelsner: Luzifer oder Gereinigte Beiträge zur Geschichte der Französischen Revolution. Herausgegeben und mit einem Essay versehen von Werner Greiling, Frankfurt 1988
Jean Paul: Werke in zwölf Bänden. Herausgegeben von Norbert Miller. Mit Nachworten von Walter Höllerer. München 1975
Jean Paul: »Das helle Bewusstsein des Ich«. Ausgewählte Briefe. Herausgegeben von Volker Ulrich Müller. Darmstadt und Neuwied 1982
Robert Pippin: Die Aktualität des Deutschen Idealismus. Berlin 2016
Georg Friedrich Rebmann: Kosmopolitische Wanderung durch einen Teil Deutschlands. Herausgegeben und eingeleitet von Hedwig Vogt. Frankfurt am Main 1968
Georg Friedrich Rebmann: Briefe über Jena. Herausgegeben und eingeleitet von Werner Greiling. jena-information, Jena 1987
Joachim Ritter: Hegel und die Französische Revolution. Frankfurt am Main 1965
Jean-Jacques Rousseau: Vom Gesellschaftsvertrag oder Grundsätze des Staatsrechts. In Zusammenarbeit mit Eva Pietzcker neu übersetzt und herausgegeben von Hans Brochard. Reclam Verlag, Stuttgart 1977
Jean-Jacques Rousseau: Schriften in zwei Bänden. Herausgegeben von Henning Ritter. München 1978
Jean-Jacques Rousseau: Emil oder Über die Erziehung. Vollständige Ausgabe. In neuer deutscher Fassung besorgt von Ludwig Schmidts. Schöningh Verlag, Paderborn 1989
Rüdiger Safranski: Schiller oder die Erfindung des Deutschen Idealismus. München 2004
Heinrich Scheel: Süddeutsche Jakobiner. Klassenkämpfe und republikanische Bestrebungen im deutschen Süden Ende des 18. Jahrhunderts. Berlin 1971
Friedrich Wilhelm Joseph Schelling: System des transzendentalen Idealismus. Mit einer Einleitung von Walter Schulz. Hamburg 1957
Friedrich Schiller: Werke. Frankfurt am Main 1966
Schillers Briefe. Herausgegeben von Erwin Streitfeld und Viktor Zmegac. Frankfurt, Berlin 1986
Schizophrenie und Familie. Beiträge zu einer neuen Theorie von Gregory Bateson und anderen. Übersetzt von Hans-Werner Saß. Frankfurt am Main 1984
Friedrich Schlegel: Kritische Schriften. Herausgegeben von Wolfdietrich Rasch. München 1956
Friedrich Schlegel: Dichtungen und Aufsätze. München 1984
Caroline Schlegel-Schelling: Die Kunst zu leben, Mit einem Essay herausgegeben von Sigrid Damm. Frankfurt 1997

Friedrich Schleiermacher: Über die Religion. Reden an die Gebildeten unter ihren Verächtern. Mit einem Nachwort von Carl Heinz Ratschow. Stuttgart 1969

Martin Schmidt: Pietismus. Stuttgart 1972

Siegfried J. Schmidt: Die Selbstorganisation des Sozialsystems Literatur im 18. Jahrhundert. Frankfurt am Main 1989

Ernst Schulin: Die Französische Revolution. München 1983

Jean Starobinski: Rousseau. Eine Welt aus Widerständen. Aus dem Französischen übersetzt von Ulrich Raulff. München 1988

»… Wahrlich ein herrlicher Mann …« Gotthold Friedrich Stäudlin. Lebensdokumente und Briefe. Herausgegeben von Werner Volke. Stuttgart 1999

Daniel N. Stern: Die Lebenserfahrung des Säuglings. Aus dem Amerikanischen von Wolfgang Krege. Stuttgart 1992

Johannes Willms: Napoleon. Eine Biographie. München 2005

Johann J. Winkelmanns Kleine Schriften und Briefe. Herausgegeben von Hermann Uhde-Bernays. Leipzig 1925

Ralph-Rainer Wuthenow: Diderot zur Einführung. Hamburg 1994

Theodore Ziolkowski: Das Amt der Poeten. Die deutsche Romantik und ihre Institutionen. Aus dem Amerikanischen von Lothar Müller. München 1994

Personenverzeichnis